王阳明大传

知行合一的心学智慧

王陽明大伝
生涯と思想

下册

[日] 冈田武彦 著

杨田 冯莹莹 袁斌 孙逢明 译
钱明 审校

第十四章

南赣戡乱

巡抚南赣汀漳

正德十一年（1516），王阳明升任都察院左佥都御史，受命巡抚南、赣、汀、漳等地（以下简称"南赣汀漳"）。

关于王阳明的上任时间，钱德洪与黄绾的记载稍有出入。钱德洪所编《年谱》认为是正德十一年九月，而黄绾所作《行状》则认为是同年十月。对此，日本学者难波江通泰经详细考证得出结论，即王阳明于正德十一年八月十九日被任命为南赣汀漳巡抚，于同年九月十四日卸任南京太仆寺少卿一职。

据难波江先生考证，都察院为明朝官署名，由明初的御史台发展而来。由于该机构掌管国家的各项法令，其官员办事雷厉风行，因此都察院官吏又被称为"风宪官"。都察院的职责包括：查办所有官吏的罪责，对破坏国家秩序及扰乱政治活动的行为进行弹压，以及平反昭雪冤案。

都察院的长官被称为都御史，次官被称为副都御史，其中又有左右之分。左副都御史为首席，右副都御史为次席，而佥都御史位于右副都御史之下。同时，佥都御史也有左右之分，左佥都御史为首席，右佥都御史为次席。此外，都察院还设有十三道监察御史。有时，佥都御史会担任御史、都御史或副都御史，并同时兼任总督、提督或巡抚。

不过，王阳明此次升迁究竟是担任左佥都御史，还是右佥都御史，目前尚无定论。有些书将其记载为佥都御史或佥事御史，并未详细指出其官职到底为左还是为右。其中，佥事御史应为佥都御史的笔误。

关于王阳明任职一事，各种史料的记载也不尽相同。其中，有四种史料记录为"左佥都御史"，十七种史料记录为"右佥都御史"。《年谱》及王阳明本人写的《谢恩疏》和《议夹剿兵粮疏》中均记为"左佥都御史"，而在他的《给由疏》中则记为"右佥都御史"。

另外，《明史稿》在叙述王阳明时，也同时出现过这两种官职，极易让人混淆。在多种史料中，较能令人信服的还要数王阳明于正德十二年正月二十六日所作的《谢恩疏》，该文中记为"左佥都御史"。此后的二月二十五日，王阳明又作《给由疏》，该文中则记为"右佥都御史"。

有人据此推测，王阳明可能在这一个月的时间里被朝廷降过职。然而，在同年七月五日的《议夹剿兵粮疏》中又再次写作"左佥都御史"，这是否表明时隔四个月之后王阳明又官复原职了呢？此种推测显然不合逻辑。因此，可以说，"左佥都御史"应为正确的记载（参照前述难波江氏之解说）。

佥都御史为都御史的下属，负责管理都察院的相关事务。巡抚的职责是巡视地方，安抚民心。自明朝以后，各布政司均设有巡抚。此时，王阳明的职务就是左佥都御史，兼任地方巡抚，而剿匪并非王阳明分内之事。赣南地区贼势甚为猖獗，这也使得

第十四章 南赣戡乱

王阳明的军事才能得以充分发挥。

正德十二年（1517）九月，王阳明担任提督军务都御史，并受领旗牌（兵符）。

南赣汀漳巡抚负责涉及江西、福建、广东、湖南四布政司的相关事务。由于该地区山林茂密、地势险要，贼匪活动甚为猖獗，治安状况令人担忧，所以在该地区，巡抚一职为烫手山芋，容易成为众矢之的，多为他人猜忌，极难行使应有职责。

王阳明上任之时，当地贼匪数量已近万人，他们伺机掠夺财物，扰乱社会秩序。由于事态严重，当地官府不得不上奏朝廷，请调狼达土兵[1]前来剿匪。但朝廷为何委派王阳明担任该地区的巡抚呢？

正德十年，文森被任命为都察院右佥都御史，巡抚南赣汀漳等地。此时王阳明正好在南京任职。文森年长王阳明十岁，由于他一再拖延到任时间，朝廷下旨予以严厉斥责。最终，朝廷决定委派王阳明担任左佥都御史一职，文森依旧任右佥都御史。尽管王阳明的资历较文森稍浅，但职位在他之上。

正德六年（1511），都御史陈金担任军务总督，曾来赣南等地

---

[1] 狼达土兵：狼达为狼兵与达兵的合称，是明朝最为精悍的一支军队。广西的东兰、那地、南丹等边境地区的少数民族首领归顺朝廷后，其掌管的士兵被称为狼兵。达兵也被称为鞑靼兵，鞑靼是我国古代对北方游牧民族的统称，由鞑靼人担任的官职被称为达官。土军为身着土著人服装的外族士兵。

剿匪。当时，巡抚、都御史周南[1]特来相助，大军攻破了大帽山等多处匪巢。然而，由于统领巡抚瞻前顾后、错失战机，以致此次剿匪未能大获全胜。同时，剿匪军费支出庞大，军队供给不足，狼达土兵便乘机滋扰百姓，当地群众苦不堪言。

调动狼达土兵剿匪不仅要耗费大量军费，军队还经常沿途抢夺百姓的财物，其恶劣程度比土匪有过之而无不及。当朝廷派兵讨伐时，贼匪就乘机藏匿于深山中，待军队撤离后，他们又重新聚集滋事。因此，朝廷数次剿匪皆因错失有利战机而功败垂成。正德十四年，宁王朱宸濠叛乱，他私通南赣贼匪，并为之做后应。对此突发事件，陈金等人束手无策。

正德十二年五月八日，王阳明上奏《申明赏罚以励人心疏》（《王文成公全书》卷九），详述了南赣地区的匪患状况。详见下文：

> 民不任其苦，知官府之不足恃，亦遂靡然而从贼。由是，盗贼益无所畏，而出劫日频，知官府之必将己招也。百姓益无所恃，而从贼日众，知官府之必不能为己地也。夫平良有冤苦不伸，而盗贼乃无求不遂。为民者困征输之剧，而为盗者获犒赏之勤，则亦何苦而不彼从乎？是故近贼者为之战守，远贼者为之乡导，处城郭者为之交援，在官府者为之间谍。其始出于避祸，其卒也

---

[1] 周南（1448—1529）：字文化，号知白、天和老人。浙江处州府缙云县人。成化十四年（1478）进士。初授六合知县，后升任都察院右副都御史，巡抚大同。母丧回乡丁忧。后被任命为南赣巡抚，负责征剿汀州大帽山张时旺等诸匪。后升为右都御史，总督两广军务。

从而利之。故曰"盗贼之日滋，由于招抚之太滥"者，此也。

　　夫盗贼之害，神怒人怨，孰不痛心！而独有司者必欲招抚之，亦岂得已哉？诚使强兵悍卒，足以歼渠魁而荡巢穴，则百姓之愤雪，地方之患除；功成名立，岂非其所欲哉？然而南赣之兵素不练养，类皆脆弱骄惰，每遇征发，追呼拒摄，旬日而始集；约束赏谴，又旬日而始至；则贼已稇载归巢矣。或犹遇其未退，望贼尘而先奔，不及交锋而已败。以是御寇，犹驱群羊而攻猛虎也，安得不以招抚为事乎？

　　由上文可知，朝廷几次派兵剿匪却出现调动无方、友军配合不力、对敌军情况知之甚少等情况。由于贼匪分布较广，而各布政司巡抚缺乏统一调度，常常各自为政，以致数次剿匪均收效甚微。其中，更有分工不明、赏罚不均等原因，终致南赣各地贼势日益猖獗。

　　在此危急之秋，兵部尚书王琼[1]力荐王阳明担任都察院左佥都御史、南赣汀漳巡抚。王琼在正德初年时任户部侍郎，后升任兵部尚书。世宗时期，王琼任陕西三边军务提督，政绩斐然。同时，他还通晓国家各项法律条文，在治理地方财政、运输及军务等方

---

[1] 王琼（1459—1532）：字德华，号晋溪，别号双溪老人。山西太原人。成化二十年（1484）进士，累官至兵部尚书。著有《晋溪奏议》《漕河图志》《北边事迹》等。

面也颇有建树。

王琼任兵部尚书时就深知王阳明的才华，故极力举荐他负责南赣剿匪事宜。对王阳明来说，能得到王琼的赏识实乃人生一大幸事。武宗昏庸，亲佞远贤，以致正直之臣无法行正道。王阳明之所以能在此背景下成就伟业，正有赖于王琼的大力举荐。

正德十一年（1516）十月，王阳明再上《辞新任乞以旧职致仕疏》（《王文成公全书》卷九）。王阳明在奏疏中表达了自己体弱多病、不堪大任之意，同时也流露出对年迈祖母的思念之情。字字句句情真意切，读之令人动容。其文概要如下：

> 臣原任南京鸿胪寺卿，去岁四月尝以不职自劾求退，后至八月，又以旧疾交作，复乞天恩赦回调理，皆未蒙准允。黾勉尺素，因循日月，至今年九月十四日，忽接吏部咨文，蒙恩升授前职。闻命惊惶感泣之余，莫知攸措。

> 窃念臣才本庸劣，性复迂疏，兼以疾病多端，气体羸弱，待罪鸿胪闲散之地，犹惧不称。况兹巡抚重任，其将何才以堪！夫因才器使，朝廷之大政也；量力受任，人臣之大分也。滥仕显官，臣心岂独不愿？一时贪幸苟受，后至溃政偾事，臣一身戮辱，亦奚足惜！

> 其如陛下之事何！况臣疾病未已，精力益衰，平居无事，尚尔奄奄，军旅驱驰，岂复堪任！

> 臣在少年，粗心浮气，狂诞自居，自后涉渐历久，稍知惭沮；逮今思之，悔创靡及。人或未考其实，臣之

自知，则既审矣，又何敢崇饰旧恶，以误国事？

伏愿陛下念朝廷之大政不可轻，地方之重寄不可苟，体物情之有短长，悯凡愚之所不逮，别选贤能，委以兹任。悯臣之愚，不加谪逐，容令仍以鸿胪寺卿退归田里，以免负乖之诛。臣虽颠殒，敢忘衔结！

臣自幼失恃，鞠于祖母岑，今年九十有七，旦暮思臣一见为诀。去年乞休，虽迫疾病，实亦因此。臣敢辄以蝼蚁苦切之情控于陛下，冀得便道先归省视岑疾，少伸反哺之私，以俟矜允之命。臣衷情迫切，不自知其触昧条宪。臣不胜受恩感激，渎冒战惧，哀恳祈望之至！

然而，王阳明此疏仍未获准。于是，王阳明于同年十月私下返乡看望祖母。

据《年谱》记载，当时王文辕对季本说："阳明此行，必立事功。"季本问他为何如此确信。王文辕道：我曾以各种语气试探王阳明，而他根本不为所动。如前所述，王阳明年轻时甚喜道术，王文辕即为王阳明的道友。

正德十二年（1517）正月二十六日，王阳明再上《谢恩疏》（《王文成公全书》卷九）。据此疏文可知，王阳明于正德十一年十月二十四日接到上谕。内容如下："尔前去巡抚江西南安、赣州，福建汀州、漳州，广东南雄、韶州、惠州、潮州各府及湖广郴州地方，安抚军民，修理城池，禁革奸弊。一应地方贼情、军马、钱粮事宜，小则径自区画，大则奏请定夺。钦此。"

正德十二年正月，王阳明于赣州发布首条训令，其中提到了上谕《巡抚南赣钦奉敕谕通行各属》(《王文成公全书》卷十六)的部分内容。该文未被《谢恩疏》收录,内容如下:"但有盗贼生发,即便严督各该兵备、守御、守巡,并各军卫有司设法剿捕,选委廉能属官,密切体访,及签所在大户,并被害之家;有智力人丁,多方追袭,量加犒赏;或募知因之人,阴为乡导;或购贼徒,自相斩捕;或听胁从并亡命窝主人等,自首免罪。其军卫有司官员中政务修举者,量加旌奖;其有贪残畏缩误事者,径自拿问发落。尔风宪大臣,须廉正刚果,肃清奸弊,以副朝廷之委任。钦此。"

另据《谢恩疏》,兵部于正德十一年十一月十四日再下朝廷谕令:"为紧急贼情事,内开都御史文森迁延误事,见奉敕书切责:'乃敢托疾避难,奏回养病。见今盗贼劫掠,民遭荼毒。万一王守仁因见地方有事,假托辞免,不无愈加误事?'该本部题:'奉圣旨,既地方有事,王守仁着上紧去,不许辞避迟误。钦此。'"

王阳明接到谕令后,抱病前往浙江杭州府以待上命。正德十一年十二月二日,吏部再发上谕,命王阳明赶往南赣剿匪。见此,王阳明再次上疏,请辞新职并恳请以原职退养。然而,朝廷仍未准奏,同时下旨:"王守仁不得辞官休养,今南赣贼势多发,朕心甚焦,望卿尽巡抚之责。"

王阳明接旨后,十分感念圣恩,为避免触怒龙颜,不再请辞,于正德十一年十二月三日启程,赶往赣州剿匪。

破流寇，抵赣州

王阳明于正德十二年（1517）正月抵达赣州，时年四十六岁。

据《年谱》记载，在赴任途中，路经江西万安时，王阳明一行突遇数百名流寇抢劫商船，行程因此受阻。于是，王阳明集结数十只商船，扬旗擂鼓以造声势。此举大大震慑了匪众，他们立于河道两旁，俯首参拜王阳明，同时高呼："我等皆是饥饿流民，恳请大人救济。"

闻此，王阳明立即派人离船登岸，安抚众人："本官深知尔等饥寒交困，待本官抵达赣州后，立刻派人前来救济。今时，尔等务必马上解散，回乡以待上命。倘若尔等再敢乘机结党抢掠百姓，本官定不轻饶。"众人听了王阳明的话后，均感服不已，随即各自散去。

《孙子兵法》有云："兵以诈立""兵者诡道"，王阳明此举可谓深谙此道。王阳明对贼匪是先感其心，后抚其身。如果先行镇压，贼人必不心服。此时，王阳明身处匪患之地，如果下属被敌方笼络、收买，他随时会有性命之忧。试想若是资质平庸之辈，断难应付此种局面。正因为王阳明沉着冷静、通晓兵法，才得以克服重重难关。

王阳明于同年正月十六日在赣州设置军机处，随即致信王琼。可见，王阳明对王琼是极为尊敬的。除正式公文外，王阳明还经常写信向王琼汇报南赣剿匪的进展，此种汇报多达十五次。尽管王阳明与王琼从未谋面，二人却神交已久，真可谓肝胆相照、惺惺相惜。现将书信内容摘录如下：

> 伏惟明公德学政事高一世，守仁晚进，虽未获亲炙，而私淑之心已非一日。
>
> 乃者承乏鸿胪，自以迂腐多疾，无复可用于世，思得退归田野，苟存余息。乃蒙大贤君子不遗菲葑，拔置重地，适承前官谢病之后，地方亦复多事，遂不敢固以疾辞。
>
> 已于正月十六日抵赣，扶疾莅任。虽感恩图报之心无不欲尽，而精力智虑有所不及，恐不免终为荐举之累耳。
>
> 伏惟仁人君子，器使曲成，责人以其所可勉，而不强人以其所不能，则守仁羁鸟故林之想，必将有日可遂矣。因遣官诣阙陈谢，敬附申谢私于门下，伏冀尊照。（《与王晋溪司马》，《王文成公全书》卷二十七《书一》）

王贻乐为王阳明五世孙，据他所编《王阳明先生全集》（又称王本《王阳明全集》）记载，王阳明的弟子钱德洪曾听王琼的弟子说起，其师对王阳明赏识有加：王阳明赣州剿匪之捷报送至兵部尚书府时，王琼每每读之，必大赞王阳明奇才。因王琼与王阳明素未谋面，一门客特将王阳明画像送与王琼。王琼得此画如获至宝，将其挂于堂屋正中，并亲自焚香敬拜。有时，王琼左手抱幼孙，右手持王阳明的疏文高声朗读。每读到精彩之处，王琼不禁抚膝赞叹，并不时看着孙儿自语道："生子当如王守仁。"

正德十一年十一月二十五日，王阳明到任赣州前，兵备佥事胡琏致信王阳明，请准训练漳南道各县民兵一事。对此，王阳明作《批漳南道教练民兵呈》(《王文成公全书》卷三十)予以答复：

> 据兵备佥事胡琏呈："将各县民快，操练教习颇成。"看得，事苟庇民，岂吝小费；功有实效，何恤浮言！参据呈词，区画允当，仰该道依拟施行。再照，兵不在多，惟贵精练。事欲可久，尤须简严。所募打手等项，更宜逐一校阅。必皆技艺绝伦，骁勇出众，因能别队，量材分等，使将有余勇，兵有余资，庶平居不至于冗食，临难可免于败师。批呈缴。

由于卢溪、詹师富等匪首活动甚为猖獗，胡琏再次请示王阳明予以讨伐。同年十一月二十六日，王阳明再作《批漳南道进剿呈》(《王文成公全书》卷三十)给予批示："看得，兵难遥度，事贵乘时。今打手民快等兵既已募集，仰该道上紧密切，相机剿扑。惟在歼取渠魁(贼首)，毋致横加平善。其大举夹攻行详议。呈缴。"

由上可知，王阳明尚未动身之时，就已对南赣剿匪事宜做出指示。

王阳明于正德十二年正月十六日抵达赣州，向下辖全体官员发布了首条训令。在训令中，王阳明首先将上谕全篇抄录，然后又详细介绍了此次剿匪的方针政策。

王阳明制定的策略可谓细致周密，充分考虑到敌军的实际情况。同时，他要求各级官员团结协作、共剿匪患，军务上赏罚分明。由于王阳明对当地情况做了详细分析，所以此训令内容切实可行、责任分工明确，这也充分体现出王阳明在军事领导方面的卓越才能。其训令概要如下：

照得抚属地方，界连四省，山溪峻险，林木茂深，盗贼潜处其间，不时出没剽劫；东追则西窜，南捕则北奔，各省巡捕等官，彼此推调观望，不肯协力追剿；遂至延蔓日多……为照前项地方，延袤广远，未能遍历其间；绥抚之方，随时殊制；攻守之策，因地异宜；若非的确询访，难以臆见裁度。为此仰钞案回司，着落当该官吏，照依案验内事理，即行本司该道分巡、分守、兵备、守备等官，并所属大小衙门各该官吏，公同逐一会议：要见即今各处城堡关隘，有无坚完；军兵民快，曾否操练；某处贼方猖獗，作何擒剿；某处贼已退散，作何抚缉；某贼怙终，必须扑灭；某贼被诱，尚可招徕；何等人役，堪为乡导；何等大户，可令追袭；军不足恃，或须别募精强；财不足用，或可别为经画；某处或有闲田，可兴屯以足食；某处或多浮费，可节省以供军；何地须添寨堡，以断贼之往来；何地堪建城邑，以扼贼之要害。姑息隐忍，固非久安之图；会举夹攻，果得完全之策。一应足财养兵弭寇安民之术，皆宜心悉计虑，折衷推求；山川道路之险易，必须亲切画图；贼垒民居之错杂，皆可按实开注。近者一月以里，远者一月以外，凡有所见，备写揭帖，各另呈来，以凭采择。非独以匡当职之不逮，亦将以验各官之所存，务求实用，毋事虚言。

各该官吏俱要守法奉公，长廉远耻，祛患卫民，竭诚报国。毋以各省而分彼此，务须协力以济艰难，果有忠勇清勤绩行显著者，旌劝自有常典，当职不敢蔽贤；其或奸贪畏缩志行卑污者，黜罚亦有明条，当职亦不敢同恶。深惟昧劣，庶赖匡襄，凡我有官，各宜知悉。

正所谓"知己知彼，百战不殆"，王阳明此举深得《孙子兵法》精髓。

虽然王阳明曾打算辞去巡抚一职，但是他深知圣命难违。如果他像上一任巡抚文森一样消极推诿，肯定会获罪。由于事态十分紧急，加之王阳明不愿辜负王琼对自己的信任，所以他最终决定赶赴南赣上任。

正德十一年十一月二十五日、二十六日（上任前），王阳明对兵备佥事胡琏所呈公文予以批示。此外，王阳明到任后立即向下辖各机构颁布了首条训令。以上诸事说明，王阳明在到任前就极力通过各种渠道了解当地匪患的情况。

此条训令签署的日期是正德十二年正月二十日。王阳明希望借此端正各级官员的态度，督促他们谦虚谨慎，尽心为百姓谋福。王阳明认为，此次剿匪的着眼点在于因地制宜、稳固内防，各级官员要经常沟通、通力合作，储备充足兵力以保障百姓的安居乐业。上述诸事远比出兵征剿重要得多。

探贼情，定战略战术

对之前数次剿匪失利进行反思后，王阳明认为，要彻底根除匪患，首先必须全面了解贼匪的情况。王阳明素来通晓兵法，所以深知情报在两军交战时的重要性。

漳州匪首詹师富、温火烧等人活动甚为猖獗，官府每年都会派兵去湖广、福建、广东剿匪。然而，由于赣州百姓多被贼人收买，他们将官兵动向及时透露给贼匪，这样一来，官军尚未行动，军事部署就已遭泄露。因此，官军的征剿行动屡屡受挫。

王阳明上任后，发现兵营中有一老兵暗通贼匪，此人行事十分阴险狡诈。于是，王阳明将此人召至帐中，声色俱厉地责问道：有人揭发你通匪，按律当斩。你若能改过自新，将通匪之人尽数告知本官，本官可赦免你的罪行，你要想清楚！

听闻此言，老兵稍加犹豫便将通匪之人尽皆告发了。后来王阳明调查发现事实正如老兵所言，于是赦免了他的死罪。

三十六计中有一计为"反间计"，其意为"善用敌之间者，以为己用"。孙子提出，用间有五："乡间者，因其乡人而用之；内间者，因其官人而用之；反间者，因其敌间而用之；死间者，为诳事于外，令吾闻知之而传于敌间也；生间者，反报也。"同时，孙子还指出："三军之事，莫亲于间。赏莫厚于间，事莫密于间。"

可见，大军事学家孙武极为重视间谍在作战中的作用。此外，孙子也很重视反间（双面间谍）的作用，他提出"五间之事，主必知之，知之必在于反间，故反间不可不厚也"。正因为王阳明充分利用双面间谍探查到重要敌情，才得以制订出行之有效的剿匪方案。

基于前几次剿匪失败的惨痛教训，王阳明制定出以下策略：

一、为彻底消除狼达土兵之危害，应创建自己的精悍军队，以剿匪戡乱；

二、剿灭诸匪切勿大举进攻，而应各个击破；

三、于民间建立反间谍的保安机构；

四、妥善处理战后的各种事务，加强对民众的教化，以确保社会民生平稳过渡。

在赣州上任十天后，王阳明便颁发了《选拣民兵》(《王文成公全书》卷十六)的布告，对当地的民兵训练事宜做出指示。在布告中，王阳明首先对南赣地区的治安现状进行了分析：

> 是以每遇盗贼猖獗，辄复会奏请兵。非调土军，即遣狼达，往返之际，辄已经年，靡费所须，动逾数万。逮至集兵举事，即已魍魉潜形，曾无可剿之贼，稍俟班师旋旅，则又鼠狐聚党，复皆不轨之群。
>
> 良由素不练兵，倚人成事。是以机宜屡失，备御益弛，征发无救乎疮痍，供馈适增其荼毒，群盗习知其然，愈肆无惮。百姓谓莫可恃，竟亦从非。
>
> 夫事缓则坐纵乌合，势急乃动调狼兵，一皆苟且之谋，此岂可常之策？古之善用兵者，驱市人而使战，假间戍以兴师。岂以一州八府之地，遂无奋勇敢战之夫？事预则立，人存政举。

近据江西分巡岭北道兵备副使杨璋呈,将所属各县机快,通行拣选,委官统领操练,即其处分,当亦渐胜于前。但此等机快,止可护守城郭,堤备关隘,至于捣巢深入,摧锋陷阵,恐亦未堪。

关于建立精悍军队的问题,王阳明也做出了极为周密、详尽的指示:

为此案仰四省各兵备官,于各属弩手、打手、机快等项,挑选骁勇绝群、胆力出众之士,每县多或十余人,少或八九辈。务求魁杰异材,缺则悬赏召募。

大约江西、福建二兵备,各以五六百名为率;广东、湖广二兵备,各以四五百名为率。中间若有力能扛鼎、勇敌千人者,优其廪饩,署为将领。召募犒赏等费,皆查各属商税赃罚等银支给。

各县机快,除南赣兵备已行编选外,余四兵备仍于每县原额数内拣选精壮可用者,量留三分之二,就委该县能官统练,专以守城防隘为事。其余一分拣退疲弱不堪者,免其着役,止出工食,追解该道,以益召募犒赏之费。

所募精兵,专随各兵备官屯扎,别选素有胆略属官员分队统押。教习之方,随材异技;器械之备,因地异宜;日逐操演,听候征调。

由上可知，对于老弱伤残的兵士以及有百害而无一利的狼达土兵，王阳明坚决不用。他亲自指挥诸县加紧训练精兵，以备剿匪之用。

《孙子兵法》有云："知己知彼，百战不殆。"王阳明认为，之前数次剿匪之所以失败，就是因为指挥官"既不知己又不知彼"。因此，王阳明尚未到任之时就力求做到"知己知彼"。由此，他制订出一系列行之有效的民兵训练方案以及"十家牌法"，使官军处于比较有利的境地。《孙子兵法》曰："先为之不可胜，以待敌之可胜。"也就是说，首先做到自己不被敌人战胜，然后等待敌人可以被我方战胜的机会。王阳明之举，正合此道。

另外，王阳明还在《选拣民兵》中阐述了极端形势下应采取的战术，即奇袭作战。他提出："资装素具，遇警即发，声东击西，举动由己。"该战术是基于孙子的"近而示之远，远而示之近，出其不意，攻其不备"说法。所谓"声东击西"则来源于《六韬》之策。

如前所述，王阳明在青年时代就熟读各种兵书战法，也正因为如此，他才能在数次戡乱中建立旷世奇功。

该布告的末尾内容尤为重要，因为它揭示出王阳明此次戡乱的主要指导思想。其中写道："如此，则各县屯戍之兵，既足以护防守截，而兵备募召之士，又可以应变出奇。盗贼渐知所畏而格心，平良益有所恃而无恐，然后声罪之义克振，抚绥之仁可施，弭盗之方，斯惟其要。"

王阳明上任后，除进行"选拣民兵"之外，还推出了"十家牌法"，目的就是彻底清除暗藏于官军中的敌方暗探。因为王阳明发现当地贼匪经常任意出入乡间村镇打探官军动向，而百姓则为他们通风报信。因此，他希望通过推行"十家牌法"来消除上述隐患，以实现维护社会治安、稳定百姓生活、端正社会风气的目的。

正德十二年（1517）正月，王阳明颁布公文《十家牌法告谕各府父老子弟》（《王文成公全书》卷十六），该法令面向的是各州府村镇百姓。

同年三月，王阳明再下公文《案行各分巡道[1]督编十家牌》（《王文成公全书》卷十六），以督促各地加紧推行"十家牌法"。此后，王阳明又多次下达公文，以便让"十家牌法"得到最大限度的实施。如正德十三年颁布的《仰南安、赣州印行告谕牌》，正德十五年十月颁布的《申行十家牌法》，同年十一月颁布的《申谕十家牌法增立保长》，以及同年颁布的《牌行崇义县查行十家牌法》。

与此同时，王阳明还将"十家牌法"推广至南赣以外的地区。由此可见，王阳明极为重视"十家牌法"。该法令在稳定地方治安、安定民生方面的确发挥了极为重要的作用。

王阳明推行"十家牌法"的初衷是想清除敌军暗探，借此打击贼匪的嚣张气焰，以实现教化民众的目的。他希望百姓能遵章守法，恪守社会道德规范。

《十家牌法告谕各府父老子弟》开篇如下：

---

[1] 分巡道：隶属按察司，分管地方刑名诉讼诸事。

本院奉命巡抚是方，惟欲剪除盗贼，安养小民。所限才力短浅，智虑不及，虽挟爱民之心，未有爱民之政。父老子弟，凡可以匡我之不逮，苟有益于民者，皆有以告我，我当商度其可，以次举行。

今为此牌，似亦烦劳。尔众中间固多诗书礼义之家，吾亦岂忍以狡诈待尔良民。便欲防奸革弊，以保安尔良善，则又不得不然，父老子弟，其体此意。

自今各家务要父慈子孝、兄爱弟敬、夫和妇随、长惠幼顺；小心以奉官法，勤谨以办国课；恭俭以守家业，谦和以处乡里。心要平恕，毋得轻易忿争；事要含忍，毋得辄兴词讼。见善互相劝勉，有恶互相惩戒，务兴礼让之风，以成敦厚之俗。

吾愧德政未敷，而徒以言教，父老子弟，其勉体吾意，毋忽！

所谓"十家牌法"，即让每户百姓制定家牌，并登记相关信息，其中包括各户人口数、户籍、姓名、年龄、体貌特征、职业、技能特长等，同时还需标明家中是否有重症病人，是否有为官者。并且要准确登记户主姓名、家中成年与未成年人及男女比例。若有租用房屋者，要登记租住者的相关情况。官府规定，各家各户应将上述信息抄录于家门前告示板之上，以备官府随时核查。

每天傍晚时分，当地官员会挨家挨户核对告示板上的信息是否与家牌录入内容相符。如遇某户某人外出办事，要查清此人现在何处、办理何种事务以及确切的返乡日期。如有临时借住者，要查清此人的姓名、籍贯和此行的目的。官府对当地百姓进行详细调查，并将相关信息通告给各家各户。百姓一旦发现可疑人员，要立即报官。

"十家牌法"将十户居民编为一甲组，甲组即为连座单位，如发现私通匪患者，同一甲组的十户连座受罚。此外，官府在十户之外另设相应负责人。

不久之后，王阳明又在每个村镇中设置一位保长（责任人），负责村镇安全。同时，王阳明还将"保长制"与"乡约"紧密结合，灵活应用。自推行"十家牌法"之后，王阳明声威大震。各地官员根据本地情况，活学活用，使得"十家牌法"的内容更为充实和完善。

"十家牌法"出现于宋代，是王安石变法中的一项内容。至南宋时，此法令已近废除。明朝中期，王阳明重新启用"十家牌法"，并使之发挥出更为重要的效用。

尤为值得一提的是，王阳明在推行"十家牌法"的同时，还通过推行"乡约"来提高百姓的道德水平，这充分证明了王阳明的爱民之心。先秦时期曾出现过"邻保制"，对于治安相对稳定的地区来说，此制度显得过于严苛。王阳明之所以将"十家牌法"与"乡约"并举，就是为了消除这种弊端。

据东正堂记载，明朝哲学家李贽曾对王阳明的"十家牌法"做过如下评价：今人若推行"十家牌法"，不利于稳定民生。先生推行此法，则利于富国强兵。若能形成全民皆兵之势，则不必借助狼达土兵，即可消除匪患。若不借兵，则无须制兵、调兵；若无匪患，则无须养兵、用兵。如此一来，国自富、民自强。然

今人尚未知此法深意。(《阳明先生全书论考》卷十四《年谱一》)

平定漳州贼匪

武宗时期，流匪横行于各地。河北刘六、刘七兄弟作乱，从北京近郊一直蔓延至四川、江西等地，并呈现逐渐扩张的趋势，告急公文从四面八方送抵京师。由于皇帝昏庸、宦官当政、税赋繁重，加之连年洪涝、干旱频发，以致灾民遍野，百姓饱受煎熬，纷纷揭竿而起。

王阳明初到赣州时，当地贼匪活动甚为猖獗，其中有湖广、江西的横水、桶冈地区的谢志珊部、蓝天凤部，广东浰头地区的池仲容部，福建漳南道（汀州、漳州）大帽山地区的詹师富部等。他们抢掠百姓财物，严重扰乱社会治安，其恶劣影响已波及江西境内。

另外，江西省南安府南部大庾岭的陈曰能也蠢蠢欲动。之前，官军数次讨伐，败多胜少，常常无功而返。正德六年（1511），都御史陈金总领军务，右副都御史俞谏为提督，来赣协助巡抚周南征剿大帽山贼匪。由于指挥不当，官军被围困于崇山峻岭之中，以致此次征剿未能根除匪患。历次剿匪所调狼达土兵虽然杀敌勇猛，但对百姓危害极深，贼匪也是屡剿不灭。加之，宁王朱宸濠暗通贼匪，并为其做后盾，陈金等人对此皆无计可施。

见此情景，继任巡抚文森便称病不出，朝廷最终决定起用王阳明。其实，南赣地区在五十年前就是贼匪聚集之所，剿匪绝非一朝一夕之事。

王阳明于正德十二年（1517）正月赶赴南赣，随即开始选拣民兵，并推行"十家牌法"。仅数日之后，王阳明即调军征剿南赣贼匪。由于时间仓促，所募民兵未经过充分训练，因此不足以与匪军抗衡。尽管如此，王阳明依旧下令发兵清剿。

当时，王阳明的声名尚未远播，赣州各级官员和当地百姓不了解王阳明其人。因此，王阳明所下指令常常难以得到彻底的贯彻执行。同时，王阳明并不确定属下将官能否拼死应战。在上述种种不利情况下，若统帅为碌碌之辈，此战必败无疑。

但王阳明绝非庸才，而是善于随机应变，他亲临战场指挥作战，最终官军首战便大获全胜。在这次战役中，王阳明利用罪犯、俘虏戴罪立功的心理，让他们为官府效命，这是官军取胜的法宝之一。

虽然为了防止军情外泄，王阳明推行了"十家牌法"，但福建、广东仍常有官员泄露军情的情况出现。于是，王阳明要求各级官员勿将重要军情写入公文。正德十二年正月，王阳明制订了周密的作战计划，就剿匪一事下达公文《剿捕漳寇方略牌》（《王文成公全书》卷十六），此文开头写道：

为此另行牌仰广东岭东，福建汀、漳等处兵备佥事……顾应祥、胡琏，密切会同守巡纪功、赞画等官，于公文至日，便可扬言。

本院新有明文，谓：天气向暖，农务方新，兼之山路崎险，林木蓊翳。若雨水涝至，瘴露骤兴，军马深入，实亦非便。莫若于要紧地方，量留打手机兵，操练堤备。其余军马，逐渐抽回；待秋收之后，风气凉冷，然后三省会兵齐进。

同时，王阳明也下达了详细的作战指示：

或宣示远近，或晓谕下人，此声既扬，却乃大飨军士，阳若犒劳给赏，为散军之状，实则感激众心，作兴士气。一面亦将不甚紧关人马抽放一处两处，以信其事。其实所散人马，亦可不远。而复预遣间谍，探贼虚实，有间可乘，即便赍粮，衔枚连夜速发。当此之时，却须舍却身家，有死无生，有进无退，若一念转动，便成大害。劲卒当前，重兵继后，伺至其地，鼓噪而入。仍戒当先之士，惟在摧锋破阵，不许斩取首级。后继重兵，止许另分五六十骑，沿途收斩。其余亦不得辄乱行次，违者就便以军法斩首。重兵之后，纪功、赞画等官各率数队，相继而进。严整行伍，务令鼓噪之声连亘不绝，使诸贼逃遁山谷者闻之，不得复聚。若贼首未尽，探其所如，分兵速蹑，不得稍缓，使贼复得为计。已获渠魁，其余解散党与，平日罪恶不大，可招纳者，还与招纳。不得贪功，一概屠戮。乘胜之余，尤要肃旅如初，遇敌不得恃胜懈弛，恐生他虞。归途仍将已破贼巢，悉与扫荡，经过寨堡村落，务禁摽掠。宜抚恤者，即加抚恤；宜处分者，即与处分；毋速一时之归，复遗他日之悔。

本院奉命而来，专以节制四省沿边军职为务。即今进兵，一应机宜，悉宜禀听本院，庶几事有总领，举动齐一。授去方略，敢有故违，悉以军法论处。各官知会之后，即连名开具遵依揭帖，密切回报。

随后，王阳明再次下达公文《案行广东、福建领兵官进剿事宜》(《王文成公全书》卷十六) 给广东、福建各级官员。其内容大致如下：

据福建、广东按察司等衙门备呈到院。看得：两省剿捕事宜，设施布置，颇已详备。诚使诸将齐心，军士用命，并举夹攻，已有必克之势。但事干各省，举动难一，顿兵既久，变故旋生，则谋算机宜，旬日顿异，亦难各守初议，执为定说。

照得福建军务，整缉既久，兼有海沧、演城、政和诸处打手，足可济事。诸将咸有以功赎罪之心，意气颇锐，当道亦皆协谋并力，期收克捷之功，利在速战。若当集谋之始，掩贼不备，奋击而前，成功可必。今既旷日持久，声势彰闻，各巢贼党，必有连络纠合，阻阱设械以御我师。其为奸党，当亦日加险密，至于今日，已为持久之师，且宜示以宽懈，待间而发。而犹执其乘机之说，张皇于外，以坚贼志，是谓知吾卒之可击，而不知敌之未可击也。

广东之兵，集谋稍缓，声威未震，意在倚重狼达土兵，然后举事，利于持久，是亦慎重周悉之谋。谋贼闻之，虽相结聚，尚候土兵之集，以卜战期，其备必犹懈弛。若因而形之以缓，乘此机候，正当奋怯为勇，变弱为强。而犹执其持重之说，必候土军之至，以坐失事机。是徒知吾卒之未可击，而不知敌之正可击也。

善用兵者，因形而借胜于敌。故其战胜不复，而应形于无穷。胜负之算，间不容发，乌可执滞。

以上是王阳明在首次剿匪战役中下达的作战命令。对此，日本学者东正堂做过如下评价：先生（王阳明）所用战术即以弱示强，迷惑对方。日本室町时代名将毛利元就和陶晴贤在严岛交战时曾凭借此计取胜……运用此法取胜，必须事先布置周密、毫无纰漏。然先生思维之缜密、行事之严谨皆我辈所不及。（《阳明先生全书论考》卷十一《奏疏·公移一·南赣书》）

关于漳州剿匪的详细经过，《王文成公全书》中的《年谱》《奏疏》及《公移》皆有详细记载。笔者在此仅将概要列出，以备参考。

王阳明命官军清剿匪巢长富村，经过多时奋战，官军最终获胜，被杀、被俘的匪兵不计其数。残余匪军逃至象湖山一带藏匿起来，他们加强防御，准备与官军拼死一战。随后，官军追剿余匪至莲花石一带，双方僵持不下。

此时，广东将领覃桓率部前来增援，官军打算乘势将众匪尽数歼灭。然而，匪军困兽犹斗，他们拼死突破官军的包围，赶去己方阵营报信。

不久之后，大批匪军杀到莲花石，官军终因寡不敌众而落败。在此次战役中，覃桓因深陷泥沼，落马被杀。县丞纪镛也战死沙场。见此惨状，军中诸将意志消沉、不敢再战，他们请求王阳明调动狼达土兵前来助剿。

　　得知覃桓等人的死讯，王阳明悲恸不已。他深知，覃桓殒命是因个别将领未按军令行事所致。于是，王阳明再次颁布训令《案行漳南道守巡官戴罪督兵剿贼》（《王文成公全书》卷十六），以督促各级军官严格执行军令。

　　　　务在防隐祸于显利之中，绝深奸于意料之外，万全无失，佥谋皆同，然后呈来定夺去后。
　　　　……广东通判陈策，指挥黄春，千百户陈洪、郑芳等，既与覃桓等面议夹攻，眼见摧毁，略不应援，挫损军威，坏事匪细，俱属违法。
　　　　……其覃桓等所统军兵，就仰高伟管领，戴罪杀贼，立功自赎。
　　　　……各该官员俱要奋勇协心，乘机进剿……大捷不计其小挫。事完之日，通查功罪呈来，以凭酌量参奏。

　　自训令发布之后，全军上下士气重振，众官兵皆决心将功补过。

　　王阳明认为，此次进剿宜于速战，战术上不允许有任何细小的失误。因此，他亲率各地精兵赶赴汀州的上杭县驻扎。为了迷惑敌人，王阳明故意宣称要休整军队，并谎称要等狼达土兵到达后再行进剿之事。同时，王阳明还指派义官[1]曾崇秀暗自打探敌方虚实，并命他谨慎行事、随时汇报。

正德十二年二月十九日深夜，官军兵分三路，夜袭贼匪巢穴象湖山。由于之前准备充分，加之官军行动迅速、出其不意，所以官兵很快就攻占了象湖山的重要隘口。众贼匪见势不妙，随即转移至山顶峭壁处负隅顽抗。然而，官兵个个奋勇无比，他们一边擂鼓呐喊，一边从小道追击残匪。如此一来，残余匪军已无心再战，纷纷溃逃。官军乘胜追击，终将贼匪彻底剿灭。

此次战役，福建军扫平了长富村等三十多处匪巢，广东军扫平了水竹、大重坑等十三处匪巢。至三月二十一日，官军又扫平了大伞、箭灌、赤石崖、陈莒等地的匪巢。

至此，漳南各地匪患已被尽数剿灭。詹师富、温火烧等匪首均被斩首，其余匪众各自伏法。

此次戡乱，王阳明二月出兵，四月即凯旋。仅仅用了两个月时间，就彻底平定了盘踞漳南数十年之久的匪患。同年五月八日，王阳明上《闽广捷音疏》（《王文成公全书》卷九），向朝廷奏报此战的详细经过，同时申请对部下论功行赏。

若对此役中王阳明所用兵法加以分析，则不难发现他曾多次借鉴《孙子兵法》，其内容包括以下几点：

兵以诈立，以利动，以分合为变者也。

---

[1] 义官：明代对特例捐纳者的专有称谓。明中期以后，义官身份日益呈现出二重性，既能荣膺冠带获散官职衔，又普遍受地方官府差遣，逐渐固化为差役名目。

攻其不备，出其不意。

兵闻拙速，未睹巧之久也。夫兵久而国利者，未之有也。

兵贵胜，不贵久。

不尽知用兵之害者，则不能尽知用兵之利也。

以虞待不虞者胜。

知己知彼，百战不殆。

三军之众，可使毕受敌而无败者，奇正是也……凡战者，以正合，以奇胜。

故兵无常势，水无常形。能因敌变化而取胜者，谓之神。

隘形者，我先居之，必盈之以待敌；若敌先居之，盈而勿从，不盈而从之。险形者，我先居之，必居高阳以待敌；若敌先居之，引而去之，勿从也。

爱而不能令，厚而不能使，乱而不能治，譬若骄子，不可用也。

必索敌人之间来间我者，因而利之，导而舍之，故反间可得而用也。

（以上各项内容可参考拙作《〈孙子兵法〉新解：王阳明兵学智慧的源头》）

此外，王阳明还精通《握奇经》中的各种兵法。因此，他指挥旗下两千精兵作战时，能做到因势利导、随机应变。

王阳明的作战方略，是此次戡乱成功最关键的因素，主要有以下三点：

一、官军之前同时出兵夹击三地匪患，效果不尽如人意。因此，王阳明主张，先切断各地贼匪联系，再予以各个击破。

二、调动狼达土兵剿匪耗资巨大，且危害甚深。用当地民兵代替狼达土兵，不失为南赣官民之一大幸事。

三、平定匪患之后，立即制定相应安抚政策，以防叛乱再起。

同年三月十六日，王阳明下达公文《案行领兵官搜剿余贼》（《王文成公全书》卷十六），指示各级军官要彻底肃清余匪。王阳明认为，如不能迅速、彻底地扫清余匪，则后患无穷。他在文中提到："剃草存根，恐复滋蔓；狡兔入穴，获之益难。"只有彻底剿灭漳州贼匪，当地的社会秩序才能恢复。官军转战到南赣其他地区征剿匪患时，也不必担心漳州之贼会乘机作乱。

因此，同年四月，王阳明再次下达公文《钦奉敕谕切责失机官员通行各属》（《王文成公全书》卷十六）。文中首段为上谕，要求各级官员务必彻底肃清残匪，以确保当地治安稳定。同时，王阳明命令各级官员务必将扫灭匪患的情况及残匪流窜的动向及时上报，督促各级将官切勿松懈剿匪，杜绝瞒报、谎报军情之事。

体恤民情，注意农时

为平定漳州"匪患"，王阳明指挥大军进驻长汀。在行军途中，他曾即兴作《丁丑二月征漳寇进兵长汀道中有感》一首（《王文成公全书》卷二十）：

> 将略平生非所长，也提戎马入汀漳。
> 数峰斜日旌旗远，一道春风鼓角扬。
> 莫倚贰师能出塞，极知充国善平羌。
> 疮痍到处曾无补，翻忆钟山旧草堂。

王阳明认为，带兵打仗并非自己的分内之事，然而必胜的信念驱使着他果断地奔赴战场。这也表达出他极为复杂的内心世界。

其中"将略平生非所长"一句，是对诸葛亮的评价。尽管王阳明此次带兵征剿是迫于上命，但他也希望能凯旋，不要像汉朝将军李广利一样身败名裂。其实，王阳明的本意只是不想成为第二个陈金。

另外，"极知充国善平羌"一句中的"充国"指的是汉朝大将赵充国（字翁孙）。赵充国为汉宣帝时期的大将，当时羌人叛乱，朝廷决定派他前去征剿。出战前，赵充国上奏《充国便宜十事》，详细论述了自己的战略部署。赵充国的部署极为详尽、周密，《充国便宜十事》堪称军事名篇。王阳明必定非常熟悉该文，因此他才会提出"勿损军威，勿以虏间乘"的观点。王阳明希望自己能像赵充国一样建立旷世奇功。

该诗的末尾两句，表现出王阳明对伤兵及当地百姓的怜悯之情。同时，他也希望能急流勇退，重新回到草堂讲学，不要像宋代的王安石一样，因留恋仕途而被迫辞相，终至追悔莫及。

王阳明最初屯兵于汀州的上杭县，他出奇兵打击对方的薄弱环节，首战即连破四十余座敌营。初战告捷后，王阳明见很多百姓重新开始耕种，感到欣慰不已。于是，他即景赋诗《回军上杭》（《王文成公全书》卷二十），以表达自己的喜悦之情。诗中"暮倚七星瞻北极"一句，既表达了王阳明对朝廷的忠心，又流露出他对时局的忧虑之情。

王阳明于正德十二年四月返回赣州，之前他一直带兵驻扎在上杭县。当时，上杭县久未降雨，田地干裂。见此，都察院行台（官军于驻地设立的中央政务机构）众官员举行祭天仪式以求雨。祭祀当日虽有降雨，但雨量甚微。四月，王阳明平定匪患准备重返赣州之时，上杭突降三日大雨，百姓皆欢呼雀跃、兴奋不已。见此情景，当地官员上奏道：百姓长年苦于匪患，加之田地干裂，以致民不聊生。如今，匪患已平，天又降大雨，王大人真乃及时雨也。在此，请求朝廷将行台正堂更名为"时雨堂"。

据《回军上杭》一诗所述，王阳明先登上城南楼台，远眺百姓农忙的情景。之后，他又前往水南拜谒朱熹祠堂，沿途欣赏到七星山的优美景色。当日傍晚，王阳明返回住所后，依然难掩"乐民之乐"的心情，于是将此诗题在行台墙壁上。

此外，王阳明还作《喜雨三首》（《王文成公全书》卷二十）。这三首诗不仅抒发了王阳明对百姓恢复耕作的喜悦之情，而且表达了他对时世的看法。对于第一首诗中的"片云东望怀梁国"一句，东正堂做过如下评述：梁国即借指汉朝的梁孝王。据说，此人极爱修建奢华宫苑，并借此结交天下门客。因此，饱食虚夸之辈常附和于他。王阳明深知宁王朱宸濠野心勃勃，对外以忠君示人，暗地里却结党营私。然而，他无法将实情和盘托出，只能借梁孝

王的故事提醒皇帝。(《阳明先生全书论考》卷九《诗三首》)

接着，王阳明又写道，"五月南征想伏波"。当时，王阳明被委任为都察院左佥都御史，兼任南赣汀漳巡抚，在平定漳州匪患之后，他自然联想起曾征战交趾的伏波将军马援。

不过，王阳明最深切的愿望，还是回到家乡继续讲学。因此，他在《喜雨》第一首诗的末尾写道"云门初伴渐无多"。

王阳明在第二首诗中写道："山田久旱兼逢雨，野老欢腾且纵歌。"此句生动地表现了百姓久旱逢雨的喜悦心情。此外，诗中"地形原不胜人和"一句出自《孟子·公孙丑下》的"天时不如地利，地利不如人和"。王阳明想借此说明，战争中的人和远胜于地利。

在第三首诗中，王阳明描写了战后百姓重新忙于耕种的情景。该诗末尾写道"一战功成未足云"，王阳明借此提醒自己，切勿满足于眼前的胜利。

之前，王阳明曾作《祈雨二首》(《王文成公全书》卷二十)，表达对旱灾中的百姓的深切同情。第一首诗的开篇描写了汀、漳地区干旱而赣州洪涝的情景，而该诗末尾则写道："夜起中庭成久立，正思民瘼欲沾裳。"此句表达了诗人对百姓生活的忧虑之情。

在第二首诗中，王阳明进一步表达了深切的忧国忧民之情。他每每想起漳、赣地区人民苦于旱涝灾害、湖南匪患频发、塞北战云密布等内忧外患之事，就忧心不已。对此，王阳明虽无奈，却也只能一筹莫展，加之身体羸弱，他只愿早日脱离宦海，解甲归田。因此，他在该诗末尾写道："忧民无计泪空堕，谢病几时归海浔？"日本学者佐藤一斋对《祈雨二首》评价甚高，认为"王阳明忧民之心至诚，可感鬼神"（《阳明先生全书论考》卷九《诗三》）。

在王阳明平定漳州匪患之时，其高徒徐爱在浙江雪上[1]购置了农田，以待恩师与诸友返乡共同耕种。听闻此事，王阳明兴奋不已，随即作《闻曰仁买田雪上携同志待予归二首》（《王文成公全书》卷二十）。王阳明在诗中道出了自己复杂的心境，同时也流露出对徐爱等人的羡慕。

第一首诗中的"山人久有归农兴，犹向千峰夜度兵"，正是此种心情的真实写照。第二首诗中的"百战自知非旧学"一句虽是诗人的自谦之词，却也表达了他想要回乡务农的愿望。该诗中"月夜高林坐夜沉，此时何限故园心。山中古洞阴萝合，江上孤舟春水深"等句，皆表达出王阳明对归隐生活的向往。

在漳州戡乱期间，繁忙的军务仍无法打消王阳明的归隐之意。其间，王阳明曾以好友陈柏[2]的书斋《借山亭》为题，赋诗一首（《王文成公全书》卷二十）。他在诗中描写了自己拜访借山亭时的情景，其中最后两句写道："传语诸公合频赏，休令岁月亦蹉跎"。王阳明叮嘱友人切勿虚度时光，要志存高远。同时，他也借此表达出归隐之意。

王阳明平定漳州匪患，返回赣州之际，另以《还赣》为题作诗一首（《王文成公全书》卷二十）。诗中描绘了当地百姓夹道欢送官军的情景，同时也描写了战乱给农业生产造成的破坏。王阳明殷

---

[1] 雪上：浙江湖州府的别称，因境内有雪溪而得名。
[2] 陈柏：字子坚，又字宪卿，号苏山。湖广沔阳人。累官至兵部职方清吏司主事，曾与王阳明弟子邹守益等人共同倡导正统儒学。

切盼望百姓能重新恢复耕作，但他深知仅凭一己之力是难以力挽狂澜的。

教化民众

为彻底剿灭汀州、漳州匪贼，王阳明曾颁布《谕俗四条》（《王文成公全书》卷二十四），用以约束、教化百姓。《周易·坤卦》的"文言传"有云："积善之家，必有余庆；积不善之家，必有余殃。"王阳明所发公文旨在详述此意，其行文极为通俗易懂，不失一代大儒本色。在文中，他以长者的口吻来劝导、说服百姓：

> 为善之人，非独其宗族亲戚爱之，朋友乡党敬之，虽鬼神亦阴相之。为恶之人，非独其宗族亲戚恶之，朋友乡党怨之，虽鬼神亦阴殛之。故"积善之家，必有余庆；积不善之家，必有余殃"。
>
> 见人之为善，我必爱之；我能为善，人岂有不爱我者乎？见人之为不善，我必恶之；我苟为不善，人岂有不恶我者乎？故凶人之为不善，至于陨身亡家而不悟者，由其不能自反也。
>
> 今人不忍一言之忿，或争铢两之利，遂相构讼。夫我欲求胜于彼，则彼亦欲求胜于我。仇仇相报，遂至破家荡产，祸贻子孙。岂若含忍退让，使乡里称为善人长者，子孙亦蒙其庇乎？
>
> 今人为子孙计，或至谋人之业，夺人之产，日夜营

营，无所不至。昔人谓为子孙作马牛，然身没未寒，而业已属之他人，仇家群起而报复，子孙反受其殃。是殆为子孙作蛇蝎也。吁，可戒哉！

王阳明在龙场讲学时，曾着力阐述"立志"的重要性，而《谕俗四条》的主旨即在于立志。明末《道书》对"功过格"做过详细论述，而王阳明此文的观点与"功过格"可谓一脉相承。对此，大儒刘宗周则持不同观点，他认为"功过格"沾染了些许的功利主义思想，并非纯粹的儒学著作，应加以批判。

其实，"功过格"的目的就是通过规范人们的道德行为来维护正常的社会秩序。对于个人道德修养问题，孟子曾提出"勿正"的观点。他认为，仅仅依靠人们的自觉性来提高整个社会的道德水平是极不现实的。对此，以王阳明为代表的儒学家们也持同样观点。王阳明主张"心即理"，因此他在《传习录》的"花间草"一章中讲到"无善无恶即为理之本性"，同时又在"四句宗旨"中讲到"无善无恶即为心之本体"。

王阳明深知，尽管门下弟子能深谙此理，但那些蒙昧无知的百姓是无法领会此中深意的。只有"功过格"式的规范条例才更适合于教化百姓，因此王阳明效仿此文作《谕俗四条》。

告谕新民

王阳明剿灭漳州匪患之后，针对当地百姓及归顺民颁发《告谕新民》(《王文成公全书》卷十六)，其行文言辞恳切、感情真挚，读之令人感动佩服不已。此文也充分展现出王阳明的儒者本色：

> 尔等各安生理，父老教训子弟，头目人等抚缉下人，俱要勤尔农业、守尔门户、爱尔身命、保尔室家、孝顺尔父母、抚养尔子孙，无有为善而不蒙福，无有为恶而不受殃，毋以众暴寡，毋以强凌弱，尔等务兴礼义之习，永为良善之民。子弟群小中或有不遵教诲，出外生事为非者，父老头目即与执送官府，明正典刑，一则彰明尔等为善去恶之诚，一则剪除良莠，免致延蔓，贻累尔等良善。
>
> 吾今奉命巡抚是方，惟欲尔等小民安居乐业，共享太平。所恨才识短浅，虽怀爱民之心，未有爱民之政。近因督征象湖、可塘诸处贼巢，悉已擒斩扫荡。驻军于此，当兹春耕，甚欲亲至尔等所居乡村，面问疾苦。又恐跟随人众，或至劳扰尔民，特遣官耆谕告，及以布匹颁赐父老头人等，见吾勤勤抚恤之心。余人众多，不能遍及，各宜体悉此意。

由于王阳明体察民意、深知民心，此公文才算得上恩威并重，其字里行间流露出的爱民之情更令人感动不已。虽然朱熹等儒者也以教化百姓为己任，但王阳明所采取的方式更为直接和有效。

加强军备

正德十二年（1517）四月三十日，王阳明返回赣州。同年五月八日，王阳明上疏朝廷，汇报了此次剿匪的详细经过及具体的作战方略。读罢此奏章，即可知晓王阳明用兵之奥妙所在。

回顾此次剿匪的成败得失，王阳明深感加强军备的必要性。随后，他颁布了公文《兵符节制》（《王文成公全书》卷十六），以督促各级将领严肃军纪、加强训练。王阳明提到了"习战之方，莫要于行伍；治众之法，莫先于分数"。此观点亦源自《孙子兵法》。

王阳明所说的"行伍"有其明确编制，具体为二十五人为一伍、五十人为一队、两百人为一哨、四百人为一营、一千二百人为一阵、两千四百人为一军。统帅挑选出能征惯战之人分任各级长官，负责管理手下士兵，并握有赏罚之权。并且，各级队伍要将士兵姓名登记造册，该名册分别交由各级长官及统帅保管。如此一来，军队的稳定性就能得到保障。

所谓"分数"，即指士兵训练及军队作战时的各项指令。此外，王阳明还非常重视兵器的作用。他认为，精准的武器可以增强士兵的战斗力。

设立清平县

平定漳州匪患之后，王阳明将治理重心转为确保该地区的长治久安，这也是当地各级官员的迫切愿望。于是，同年五月二十八日，王阳明作《添设清平县治疏》（《王文成公全书》卷九），奏请朝廷于河头大洋陂设立清平县，文中写道：

为照建立县治，固系御盗安民之长策，但当大兵之后继以重役，窃恐民或不堪。臣时督兵其地，亲行访询父老，辄咨道路，众口一词，莫不举首愿望，仰心乐从。旦夕皇皇，惟恐或阻。

臣随遣人私视其地，官府未有教令，先已伐木畚土，杂然并作，裹粮趋事，相望于道。究其所以，皆缘数邑之民积苦盗贼，设县控御之议，父老相沿已久，人心冀望甚渴，皆以为必须如此，而后百年之盗可散，数邑之民可安，故其乐事劝工，不令而速。

臣观河头形势，实系两省贼寨咽喉。今象湖、可塘、大伞、箭灌诸巢虽已破荡，而遗孽残党，亦宁无有逃遁山谷者？旧因县治不立，征剿之后，浸复归据旧巢，乱乱相承，皆原于此。今诚于其地开设县治，正所谓抚其背而扼其喉，盗将不解自散，行且化为善良。不然，不过年余，必将复起。其时再举两省之兵，又糜数万之费，图之，已无及矣。

臣窃以为开县治于河头，以控制群巢，于势为便。虽使民甚不欲，犹将强而从之，况其祝望欣超若此，亦何惮而不为！至于移巡司于枋头坂，亦于事势有不容已。盖河头者，诸巢之咽喉；枋头者，河头之唇齿，势必相须。兼其事体已有成规，不过迁移之劳，所费无几。臣等皆已经画区处，大略已备，不过数月，可无督促而成。

民之所未敢擅为者，惟县治学校，须命下之日乃举行耳。伏愿陛下俯念一方荼毒之久，深惟百姓永远之图，下臣等所议于该部，采而行之。设县之后，有不如议，臣无所逃其责。

今新抚之民，群聚于河头者二千有余，皆待此以息其反侧。若失今不图，众心一散，不可以复合；事机一去，不可以复追。后有噬脐之悔，徒使臣等得以为辞，然已无救于事矣。缘系添设县治永保地方事理，为此具本请旨。

由此疏文可知，为防止匪患死灰复燃，王阳明制定了周密的善后措施。

河头曾为汀、漳群匪的大本营，该地区地势平坦、地域辽阔。王阳明建议于此处设立县治，实乃明智之举。王阳明敏锐地觉察出，要实现汀、漳地区的长治久安，必须先在河头设立县府。他确信此举必能彻底根除匪患。若未能收到预期效果，他甘愿承担全部责任。

兵部尚书王琼深知王阳明用心良苦，于是多次上奏武宗，促使该奏章被朝廷批准。同时，朝廷还准许王阳明将县名定为"清平县"。由此事可知，王琼对王阳明是相当信赖和倚重的。此后，王阳明卸任巡抚一职，改任军务提督。

征剿南赣三贼

王阳明带兵赏罚分明、军纪严谨，所以官军兵力日益增强。若非如此，征剿南赣诸匪只能是空谈。

正德十二年（1517）五月八日，王阳明请辞南赣汀漳巡抚一职，请求改任军务提督，并上奏《申明赏罚以励人心疏》（《王文成公全书》卷九），奏请朝廷赐予旗牌。同年七月十六日，兵部尚书王琼得知王阳明上疏，随即请旨准奏。九月十一日，朝廷下旨赐予王阳明旗牌，并授予他酌量裁夺之权。

王阳明于南赣讨贼时发现，官府所采取的安抚策略毫无成效，其根本原因就在于官军兵力不强。而赏罚不明、军务拖沓又是导致兵力不强的根本原因。因此，王阳明奏请受领军务提督旗牌，以拥有治军的权力。

王阳明在文中提出，《大明律》已严格规定赏罚之别，只有按此法令行事，才能成功招安贼匪。同时，他还列举了《大明律》中所记载的各种赏罚事例，并认真分析了此法未得到有效推行的现实原因。关于招安一事，江西按察司整饬兵备带管分巡岭北道副使杨璋曾多次向王阳明进言。经过深入、细致的分析，王阳明将此事上奏朝廷。

杨璋曾为王阳明详述《大明律》之罚典内容，并列举直隶、山东、江西等司招安匪寇的实例，最后指出南赣剿匪不利的症结所在。杨璋认为，赏罚不明，以致士卒不能拼死应战，只有做到有功者赏、失职者罚，才能激发官军士气。他希望朝廷立即下旨以严正赏罚。

冯梦龙所著《皇明大儒王阳明先生出身靖乱录》简明扼要地论述了军中各项赏罚标准："兵士临阵退缩者，领兵官即军前斩首。领兵官不用命者，总兵官即军前斩首。其有擒斩功次，不论尊卑，一体升赏。生擒贼徒，勘明决不待时。"

据王阳明之疏文，杨璋曾向他建议："赏罚既明，人心激励。盗贼生发，得以即时扑灭，粮饷可省，事功可见矣。"王阳明任军务提督时，杨璋尽心辅佐他，可谓功不可没。然而，在朱宸濠叛乱时，杨璋却倒戈相向，以致晚节不保，令人备感惋惜。

在这篇疏文中，王阳明首先指出："盗贼之日滋，由于招抚之太滥；招抚之太滥，由于兵力之不足；兵力之不足，由于赏罚之不行。诚有如副使杨璋所议者。"随后，王阳明又详细论述了"招抚太滥""兵力不足"及"赏罚不行"的深层原因。

其概要如下：

> 盗贼之性虽皆凶顽，固亦未尝不畏诛讨。夫惟为之而诛讨不及，又从而招抚之，然后肆无所忌。盖招抚之议，但可偶行于无辜胁从之民，而不可常行于长恶怙终之寇；可一施于回心向化之徒，而不可屡施于随招随叛之党。南赣之盗，其始也，被害之民恃官府之威令，犹或聚众而与之角，鸣之于官。而有司者以为既招抚之，则皆置之不问。盗贼习知官府之不彼与也，益从而仇胁之。民不任其苦，知官府之不足恃，亦遂靡然而从贼。由是，盗贼益无所畏，而出劫日频，知官府之必将己招

也；百姓益无所恃，而从贼日众，知官府之必不能为己地也。夫平良有冤苦无伸，而盗贼乃无求不遂；为民者困征输之剧，而为盗者获犒赏之勤；则亦何苦而不彼从乎？是故近贼者为之战守，远贼者为之乡导；处城郭者为之交援，在官府者为之间谍。其始出于避祸，其卒也从而利之。故曰"盗贼之日滋，由于招抚之太滥"者，此也。

夫盗贼之害，神怒人怨，孰不痛心！而独有司者必欲招抚之，亦岂得已哉？诚使强兵悍卒，足以歼渠魁而荡巢穴，则百姓之愤雪，地方之患除，功成名立，岂非其所欲哉！然南赣之兵素不练养，类皆脆弱骄惰，每遇征发，追呼拒摄，旬日而始集；约束赍遣，又旬日而始至。则贼已捆载归巢矣。或犹遇其未退，望贼尘而先奔，不及交锋而已败。以是御寇，犹驱群羊而攻猛虎也，安得不以招抚为事乎？故凡南赣之用兵，不过文移调遣，以苟免坐视之罚；应名剿捕，聊为招抚之媒。求之实用，断有不敢。何则？兵力不足，则剿捕未必能克；剿捕不克，则必有失律之咎，则必征调日繁，督责日至。纠举论劾者四面而起，往往坐视而至于落职败名者有之。招抚之策行，则可以安居而无事，可以无调发之劳，可以无戴罪杀贼之责，无地方多事不得迁转之滞。夫如是，孰不以招抚为得计！是故宁使百姓之荼毒，而不敢出一卒以抗方张之虏；宁使孤儿寡妇之号哭，颠连疾苦之无告，而不敢提一旅以忤反招之贼。盖招抚之议，其始也，出于不得已；其卒也，遂守以为常策。故曰"招抚之太滥，由于兵力之不足"者，此也。

古之善用兵者，驱市人而使战，收散亡之卒以抗强虏。今南赣之兵尚足以及数千，岂尽无可用乎？然而金之不止，鼓之不进；未见敌而亡，不待战而北。何者？进而效死，无爵赏之功；退而奔逃，无诛戮之及。则进有必死而退有幸生也，何苦而求必死乎？吴起有云："法令不明，赏罚不信，虽有百万，何益于用？凡兵之情，畏我则不畏敌，畏敌则不畏我。"今南赣之兵，皆"畏敌而不畏我"，欲求其用，安可得乎！故曰"兵力之不足，由于赏罚之不行"者，此也。

然后，王阳明又介绍了南赣地区的匪患情况，再次向朝廷申请准奏此折。王阳明指出，朝廷制定的赏罚条例虽然完备，却未得到有效执行，应进一步加大此条例的执行力度。文中写道："古者赏不逾时，罚不后事。过时而赏，与无赏同；后事而罚，与不罚同。况过时而不赏，后事而不罚，其亦何以齐一人心而作兴士气？是虽使韩、白为将，亦不能有所成。况如臣等腐儒小生，才识昧劣，而素不知兵者，亦复何所冀乎？"

当时，朝廷通过雇佣狼达土兵来帮助官军征剿南赣诸匪。王阳明认为，调动狼达土兵之弊大于利，并列举了狼达土兵给当地百姓造成的危害："南赣诸处之贼，连络数郡，蟠据四省，非奏调狼兵，大举夹攻，恐不足以扫荡巢穴。是固一说也。然臣以为狼兵之调，非独所费不赀，兼其所过残掠，不下于盗。大兵之兴，旷日持久，声势彰闻，比及举事，诸贼渠魁悉已逃遁。所可得者，不过老弱胁从无知之氓。"

王阳明进一步指出，若要扫平匪患，首先要做到赏罚分明、军容整肃，因此他奏请朝廷赐予军务提督旗牌。最后，王阳明向皇帝表明了必胜之心，若有负圣恩，甘愿以死谢罪："伏望皇上念盗贼之日炽，哀民生之日蹙，悯地方荼毒之愈甚，痛百姓冤愤之莫伸，特赦兵部俯采下议，特假臣等令旗、令牌，使得便宜行事。如是而兵有不精，贼有不灭，臣等亦无以逃其死。夫任不专、权不重、赏罚不行，以至于偾军败事，然后选重臣，假以总制之权而往拯之，纵善其后，已无救于其所失矣。"

由该疏文可知，王阳明抱定必胜的信念，并决心为朝廷尽忠到底，因此他才主动向朝廷申请军务提督一职。对王阳明来说，受领军务提督一职的后续意义重大。该职务不仅有助于他南赣戡乱，还使得他在平定宁王朱宸濠叛乱时更加得心应手。当时，王阳明主动奏请受领军务提督之举实属罕见，因为南赣长久以来就设有巡抚一职，负责剿灭当地匪患，但巡抚的权力范围远不及提督。更重要的是，提督握有兵权，能按军法管理军队。

前任南赣巡抚、都察院都御史周南也曾奏请朝廷赐予旗牌。正因有此先例，王阳明终于奏请到军务提督一职。他之所以决定主动请缨而未等朝廷任命，是因为他已有必胜把握。受领军权并非小事，王阳明此举必然会招致多方猜忌。值得庆幸的是，兵部尚书王琼慧眼识珠、深谋远虑，他力排众议，终使王阳明的奏章获准。

据谢本《王阳明全集》记载，朱宸濠所管辖的宁王府有一镇

第十四章　南赣戡乱

守太监名毕真，此人通过收买武宗的近身侍从，说服皇上任命他担任南赣军监军。王琼听闻此事后，极力反对，因为如此一来，南赣用兵必然要受宁王牵制，万一宁王谋反，朝廷会很被动。一旦如此，朝廷便很可能无法荡平南赣匪患，更不可能在日后平定宁王之乱。因此，王琼决定通过朝廷授予王阳明旗牌。若没有王琼的大力支持，王阳明肯定不会主动奏请军务提督一职。

王阳明于南赣任职期间，曾致信王琼（《王文成公全书》卷二十七）。信中谈到了漳南剿匪的经过，并指出军纪缺失的弊端。同时，他还详述了南赣匪情以及今后的征剿方略。王阳明提出，只有授予他赏罚及自由裁夺之权，才可能彻底扫平匪寇。

> 今各巢奔溃之贼，皆聚横水、桶冈之间，与郴、桂诸贼接境。生恐其势穷，或并力复出。且天气炎毒，兵难深入远攻。乃分留重卒于金坑营前，扼其要害，示以必攻之势，使之旦夕防守，不遑他图。又潜遣人于已破各巢山谷间，多张疑兵，使既溃之贼不敢复还旧巢，聊且与之牵持。候秋气渐凉，各处调兵稍集，更图后举。惟望老先生授之以成妙之算，假之以专一之权，明之以赏罚之典。生虽庸劣，无能为役，敢不鞭策驽钝，以期无负推举之盛心。秋冬之间，地方苟幸无事，得以归全病喘于林下，老先生肉骨生死之恩，生当何如为报耶！
> （《与王晋溪司马》）

正德十二年（1517）六月十五日，王阳明上奏《疏通盐法疏》(《王文成公全书》卷九),提出改革盐税制度。由此我们不难发现,王阳明不仅通晓兵法,还擅长理财。剿匪必然要耗费大量军资,如何在确保民生的前提下调配军资,是王阳明必须考虑的现实问题。

赣州地区的食盐供应主要有两个渠道:一是闽广(福建、广东、广西的统称),一是两淮(北方淮河周边地区)。依据洪武时代的旧例,闽广地区所供应的食盐送抵赣州后,再沿赣江运至吉安、袁州及临江等地。

由于当时多有战乱,致使闽广运输线被迫暂停。朝廷的新盐法规定,吉安、袁州、临江地区的食盐改由两淮地区供应。然而,闽广运输线所经地势较为平坦,加之能借助水路运输,故而成本较低。这样一来,新盐法就未能在实际中得以推广。很多盐贩铤而走险,依旧通过闽广线运输食盐,其中漏税、逃税之人比比皆是。当地官府对此问题也束手无策。且两淮运输线所经之地地势较为复杂,其相应的手续十分烦琐,当食盐运抵吉安、袁州、临江后,价格自然翻了好几倍。因此,当地百姓都喜用闽广私盐。

见此情形,王阳明立即上疏,建议朝廷重新启用旧制盐法,以杜绝逃税、漏税的行为,并且指出此举还能弥补巨额的军费支出。在《疏通盐法疏》的末尾,王阳明针对征收盐税一事写道:"商人既已心服,公私又皆两便。庶亦所谓不加赋而财足,不扰民而事办。"

当时,朝廷设立的盐税局包括南安府的折梅亭和赣州府的龟角尾两处。由于朝廷从未给赣州地区拨过军费,因此王阳明剿匪所用军资均来自龟角尾收缴的商税。由于折梅亭所处之地较为偏

第十四章 南赣戡乱

僻，朝廷很难予以监督，有些商户就通过收买官员来逃税。这不仅有损官员的名誉，更令他们在商户中的威信一扫而光。王阳明深知此中利害，所以他于同年九月二十五日上奏《议南赣商税疏》(《王文成公全书》卷十)，建议朝廷将折梅亭、龟角尾两处盐税局合并。

一篇告谕的作用

正德十二年（1517），王阳明平定了盘踞在南安府以南大庾岭的贼匪。同年七月五日，他上奏《南赣擒斩功次疏》《王文成公全书》卷九)，将此捷报告知朝廷。据称，王阳明率领官军于六月二十日深夜奇袭敌营，一举荡平大庾岭匪患。此役共击溃匪巢十九处，斩杀匪首三人，擒获匪众六百余人。

为彻底切断南赣诸地贼匪的联系，王阳明制定了专门的作战方略以剿灭浰头贼匪。王阳明深知，如不先剿灭浰头之贼，待官军征剿桶冈、横水之贼时，浰头贼匪必然会乘机作乱。

就地形而言，赣州及南安的西部与湖广的桂阳相邻，桶冈、横水贼匪常出没于此地。而赣州及南安的西南部比邻广东乐昌、东邻龙川，当地贼匪多盘踞在该地的浰头。

在明代，浰头隶属龙川县，位于广东、江西交界处的九连山中。此处山岭相连，地势极为险要。浰头包括上浰、中浰、下浰三处，为当地贼匪藏身之所。

正德十二年九月，王阳明在征剿浰头匪患之前，先将牛马、酒肉、钱粮、布匹等物赠予贼匪，并发布告谕文《告谕浰头巢贼》(《王文成公全书》卷十六)，劝其归降。在谕文中，王阳明以循循善诱的口吻开导众匪，字里行间流露出的仁厚、至诚之意令人动容。

  本院巡抚是方，专以弭盗安民为职。莅任之始，即闻尔等积年流劫乡村，杀害良善，民之被害来告者，月无虚日。本欲即调大兵剿除尔等，随往福建督征漳寇，意待回军之日剿荡巢穴。

  后因漳寇即平，纪验斩获功次七千六百有余，审知当时倡恶之贼不过四五十人，党恶之徒不过四千余众，其余多系一时被胁，不觉惨然兴哀。因念尔等巢穴之内，亦岂无胁从之人。况闻尔等亦多大家子弟，其间固有识达事势、颇知义理者。

  自吾至此，未尝遣一人抚谕尔等，岂可遽尔兴师剪灭。是亦近于不教而杀，异日吾终有憾于心。故今特遣人告谕尔等，勿自谓兵力之强，更有兵力强者，勿自谓巢穴之险，更有巢穴险者，今皆悉已诛灭无存。尔等岂不闻见？

  夫人情之所共耻者，莫过于身被盗贼之名；人心之所共愤者，莫甚于身遭劫掠之苦。今使有人骂尔等为盗，尔必怫然而怒。尔等岂可心恶其名而身蹈其实？又使有人焚尔室庐，劫尔财货，掠尔妻女，尔必怀恨切骨，宁死必报。尔等以是加人，人其有不怨者乎？人同此心，尔宁独不知。乃必欲为此，其间想亦有不得已者，或是为官府所迫，或是为大户所侵，一时错起念头，误入其中，后遂不敢出。此等苦情，亦甚可悯。然亦皆由尔等悔悟不切。

尔等当初去从贼时，乃是生人寻死路，尚且要去便去。今欲改行从善，乃是死人求生路，乃反不敢，何也？若尔等肯如当初去从贼时，拼死出来，求要改行从善，我官府岂有必要杀汝之理？尔等久习恶毒，忍于杀人，心多猜疑。岂知我上人之心，无故杀一鸡犬，尚且不忍；况于人命关天，若轻易杀之，冥冥之中，断有还报，殃祸及于子孙，何苦而必欲为此。我每为尔等思念及此，辄至于终夜不能安寝，亦无非欲为尔等寻一生路。惟是尔等冥顽不化，然后不得已而兴兵，此则非我杀之，乃天杀之也。今谓我全无杀尔之心，亦是诳尔；若谓我必欲杀尔，又非吾之本心。

尔等今虽从恶，其始同是朝廷赤子。譬如一父母同生十子，八人为善，二人背逆，要害八人。父母之心须除去二人，然后八人得以安生。均之为子，父母之心何故必欲偏杀二子，不得已也。吾于尔等，亦正如此。若此二子者一旦悔恶迁善，号泣投诚，为父母者亦必哀悯而收之。何者？不忍杀其子者，乃父母之本心也。今得遂其本心，何喜何幸如之。吾于尔等，亦正如此。

闻尔等辛苦为贼，所得苦亦不多，其间尚有衣食不充者。何不以尔为贼之勤苦精力，而用之于耕农，运之于商贾，可以坐致饶富而安享逸乐，放心纵意，游观城市之中，优游田野之内。岂如今日，担惊受怕，出则畏官避仇，入则防诛惧剿，潜形遁迹，忧苦终身。卒之身灭家破，妻子戮辱，亦有何好？

尔等好自思量，若能听吾言改行从善，吾即视尔为良民，抚尔如赤子，更不追咎尔等既往之罪。如叶芳、梅南春、王受、谢钺辈，吾今只与良民一概看待，尔等岂不闻知？尔等若习性已成，难更改动，亦由尔等任意为之。吾南调两广之狼达，西调湖、湘之土兵，亲率大军围尔巢穴，一年不尽至于两年，两年不尽至于三年。尔之财力有限，吾之兵粮无穷，纵尔等皆为有翼之虎，谅亦不能逃于天地之外。

呜呼！吾岂好杀尔等哉？尔等若必欲害吾良民，使吾民寒无衣、饥无食，居无庐、耕无牛，父母死亡、妻子离散。吾欲使吾民避尔，则田业被尔等所侵夺，已无可避之地；欲使吾民贿尔，则家资为尔等所掳掠，已无可贿之财。就使尔等今为我谋，亦必须尽杀尔等而后可。

吾今特遣人抚谕尔等，赐尔等牛酒、银两、布匹，与尔妻子，其余人多不能通及，各与晓谕一道。尔等好自为谋，吾言已无不尽，吾心已无不尽。如此而尔等不听，非我负你，乃尔负我，我则可以无憾矣。

呜呼！民吾同胞，尔等皆吾赤子，吾终不能抚恤尔等而至于杀尔，痛哉痛哉！兴言至此，不觉泪下。

此篇告谕字里行间流露出仁人君子对天下苍生的包容与悲

悯，感人至深，读之令人声泪俱下，堪称劝降文中的名篇。对于浰头匪寇，王阳明的态度是"不教而杀，非仁义之道"。

据说，浰头群匪见此告谕文后，皆深受感动，很多匪首纷纷率部归降。有人还表示，要以死报答王阳明的不杀之恩。由此可知，战前劝降为王阳明常用的战术之一，因为王阳明深知兵法应以王道仁义为本，不能一味追求阴谋诡计。

如果不能理解王阳明兵法之奥妙所在，就会误认为王阳明不会用兵，好似"宋襄公之仁"。如果王阳明因此失去大好战机，招致此次剿匪失败，将受到更多指责。相反，如果王阳明全无至诚仁爱之心，以劝降为幌子大举进兵围剿，那他与世间狡诈之徒又有何不同？

横水为流经江西上犹县北部的一条河流，此处设有横水隘口。并且，上犹县东部的地势也较为险要。桶冈即桶冈洞，位于上犹县西北部，与湖广接壤。横水、桶冈为江西贼匪的两大主要据点。

横水匪首谢志珊、桶冈匪首蓝天凤、浰头匪首池仲容各自相继称王，并私设百官。他们倚仗地势险要、人多势众，日常出行俨然皇帝出巡一般。尽管官府曾调遣狼达土兵征剿诸匪，但都无果而终。匪首谢志珊听闻王阳明受命征剿漳州匪患一事后，竟自封征南王，率匪众乘虚攻破南康，并伺机侵占湖广。

此时，湖广巡抚、都御史陈金向王阳明提议，希望能集结江西、湖广、广东官军夹击江西诸匪。陈金向王阳明详细介绍了剿匪方略，并提出官府应派发不同旗号，以清楚区分官军、百姓及贼匪。由于陈金所制定的战略部署周密而翔实，因此王阳明决定依计而行。

不过，王阳明并不赞成集结三省官军一同剿匪。他认为，首先应切断贼匪之间的联系，再各个击破。

> 议得桶冈、横水、左溪诸贼，荼毒三省，其患虽同，而事势各异。以湖广言之，则桶冈诸巢为贼之咽喉，而横水、左溪诸巢为之腹心；以江西言之，则横水、左溪诸巢为贼之腹心，而桶冈诸巢为之羽翼。
>
> 今不先去横水、左溪腹心之患，而欲与湖广夹攻桶冈，进兵两寇之间，腹背受敌，势必不利。今议者纷纷，皆以为必须先攻桶冈，而湖广克期乃在十一月初一日，贼见我兵未集，而师期尚远，且以为必先桶冈，势必观望未备。今若出其不意，进兵速击，可以得志。已破横水、左溪，移兵而临桶冈，破竹之势，蔑不济矣。（《横水桶冈捷音疏》，《王文成公全书》卷十）

王阳明担心征剿横水贼匪时，浰头之贼会乘机作乱，因此发布告谕文来安抚人心。浰头贼匪见此告谕，皆深受感动，归顺朝廷者不计其数，还有人表示要誓死效忠王阳明。当时，匪首黄金巢、刘逊、刘粗眉、温仲秀等皆率部下归降。王阳明于其中拣选五百精壮之士编为官军，使其奔赴横水剿匪。其余老弱病残之人，一律被解散。

江西、湖广、广东的官军约万人，王阳明将其分为十队，并重新任命队长，部署行军路线。王阳明命令，各路官军集结于横水、左溪后再开战。于是，各路官军于十月七日一同出兵，王阳明亲率大军经南康前往至坪（《皇明大儒王阳明先生出身靖乱录》将至坪称为南坪）。

喜得贼巢地图，奇袭横水

正德十二年（1517）十月九日，王阳明率军抵达南康。当时，有人告发义官李正岩和医官刘福泰通敌。于是，王阳明将二人召来问话，但二人皆矢口否认。

王阳明对他们说："即便果有此事，我也会赦免你等之罪。你们留在军中，戴罪立功吧！"

傍晚时分，李、刘二人特来求见王阳明，说有要事相告。于是，王阳明将他们暗中召至帐中问话。二人向王阳明禀报：官军攻占桶冈、横水匪巢之时，必然途经十八面隘。此处地势极为险要，群山环绕，山势险峻，道路狭窄。因此，官府之前数次派兵皆困于此地。有一泥瓦工名张保，此人长期身居匪巢，并多次参与修筑山寨、城堡等工程，十分熟悉当地地形。若官军能找到此人，就能详细了解匪巢的地形。

闻此，王阳明随即询问张保的住处。二人又道："我等能免于死罪皆因大人开恩，能为大人效命，在所不惜。"

值得庆幸的是，张保此时已被官军抓获，并被押送至军门外。然而，张保无论如何也不肯进帐见王阳明。于是，王阳明将李、刘二人打发出帐，并命人将张保带到后堂。王阳明对他说："听闻你曾帮助贼匪修造山寨，此乃死罪。"

听闻此言，张保羞愧地低下了头，解释说："我只是为生计所迫，他们知道我贪生怕死，所以逼我为匪。"

王阳明沉着脸说："本院暂不欲治罪于你。贼匪山寨必然倚险而建，你身居匪巢，定然知晓其中要害。现命你将山寨布局、周边部署情况及大小出入道路尽告本院。若我军此行能一举荡平匪巢，你等皆有封赏。"

张保闻此喜不自胜，即刻求王阳明赐笔砚。王阳明命张保画图，并派李、刘二人从旁监视。随后，王阳明命部下拿来酒肉犒赏三人。张保感激王阳明的不杀之恩，所绘匪巢地形图极为详细、清楚。此图不仅具体标出了贼匪所占据的要塞、隘口及进退路径，还清晰注明了山岭与要塞、平路与险路的区别，同时还附上了上山、下山的方法，以及山寨四周修造的高台情况。此图真可谓事无巨细，无所不包。

王阳明手捧此图，细细观看之后，不禁大喜，对三人大加称赞，并命他们于寝帐中休息。次日，王阳明赐三人义官之职。

如前所述，正德十二年十月七日夜晚，各路官军一齐向至坪进发。十日到达该地。此后，王阳明命李正岩、刘福泰各领人马四处打探敌军动向，并及时上报。

闻听官军大举来攻，各匪巢纷纷鸣锣示警，聚集匪众以抵御官军。如此一来，贼匪士气大振。同时，大批匪众迅速来到险要隘口处，用石料、木料修建起工事，准备与官军决一死战。此时，匪徒已占据有利地形，官军靠近不得。因此，王阳明决定于夜间进攻。

十一日上午，王阳明亲率大军在距匪巢三十里处安营扎寨。他命士兵大量伐木、挖掘壕沟、修造栅栏及瞭望台，摆出长期驻扎的架势。当日夜里，王阳明命将官雷济、义民萧庚，分率乡兵及善于攀爬的樵夫四百人，各领一旗，携带火枪、挠钩、套索等物由间道攀崖爬壁而上，潜入附近山顶以窥探匪巢动向。

同时，王阳明下令两人带上旗帜、炮火，提前堆起数千堆茅草，待次日官军举兵之时，张旗、发炮、燃火以做策应。

十二日早晨，官军进至十八面隘。贼匪据险迎敌，骤闻远近山顶炮声如雷，烟焰四起。官军又呼喊震天，铳箭齐发。贼寇未曾料到官军能奇袭此处，以为官军已尽破巢穴，皆惊恐失措，弃险退走。

正所谓"兵者诡道"，王阳明通过此役，一举将十八面隘的贼军击溃。

之后，王阳明又派遣千户陈伟（《皇明大儒王阳明先生出身靖乱录》记为陈睿）、高睿分别率领数十名精壮兵士，从十八面隘沿悬崖攀缘而上，以夺取其他险要隘口。同时，王阳明命他们多准备滚木、礌石以克敌。

贼寇溃逃后，官军乘胜追击，声威震天。前线指挥谢昶、冯廷瑞带兵由小路攻入敌寨，尽焚贼巢。贼军退无可退、避无可避，随即大败奔溃。随后，官军又连续攻破长龙、先鹅头、狗脚岭、庵背等匪巢，并一举荡平白蓝、横水两大匪巢。

起初，匪首谢志珊、萧贵模等人皆以为横水是天堑之险，易守难攻，当他们得知官军从四面包围过来时，便仓促分兵据守险要隘口，以抵抗官军。随后，众贼匪见横水烈焰腾空，枪炮之声撼动山谷，不禁惊慌失措，皆弃隘口而逃。

各路官军乘机进攻，人人奋勇杀敌，终于攻破匪巢。随后，各路大军会师横水。由于官军昼夜涉深涧、蹈丛棘、遇险绝，更兼挂绳崖树，鱼贯而上，猿臂而下，稍有不慎，易失足堕入深谷，所以当各路大军抵达横水、左溪时，众兵士皆困乏不已，无法应战。王阳明考虑到天色已晚，遂下令就地安营扎寨。

次日，天起大雾，并伴有降雨，周围能见度极低。此后一连数日，天气仍然如此，以致军队无法向前。于是，王阳明命令各营士兵就地休整，养精蓄锐，同时，又分别派遣数十名向导探查残匪动向以及其他贼巢的动静。

十五日，向导传来消息，山上贼匪正在排兵布阵，准备在绝险崖壁之处修建工事，拼死一搏。已破贼巢之残匪也流窜至此。

据王阳明所制订的计划，湖广大军与王阳明统领的官军将于十一月一日夹攻桶冈匪巢。眼见日期临近，各将官不禁担心王阳明大军能否按时抵达。王阳明认为，此地距桶冈尚有一百余里，加之山路险峻，要走三日才可抵达。若官军对此处贼匪围而不打，转而移兵桶冈，势必造成兵力分散，此种做法甚为不妥。因此，他决定在夹攻桶冈之日前先扫平横水匪寇。

恰在此时，官军抓获了一名桶冈的喽啰兵钟景，他正准备出山打探横水方面的消息。于是，王阳明命人将他带来，对他说："我军势头锐不可当，所到之处匪患尽除。剿灭桶冈贼匪，即在眼前。你若能转投官军，本院饶你不死。"

钟景听闻此言，当即叩首谢恩并归降了官军。当王阳明询问桶冈地形时，钟景皆据实相告。他还将横水匪巢的分布情况告诉王阳明。王阳明亲自给钟景松绑，并赐他酒肉，将他留在帐前听用。

然后，王阳明命各营将兵士分为正、奇两队，正兵从正面攻击，奇兵从背面偷袭。官军在大雾的掩护下分头攻击敌营。《孙子兵法》云"以正合，以奇胜"，又云"兵贵拙速""出其不意"。王阳明此役真可谓深谙兵法精髓。

最终，官军于十六日攻破旱坑（《皇明大儒王阳明先生出身靖乱录》记为卑坑）、鸢井、稳下、李家等匪巢，十七日攻破丝茅坝，十八日攻破朱雀坑、村头坑、黄竹坳、观音山等匪巢，十九日攻破梅伏坑（又称梅坑）、石头坑，二十日攻破白封龙、芒背、黄泥坑、大富湾等匪巢，二十二日攻破白水洞，二十四日攻破寨下、杞州坑，二十五日攻破朱坑、杨家山，二十六日攻破李坑、川坳，二十七日拿下长河洞匪巢。

大匪首谢志珊在逃往桶冈途中被官军活捉，随后被军门斩首，其头颅被高悬于城楼。行刑前，王阳明问他："尔等不过一介草民，何以能招募如此多的匪众？"

谢志珊答道："此非易事。每当我发现英武、神勇之士，断不肯轻易错过。我会通过各种手段引诱他们，例如请他们喝酒或资助他们的生活，直到他们对我感恩戴德。此时，我便将自己的目的告诉他们，他们必然会死心塌地为我效命。"

后来，王阳明将此事告诉弟子，并对他们说："若想有朋友相助，我们也必须如此。"《皇明大儒王阳明先生出身靖乱录》中有一诗，可以表达出王阳明此时的心情："同志相求志自同，岂容当面失英雄。秉铨谁是怜才者，不及当年盗贼公。"

由上可知，尽管战事紧迫，王阳明依然没有忘记通过实例来启发、开导弟子。

一日尽破桶冈贼匪

横水大匪首谢志珊被诛杀后，众将官纷纷向王阳明提出官军应该乘胜追击，直捣桶冈匪巢。对此，王阳明却持不同意见。

依据钟景所言，桶冈乃天堑要塞，进出之路仅有锁匙龙、葫芦洞、茶坑、十八磊、新池五处。要进入这五处要塞，仅能凭借栈梯攀缘而上，真可谓一夫当关、万夫莫开。且有众多横水残匪流窜至此，桶冈贼匪也进一步加强了戒备。

王阳明认为，官军抵达后不宜立即开战，应先让军队就近驻扎，休整队伍以壮军威，然后再设法劝降敌军。王阳明指出，贼军见官军所向披靡，必然心生忌惮，大匪首蓝天凤极有可能前来归降。即便对方不降，其军心也会逐渐涣散，此时举兵则大事可成。

十月二十八日深夜，王阳明派义官李正岩、刘福泰及钟景前往桶冈游说蓝天凤，并将归降的最后期限定于十一月一日正午。

蓝天凤听闻李正岩等三人之言，不禁大喜过望，遂考虑归顺。他召集各山寨匪首商议此事，然而众人争执良久迟迟没有结果。此前，官军已开始进攻桶冈。十月三十日夜，官军分别抵达锁匙龙、葫芦洞、茶坑、十八磊、西山界等关隘，并秘密布置好军队。

十一月一日突降大雨，贼军认为官军不会此时进兵，而李、刘等人也还在继续与蓝天凤商谈归降一事，故而贼军放松了警惕。所以当官军从四面八方发起攻击时，贼军皆大惊失色，只得匆忙布防迎敌。各路官军团结一致、奋勇杀敌，终于大败贼军。

次日，官军乘胜追击，一举荡平桶冈、梅伏、乌池、西山界、锁匙龙、黄竹坑、十八磊、铁木里、土地、葫芦洞、员分、背水坑、太王岭十三处匪巢。

仅仅用了一天时间，官军就基本剿灭了桶冈匪患。王阳明又命官军严守各险要隘口，彻底消灭残匪。同时，王阳明亲率一部驻扎在茶寮。

十一月五日至十三日，官军又相继攻破了上新地、中新地、下新地、杉木坳、原陂、木里、板岭、天台庵、东桃坑、龙背十处匪巢。大匪首蓝天凤在逃跑时被官军包围，最终跳崖而亡。

与此同时，湖广统兵参将史春为与王阳明会合，急率军队奔桶冈而来。当他抵达省界郴州时，收到王阳明派发的公文，获悉桶冈之贼已被尽数剿灭，惊喜不已，随即感叹："我等花费一年时间备战，仍唯恐不足以迎敌。而王阳明先生剿匪竟不费吹灰之力，犹如秋风扫落叶一般，早晨出战，傍晚即告捷，真乃神人也！"

王阳明仅仅用了一个月的时间就扫平了横水、桶冈的八十余处匪巢，抓获及斩杀谢志珊、蓝天凤等八十六名匪首及三千一百六十八名匪众，另俘虏三千六百余人。

在《横水桶冈捷音疏》(《王文成公全书》卷十)的末尾，王阳明尽数列出有功将领的官职及姓名，对他们身先士卒、不惧危险的精神予以褒奖，同时请求朝廷对他们论功行赏。这些将领包括监军副使杨璋、参议黄宏，领兵都指挥佥事许清，都指挥行事指挥使郏文，知府邢珣、季敩、伍文定[1]、唐淳，知县王天与、张戬，指挥余恩、冯翔，县丞舒富等二十余名官员。

王阳明平定横水、桶冈匪患后，于正德十二年（1517）闰十二月五日，再上《立崇义县治疏》（《王文成公全书》卷十），请求朝廷从上犹、大庾、南康三县划分新地以设立崇义县，并在横水镇设立县治。

桶冈地势极为险要，四周尽是悬崖峭壁，凭此天险，贼匪才得以有恃无恐。官府曾多次派兵征剿，但都以失败告终，其根本原因就在于对方占据着有利地势。王阳明担心官军一旦撤走，残匪流寇又会重新占据此地，继续为非作歹。因此，官府必须派兵驻守桶冈。

茶寮隘是桶冈的险要关口，贼匪曾长年派兵驻守于此，以拒官军。茶寮即茶馆，当地茶馆甚多，因此得名茶寮隘。王阳明率军队驻扎此地后，随即命部下去各处险要关口巡视。茶寮隘东邻赣州府的兴国，南邻广东的仁化、乐昌，西邻湖广的桂东、桂阳，北邻江西吉安府的万安。鉴于桶冈重要的地理位置，王阳明最终决定于此处设立哨所及巡检司。

茶寮隘位于今桶冈村的北部，桶冈村隶属于崇义县思顺乡。

---

[1] 伍文定（1470—1530）：字时泰，号松月，谥忠襄。湖广荆州府松滋县（今荆州松滋市）人。弘治十二年（1499）进士，曾任兵部尚书。为人豪放磊落，文武兼备，尚忠节，喜谈兵法，颇有儒将之风。

此处立有一座茶寮碑，也称碑记石。关于此碑记石的由来，《崇义县地名志》有相关记载："此碑原名为茶寮碑，因其立于茶寮隘而得名。又因石碑上刻有文字，另称为碑记石。此碑位于恩顺人民公社桶冈大队管辖区。正德十二年，王阳明带兵剿平桶冈贼匪后，特立此碑以示纪念。茶寮碑高两丈五尺，碑身需十一个人才能合抱。整座石碑气势恢宏，给人以庄严肃穆之感。"

平茶寮碑

正德丁丑（十二年），瑶寇大起。江、广、湖、郴之家骚然，且三四年矣。于是三省奉命会征，乃十月辛亥（九日），予督江西之兵自南康入。甲寅（十二日），破横水、左溪诸巢，贼败奔。庚申（十八日），复连战，奔桶冈。十一月癸酉（一日），攻桶冈，大战西山界。甲戌（二日），又战，贼大溃。丁亥（十五日），尽殄之。凡破巢八十有四，擒斩三千余，俘三千六百有奇，释其胁从千有余众，归流亡，使复业。度地居民，凿山开道，以夷险阻。辛丑（二十九日），师旋。于乎！兵惟凶器，不得已而后用。刻茶寮之石，匪以美成，重举事也。提督军务都御史王某书。（《王文成公全书》卷二十五）

其中，"兵惟凶器，不得已而后用"，充分表明了王阳明对战争的态度。朝廷很快批准了王阳明的申请，于横水、桶冈设立了崇义县，交由南安府管辖。自从横水、桶冈地区设立县治以来，当地治安状况逐步好转，贼匪流寇难以在此安身，百姓从此安居乐业，不必再担心贼匪作乱。无论是之前的清平县，还是后来的崇义县，王阳明的最终目的都是维护治安、稳定民生。

正德十四年（1519），崇义县县民为纪念王阳明，特在当地建起一座祠堂。该祠堂位于先师庙以西，名为"都宪王阳明公祠"。后来，祠堂被损毁，现在的崇义中学所在地即为该祠堂原址。此外，崇义县文化馆的大院里至今仍保存着两座石碑，这两座石碑修造于明隆庆二年（1568），其中一块石碑上刻有《重修新建伯王阳明祠堂记》。据说，此文作者也是余姚人。另一座石碑上则刻有"明新建侯王文成公祠"的字样。

智取浰头贼首

正德十三年（1518）正月七日至三月八日期间，王阳明率军赶赴广东龙川县，一举荡平浰头匪患。之后，王阳明又扫平了九连山匪寇。同年四月二十日，王阳明上奏《浰头捷音疏》（《王文成公全书》卷十一），奏报此次平定浰头匪患的详细经过。

湖广、江西、广东、福建诸匪中，最强悍、最狡猾的莫过于浰头之贼。征剿浰头匪患，可谓困难重重。王阳明不但擅长用兵法，更长于攻心，因此能一举荡平浰头匪巢。王阳明不仅是伟大的儒学家，同时也是杰出的军事家。《浰头捷音疏》详细记录了此役的经过。据此可知，王阳明不愧是一位思维缜密、谋略过人的军事家。

在此疏文中，王阳明详细汇报了各路官军剿匪的情况，同时还列出扫平匪巢的日期，各路将领的官衔、姓名，匪巢位置及匪首、主要匪众的姓名，斩杀及俘虏的贼匪人数，缴获战利品的种类，烧毁敌军仓库、房屋的数量。并且，王阳明还详述了智斗浰头匪首池仲容的经过。在此，我们以《皇明大儒王阳明先生出身靖乱录》为参考，介绍一下王阳明平定浰头匪患的具体过程。

正德十二年二月七日，江西赣州府信丰县官员上报，龙南县匪首黄秀魁纠合广东匪首池仲容等人，意欲偷袭信丰县。今见贼人攻城不退，请求王阳明发兵救援。

王阳明收到此公文后，随即委派经历（负责出纳、誊写公文）王祚、县丞舒富领兵前去助战。官军虽斩获四名贼匪，但报效义士杨习举被贼人杀害，同时王祚被擒。于是，王阳明亲率大军赶赴信丰县，他先招安所擒之贼，再命他们返回匪巢，设法救出王祚。对于此役中的失职官员，王阳明命他们据实回禀剿匪不利之缘由，并上奏朝廷。

当时，浰头匪首除池仲容外，还有池仲宁、池仲安、高允贤、李全等，他们各自盘踞一方。当时浰头贼匪非常猖獗，僭称王号，伪设官职，并且屡次进攻广东翁源、龙川、始兴，江西龙南、信丰、安远、会昌等县，杀害官军、焚烧村寨、虐杀村民，致使百姓居无宁日。朝廷曾多次调狼达土兵助剿浰头贼匪，皆无功而返。

王阳明所制定的战略部署是先攻横水，次攻桶冈，最后与广东军会师，徐图浰头。正合古语所云："如攻坚木，先其易者，后其节目。"（《礼记·学记》）王阳明认为，南赣贼匪多分布于南安横水、桶冈等地，该地区与湖郴（湖广郴州）接壤，当地贼匪虽人数众多，但势力过于分散，他们仅能凭借天险来抵抗官军。而浰头匪巢多靠近闽广地区，此地贼匪狡猾且较集中，匪巢间互有结盟，能做到守望相助。

正德十二年九月，王阳明计划进兵横水，因唯恐浰头贼匪乘机作乱，于是发布告谕予以安抚。他派遣报效生员（负责军务之人，生员为各府、州、县学的学生）黄表、义民周祥等人前去发布告谕文，同时赏给贼匪金银、布匹等财物。如此一来，众贼人多被王阳明之举所感动，各山寨头领黄金巢、刘逊、刘粗眉、温仲秀等人皆表示愿意归降朝廷。

然而，唯独大匪首池仲容对此不屑一顾，他愤然对众人道："我等做贼已非一年，官府来招亦非一次，此亦何足为凭！待黄金巢等到官后，果无他说，我等遣人出投亦未为晚。"

王阳明认为，官军不可分头征剿浰头和横水、桶冈的匪患，应该切断贼匪之间的联系，使之不敢妄自出兵。其后不久，浰头匪首黄金巢等人来投王阳明。王阳明赦免了他们的罪行，并加以好言安抚。黄金巢等人皆表示，愿协助王阳明剿匪。于是，王阳明命黄金巢率领五百余兵勇，赶赴横水剿匪。

正德十二年十月，王阳明一举荡平横水匪巢。池仲容听闻此消息后惊恐不已，担心王阳明接下来就会领兵攻打浰头。于是，他召集寨主池仲宁、高飞甲等人商议对策，最后决定先派其弟池仲安率两百老弱残兵归降王阳明，并假意愿助官军剿匪。但池仲容的真正意图是探听虚实，寻机里应外合，消灭官军。

王阳明早已看破池仲容的诡计，表面上却不动声色。待官军征剿桶冈之时，王阳明故意命池仲安绕远路堵截残匪，同时命官军加强内部戒备，使池仲安等无机可乘。对外，王阳明又故意宽待池仲安等人，使其放松警惕。

同时，王阳明暗自派人分头寻找深受浰头贼匪祸害的百姓，将他们带到军营，共商讨贼之事。约十天后，有数十名百姓相继来到军营。王阳明向他们询问如何才能扫平浰头匪寇，众人言道："此贼狡诈凶悍，非比他贼，其出劫行剽，皆有深谋，人不能测。自知恶极罪大，国法难容，故其所以捍拒之备，亦极险谲。前此两经夹剿，皆狼兵二三万，竟亦不能大捷。后虽败遁，所杀伤亦略相当。"

"近年以来，奸谋愈熟，恶焰益炽。官府无可奈何，每以调狼兵恐之。彼辄谩曰：'狼兵易与耳。纵调他来，也须半年。我纵避他，只消一月。'其意谓狼兵之来不能速，其留不能久也，是以益无忌惮。今已僭号设官，奸计逆谋，尤非昔比。必欲除之，非大调狼兵，事恐难济。"

王阳明认为，兵无常势，应因敌军之变化才可制胜。现今，浰头贼匪狃于常理，他们认为朝廷必先调狼达土兵才敢出战。正因如此，官军无须调动狼达土兵，亦可取胜。于是，王阳明制订了周密的作战计划，他先让百姓各自返回，待官军发动进攻时，请他们立刻占领关口以拒贼。

正德十二年十一月，王阳明一举剿灭桶冈匪患。池仲容得知此事后更加惊恐，随即进一步加强了战备。不久之后，王阳明派使者前往浰头，并将牛马、酒肉等物赐予各寨主，以探听贼匪动向。见此，池仲容等人诈称龙川县游侠卢珂、郑志高、陈英等人要掩袭浰头，故而加强了防备，并非要抵抗官军（卢、郑、陈三人为归降朝廷的龙川新民，有部下三千余人）。池仲容嚣张跋扈，远近百姓皆敢怒不敢言，仅有此三人敢与之抗衡，所以池仲容对他们深恶痛绝。

王阳明佯装相信池仲容所言，对卢珂、郑志高、陈英等派兵袭击浰头一事表现得异常气愤，但他暗地里派发檄文给龙川新民，告知池仲容诬陷卢、郑、陈等人一事。同时，池仲容派使者来到王阳明的军营中。王阳明故意表示，卢、郑、陈等人将袭击浰头匪巢一事确属事实，官府欲派兵征剿三人，因要途经浰头，所以需要池匪伐木开道以待官军。

池仲容闻此，又喜又惧，喜的是，王阳明已误信卢、郑、陈等人的罪行；惧的是，王阳明若在途经浰头时突然攻打浰头，其后果不堪设想。于是，池仲容再次派遣使者来答谢王阳明，声称不愿劳烦官军，自己会带人全力防范卢、郑、陈等人的袭击。

十二月十五日，王阳明回兵南康，卢珂、郑志高、陈英等人闻讯赶到王阳明处，揭发池仲容等人的罪行。卢、郑、陈等人说："池仲容等僭号设官，今已点集兵众，号召远近各巢贼首，授以'总兵''都督'等伪官，等候三省夹攻之兵一至，即同时并举，行其不轨之谋。及以伪授卢珂等官爵'金龙霸王'印信文书一纸黏状来首。"

王阳明事先已派人查知此事，听闻卢珂等人之言，故意怒斥道："以尔等擅兵仇杀投招之人，罪已当死。今又造此不根之言，乘机诬陷。且池仲容等方遣其弟领兵报效，诚心向化，安得有此。"

随后，王阳明命人将卢、郑、陈等人捆起来，听候发落。原池仲容的部下见此情景，有些不安。看到王阳明要将卢珂等人斩首,众人又暗自高兴,纷纷叩拜王阳明,高呼"大人圣明"。然后,这些人又控诉起卢珂等人的罪行。王阳明一面假意命人书写状纸,一面将卢珂等人投入监狱,以候处斩。卢珂等人被关入牢房,人人身披重枷,王阳明悄悄派人告诉他们"阳怒之意,欲以诱致仲容诸贼"。同时,王阳明命卢、郑、陈等先派人回龙川县集结兵勇,待卢珂等人返回之时,即刻出兵剿匪。

王阳明派生员黄表、听选官(负责选拔官吏)雷济前去游说池仲容,劝其不要再对官府生疑。同时,黄、雷二人还暗中收买池匪亲信,使其劝说池匪主动归降朝廷。

十二月二十日,王阳明带兵返回赣州,遂下令全城大摆宴席,以犒赏三军。其文曰:"今南安贼巢皆已扫荡,而浰头新民又皆诚心归化,地方自此可以无虞。民久劳苦,亦宜暂休为乐。"

随后,王阳明解散军队,使其回乡务农,似有不再征兵之势。同时,王阳明命池仲安带兵返回浰头,以助其兄防守关隘。王阳明对池仲安道:"卢珂等虽已系于此,恐其党致怨,或掩尔不虞。"

池仲安回到浰头后,将此事告知池仲容。众人皆欢欣不已,逐渐放松了警惕。

之后,王阳明又派指挥余恩赍历前去犒劳,提醒他们勿要松懈,以防卢珂余党攻山。闻此,众人大喜,黄表、雷济又对池仲容言道:"今官府所以安辑劳来尔等甚厚,何不亲往一谢!况卢珂等日夜哀诉反状,乞官府试拘尔等,若拘而不至者,即可以证反状之实。今若不待拘而往,因面诉珂等罪恶,官府必益信尔无他,而谓珂等为诈,杀之必矣。"

那些被官府收买的池匪亲信也极力赞成此事,于是,池仲容应允，并对众人言道："若要伸，先用屈。赣州（借指王阳明）伎俩，亦须亲往勘破。"

众人商议决定，由池仲容率领四十余人赶往赣州。

王阳明得知池仲容已上路，便秘密派人前往各府县加强军备，以接应大军行动。同时，王阳明又派千户孟俊先赶往龙川，帮助卢珂、郑志高、陈英等集结军队，佯装途经浰头之势，借以威吓对方。为使孟俊顺利通过浰头，王阳明以拘捕卢珂等党羽为名，另下一道军令。浰头贼匪见孟俊带兵到此，便询问此行目的。于是，孟俊拿出王阳明军令以示众人，众匪见此皆倒身下拜，并争相护送孟俊出境。孟俊抵达龙川后，立刻开始对卢珂的军队进行整顿、扩充。浰头贼匪闻之，皆以为官府要拘捕卢珂余党，遂彻底放心。

闰十二月二十三日，池仲容等人到达赣州，见各营官兵已被解散，街市中张灯结彩，百姓听戏取乐，由此，池仲容更加深信王阳明不会发兵。池仲容为探查卢珂等人近况而暗中买通狱卒，见卢珂等人身披重枷，大喜。随后，池仲容派人返回浰头匪巢告知属下："乃今吾事始得万全矣！"

见此，王阳明连夜释放卢珂、郑志高、陈英等人，命他们速返龙川掌兵。然后，王阳明又命人每日杀羊宰牛，犒赏池仲容一行人，借以拖延其归期。

正德十三年正月三日，卢珂等人返回龙川。王阳明得知所需兵勇已大致募齐，于是在中庭设宴，并在四周埋伏众多甲士，待池仲容一行入席后，便将其悉数擒获。随后，王阳明拿出卢珂所书状纸，列数匪众的罪行。众人闻此，皆认罪服法。

征剿浰头贼众

正月三日夜，王阳明派人至各县，以指挥当地军队作战，同时命他们于七日齐攻浰头匪巢。当日，官军分别从龙川县的和平都、乌虎镇、平地水，龙南县的高沙保、南平、太平保、冷水径，信丰县的黄田冈、乌径等地进攻浰头，王阳明亲率帐下兵勇由冷水径直取浰头大巢。各路大军齐发并举，会师三浰。

之前，池仲容通知浰头贼匪，说赣州官兵已尽数解散，众人皆以为官兵不会攻山，便放松了戒备，各自返回山寨。当贼众得知官军兵分四路，一齐攻打浰头时，不禁惊慌失色，仓促派人把守隘口。浰头贼匪集结精锐兵勇千余人，妄图在龙子岭设伏以阻击官军。

官军从三面攻打浰头，各路军队分成两拨，以前后夹击贼匪，其喊杀声响彻山谷。最终，贼军大败而逃，官军乘胜追击，相继攻克上、中、下三浰。各路大军得知三浰贼巢已被攻破，皆备受鼓舞，作战也更加勇猛，浰头诸匪更加溃不成军。官军相继攻破热水、五花障、淡方、石门山、上下陵、芳竹湖、白沙、曲潭、赤唐、布坑、三坑等匪巢。

当晚，多处残匪聚集于未被官军攻破的匪巢。次日（八日）清晨，王阳明命各哨官兵前去探查贼匪所在，并予以各个击破。最终，官兵于九日攻破铁石障、羊角山、黄田坳、岑冈、塘舍洞、溪尾等匪巢，十日攻破大门山、镇里寨等匪巢，十一日攻破中村、半经、都坑、尺八岭、新田径、古地、空背、旗岭、顿冈等匪巢，十三日攻破狗脚坳、水晶洞、五湖、蓝州等匪巢，十六日攻破风盘、茶山等匪巢。然而，各处残匪又纠集八百精壮兵勇占据九连山，妄图凭借天险拼死一搏。

王阳明认为，九连山山势极高，横亘数百里，且四面斩绝，官军很难攻山，且九连山东面与龙门山相连，此处尚有百余处匪巢，若官军一味进攻，则九连山贼匪必定逃往龙门山，两处匪患若连成一片，则更难剿灭。此时，九连山上缺兵少将，若派官兵偷偷潜入敌营，断其后路，则可于半月之内攻破此山。但贼匪所盘踞的断崖绝壁下仅有一条小路可行，若官军公然行至此地，贼人必然投以滚木、礌石，其后果不堪设想。

于是，王阳明挑选精锐兵勇七百余人，命其佯装溃匪，同时命他们趁暮色急行通过崖下小路。山上贼匪见此，皆以为官军乃溃败残匪，纷纷下山迎接，官兵们也假意应承。尽管贼匪稍有疑虑，却不敢轻易出击。这样一来，官兵便顺利通过了天险小路，可以随时切断敌军后路。

次日，贼匪得知昨日一行人为官军，而此时退路已被切断，众贼匪遭官军前后夹击。由于官军已占据有利地势，居高临下，贼匪不堪抵抗，节节败退。

王阳明料到残匪必定逃跑，于是命各哨官兵四面设伏，以堵截残匪。果然，贼匪分路潜逃。二十五日，官军于五花障、白沙、银坑水截杀残匪，二十七日于乌虎镇、中村、北山截杀残匪。同时，官军还在风门奥与残匪大战。其余溃逃残匪尚有三百余人，分别逃往上坪、下坪及黄田坳。

王阳明命各路官兵加紧追击，二月二日，官军与残匪战于平和、上坪、下坪，八日战于黄田坳，十二日战于铁障山，十四日战于乾村、梨树、芳竹湖，二十三日战于北顺、和洞，二十六日战于水源、长吉、天堂寨。

三月三日，王阳明命人四处打探得知，各匪巢中穷凶极恶之徒已被官军尽数擒斩。残匪张仲全所率两百余人不过是老弱残兵，不足为惧。其中贼匪多为周边村民，因被胁迫一时误入歧途。众人见池匪大势已去，遂聚集于九连谷口，哀号痛哭，诚心归降。

闻此，王阳明派报效生员黄表前往九连谷以探虚实，得知众人果然真心归降。王阳明命令，对有罪之人，要按律处罚；其余人等，要重新录入户籍。最终，官军顺利收复白沙。

正月七日至三月八日期间，官军攻破匪巢三十八处，擒斩大匪首二十九人、小匪首三十八人、匪众两千零六人，俘虏匪众八百九十人，得战利品牛马一百二十二匹、枪矛器械两千八百七十支、赃银七十两六钱六分。

在《浰头捷音疏》末尾，王阳明再次列数池仲容的各项罪行：

> 大贼首池仲容等，荼毒万民，骚扰三省，阴图不轨，积有年岁，设官僭号，罪恶滔天。比之上犹诸贼，尤为桀骜难制。盖上犹诸贼，虽有僭窃不轨之名，而徒惟劫掠焚烧是嗜。至于浰头诸贼，虽亦剽劫掳掠是资，而实怀僭拟割据之志。故其招致四方无籍，隐匿远近妖邪，日夜规图，渐成奸计。兼之贼首池仲容、池仲安等，又皆力搏猛虎，捷竞飞猱，凶恶之名久已著闻，四方贼党素所向服。是以负固恃顽，屡征益炽。

前此知其无可奈何，亦惟苟且招安，以幸无事。其实无救荼毒之惨，益养奸宄之谋。今乃臣等驱不练之兵，资缺乏之费，不逾两月，而破奸雄不制之虏，除三省数十年之患。此非朝廷威德，庙堂成算，何以及此！

臣等切惟天下之事，成于责任之专一，而败于职守之分挠。就今事而言，前此尝夹攻二次，计剿数番。以兵，则前者强，而今者弱，前者数万，而今者数千；以时，则前者期年，而今者两月；以费，则前者再倍，而今者什一；以任事之人，则前者多智谋老练之士，而今者乃若臣之迂疏浅劣。然而计功较绩，顾反有加于昔，何哉？实由朝廷之上，明见万里，洞察往弊，处置得宜。既假臣以赏罚之权，复改臣以提督之任。

……………

以故诏旨一颁，而贼先破胆夺气；咨文一布，而人皆踊跃争先。效谋者知无沮挠之患，而务竟其功；希赏者知无侵削之弊，而毕致其死。是乃所谓"得先胜之算于庙堂，收折冲之功于樽俎"，实用兵之要道，制事之良法也。事每如此，天下之治有不足成者矣。臣等偶叨任使，何幸滥竽成功！

最后，王阳明请求朝廷对兵备副使杨璋等将官论功行赏。"得先胜之算于庙堂，收折冲之功于樽俎"，即为王阳明此役的指导思想。同时，他对《孙子兵法》中的战术思想也能做到活学活用。例如："夫未战而庙算胜者，得算多也。""兵者诡道。""上兵伐谋。""三军之众，可使必受敌而无败者，奇正是也。""善战者，致人而不致于人。""兵之形，避实击虚。""兵以诈立。""围地则谋。"

正因为王阳明谋划周密、布局巧妙，官军才得以顺利收复浰头。

为剿灭浰头匪患，王阳明殚精竭虑、身心俱疲。当池仲容正式伏法后，王阳明不禁流露出倦意。对此，《皇明大儒王阳明先生出身靖乱录》中有过具体描写：

> 先生见各贼挪完，唤池仲容到前。说："汝虽投顺，去后难保其心。"仲容方欲启口分辩，先生喝声中军官也与我挪着，就于袖中出卢珂等首状，当面逐款质问。"伪檄上金龙霸王印信从何而来？"仲容顿口无言，惟有叩头请死。
>
> 先生命押付辕门，同八人斩首号令。仲容到辕门之外，方知领赏众贼俱已杀完，悔之无及，瞑目受刑。正是："人恶人怕天不怕，人善人欺天不欺。善恶到头终有报，只争来早与来迟。"
>
> 先生用计，不动声色。除了积年的反贼，满城官吏士民无不称快。犒贼之物，一毫不失。即以赏有功甲士。狱中放出卢珂、郑志高、陈英，厚加赏赐，不在话下。
>
> 时日已过午，先生退堂，一个头旋昏倒在地。左右慌忙扶起，呕吐不止。众官俱至私衙问安。先生曰："连日积劳所致，非他病也。"幸食薄粥，稍静坐片时，安然如故矣。

王阳明征战三浰之时，始终没有忘记讲学一事。由于王阳明讲学立足于实例，并非纸上谈兵，所以能达到深入浅出，极具说服力。

例如，正德十三年（1518）正月，王阳明带兵前往三浰剿匪，途中他曾写信给弟子薛侃（《王文成公全书》卷四），其中写道：

> 即日已抵龙南，明日入巢，四路兵皆已如期并进，贼有必破之势。某向在横水，尝寄书仕德云："破山中贼易，破心中贼难。"区区剪除鼠窃，何足为异？若诸贤扫荡心腹之寇，以收廓清平定之功，此诚大丈夫不世之伟绩。数日来谅已得必胜之策，捷奏有期矣。何喜如之！日孚美质，诚可与共学，此时计已发舟。倘未行，出此同致意。廨中事以累尚谦，想不厌烦琐。小儿正宪，犹望时赐督责。

奏请辞官

王阳明剿平三浰匪患后，计划于十天之内彻底扫除残匪。之后，他便向朝廷奏请辞去提督一职。为征剿闽广及横水、桶冈、三浰等处的匪患，王阳明马不停蹄、日夜操劳，终致旧疾（肺结核病）恶化。尤其是智斗三浰大匪首池仲容，更使得王阳明身心疲惫到极点。正德十三年（1518）三月四日，王阳明上《乞休致疏》，请求辞官休养。其文辞诚挚感人，读之令人动容：

> 臣以菲才，遭逢明盛，荷蒙陛下涤垢掩瑕，曲成器使。既宽尸素之诛，复冒清显之职。增其禄秩，假以赏罚。念其行事之难，授以提督之任，言行计听。感激深恩，每思捐躯以效犬马。奈何才寒福薄，志欲前而力不逮，功未就而病已先。
>
> 臣自待罪鸿胪，即尝以病求退，后惧托疾避难之诛，辄复黾勉来此。驱驰兵革，浸染瘴疠，昼夜忧劳，疾患愈困。自去岁二月往征闽寇，五月旋师；六月至于九月，俱有地方之警；十月攻横水，十一月破桶冈，十二月旋师；未几，今年正月又复出剿浰贼。前后一岁有余，往来二三千里之内，上下溪涧，出入险阻，皆扶病从事。然而不敢辄以疾辞者，诚以朝廷初申赏罚之请，再下提督之命，惟恐付托不效，以辜陛下听纳之明，负大臣荐扬之举。且其时盗贼方炽，坐视民之荼毒而以罪累后人，非仁也；已逃其难而遗人以艰，非义也；徒有其言而事之不酬，非忠也。故宁委身以待罪，忍死以效职。
>
> 今赖陛下威德，庙堂成算，上犹、南康之贼既已扫荡，而浰寇残党亦复不多。旬日之间，度可底定，决不至于重遗后患，则臣之罪责，亦既可以少逭于万一。但惟臣病月深日亟，百疗罔效，潮热咳嗽，疮痍痛肿，手足麻痹，已成废人。昔人所谓绵弱之才，不堪任重；福薄之人，难与成功。二者臣皆有焉。伏惟陛下覆载生成，

不忍一物失所，悯臣舆病讨贼所备尝之苦，哀臣忍死待罪不得已之情，念福薄之有限，怜疾疗之无期，准令旋师之日，放归田里。岂曰保全余息，尚图他日之效。苟遂丘首，臣亦感恩地下，能忘衔结之报乎？臣不胜哀恳祈望之至！

然而，此疏未获朝廷批准。当时，南赣诸匪皆被荡平，王阳明提出辞官似乎合情合理。其实，浰头一战已使王阳明心力交瘁，加之获悉祖母病重，更使他寝食难安，所以他才会致信兵部尚书王琼，申请返乡。

那么，朝廷为何没有准许王阳明辞官呢？这正是王琼深谋远虑之处。当时，他推荐王阳明任南赣巡抚，就是为了防备宁王朱宸濠谋反。南赣地区盗匪猖獗，朱宸濠与诸匪相交甚密、来往频繁，其势力日益强大，王琼对此忧心忡忡，当然不会轻易批准王阳明辞官。此后，王阳明没有再上疏请辞，而是直接听命于朝廷，想必他对朱宸濠的动向也十分关注。

对此，东正堂先生在《阳明先生全书论考》（卷十一《奏疏·公移一·南赣书》）中做过如下分析，可供读者参考：

先生志在退隐，但君命难违。他受任南赣巡抚后，相继剿灭闽广、横水、桶冈、浰头诸匪，南赣匪患基本被平定。因此，先生急欲达成志向，归隐田园。然而，宁王朱宸濠一直伺机谋反，他私通江西匪患，借此扰乱南赣治安。明眼人不难看出，朝廷已处于岌岌可危之境。

以先生之智谋，必然深知此时辞官，正可以虎口脱险。然而，兵部尚书王琼深知先生才干，加之宁王呈蠢蠢欲动之势，所以他决定留用先生，以备万一。因此，王琼不但坚决拒绝了先生的请辞，还派他去福州平定叛军，并赐予处置赏罚之权。先生领悟到王琼的良苦用心，终慨然受命。

宁王叛乱之时，江西大小官员尽皆被杀，唯独先生留在丰城而免于此劫。先生能顺利平定宁王叛乱，既是先生才干过人，也是天意使然。先生出征前曾发下誓愿，拼死也要剿灭叛军。

当时，先生好友湛甘泉来信，催促他早日还乡，先生并未予以回复。其实，湛甘泉深知先生身处险境，便借此提醒他趁早全身而退。虽然先生明白好友的一番好意，却无法抽身而退。此时，先生恰如身处虎口，早已身不由己。尽管先生才智过人，却无法将此番心境告知亲友。在此，我特作此文，以抒先生真意。

教化当地百姓

王阳明平定南赣诸匪后，于正德十三年（1518）四月发布《告谕》（《王文成公全书》卷十六），以教化当地百姓。王阳明指示，南安、赣州两府要以"十家牌法"为单位，将此告谕文书派发给各户百姓。同时，当地官府可以选拔有识之士或素有威望之人协助官府教化百姓。

此告谕文指出，匪乱平定之后，应严防民风再次流于颓靡。同时，王阳明还详述了日常行事应遵照的具体规范：

> 吾民居丧不得用鼓乐。
> 为佛事，竭赀分帛，费财于无用之地，而俭于其亲之身，投之水火，亦独何心！
> 病者宜求医药，不得听信邪术，专事巫祷。
> 嫁娶之家，丰俭称赀，不得计论聘财妆奁，不得大会宾客、酒食连朝。
> 亲戚随时相问，惟贵诚心实礼，不得徒师虚文，为送节等名目，奢靡相尚。
> 街市村坊，不得迎神赛会，百千成群。
> 凡此皆靡费无益。有不率教者，十家牌邻互相纠察。容隐不举正者，十家均罪。

王阳明下令，若有人违反这些规定，不仅要惩戒百姓，还要追究官员教化不力之罪。因此，此告谕文最后写道："至于孝亲敬长、守身奉法、讲信修睦、息讼罢争之类，已尝屡有告示，恳切开谕。尔民其听吾诲尔，益敦毋怠！"

为有效教化民众，王阳明于同年告谕南赣下辖各县百姓，督促建立社学（地方官奉朝廷诏令在乡村设立的"教童蒙始学"的学校）。王阳明认为，端正民风应先从孩童抓起。

第十四章 南赣戡乱 617

洪武八年（1375），明太祖朱元璋曾下诏创建社学。诏书写道："昔成周之世，家有塾，党有庠，故民无不知学，是以教化行而风俗美。今京师及郡县皆有学，而乡社之民未睹教化，宜令有司更置社学，延师儒以教民间子弟，庶可导民善俗也。"

朱元璋认为，各地乡村皆应建立学校，十五岁以下子弟必须送入社学读书。后来，清朝政府沿用了该项制度。

王阳明所处的时代，很多地方已经废除了社学。为了重振社学，王阳明投入了大量心血。他聘请名师，教授学童诗歌与礼仪。此后，很多孩童在街上遇见官员皆会合手施礼。当地百姓受此影响，人人礼让谦和，吟诵诗歌之声不绝于耳，社会风气大有改观。

正德十三年四月，王阳明特作《训蒙大意示教读刘伯颂等》（简称《训蒙大意》，《传习录》中卷）赠予社学教师刘伯颂等人。在文中，王阳明介绍了一套自己总结出来的儿童教育方法。

刘伯颂其人，生平不详。日本学者佐藤一斋先生认为，他并不是王阳明的弟子，很可能是来南赣向王阳明求教的一名学者。王阳明在《训蒙大意》中总结出儿童教育应遵循的主旨，详细论述了初等教育的理论方法。此后，王阳明又作《教约》，对授课方法、辅导要领、课程安排等都做了详尽阐述。现将《训蒙大意》全文附上，以备读者研读。

《训蒙大意》的第一段写道：

古之教者，教以人伦。后世记诵辞章之习起，而先王之教亡。今教童子，惟当以孝、弟、忠、信、礼、义、廉、耻为专务。其栽培涵养之方，则宜诱之歌诗以发其志意，导之习礼以肃其威仪，讽之读书以开其知觉。今人往往以歌诗习礼为不切时务，此皆末俗庸鄙之见，乌足以知古人立教之意哉！

从《训蒙大意》第一段文字可知，王阳明与其他儒者一样同为传统主义者，信奉先贤之言，并认为教育就是要传授做人的道理，即人伦纲常。王阳明认为，后世为师者多拘泥于记诵辞章，而忽略了教育的真正目的，即人伦教育才是儿童启蒙教育的重中之重。王阳明指出，很多沽名钓誉之辈凭借诗文来博取声名，如此功利式的教育令人十分担忧。

在这一段文字中，王阳明提出，歌诗、习礼、读书是授课的主要内容。其中，王阳明尤为重视歌诗。当时，很多人都认为歌咏诗文为不合时宜之举。对此，王阳明持批判态度。他认为，此种见解既狭隘又世俗，这些人并未深刻理解古代先贤的教育思想。王阳明极为重视歌诗、习礼在儿童教育中的作用，他甚至认为此二事比读书更为重要。

《训蒙大意》的第二段写道：

大抵童子之情，乐嬉游而惮拘检，如草木之始萌芽，舒畅之则条达，摧挠之则衰萎。今教童子，必使其趋向鼓舞，中心喜悦，则其进自不能已。譬之时雨春风，霑被卉木，莫不萌动发越，自然日长月化。若冰霜剥落，则生意萧索，日就枯槁矣。故凡诱之歌诗者，非但发其志意而已，亦以泄其跳号呼啸于咏歌，宣其幽抑结滞于音节也。导之习礼者，非但肃其威仪而已，亦所以周旋揖让而动荡其血脉，拜起屈伸而固束其筋骸也。讽之读书者，非但开其知觉而已，亦所以沉潜反复而存其心，抑扬讽诵以宣其志也。凡此皆所以顺导其志意，调理其性情，潜消其鄙吝，默化其粗顽。日使之渐于礼义而不苦其难，入于中和而不知其故。是盖先王立教之微意也。

由上文可知，王阳明在儿童教育方面也有着独到的见解。他认为，教育儿童不能采取强制措施，而应该遵从儿童喜爱嬉戏、害怕拘束的天性，通过鼓励、引导，使他们自然而然地建立起道德观念，正所谓"春风化雨，润物无声"。而强制教育则好似"冰风冷雨"，十分不利于儿童的身心成长。同时，培养儿童的道德观念不能急于求成。在《训蒙大意》的首段中，王阳明提出"涵养"一词，我们应予以重视。"涵养"原意是指将米浸入水中，使其自然膨胀后再供人食用。王阳明认为歌诗、习礼、读书等事的最终目的就是提高儿童的"涵养"。对此，王阳明认为：

一、引导儿童背诗、唱歌，不仅能提高他们的表达能力，还可以使他们在跳跃、吟唱中排解内心的不快，有利于他们的健康成长。

二、引导儿童学习礼仪，不仅能端正他们的仪表，还能增强体质。起坐行礼会促进全身血液循环，并收到舒筋壮骨之效。

三、引导儿童读书，不仅能帮助他们吸收知识，还可以丰富他们的心灵。并且，抑扬顿挫地大声朗读能激发儿童的信心。

王阳明认为，以上三点均要以引导的方式来进行，如此才能使儿童慢慢建立起好学的习惯,不致产生逆反心理。不知不觉中,儿童顽劣的性情自然得到改善,儿童也逐步学会了基本的社会礼仪。最重要的是,他们自然而然地步入了中和之道,这才是先贤们实施教育的真正目的。

王阳明提出,读书不仅是为了获取知识,也是为了陶冶情操。教育儿童应做到因势利导,使他们逐步掌握道德标准,遵从社会规范。

子曰:"兴于诗,立于礼,成于乐。"(《论语·泰伯篇》)也就是说,诗歌可以提高人们的道德水平,礼仪可以树立社会道德规范,音乐可以完善人们的修养。

后世有儒者认为提倡礼教会束缚人们的思想,但由孔子之言可知,礼是人性的,而不是非人性的。儒学认为,礼乐为教育之根本,礼与乐是密不可分的,偏废任何一方,都不利于教育事业的发展。因此,孔子提出"礼之用,和为贵"(《论语·学而篇》)。

总之,王阳明认为,教育儿童的基本准则是顺应儿童的性情,使他们在不知不觉中树立起道德观念。

《训蒙大意》的第三段内容如下:

> 若近世之训蒙稚者,日惟督以句读课仿,责其检束,而不知导之以礼,求其聪明,而不知养之以善。鞭挞绳缚,若待拘囚。彼视学舍如囹狱而不肯入,视师长如寇仇而不欲见,窥避掩覆以遂其嬉游,设诈饰诡以肆其顽鄙,偷薄庸劣,日趋下流。是盖驱之于恶而求其为善也,何可得乎?

王阳明介绍了当时儿童教育的现状，其言辞虽略有夸张，但所述情况也确实存在。当时，儿童教育中存在诸多问题，教育的目的仅局限于灌输知识、提高智力，教育手段单一、严苛。对此，王阳明持反对态度。他认为，此种教育方式会使学生害怕上学、敬畏老师，久而久之，学生就会变得谎话连篇，甚至道德观念也会被扭曲。

所以，王阳明在《训蒙大意》的最后一段写道："凡吾所以教，其意实在于此。恐时俗不察，视以为迂，且吾亦将去，故特叮咛以告。尔诸教读，其务体吾意，永以为训。毋辄因时俗之言，改废其绳墨，庶成'蒙以养正'之功矣。念之念之！"

如上所述，王阳明对儿童教育方法进行了详细论述。

另外，王阳明在《教约》（《传习录》中卷）中还介绍了老师和学生应遵循的守则，即儿童教育的具体方针。首段这样写道：

> 每日清晨，诸生参揖毕，教读以次。遍询诸生：在家所以爱亲敬长之心，得无懈忽，未能真切否？温清定省之仪，得无亏缺，未能实践否？往来街衢，步趋礼节，得无放荡，未能谨饰否？一应言行心术，得无欺妄非僻，未能忠信笃敬否？诸童子务要名以实对，有则改之，无则加勉。教读复随时就事，曲加诲谕开发。然后各退就席肄业。

由上文可知，老师在上课前必须认真核查学生对各项礼仪的掌握情况。《论语·学而篇》有云："子曰：弟子入则孝，出则悌，谨而信，泛爱众而亲仁。行有余力，则以学文。"孔子认为，修养德性要比学知识更为重要。王阳明也认为，在儿童教育中融入道德修养教育是非常有益的。

> 凡歌《诗》，须要整容定气，清朗其声音，均审其节调。毋躁而急，毋荡而嚣，毋馁而慑。久则精神宣畅，心气平和矣。每学量童生多寡，分为四班，每日轮一班歌《诗》，其余皆就席，敛容肃听。每五日则总四班递歌于本学。每朔望，集各学会歌于书院。

在第二段中，王阳明介绍了教授学生朗诵诗歌的具体方法。

> 凡习礼，须要澄心肃虑，审其仪节，度其容止。毋忽而惰，毋沮而怍，毋径而野。从容而不失之迂缓，修谨而不失之拘局。久则体貌习熟，德性坚定矣。童生班次，皆如歌诗。每间一日，则轮一班习礼。其余皆就席，敛容肃观。习礼之日，免其课仿。每十日则总四班递习于本学。每朔望，则集各学会习于书院。

在第三段中，王阳明又介绍了教授学生礼仪的具体方法。

> 凡授书不在徒多，但贵精熟。量其资禀，能二百字者，止可授以一百字。常使精神力量有余，则无厌苦之患，而有自得之美。讽诵之际，务令专心一志，口诵心惟，

字字句句，绅绎反覆，抑扬其音节，宽虚其心意。久则义礼浃洽，聪明日开矣。

在第四段中，王阳明介绍了教授学生读书的方法。他认为，应根据学生的资质来安排每日的学习量，宁可少些，也不要过多。这样可以避免学生产生厌烦心理，使他们更容易掌握学习内容。同时，王阳明还阐述了朗读在修养心性方面的积极作用。末尾一段对前三段内容进行了总结。

每日工夫，先考德，次背书诵书，次习礼，或作课仿，次复诵书讲书，次歌《诗》。凡习礼歌《诗》之数，皆所以常存童子之心，使其乐习不倦，而无暇及于邪僻。教者知此，则知所施矣。虽然，此其大略也。神而明之，则存乎其人。

此段阐明了《教约》的主旨。王阳明认为，教师应每天检查儿童的操守品行。读书作文可以提高学生的知识水平，歌诗习礼可以培养学生的道德情操。老师应该让学生感受到学习乐趣，这样一来学生自然会步入正道。

最后，王阳明还指出，如果想提高儿童教育的水平，就要充分发挥教师的作用。教育儿童不可采取强制措施，必须因势利导、因材施教，这也是王阳明反复强调的。他认为，儿童教育的重点就在于帮助学生树立道德观念，提高其道德水平。

奏请设立和平县

王阳明平定闽广匪患后，奏请设立了清平县；平定横水、桶冈匪患后，奏请设立了崇义县；当他剿灭浰头匪患后，随即奏请设立和平县。

正德十三年（1518）五月一日，王阳明上《添设和平县治疏》(《王文成公全书》卷十一），随即获准。在文中，王阳明详述了自洪武之后，浰头地区的贼匪活动情况及分布状况，阐述了设立县治的必要性：

窃见龙川和平地方，山水环抱，土地坦平，人烟辏集，千有余家。东去兴宁、长乐、安远，西抵河源，南界龙川，北际龙南，各有数日之程。其间山林阻隔，地理辽远，人迹既稀，奸宄多萃。查得父老相传，原系循州龙川、雷乡二县，后因地方扰乱，人民稀少，除去循州、雷乡两处，止存龙川一县。洪武初间，龙川尚有五十五里，其后州县既除，声教不及。洪武十九等年，贼首谢仕真等相继作乱，将前项居民尽行杀戮，数百里内，人烟断绝。自此，贼巢日多，民居日耗，始将龙川县都图并作七里。迄于近年，民遭荼毒，遂至此极。如蒙怜念，于和平地方设建县治，以控制瑶洞；兴起学校，以移易风俗；及将和平巡检司改立浰头，屯兵堤备，庶几变盗贼之区为冠裳之地，实为保安至计。

为实现浰头地区的长治久安，使百姓安居乐业，王阳明奏请朝廷设立和平县。疏文末尾充分显示出王阳明深厚的爱民之情：

今赖朝廷威德，巢穴荡平，若不乘此机会，复建县治以扼其要害，将来之事，断未可知。臣等班师之日，胁从投招者尚不满百，今未两月，远近牵引而至且二百矣。若县治不立，制驭阔疏，不过一年，泛然投招之人必皆复化为盗。其时又复兴师征剿，剿而复聚，长此不已，乱将安穷！

夫盗贼之患，譬如病人，兴师征剿者，针药攻治之方；建县抚辑者，饮食调养之道。徒恃针药之攻治，而无饮食以调养之，岂徒病不旋踵，将元气遏绝，症患愈深，后虽扁鹊、仓公，无所施其术矣。臣等窃以设县移司，实为久安长治之策。伏愿皇上鉴往事之明验，为将来之永图，念事机之不可失，哀民困之不可再，俯采臣等所议，特敕该部早赐施行。

及照建县之所，地名和平；以地名县，以为得宜。乞从所奏，并将该设职官印信即与铨选铸给。简员以省费，均地以平徭；移巡司以据险要，宽赋役以苏穷民。如此，则夷险为易，化盗为良，可计日而效。不惟臣等得以幸逃日后之谴责，朝廷亦免再役之勤，百姓永享太平之乐矣。

王阳明奏请设县时，通常根据当地地名来拟命县名。由"清平""崇义""和平"三县之名不难发现，这些县名中也蕴含着王阳明的治世理念。

平定浰头匪患后，王阳明又派兵围剿流窜于广东、江西、湖广交界处的残匪。

正德十三年（1518）六月十五日，王阳明上《三省夹剿捷音疏》(《王文成公全书》卷十一)，上奏此次剿匪战果。在该疏文中，王阳明叙述了大匪首高快马（又称高仲仁）、李斌、吴凡侵扰三省，荼毒百姓的真实情况。同时，他还详述了围剿过程及军规、军令等具体内容。

由于王阳明征剿浰头贼匪时已身心俱疲，此次未能亲率大军出征，但他还是下达了详细的作战指示，部下将官也一举剿灭了盘踞于三省交界处的残匪。

此役中，官军共擒斩贼匪两千八百零九人、俘虏五百零四人，可谓大获全胜。双方交战时，王阳明指示部下："若贼势难为，兵力不逮，或先散离其党与，或阴诱致其腹心，声东击西，阳背阴袭，勿拒一议，惟求万全。"

《孙子兵法》云"兵者诡道""兵以诈立""兵无常势，水无常形""能因敌变化而取胜"，王阳明向属下阐述的正是这些战术思想。

在此疏文中，王阳明为做到赏罚分明，特奏请自贬，同时为各将官请功。这一点难能可贵。王阳明写道："臣以凡庸，兼复多病，缪膺地方之责，属征调四出，不能身亲督战。然赖总督诸臣先已布授方略，领哨诸将得以遵照奉行，勠力效死，竟收完绩。真所谓碌碌因人成事，虽无共济之功，实切同舟之幸。"

由于南赣戡乱有功，王阳明于正德十三年六月六日升任都察院右副都御史，朝廷赏赐荫子锦衣卫，世袭百户侯。同年六月十八日，王阳明上《辞免升荫乞以原职致仕疏》（《王文成公全书》卷十一），请求以原职卸任，回乡务农。在该疏文中，王阳明将此次剿匪的功劳全部归结于朝廷任人唯贤、用人不疑。他强调，马车跑得顺畅是因为车夫御马有方，而朝廷就是车夫，自己不过是识途老马而已。然而，此次请辞仍未获准。

另外，王阳明还向兵部尚书王琼汇报了此次剿匪的经过及设立县治等事项。同时，他也希望王琼能允许自己辞官。

正德十四年（1519）正月二日、十四日，王阳明分别再上《升荫谢恩疏》和《乞放归田里疏》（《王文成公全书》卷十一），申请辞官。据《乞放归田里疏》可知，王阳明于正德十三年十月二日和十二月二十九日曾分别上疏请辞。同时，他还曾致信王琼，求他为自己说情。然而，王阳明的历次上疏请辞，均未获准。最终，王阳明因军务缠身而未能见到祖母岑氏最后一面。此后，父亲龙山公也因年迈多病而卧床不起，王阳明思父心切，便再次上疏请辞。

就此事而言，王琼似乎有些不近人情，其实不然。当时，宁王朱宸濠野心勃勃、蓄势待发，王琼对此早有察觉，他执意留用王阳明，就是为日后平乱做准备。

第十五章

赣州时期

徐爱之死

正德十二年（1517）四月，王阳明平定了漳州的贼寇，率军返回赣州。然而，大约在五月五日上疏朝廷奏禀捷报的十几天后，他最心爱的弟子、妹夫徐爱去世。时年王阳明四十六岁，徐爱年仅三十一岁。

徐爱年轻敏锐，温文尔雅，王阳明之父王华对他非常器重。徐爱十八岁中乡试，却未能考中进士。对此，王阳明寄去书信（《王文成公全书》卷二十六）慰藉道："吾子年方英妙，此亦未足深憾，惟宜修德积学，以求大成。寻常一第，固非仆之所望也。"

此书信收录于《王文成公全书·续编一·文录续篇》。王阳明的高足钱德洪为该书撰写跋文时写道：世人皆以为"曰仁聪明未逮于其叔（弟）"，但王华未将女儿许配给徐爱的弟弟，反而许配给了徐爱，是因为王华深知世人皆易"聪明反被聪明误"。徐爱不孚众望，最终成为王阳明门下的大儒。故此，钱德洪叹道："噫，聪明不足恃，而学问之功不可诬也哉！"

在下文这封寄给徐爱的书信中，王阳明除了讲述父亲力排众议、将女儿许配给徐爱的理由之外，还向徐爱说明了"求古圣贤而师法之"的重要性，并就为学之道对徐爱恳切叮咛。

家君舍众论而择子，所以择子者，实有在于众论之外，子宜勉之！勿谓隐微可欺而有放心，勿谓聪明可恃而有怠志。养心莫善于义理，为学莫要于精专。毋为习俗所移，毋为物诱所引。求古圣贤而师法之，切莫以斯言为迂阔也。

昔在张时敏先生时，令叔在学，聪明盖一时，然而竟无所成者，荡心害之也。去高明而就污下，念虑之间，顾岂不易哉！斯诚往事之鉴，虽吾子质美而淳，万无是事，然亦不可以不慎也。意欲吾子来此读书，恐未能遽离侍下，且未敢言此，俟后便再议。所不避其切切，为吾子言者，幸加熟念，其亲爱之情，自有不能已也。

从这封言辞恳切的书信中，不难看出王阳明对徐爱的顾爱。而徐爱也全心全意地奉王阳明为师。因此，徐爱总能以身作则，亲身体验王阳明的学统。

王阳明向门人讲授自己的学说，但能够深刻理解其学说者寥寥无几。徐爱为该学说疏通辨析，尽力为阳明学说解明主旨，编纂王阳明教谕，始著《传习录》。

有人说，徐爱就是王阳明的颜回。孔子在失去颜回时曾放声痛哭，而王阳明在失去徐爱时也放声痛哭过。正德十三年（1518）春，四十七岁的王阳明在给门人陆澄的书信（《王文成公全书》卷四）中写道："自曰仁没后，吾道益孤，致望原静者亦不浅。"

同年，王阳明写了《祭徐曰仁文》（《王文成公全书》卷二十五）。在此文中，王阳明流露出对徐爱的痛惜之情。通读全文，便可察

知王阳明在徐爱身上所托付的希望是何等之大,而两人间的师徒之情又是何等之深。下面是该祭文的全文:

呜呼痛哉,曰仁!吾复何言!尔言在吾耳,尔貌在吾目,尔志在吾心,吾终可奈何哉!记尔在湘中,还,尝语予以寿不能长久,予诘其故。云:"尝游衡山,梦一老瞿昙抚曰仁背,谓曰'子与颜子同德'。俄而曰'亦与颜子同寿'。觉而疑之。"予曰:"梦耳。子疑之,过也。"曰仁曰:"此亦可奈何?但令得告疾早归林下,冀从事于先生之教,朝有所闻,夕死可矣!"

呜呼!吾以为是固梦耳,孰谓乃今而竟如所梦邪!向之所云,其果梦邪?今之所传,其果真邪?今之所传,亦果梦邪?向之所梦,亦果妄邪?呜呼痛哉!

曰仁尝语予:"道之不明,几百年矣。今幸有所见,而又卒无所成,不亦尤可痛乎?愿先生早归阳明之麓,与二三子讲明斯道,以诚身淑后。"予曰:"吾志也。"自转官南赣,即欲过家,坚卧不出。曰仁曰:"未可。纷纷之议方驰,先生且一行!爱与二三子姑为饘粥计,先生了事而归。"

呜呼!孰谓曰仁而乃先止于是乎!吾今纵归阳明之麓,孰与予共此志矣!二三子又且离群而索居,吾言之,而孰听之?吾倡之,而孰和之?吾知之,而孰问之?吾疑之,而孰思之?

呜呼!吾无与乐余生矣。吾已无所进,曰仁之进未量也。天而丧予也，则丧予矣，而又丧吾曰仁何哉？天胡酷且烈也！呜呼痛哉！朋友之中，能复有知予之深、信予之笃如曰仁者乎？夫道之不明也，由于不知不信。使吾道而非邪，则已矣；吾道而是邪，吾能无蕲于人之不予知予信乎？

自得曰仁讣，盖哽咽而不能食者两日。人皆劝予食。呜呼！吾有无穷之志，恐一旦遽死不克就，将以托之曰仁，而曰仁今则已矣。曰仁之志，吾知之，幸未即死，又忍使其无成乎？于是复强食。

呜呼痛哉！吾今无复有意于人世矣。姑俟冬夏之交，兵革之役稍定，即拂袖而归阳明。二三子苟有予从者，尚与之切磋砥砺。务求如平日与曰仁之所云。纵举世不以予为然者，亦且乐而忘其死，惟百世以俟圣人而不惑耳。曰仁有知，其尚能启予之昏而警予之惰邪？呜呼痛哉！予复何言！

在上文中，"呜呼痛哉"一句共出现了五次，由此足见王阳明在得知徐爱之死后心中是何等的悲痛。东正堂也曾久久感叹道：在先生的祭文中，没有像此祭文之至情者。痛哭之情，可想而知。（《阳明先生全书论考》卷五《外集五·祭文》）

王阳明得知徐爱患病，是在正德十二年春天。当得知徐爱患病后，王阳明忧虑万分。不久，徐爱寄来书信，说他与二三友人于雪溪之畔购下农地，等待阳明归来。尽管当时王阳明正处在两军对垒的关键时刻，但仍写下了表达其归耕之心和对故乡思慕之情的《闻曰仁买田雪上携同志待予归二首》(《王文成公全书》卷二十)：

  见说相携雪上耕，连篝应已出乌程。
  荒畲初垦功须倍，秋熟虽微税亦轻。
  雨后湖舠兼学钓，饷余堤树合闲行。
  山人久有归农兴，犹向千峰夜度兵。

       *

  月夜高林坐夜沉，此时何限故园心！
  山中古洞阴萝合，江上孤舟春水深。
  百战自知非旧学，三驱犹愧失前禽。
  归期久负云门伴，独向幽溪雪后寻。

  第一首诗表达了王阳明心中未曾忘却的归耕之心，而第二首诗则表明王阳明认为行军打仗并非其本心所愿，同时也道出了他对故乡的思慕之情。

  嘉靖三年(1524)，王阳明写下《又祭徐曰仁文》(《王文成公全书》卷二十五)，此时徐爱已故去多年，而王阳明也在故乡越地频繁讲学。四十九岁时，王阳明公开提出"致良知"说，此时致良知之学已臻成熟。徐爱英年早逝，没有聆听到王阳明的"致良知"说。或许，王阳明打算将自己近年来悟到的致良知的宗旨告知九泉之下的徐爱，所以才写下这篇祭文的吧！

  据《明史》记载，王阳明率门人祭拜徐爱之墓时，叙述了自己的"致良知"说。

呜呼曰仁！别我而逝兮，十年于今。葬兹丘兮，宿草几青。我思君兮一来寻，林木拱兮山日深，君不见兮，宵嵯峨之云岑。四方之英贤兮日来臻，君独胡为兮与鹤飞而猿吟？忆丽泽兮歔欷，莫椒糈兮松之阴，良知之说兮闻不闻？道无间于隐显兮，岂幽明而异心！我歌白云兮，谁同此音？

东正堂有云：此文全篇押韵，颇似屈原之《离骚》(《阳明先生全书论考》卷五《外集五·祭文》)。而明末诗人钟惺也评价此祭文"音调酸楚也"，尤其是文中的"良知之说兮闻不闻"一句，可以窥见王阳明的内心。据传，王阳明将自己的"致良知"说告知门人时，门人大多不赞同，故而王阳明时常不由得喟叹道："若曰仁尚在，必能深知吾心。"

尽管徐爱英年早逝，没有聆听到王阳明晚年的"致良知"说，但后世之人皆奉徐爱为王门第一高徒。这是为什么呢？

事实上，只要翻开徐爱生前所编的《传习录》的序文，其原因便会一目了然。之所以这么说，是因为处在朱子学至上的时代，对王阳明的教诲，徐爱有着比其他门人更加深刻的体认。

后来，在将王阳明的书信、语录编纂成集时，王阳明的门徒仍沿用徐爱的《传习录》来冠名，或许也是因为众人皆认为在王门中徐爱乃最高门人。对于这一点，我们只需翻阅一下徐爱的《传习录·序》和《传习录·跋》，便可透彻理解。其序文写道：

门人有私录阳明先生之言者。先生闻之，谓之曰："圣贤教人如医用药，皆因病立方，酌其虚实温凉阴阳内外而时时加减之，要在去病，初无定说。若拘执一方，鲜不杀人矣。今某与诸君不过各就偏蔽箴切砥砺，但能改化，即吾言已为赘疣。若遂守为成训，他日误己误人，某之罪过可复追赎乎？"

爱既备录先生之教，同门之友有以是相规者。爱因谓之曰："如子之言，即又拘执一方，复失先生之意矣。孔子谓子贡，尝曰'予欲无言'，他日则曰'吾与回言终日'，又何言之不一邪？盖子贡专求圣人于言语之间，故孔子以无言警之，使之实体诸心，以求自得；颜子于孔子之言，默识心通无不在己，故与之言终日，若决江河而之海也。故孔子于子贡之无言不为少，于颜子之终日言不为多，各当其可而已。今备录先生之语，固非先生之所欲，使吾侪常在先生之门，亦何事于此，惟或有时而去侧，同门之友又皆离群索居。当是之时，仪刑既远而规切无闻，如爱之驽劣，非得先生之言时时对越警发之，其不摧堕废者几希矣。吾侪于先生之言，苟徒入耳出口，不体诸身，则爱之录此，实先生之罪人矣；使能得之言意之表，而诚诸践履之实，则斯录也，固先生终日言之之心也，可少乎哉？"

录成，因复识此于首篇以告同志。门人徐爱序。

《传习录·跋》中写道：

爱因旧说汩没，始闻先生之教，实是骇愕不定，无入头处。其后闻之既久，渐知反身实践，然后始信先生之学，为孔门嫡传，舍是皆傍蹊小径、断港绝河矣。

如说格物是诚意的工夫，明善是诚身的工夫，穷理是尽性的工夫，道问学是尊德性的工夫，博文是约礼的工夫，惟精是惟一的工夫。诸如此类，始皆落落难合。其后思之既久，不觉手舞足蹈。

王阳明曾说过："格物是诚意的工夫，明善是诚身的工夫，穷理是尽性的工夫，道问学是尊德性的工夫，博文是约礼的工夫，惟精是惟一的工夫。"朱熹认为格物与诚意、明善与诚身、穷理与尽性、道问学与尊德性、博文与约礼、惟精与惟一，都是有先后之分的，然而王阳明认为它们都是一脉相承、互为一体的。王阳明的这一观点，对于当时受朱子学思维模式影响颇深的学者来说，是很难理解的。究其原因，如果不能深刻体察王阳明的学说，就无法理解其深意。

畅游通天岩

在王阳明剿灭横水、桶冈诸贼的过程中，邢知府（邢珣[1]）是功绩最大的人之一。在后文将要讲述的宸濠之乱中，邢珣时任赣州府知府，跟随王阳明参与平定叛乱。

正德十三年（1518），四十七岁的王阳明在平定三浰、九连山的贼寇后，写下《桶冈和邢太守韵二首》，赠予邢珣。在第一首诗中，王阳明吟道："处处山田尽入畲，可怜黎庶半无家。"

在为和平到来而感到欢欣喜悦的同时，王阳明也唱出了民众在战争中失去家园的悲伤。而在诗文的结句中，王阳明又写道："尚恐兵锋或滥加。"他想告诫世人，切勿轻易发动战争。

而在第二首诗中，王阳明想说明的是此番战功乃皇威所致，而并非自己的战术部署，因此并不希望借此战功来赢得高官厚禄。诗曰："戡乱兴师既有名，挥戈真已见风行。岂云薄劣能驱策？实仗皇威自震惊。烂额尚惭为上客，徙薪尤觉费经营。"

在其后的两句中，王阳明引用《汉书·霍光传》中的"曲突徙薪无恩泽，焦头烂额为上客"的故事，表明自己所立下的战功，全都是事先为了自己四处奔走的兵部尚书王琼的功劳。这里所说的"上客"，指的或许是王阳明因战功卓著，被授予锦衣卫荫子的资格。

---

[1] 邢珣（1462—1532）：字子用，号三湖。南直隶太平府当涂县（今安徽马鞍山当涂县）人。弘治六年（1493）中进士。

正如前文所述，到了第二年正德十四年，王阳明再次上疏，恳请辞退该封赏，但朝廷未予恩准。最后，王阳明写道："主恩未报身多病，旋凯须还陇上耕。"王阳明称自己体弱多病，恳请朝廷准许自己解甲归田。

当时，朝廷并未准许王阳明的归乡之请。于是，王阳明便与两三名弟子一道前往名山胜景之地游览，想借此洗去尘俗之气。在他登上通天岩时，以《通天岩》（《王文成公全书》卷二十）为题，吟诗一首：

青山随地佳，岂必故园好？
但得此身闲，尘寰亦蓬岛。
西林日初暮，明月来何早！
醉卧石床凉，洞云秋未扫。

诗中的"但得此身闲，尘寰亦蓬岛"之句，便是整首诗的精髓所在。

通天岩位于今赣州市西北十公里的太和山，三面绝壁环绕，周围有大小不一十几个石窟，分为"忘归岩""观心岩（阳明结庐讲学之所）""龙虎岩""翠微岩"和"通天岩"五大部分，总称为通天岩。

通天岩中有座名叫"通天寺"的寺院，四面的岩壁上布满了塑像和题刻，是一座艺术的宝库。通天寺矗立于岩前，山谷深幽，古树参天，景色秀丽，阵阵凉风穿过林间，是一处令人心旷神怡的避暑之地。据说，通天岩的名字，是由"山峰屏列，中有一窍，上可通天"(《赣州府志》)而来。

与此同时，王阳明还作有《游通天岩次邹谦之韵》《又次陈惟浚[1]韵》《忘言岩(疑为忘归岩)次谦之韵》《圆明洞次谦之韵》《潮头岩次谦之韵》《坐忘言岩问二三子》等诗篇(皆收于《王文成公全书》卷二十)。这些诗文都展现了王阳明在平定诸贼之后的心境。

在《游通天岩次邹谦之韵》一诗中，王阳明道出了心中对家乡的思慕之情，然而，"俯视氛寰成独慨，却怜人世尚多迷"这两句，表达了王阳明"不仅为兵氛犹未息而慨，亦为不明圣学之世堪忧"的心情。在这首诗的最后，"莫道仙家全脱俗，三更日出亦闻鸡"，表明王阳明虽然向往仙家之境，却不能彻底与俗世脱离关系，因为现世中也同样存有类似"半夜日出、公鸡打鸣"这样不可预知的可能。由此可见，王阳明在隐隐之中已经预料到宸濠之乱的爆发。

据余重耀的《阳明弟子传纂》记载：一日，邹守益修《大学》《中庸》，见子思求学于曾子，子思在《大学》中先提出格致，而在《中庸》里却先提到慎独，于是产生了疑问。其后，正德十四年(1519)，邹守益在虔州时向同门师友提出了这个问题。

对于这个问题，王阳明的回答是："独即所谓良知也，慎独

---

[1] 陈惟浚(1494—1562)：名九川，字惟浚，初号竹亭，后号明水。江西抚州府临川县人。正德九年(1514)考中进士。虽然曾因谏阻武宗南巡而遭到除名，但在世宗朝时官复原职，任主客清吏司郎中。致仕后，在各地讲学。陈惟浚于虔州初次师事王阳明。王阳明四十九岁时，曾向陈惟浚提出"致良知"说。王阳明殁后，尽管领会到"致良知"宗旨的人甚少，但陈惟浚在"独知之几微"方面花了很多工夫，终于领悟到了"致良知"的宗旨。

者所以致其良知也，戒慎恐惧所以慎其独。《中庸》《大学》之旨一也。"

邹守益闻此言，豁然开朗，终于执贽师事王阳明。

不久，宸濠之乱爆发，邹守益立刻赶赴王阳明所在的吉安府，倡举义兵。王阳明喜曰："君臣师友，义在此举。"

游通天岩时，王阳明作《又次陈惟浚韵》一诗：

> 四山落木正秋声，独上高峰望眼明。
> 树色遥连闽峤碧，江流不尽楚天清。
> 云中想见双龙转，风外时传一笛横。
> 莫遣新愁添白发，且呼明月醉沉觥。

这首诗描绘了这一诗境："由通天岩四下望去，万里江山秋气清，不知何处传来阵阵笛声。美景如画，令人暂且忘却心中的忧愁，不如今夜一同月下小酌一番。"东正堂认为，"云中想见双龙转"一句，暗喻了王阳明对武宗整日沉溺于巡游之事的忧虑。(《阳明先生全书论考》卷九《诗三》)

在通天岩，王阳明借其中的"忘言岩"的"忘言"之题，托语于《庄子》中的"混沌"，写下了精辟展现其体认之学的诗篇。以下所载，就是这首题曰《忘言岩次谦之韵》的诗文：

> 意到已忘言，兴剧复忘饭。
> 坐我此岩中，是谁凿混沌？
> 尼父欲无言，达者窥其本。

此道何古今？斯人去则远。
空岩不见人，真成面墙立。
岩深雨不到，云归花亦湿。

诗中"忘言"是指忘却言语，丢掉词汇，无法找到合适的文字表达之意。由此我们似乎可以看出王阳明在诗中所表达的"意到已忘言"之心。

《庄子·应帝王》记述了有关混沌的故事："南海之帝为儵，北海之帝为忽，中央之帝为混沌。儵与忽时相与遇于混沌之地，混沌待之甚善。儵与忽谋报混沌之德，曰'人皆有七窍，以视听食息，此独无有，尝试凿之'。日凿一窍，七日而混沌死。"

故事的寓意是即便以英敏之知来分析混沌，也不可查知其本体。在这里，王阳明提出了"是谁凿混沌"的问题。

简而言之，王阳明在诗中提出"忘言""无言"的教谕，质问凿混沌者何人，其用意便是在阐述："道"是无法靠朱子学者所说的知性穷理到达的，而应该去"体认自得"。自不必说，这种体认，与遵从超越主义的老、庄所提出的观点是完全不同的。这些言辞，可以看作在暗中批判主知主义的朱子学的格物穷理之说。

在忘言岩，除了前边记录的诗文之外，王阳明还作有《坐忘言岩问二三子》一诗。这首诗描绘了王阳明与邹守益、陈惟浚等弟子在此地逗留数日时的心境，同时也表明他们逗留于此等风景如画的佳境中，并非贪恋美景，而是为了超脱俗尘以求道。王阳明在暗中指导门下弟子，探问那些跟随而来的人是否明白这一点。

此外，王阳明游圆明洞而作《圆明洞次谦之韵》，游潮头岩而作《潮头岩次谦之韵》，这些诗都阐述了王阳明倾慕神仙的心境。

期待归隐生活

王阳明曾与弟子冀元亨一同冒雨拜访了赣县附近山里的栖禅寺，作有《栖禅寺雨中与惟乾同登》（《王文成公全书》卷二十）一诗。在诗中，王阳明表达了自己对那些闭关修行的山中高僧的羡慕之情，以及希望自己能拥有如整日在沙滩上嬉戏的海鸥般的闲适之境。

当时，一位名叫天成、从学于王阳明的同乡告病东归，打算隐居静养，于是向王阳明求书，王阳明便作诗一首（《王文成公全书》卷二十）赠予他。在诗中，王阳明盼望能生活在山林中，结庐于浮峰，垂钓于鉴湖，过上脱俗的生活。日后，若能踏访神仙所居之所，或有缘相遇于云中，实乃一大快事。

与此同时，于山中清游的陈惟浚也要返乡。为此，王阳明作《留陈惟浚》，表达了"抛却此等幽境，返回尘土是很苦的"的想法，打算挽留对方。诗文中还道出了王阳明心中的不舍之情。

闻说东归欲问舟，清游方此复离忧。
却看阴雨相淹滞，莫道山灵独苦留。
薜荔岩高兼得月，桂花香满正宜秋。

烟霞到手休轻掷，尘土驱人易白头。

前文中曾提到过王阳明创作茶寮隘碑记一事，而此时，王阳明又以《茶寮纪事》(《王文成公全书》卷二十)为题，作诗一首。在这首诗中，王阳明表达了自己对谢安风雅、诸葛亮神武、孙子全师避敌和严光垂钓这些境界的向往之情："万壑风泉秋正哀，四山云雾晚初开。不因王事兼程入，安得闲行向北来？登陟未妨安石兴……"

"安石"，指的是东晋政治家谢安(字安石)。谢安在会稽的东山悠然自得地度日，参加过王羲之发起的雅集式群游，其中以兰亭集会最为有名。后来，谢安受朝廷所邀担任宰相，据说在敌国大军压境之时，他还在东山与人悠然对弈。王阳明在诗文中表达了希望自己也能登陟山间，与谢安同境的心情。

紧接上句，王阳明又吟道："纵擒徒羡孔明才，乞身已拟全师日。"在这两句诗中，王阳明为自己没有诸葛亮般的兵法才能而感到惭愧，表达了他对"神武不杀"兵法的羡慕之情，同时他又表示即便自己辞去官职，也期盼有朝一日能不费一兵一卒就让贼寇全面降服。

在向中原扩张蜀国势力之前，诸葛亮欲除后患而先征讨南蛮。但在南征过程中，诸葛亮并未专执于杀戮手段，而采取了温和的感化策略，七次擒获又七次放走南蛮酋长孟获，最终让对方甘心臣服。这正可谓神武不杀的兵法。后来，诸葛亮得以举全国之力，与北方中原的曹操抗衡。王阳明认为自己此番作战，未能达到神武不杀的境界。

上一句诗中的"全师",来自《孙子》:"凡用兵之法,全国为上,破国次之;全军为上,破军次之。"不通过战争而屈服敌国是上策,通过战争攻破敌国是下策。不通过战争而降服敌军全军是上策,通过战争击败敌军全军而胜是下策。不通过战争并能降服敌军全旅而胜是上策,通过战争并损伤敌军全旅而胜是下策。

从以上诗文中可以看出,王阳明似乎希望辞去官职、不兴兵征伐而让贼寇全面降服。在《茶寮纪事》诗的最后,王阳明吟道:"归扫溪边旧钓台。"王阳明借用汉光武帝的学友严光晚年垂钓溪边的典故,表达了自己对返乡后的渔翁生活的期待。

王阳明在征讨九连山的贼寇时,曾以《回军九连山道中短述》(《王文成公全书》卷二十)为题作诗一首。如前所述,在用兵方面,王阳明活用《孙子兵法》,立下了赫赫战功。但在这首诗里,王阳明认为,以内治之功使贼寇自灭或臣服才是最理想的,而即便以《孙子兵法》的谋略取得了战功,其效果也是远远不及上古圣皇不动用武力而依靠德化力量来平息叛乱。因此,在面对父老乡亲们对王师到来的欢迎时,王阳明甚至感到羞愧。简而言之,王阳明希望不派兵征讨,而是以德服人。因此,王阳明吟道:"莫倚谋攻为上策,还须内治是先声。"

在诗文的最后,他又吟道:"但乞蠲输绝横征。"他为百姓遭受横征暴敛的苦难而感到心痛。

此外,即便四处征讨,军务繁忙,遇到名胜之地,王阳明还是会前往游览,或者寓居山间几天。此时,王阳明的身份便是一名诗人,他饱览美景的同时,也憧憬着神仙的世界,希望能够一

第十五章　赣州时期

洗自身的尘俗气息，而其心中对归乡静居的渴望也更加强烈。

如前所述，正德十三年（1518）正月三日，王阳明用计生擒三浰的大贼首池仲容，并将其斩首，随后招抚卢珂等人，即刻进军浰头，攻下上浰、中浰、下浰的三十八处要塞。平定贼匪后，王阳明率军回到小溪驿。回军途中，王阳明途经江西最南端的龙南县，于是顺道攀登了当地的玉石岩。

玉石岩分为东、西两部分。东岩称为上洞，西岩称为下洞，俗称"玉石双洞"。玉石岩深处有两个深邃的大洞穴，可容纳百余人。下洞内外的洞壁上有宋、元、明数代留下的几十幅摩崖石刻。因洞中景观奇特，当时王阳明在洞中徘徊，久久不舍离去。王阳明为此洞题名阳明别洞，并作《回军龙南小憩玉石岩双洞绝奇，徘徊不忍去，因寓以阳明别洞之号兼留此作三首》（《王文成公全书》卷二十）。

其中第三首诗云："阳明山人旧有居，此地阳明景不如。但在乾坤俱逆旅，曾留信宿即吾庐。行窝已许人先号，别洞何妨我借书。"

在这首诗里，王阳明阐明自己之所以将此处命名为别洞，是因为曾有好事者模仿宋朝诗人邵雍的居室"安乐窝"建造了另外的居室，以待邵雍造访，并将之命名为行窝。"他日巾车还旧隐，应怀兹土复乡间。"王阳明将此处称为别洞，是希望自己回归故乡之后，会将别洞当成故乡不时想起。

世间共有三处阳明洞，分别是会稽山的阳明洞、龙场的阳明小洞天和龙南的阳明别洞。在第一首诗中，王阳明讴歌战事结束后，流民们回到旧日家园、在温暖的春天开始农耕景象的同时，表达了自己渴望到别洞的仙境中隐居的愿望，并表达了浓浓的思乡之情。此外，王阳明追忆当年严光钓鱼的情境，在第一首诗中吟道："两窦高明行日月，九关深黑闭风雪。投簪最好支茅地，恋土犹怀旧钓台。"

在第二首诗中有这样的诗句："天巧固应非斧凿，化工无乃太安排？欲将点瑟携童冠，就揽春云结小斋。"王阳明将眼前奇景归于造化之妙，视别洞为仙境，并联想到孔子的门人曾点，表达了自己希望能够携琴带童结庐于此的心愿。

后来，王阳明再次造访阳明别洞，作《再至阳明别洞和邢太守韵二首》（《王文成公全书》卷二十）。第一首诗说他来到仙境之中，想向仙家学习超脱俗尘之术，试着静坐以澄心，却总是没有机缘，自己整日为世事所羁绊，陷入追逐虚名之中，实在是惭愧之至。他还自责总是无法专注于静坐。

在第二首诗中，王阳明表达了这样的苦闷：游遍各地山水是自己平生所向往的，但如今被尘世所羁绊，无法实现这一愿望。他希望自己能像《论语》中讲述的长沮、桀溺一样并肩耕田，追寻隐世之道，但这一心愿也无法实现，因为自己总是整日忙于军务。可是，自己又没有诸葛亮神武不杀的才能，不能像诸葛亮那样七擒七纵南蛮酋长，最终让对方心服口服。自己的学说不被世人所接纳，而自己只能像尺蠖一样蜷曲着身子暂时蛰伏。世人所热衷的功名利禄对自己来说如同蜗牛角一样渺小无意义，所以自己也就没有必要刻意去寻山访水、躲避浮名。这两首诗都表达了王阳明对归隐生活的向往。

此外，王阳明还作有《夜坐偶怀故山》（《王文成公全书》卷二十），表达了自己的归乡之心。在这首诗中，山中动物的啼叫、老友送来的书信，都勾起了他心中的乡愁。

其后，王阳明又作《怀归二首》(《王文成公全书》卷二十）。在第一首诗中，王阳明谈到，以经世济民之功来追求封侯，并非自己的本心。自己所寻求的，只不过是自身的安闲罢了。自己的心愿，是能够在那些自由的隐者、神佛所居住的地方生活。

其中有"狼烟幸息昆阳患，蠡测空怀杞国忧"。这两句是说：在此番战事中，幸好没有如光武帝于昆阳大破王莽军般的激战。自己见识太少，难免会以浅见度人，但心中也有杞人忧天般的愚蠢担忧，无法轻易地放心。两句诗文暗中表达了王阳明对宁王宸濠叛乱之事的预测。而第二首诗则吐露了王阳明虽然自觉年迈体衰，仍梦想着能定居于隐者所居住的茅屋而安闲度日，但又无法摆脱尘世间的羁绊的痛苦。

当时，王阳明的叔父王姚（字德声）到赣州与王阳明相聚。在赣州逗留了三个月之后，王姚启程返回余姚。为了给德声叔父饯行，王阳明作诗一首《送德声叔父归姚》(《王文成公全书》卷二十）。

据该诗的序来看，临别之时，王姚曾对阳明说道："秋风莼鲈，知子之兴无日不切。然时事若此，恐即未能脱，吾不能俟子之归舟。吾先归，为子开荒阳明之麓，如何？"

"莼"为莼菜，"鲈"为鲈鱼，所谓"秋风莼鲈"，说的是西晋的张翰为齐王所招募，但每次秋风吹起时，他都会想起故乡的莼菜羹、鲈鱼脍，最终思乡心切而辞去官职，回到吴中的故事。

事实上，当时张翰是因为发现了即将大乱的兆头，所以便托词思乡，希望能够躲过祸事。王姚之所以引用这个典故，或许是在暗指宸濠之乱的祸事。

以上诗文虽然主要表达了王阳明在平定贼匪后希望能够四处踏访名山胜地、沉醉诗歌、致仕摆脱凡尘俗世的心愿以及对仙境的思慕和对归乡遁世的情思，但身为儒者，王阳明又对饱受战乱之苦的民众抱有怜悯之心，对即将到来的祸乱感到忧心忡忡。这与他隐居讲学的心愿相违背。

正德十三年（1518），王阳明在写给门人陆澄的书信（《王文成公全书》卷四）中说："区区两疏（三月和六月的上疏）辞乞，尚未得报。决意两不允则三，三不允则五则六，必得而后已。"由此我们可以体会到当时王阳明渴望归乡讲学是何等迫切。

自到赣州后，王阳明一直希望能够归乡，与弟子们一同专心讲学。此外，离开故乡时，王阳明将养子正宪的教育托付给门人，所以王阳明时常惦记着对正宪的训导。王阳明作《示宪儿》（《王文成公全书》卷二十），为正宪列举了为人修德所需要做的事情，并且在诗文最后谆谆教导。王阳明的训导之词，与其心学为宗的思想是一致的。

这段训子诗文，不论古今中外皆可借鉴，故摘录全文如下：

幼儿曹，听教诲：勤读书，要孝弟；学谦恭，循礼义；节饮食，戒游戏；毋说谎，毋贪利；毋任情，毋斗气；毋责人，但自治。能下人，是有志；能容人，是大器。凡做人，在心地；心地好，是良士；心地恶，是凶类。譬树果，心是蒂；蒂若坏，果必坠。吾教汝，全在是。汝谛听，勿轻弃！

赣州讲学

正德十二年（1517），在赣州讨伐南赣贼匪的同时，王阳明一直关心家族子弟的教育，所以作《赣州书示四侄正思等》一文（见《王文成公全书》卷二十六）以训示。

文中有一段内容是这样的："今虽干戈扰攘中，四方有来学者，吾亦未尝拒之。所恨牢落尘网，未能脱身而归。今幸盗贼稍平，以塞责求退，归卧林间，携尔尊朝夕切磋砥砺，吾何乐如之！"

即使在戎马倥偬中，王阳明仍然惦记着家族子弟的教育，而且对那些慕名而来的求学者也从不拒却，而是耐心为他们讲学释疑。在这封信中，王阳明阐述了自己以前进学的错误，并更坚定地将立志视作为学之根本，又说明了圣学志向的要旨：

吾非徒望尔辈但取青紫荣身肥家，如世俗所尚，以夸市井小儿。尔辈须以仁礼存心，以孝弟为本，以圣贤自期，务在光前裕后，斯可矣……昔人云："脱去凡近，以游高明。"此言良足以警，小子识之！吾尝有《立志说》与尔十叔，尔辈可从抄录一通，置之几间，时一省览，亦足以发。方虽传于庸医，药可疗夫真病。

在战事最为频繁之际，王阳明仍时常留意各地弟子的近况。当时，王阳明出入贼寇巢穴，根本无安居之暇。不过，据《年谱》所载，薛侃、欧阳德、梁焯、何廷仁[1]、黄弘纲[2]、薛俊[3]、杨骥、郭治、周仲、周冲[4]、周魁、郭持平、刘道、袁梦麟、王舜鹏、王学益[5]、余光[6]、黄槐密、黄莹、吴伦、陈稷、刘鲁、扶敝、吴鹤、薛侨、薛宗铨、欧阳昱等人曾聚集在赣州讲学。

正德十二年（1517），听闻门人蔡希渊、许相卿[7]、季本、薛侃、陆澄一同登第，王阳明大喜。在写给这五个人的书信（见《王文成公全书》卷四）中，王阳明说道："非为今日诸君喜，为阳明山中异日得良伴喜也。"王阳明希望归乡与这些门人一起讲学。同年，在写给养病归省的黄宗明[8]的书信（见《王文成公全书》卷四）中，王

---

1 何廷仁（1483—1551）：初名秦，字性之，人称善山先生。江西赣州府雩都县（今赣州市于都县）人。初时慕陈献章，后成为王阳明门人。嘉靖年间中举，任南京工部主事。

2 黄弘纲（1492—1561）：字正之，人称洛村先生。江西赣州府雩都县人。正德年间中举，任刑部主事。

3 薛俊（1474—1524）：字尚哲，又字尚节，号靖轩。广东潮州府揭阳县人。曾出任江西玉山县教谕。

4 周冲（1485—1532）：字道通，号静庵。南直隶常州府宜兴县人。正德年间中举，由万安训导历官至唐府长史。

5 王学益（？—1561）：江西安福县人。嘉靖八年（1529）进士，历官工部主事、兵部职方司郎中、福建按察司副使、应天府丞、右佥都御史、右副都御史、刑部左侍郎、南京右都御史。

6 余光：字晦之。南直隶应天府江宁县（今南京江宁区）人。嘉靖年间中举，授南京大理评事，后擢御史，巡按广东。

7 许相卿（1479—1557）：字伯台，号云村老人。浙江杭州府海宁县（今海宁市）人。

8 黄宗明：字诚甫，号致斋。浙江宁波府鄞县人。正德年间中举。

阳明也提到他曾为门人登第而开心得夜不能寐。

当时，王阳明讲学的宗旨是去欲存理、省察克治等彻底的体认工夫。因此，在正德十一年，王阳明在写给陆澄的书信《与陆原静》(《王文成公全书》卷四）中说道："使在我果无功利之心，虽钱谷兵甲，搬柴运水，何往而非实学？何事而非天理？"从这几句话中，我们可以很好地理解王阳明所说的事上磨炼的实践之学。

正德十三年（1518），为征讨三浰贼匪进军龙南时，王阳明在写给杨仕德和薛侃的书信中说道："破山中贼易，破心中贼难。""区区剪除鼠窃，何足为异？若诸贤扫荡心腹之寇，以收廓清平定之功，此诚大丈夫不世之伟绩。"(《王文成公全书》卷四）这几句话完全体现了王阳明去欲存理、省察克治的心学精髓。

此外，在写给守俭、守文和守章三个弟弟的书信（见《王文成公全书》卷四）中，王阳明详细叙述了"改过"："本心之明，皎如白日，无有有过而不自知者，但患不能改耳。一念改过，当时即得本心。人孰无过？改之为贵。"之后，他又罗列了古之圣贤有关改过的教谕："吾近来实见此学有用力处，但为平日习染深痼，克治欠勇，故切切预为弟辈言之。毋使亦如吾之习染既深，而后克治之难也。"并具体讨论了克治的工夫。

正德十三年（1518），王阳明在写给门人邦英、邦正的书信（见《王文成公全书》卷四）中具体讨论了"立志"是为学之根本。同年，他又在写给薛侃的书信（见《王文成公全书》卷四）中解说了"立志与义理之辩"的要旨。

当时，王阳明对象山心学仅将所谓"立乎其大者"这一点作为其宗旨稍有不满，极力将孟子的"求放心"之说论述为切问近思，甚至说"古人之学，切实为己，不徒事于讲说"。这或许是因为身处变化多端的战争环境，王阳明深深地领悟到切问近思的重要。

关于上述观点，我们在正德十四年（1519）王阳明写给方献夫的书信（见《王文成公全书》卷四）中可以明确地看到：

> 近得手教及与甘泉往复两书，快读一过，洒然如热者之濯清风，何子之见超卓而速也！真可谓一日千里矣。《大学》旧本之复，功尤不小，幸甚幸甚！
>
> 其论象山处，举孟子"放心"数条，而甘泉以为未足，复举"东西南北海有圣人出，此心此理同"，及"宇宙内事皆己分内事"数语。甘泉所举，诚得其大，然吾独爱西樵子[1]之近而切也。见其大者，则其功不得不近而切，然非实加切近之功，则所谓大者，亦虚见而已耳。
>
> 自孟子道性善，心性之原，世儒往往能言，然其学卒入于支离外索而不自觉者，正以其功之未切耳。此吾所以独有喜于西樵之言，固今时对证之药也。古人之学，切实为己，不徒事于讲说。

正如开篇所说，上文虽然是对方献夫与湛甘泉就象山心学论学的往复书信的感想，但在此文中，方献夫在面对湛甘泉引用象

---

1 西樵子：西樵为方献夫的号。

山的"大者"时，唯列举"求放心"说为切问近思，王阳明对其做法大为赞赏。自孟子提出"性善""心性"之说以来，世间儒者针对这些问题常常争论不休，王阳明认为这是因为切问近思的工夫不足，卒陷于支离外索之境而不自觉，由此暗中批判了朱子学者。王阳明又在后述文章中批判了象山心学的粗陋（见《传习录》下卷）。

文中的"求放心"说出自《孟子·告子上》："孟子曰：仁，人心也；义，人路也。舍其路而弗由，放其心而不知求，哀哉！人有鸡犬放，则知求之；有放心而不知求。学问之道无他，求其放心而已矣。"

而"心性"，也同样载于《孟子·尽心上》："孟子曰：尽其心者，知其性也，知其性，则知天矣。存其心，养其性，所以事天也。"

前文提到，王阳明一直非常关心家族子弟的教育，有时甚至会在书信中阐述自己的教育方法。比如，他将养子正宪托付给门人薛侃教育，在写给薛侃的书信《寄薛尚谦二》(《王文成公全书》卷四）中，他写道："小儿劳诸公勤开诲，多感多感！昔人谓教小儿有四益，验之果何如耶？"

所谓"四益"，指的是"益言""益事""益文""益友"，说"无益之言勿听，无益之事勿为，无益之文勿观，无益之友勿亲"。

王阳明并未对自己的儿子正宪抱过高的期望，他在给薛侃的书信《寄薛尚谦三》中写道："小儿劳开教，驽骀之质，无复望其千里，但得帖然于皁枥之间，斯已矣。"

再论为学头脑与"立诚"

前文已述,王阳明时常会提到"为学头脑"几个字。所谓"头脑",就是"眼目""根本"的意思。但王阳明并不局限于此,他认为"头脑"是一种具有主体性的事物,因此,它是积极而具有生命的。

关于这一点的要旨,王阳明曾做过如下解说:

先生谓学者曰:"为学须得个头脑工夫,方有着落。纵未能无间,如舟之有舵,一提便醒。不然,虽从事于学,只做个义袭而取,只是行不著,习不察,非大本达道也。"又曰:"见得时,横说竖说皆是。若于此处通,彼处不通,只是未见得。"(《传习录》上卷)

上文中提到的"大本达道",语出《中庸》第一章:"喜怒哀乐之未发,谓之中;发而皆中节,谓之和。中也者,天下之大本也;和也者,天下之达道也。致中和,天地位焉,万物育焉。"无过、无不及,中正状态之"中",为天地万物的伟大根本,而包容众多事物的调和状态之"和",是通达天地间任何地方的途径。也就是说,"大本达道"是做学问的根本的正确方法。

正德十年(1515),王阳明写下《赠林典卿归省序》(《王文成公全书》卷七)。在文中,有关《大学》的要义,他总结为"立诚尽之"。同年,在《赠周以善归省序》(《王文成公全书》卷七)中,在讲述周积师从王阳明探求格物致知十年，依旧未能得其道而感到痛苦一事时，王阳明在论述立志要点的同时，也对"立诚"做了如下精辟论述：

> 阳明子曰："子未闻昔人之论弈乎？'弈之为数，小数也，不专心致志，则亦不可以得也。'今子入而闻吾之说，出而有鸿鹄之思焉，亦何怪乎勤而弗获矣？"
> 于是退而斋洁，而以弟子之礼请。阳明子与之坐。盖默然良久，乃告之以立诚之说，铿然若仆而兴也。明日，又言之加密焉，证之以《大学》；明日，又言之加密焉，证之以《论》《孟》；明日，又言之加密焉，证之以《中庸》。
> 乃跃然喜，避席而言曰："积今而后无疑于夫子之言，而后知圣贤之教若是其深切简易也，而后知所以格物致知以诚吾之身……"

同年，在《赠郭善甫归省序》(《王文成公全书》卷七）中，王阳明将"立志"比喻为树木种子而精辟论述之。他认为立志乃为学头脑。王阳明在文中写道：

> 君子之于学也，犹农夫之于田也，既善其嘉种矣，又深耕易耨，去其蟊莠，时其灌溉，早作而夜思，皇皇惟嘉种之是忧也，而后可望于有秋。
> 夫志犹种也，学问思辨而笃行之，是耕耨灌溉以求于有秋也。志之弗端，是莨稗也。志端矣，而功之弗继，

是五谷之弗熟，弗如荑稗也。

....

从吾游者众矣，虽开说之多，未有出于立志者。故吾于子之行，卒不能舍是而别有所说。

同年，在《赠郑德夫归省序》(《王文成公全书》卷七)中，王阳明写道，"诚定是非"，精辟论述立诚。而在写给顾惟贤的书信《与顾惟贤》(《王文成公全书》卷二十七)中，王阳明谈道："今时学者大患，不能立恳切之志，故鄙意专以责志立诚为重。"

王阳明力陈立志、立诚之重要，将它们视作为学头脑，而这一切皆出于追求体认之学。在这一点上，王阳明和朱子一样，以诚为实理。

正德八年（1513），王阳明便将立志、立诚视作为学头脑。翻阅王阳明四十二岁时写给黄绾的书信，我们便会发现其中用了大量的篇幅来论述"立诚"说：

仆近时与朋友论学，惟说"立诚"二字。杀人须就咽喉上着刀，吾人为学，当从心髓入微处用力，自然笃实光辉。虽私欲之萌，真是红炉点雪，天下之大本立矣。若就标末妆缀比拟，凡平日所谓学问思辨者，适足以为长傲遂非之资，自以为进于高明光大，而不知陷于狠戾险嫉，亦诚可哀也已！(《王文成公全书》卷四)

当时，王明阳对"立诚"和"立志"说的论述或许多少有些相同，但是，作为为学之头脑，立诚或许更加适合。因此，王阳明的"知行合一"说中自然会衍生出"立诚"说。其原因就在于，"知行合一"说是以行为头脑，又是诚身、明善一体论，所以将立诚看作为学头脑也是理所当然的。

此外，从"立诚"说的立场来看待《大学》的话，将诚意认作格物致知的主意也是理所当然的。正德九年（1514），王阳明为了回答王承裕（王天宇）的提问，曾经写过一封信给他（见《王文成公全书》卷四）。

信中写道：

> 鄙意但谓君子之学以诚意为主，格物致知者，诚意之功也……《大学》之所谓"诚意"，即《中庸》之所谓"诚身"也。《大学》之所谓"格物致知"，即《中庸》之所谓"明善"也。博学、审问、慎思、明辨、笃行，皆所谓明善而为诚身之功也，非明善之外别有所谓诚身之功也。格物致知之外，又岂别有所谓诚意之功乎？

王阳明将《中庸》的博学、审问、慎思、明辨、笃行，全都看作明善而诚身之功，明确地指出"诚"是《中庸》的头脑。

在这封信中，阳明还提道："后之学者，附会于《补传》（《大学补传》）而不深考于经旨，牵制于文义而不体认于身心，是以往往失之支离而卒无所得，恐非执经而不考传之过也。"王阳明对朱子的《大学补传》加以批判，论述了朱子学失之支离。

同年，王阳明写下《书王天宇卷》（《王文成公全书》卷八），文中写道：

> 君子之学以诚身。格物致知者，立诚之功也。譬之植焉，诚，其根也；格致，其培壅而灌溉之者也。后之言格致者，或异于是矣。不以植根而徒培壅焉、灌溉焉，敝精劳力而不知其终何所成矣。是故闻日博而心日外，识益广而伪益增，涉猎考究之愈详而所以缘饰其奸者愈深以甚。是其为弊亦既可睹矣，顾犹泥其说而莫之察也，独何欤？今之君子或疑予言之为禅矣，或疑予言之求异矣，然吾不敢苟避其说，而内以诬于己，外以诬于人也。非吾天宇之高明，其孰与信之！

刊刻《大学古本》

正德十三年（1518），王阳明在赣州刊刻了《大学古本》，并且写了一篇序文。

王阳明在赣州时期的讲学与南京时期的相同，主要是讲省察克治、去欲存理、立诚立志、事上磨炼之类的实践性工夫。在庐陵、滁州时期，王阳明讲说的重点是静坐悟入。王阳明看到弟子门人为尘垢所扰而心生懊丧，而他本人是在龙场大彻大悟后，通过静坐悟道才得以一扫尘垢，所以他教导门人静坐是工夫之要。

可是，弟子门人却将静坐悟入误解为坐禅入定，结果陷于空虚之弊。因此，在南京和赣州时期的讲学中，王阳明才讲说了上述动处工夫、实践工夫之要。

此外，王阳明通过剿灭贼匪的深刻体验，使自己的工夫变得更加深切。从他写给杨仕德和薛侃的书信中出现的"破山中贼易，破心中贼难"之类的话中，我们也可以察知这一点。通过这些磨炼，王阳明的心学变得更加精深了。

王阳明对《大学》的解析，值得关注的是对最为基本的格物的解析。他将"格物之物"看作"事"，将"意所向处"看作"物"。由这一基点出发，王阳明会将《大学》的宗旨归结为诚意，也就很自然了。

据钱德洪的《年谱》记载："先生在龙场时，疑朱子《大学章句》非圣门本旨，手录古本，伏读精思，始信圣人之学本简易明白。其书止为一篇，原无经传之分。格致本于诚意，原无缺传可补。以诚意为主，而为致知格物之功，故不必增一敬字。以良知指示至善之本体，故不必假于见闻。"

虽说王阳明在龙场时期就提出了"以良知指示至善之本体"，但钱德洪认为因此就认定王阳明在当时就提出了"良知"说是不准确的。可以肯定的是，"良知"说是王阳明在晚年才提出的。此外，根据"以诚意为主，而为致知格物之功"来看，当时王阳明是把"诚意"作为"致知格物"的方法。

王阳明虽然在龙场时期提到了"良知"，但是当时他对于"良知"是《大学》一书的核心并没有那么清晰的认识，真正产生清晰的认识并形成成熟的思想，是在他的晚年时期。

如果我们翻阅《大学古本序》，可以看到开篇便是："《大学》之要，诚意而已矣。"显然，当时的王阳明将《大学》的宗旨归纳为"诚意"。

然而在序文中，王阳明将《大学》"致知"的"知"看作"本体之知"，将"致知"看作"致本体之知"，且以致知为诚意之本。而在序文的末尾，又说"噫！乃若致知，则存乎心；悟致知焉，尽矣"。

由以上可见，王阳明是以"致知"为学之宗旨的。这里所说的"致知"，正是"致良知"。因此，从这篇序文来看，王阳明已经将"致良知"作为学之宗旨。

事实上，在对《大学》进行解析时，王阳明没有将诚意与格物、明德与亲民看作两件事，而是把二者统一起来。这一解析方法不仅存在于他对《大学》的解读中，也贯穿于他对《中庸》、《论语》和《孟子》的解读中。我们只要看一看《传习录》上卷，便能明白这一点。这一解析方法正是阳明心学不同于朱子学的独特之处。

在王阳明看来，朱子对《大学》的解析陷于支离。不过朱子在《大学补传》中提出了"敬"，希望借此避免陷入支离。但王阳明认为，将一切事物一分为二，难免会陷入支离境地。

正德十五年（1520）春，当时的朱子学者罗钦顺得到王阳明的赠书《大学古本》（《困知记》卷四《续篇》）。该《大学古本》里的序与《阳明先生文录》中的《大学古本序》稍有不同。

按照罗钦顺的说法，《大学古本序》中没有涉及致知："夫此其全文也，首尾数百言，并无一言及于致知，近见《阳明文录》，有《大学古本序》，始改用致知立说，于格物更不提起，其结语言：

'乃若致知，则存乎心；悟致知焉，尽矣。'"

王阳明的心学以良知为头脑，在《大学古本》的初序中，他明显将朱子的《大学补传》斥为支离。那么，王阳明为何会忘记良知这个头脑呢？罗钦顺分析认为，或许因为王阳明只是初步提出了"良知"，但并没有确定下来。

《阳明先生文录》(又称《阳明文录》或《文录》)刊刻于嘉靖六年（1527）四月，刊行此书的是王阳明的高足钱德洪、邹守益等人。《阳明先生文录》中录有《大学古本序》。看到这篇序文，罗钦顺觉察到它似乎与王阳明赠给自己的《大学古本》中的序有所不同。《阳明先生文录》所收录的《大学古本序》以"致良知"为《大学》的宗旨和头脑，而初序则以"诚意"为《大学》之宗旨。

如前所述，在《传习录》上卷最后一条，王阳明回答了门人蔡希渊的疑问："文公《大学新本》先格致而后诚意工夫，似与首章次第相合。若如先生从旧本之说，即诚意反在格致之前，于此尚未释然。"

当时，王阳明对朱子《大学新本》的立场展开了充分的批判。由此来看，《大学古本》的初序明显将诚意看作了《大学》的宗旨、学之工夫的根本、为学的大脑。

在这一条里，王阳明说道：

《大学》工夫即是明明德，明明德只是个诚意，诚意的工夫只是格物致知。若以诚意为主，去用格物致知的工夫，即工夫始有下落，即为善去恶无非是诚意的事。如新本先去穷格事物之理，即茫茫荡荡，都无着落处；

须用添个敬字方才牵扯得向身心上来。然终是没根源。若须用添个敬字，缘何孔门倒将一个最紧要的字落了，直待千余年后要人来补出？

正谓以诚意为主，即不须添敬字。所以提出个诚意来说，正是学问的大头脑处。于此不察，真所谓毫厘之差，千里之谬。

大抵《中庸》工夫只是诚身，诚身之极便是至诚；《大学》工夫只是诚意，诚意之极便是至善：工夫总是一般。今说这里补个敬字，那里补个诚字，未免画蛇添足。

由上文可知，王阳明认为朱子在《大学补传》里补个"敬"字不过是画蛇添足。而王阳明在晚年最终以"致良知"为学之头脑，将"敬"看作画蛇添足。

《传习录》上卷刊刻于正德十三年（1518），王阳明时年四十七岁，刚刚剿灭了南赣贼匪。此书经过王阳明亲自批阅。下面刊出王阳明《大学古本》的两篇序文，读者可对比阅读。

初序（据罗钦顺的《困知记》记载）

《大学》之要，诚意而已矣。诚意之功，格物而已矣。诚意之极，止至善而已矣。

正心，复其体也；修身，著其用也。以言乎己，谓之明德；以言乎人，谓之亲民；以言乎天地之间，则备矣！是故至善也者，心之本体也；动而后有不善。

意者，其动也；物者，其事也。格物以诚意，复其不善之动而已矣！不善复而体正，体正而无不善之动矣！是之谓止至善。圣人惧人之求之于外也，而反复其辞。

旧本析而圣人之意亡矣！是故不本于诚意而徒以格物者，谓之支；不事于格物而徒以诚意者，谓之虚；支与虚，其于至善也远矣！合之以敬而益缀，补之以传而益离。吾惧学之日远于至善也，去分章而复旧本，傍为之什，以引其义。庶几复见圣人之心，而求之者有要。噫！罪我者其亦以是矣夫！

大学古本序

《大学》之要，诚意而已矣。诚意之功，格物而已矣。诚意之极，止至善而已矣。止至善之则，致知而已矣。

正心，复其体也；修身，著其用也。以言乎己，谓之明德；以言乎人，谓之亲民；以言乎天地之间，则备矣！是故至善也者，心之本体也。动而后有不善，而本体之知，未尝不知也。

意者，其动也；物者，其事也。至其本体之知，而动无不善。然非即其事而格之，则亦无以致其知。故致知者，诚意之本也。格物者，致知之实也。物格则知致意诚，而有以复其本体，是之谓止至善。圣人惧人之求之于外也，而反复其辞。

旧本析而圣人之意亡矣！是故不本于诚意而徒以格物者，谓之支；不事于格物而徒以诚意者，谓之虚；不本于致知而徒以格物诚意者，谓之妄。支与虚与妄，其于至善也远矣！合之以敬而益缀，补之以传而益离。吾惧学之日远于至善也，去分章而复旧本，傍为之什，以引其义。庶几复见圣人之心，而求之者有其要。噫！乃若致知，则存乎心悟，致知焉尽矣。(《王文成公全书》卷七《文录》)

由"诚意"说到"致知"说

在《阳明先生文录》的《大学古本序》中，王阳明一开始说《大学》的宗旨为"诚意"，随后又说《大学》的宗旨是"致知"。这是为什么呢？这是因为王阳明悟到诚意的本体便是良知，王阳明的思想由此得到了发展。

明末的刘宗周分析了诚意的"意"和意念的"意"的差别，并提出了以"意"为心之本体的独创性"诚意"说（该学说的萌芽可见王塘南的"意"说）。刘宗周认为王阳明的"致知"说有伤血脉，所以对其加以批判。刘宗周并未像以往的学者那样，将"意"看作心之用，而是把它看作心之体，从而创立了新的学说。

王阳明的"知行合一"说、"意之好恶"说，尤其是王阳明的"喜善厌恶"说，刘宗周评价为"心髓入微，丝丝见血"，他赞扬了这种混一的心之体的生命性，并称自己的"诚意"说源于这些学说。

王阳明对《大学》的解析由"诚意"说转为"致知"说，是将心之体视作混一生命体这一思想的发展。

当王阳明提出他的新学说时,他的同乡、巡按唐龙[1]担忧世人会对王阳明有所责难。他向王阳明提出忠告,希望王阳明能够停止讲学,慎重择友。

王阳明在写给唐龙的回信《复唐虞佐》(《王文成公全书》卷四)中写道:

> 圣贤之道,坦若大路,夫妇之愚,可以与知。而后之论者,忽近求远,舍易图难,遂使老师宿儒皆不敢轻议。故在今时,非独其庸下者自分以为不可为,虽高者特达,皆以此学为长物,视之为虚谈赘说,亦许时矣。当此之时,苟有一念相寻于此,真所谓"空谷足音,见似人者喜矣"。况其章缝而来者,宁不忻忻然以接之乎?然要其间,亦岂无滥竽假道之弊!但在我不可以此意逆之,亦将于此以求其真者耳。正如淘金于沙,非不知沙之汰而去者且十九,然亦未能即舍沙而别以淘金为也。孔子云:"与其进也,不与其退也,唯何甚。"孟子云:"君子之设科也,来者不拒,往者不追。"苟以是心至,斯受之而已矣。盖"不愤不启"者,君子施教之方;"有教无类",则其本心焉耳。

此时,王阳明不仅将"诚意"作为《大学》的宗旨,还作为《中

---

[1] 唐龙(1477—1546):字虞佐,号渔石,谥文襄。浙江金华府兰溪县人。官至刑部尚书、太子太保。

庸》的宗旨。

正德十三年（1518），王阳明写下了《修道说》（《王文成公全书》卷七）：

> 率性之谓道，诚者也；修道之谓教，诚之者也。故曰："自诚明，谓之性；自明诚，谓之教。"《中庸》为诚之者而作，修道之事也。道也者，性也，不可须臾离也。而过焉，不及焉，离也。是故君子有修道之功。戒慎乎其所不睹，恐惧乎其所不闻，微之显，诚之不可掩也。修道之功若是其无间，诚之也夫！然后喜怒哀乐之未发谓之中，发而皆中节谓之和，道修而性复矣。致中和，则大本立而达道行，知天地之化育矣。非至诚尽性，其孰能与于此哉！是修道之极功也。而世之言修道者离矣，故特著其说。

王阳明在龙场大悟之后，开始认为万物是一体的、血脉相通的。比如，他把具有耳目口鼻的身体和视听言动的心灵看作一体，因此，"但指其充塞处言之谓之身，指其主宰处言之谓之心，指心之发动处谓之意，指意之灵明处谓之知，指意之涉着处谓之物，只是一件"（《传习录》下卷《陈九川录》），也就是一体的。

因为追寻这样的血脉一体，工夫自己就产生了由内至外的倾向。所以，在《大学》的工夫上，王阳明将诚意视作为学的宗旨也就理所当然了。

如前所述，《大学古本》刊行于正德十三年，王阳明为该书作序，认为《大学》的宗旨是"诚意"。前面我们提到，王阳明第一次向陈九川传授致良知之学，是在两年后的正德十五年（1520）。由《传习录》下卷的开头来看，陈九川于正德十四年由京师归乡途中再次在南昌见到了王阳明。

尽管兵务繁忙，王阳明还是抽空见了陈九川，向他询问了近年来的学习情况。

面对王阳明的询问，陈九川回答道：

（九川曰：）"近年体验得'明明德'工夫只是'诚意'。自'明明德于天下'，步步推入根源，到'诚意'上，再去不得，如何以前又有格致工夫？后又体验，觉得意之诚伪，必先知觉乃可，以颜子'有不善未尝不知，知之未尝复行'为证，豁然若无疑；却又多了格物工夫。又思来，吾心之灵，何有不知意之善恶？只是物欲蔽了，须格去物欲，始能如颜子未尝不知耳。又自疑工夫颠倒，与'诚意'不成片段。"后问希渊。希渊曰："先生谓格物致知是诚意工夫，极好。"九川曰："如何是诚意工夫？"希渊令再思体看，九川终不悟，请问。

针对陈九川提出的问题，王阳明回答说有无格物并非取决于外在，而在于意的志向之处，身、心、意、知、物皆为一体。听了王阳明的解释，陈九川豁然开朗。

在王阳明看来，心无动静，专一于静坐反而将心分为了内外，所以讲说了动处工夫的事上磨炼之要。

后来，王阳明又批评湛甘泉将格物的"物"换成"理"，还留有朱子学的格物穷理之处。(《传习录》下卷）此外，虽然"心即理"可以展现象山之学的蕴奥，但王阳明也批判了象山之学略显粗鄙。

之后，对于陈九川提出的有关陆学的问题，王阳明回答说："濂溪、明道之后，还是象山，只是粗些。""然他心上用过工夫，与揣摹依仿，求之文义，自不同。但细看有粗处，用功久当见之。"(《传习录》下卷）

上述陈九川对王阳明的提问中，提到了"心之灵"一词。之前王阳明之学都是以诚意为宗，但在宸濠之乱、张忠许泰[1]之变中，王阳明开始坚信"心之灵"，最终提出了"致良知"说。

正德十五年（1520），陈九川到赣州时，王阳明第一次对他讲明"致良知"是学之头脑。有关此事，我们在后文会另有叙述。因为达到了将"致良知"看作学之头脑的境界，所以王阳明才改写了《大学古本》的初序。

后来，嘉靖二年（1523），五十二岁的王阳明在写给门人薛侃的书信（见《王文成公全书》卷五）中说：

> 承喻："自咎罪疾，只缘轻傲二字累倒。"足知用力恳切。但知得轻傲处，便是良知；致此良知，除却轻傲，便是格物。致知二字，是千古圣学之秘，向在虔时终日

---

[1] 许泰：南直隶扬州府江都县人。讨伐朱宸濠的副将军，与王阳明素来交恶。世宗朝时被打入大牢，后死于牢中。

论此，同志中尚多有未彻。近于古本序中改数语，颇发此意，然见者往往亦不能察。今寄一纸，幸熟味！此是孔门正法眼藏，从前儒者多不曾悟到，故其说卒入于支离。

如此一来，王阳明修改《大学古本》初序的理由和年代也就清楚了。

据此来看，王阳明向门人讲说致知（"致良知"）乃学之宗旨、千古圣学之秘要，是他在赣州时的事，但从王阳明写给薛侃的书信（见《王文成公全书》卷五）来看，当时（正德十三年）王阳明因兵事纷扰和身体虚弱，转而注重思想的修为。所以从这时起，王阳明对心之体的观念开始逐渐变得坚定，尤其是在平定宸濠之乱后，这种观念最终变得不可动摇。经历过宸濠之乱和其后张忠许泰之变带来的艰难，以及自己的新学说遭到朱子学者的非难指责，王阳明开始对良知抱有绝对的信心，强烈地感知到致知正是学之宗旨。

在上述的书信中，"向在虔时终日论此，同志中尚多有未彻"这一句话值得读者留意，我们后面还有具体论述。

此外，在嘉靖三年（1524）写给黄省曾[1]的信（见《王文成公全书》卷五）中，王阳明写道："所示《格物说》《修道注》，诚荷不鄙之盛，切深惭悚，然非浅劣之所敢望于足下者也。且其为说，亦于鄙见

---

[1] 黄省曾（1490—1540）：字勉之，号五岳山人。南直隶苏州府吴县（今苏州市）人。现行的《传习录》下卷中收有他所录的十二条。

微有未尽。何时合并当悉其义，愿且勿以示人。"

由此看来，对于之前示于黄省曾的《格物说》《修道注》，王阳明似乎有不太满意的地方。虽然《王文成公全书》中并无信里所提到的《格物说》和《修道注》，但其所言《修道注》，或许便是《王文成公全书》卷七《文录四》中的《修道说》。该说是在正德十三（1518）年提出的，也是将"诚"看作学之宗旨，解说《中庸》修道的学说。如果真是如此，自将"致良知"看作学之宗旨后，王阳明便不再将诚意看作学之宗旨。

从上述书信的后文中，我们可察知《王文成公全书》中收录的《大学古本序》是对旧序进行了三次改写而成的：

> 古本之释，不得已也。然不敢多为辞说，正恐葛藤缠绕，则枝干反为蒙翳耳。短序亦尝三易稿，石刻其最后者，今各往一本，亦足以知初年之见，未可据以为定也。

此外，嘉靖元年（1522），王阳明在写给陆澄的书信（见《王文成公全书》卷五）中也写道："致知之说，向与惟浚（陈九川）及崇一（欧阳德）诸友极论于江西，近日杨仕鸣来过，亦尝一及，颇为详悉。今原忠（应良）、宗贤（黄绾）二君复往，诸君更相与细心体究一番，当无余蕴矣。"

王阳明自得"良知"说，其后遭遇苦难时其思想越发变得深切。嘉靖五年（1526），王阳明在写给邹守益的书信（见《王文成公全书》卷六）中写道："比遭家多难，工夫极费力，因见得良知两字比旧愈加亲切。真所谓大本达道，舍此更无学问可讲矣。"

上文中的"家多难",是指嘉靖元年(1522)父亲龙山亡故,嘉靖四年(1525)痛失夫人诸氏。在这段时间里,王阳明本就体弱多病,而世间针对王阳明的非难指责变得越发嚣张起来。

《大学古本旁释》

王阳明一生几乎没有留下什么著作,唯有他自己刊行的《大学古本》和《朱子晚年定论》,但这些只能说是编著,而不是著作。《大学古本》的序中记述了王阳明的一篇重要著作《大学古本旁释》。

如前所述,王阳明于正德十年(1515)八月十九日被任命为南赣汀漳巡抚,九月受领任书。

在写给门人陆澄的书信(见《王文成公全书》卷四)中,王阳明写道:

> 书来,知贵恙已平复,甚喜!书中勤勤问学,唯恐失坠,足知进修之志不怠,又甚喜!异时发挥斯道,使来者有所兴起,非吾子谁望乎?
>
> 所问《大学》《中庸》注,向尝略具草稿,自以所养未纯,未免务外欲速之病,寻已焚毁。近虽觉稍进,意亦未敢便以为至,姑俟异日山中与诸贤商量共成之,故皆未有书。其意旨大略,则固平日已为清伯(陆澄的字)

言之矣。因是益加体认研究，当自有见；汲汲求此，恐犹未免旧日之病也。

从信中来看，王阳明之前虽然为《大学》《中庸》作过注，但他认为自己的体认之学还不够精纯，于是便将所作的注烧毁了。在刊行《大学古本》时，王阳明为《大学》作了旁释。就像之前写给黄省曾的信中所说的，他担心在这份旁释中多费说辞反而导致本旨不明，所以写得很简约。

虽然这份旁释曾经被刊行过，却未能流传于后世。据东正堂说，虽然佐藤一斋从长崎渡来书中发现了《大学古本旁释》而大喜，却因书中所言甚少而感到遗憾，后来他又在其他的丛书中发现别本，于是加以补释。而这份补释已成为东正堂的家藏之宝。这份别本原本是一斋门下吉村秋阳的藏书，据说上边还有吉村秋阳的跋文。

此外，大盐中斋也发现了一份《旁释》，而这份旁释则传到了大盐中斋门下的但马守约手中。这份旁释与一斋传下的旁释是否相同，已不得而知，但应该是一份稍有差别的别本。如此一来，究竟哪个才是王阳明的真本，就难以分辨了。

不过，笔者认为，东正堂的那份应该不是王阳明《旁释》的真本。王阳明对《大学》的解析，只一篇《大学古本序》便已足够，而佐藤一斋的补充纯粹是画蛇添足。

正如东正堂所说，没有哪本书像《大学》一样，有如此众多的不同解读。继承了王阳明学统的刘宗周和中江藤树，对《大学》的"诚意"进行解读时并没有遵从王阳明之说，尤其是刘宗周，他甚至对王阳明之说进行了严厉的批判。刘宗周并不像王阳明那样，把"意"视作心之发动，而认为"意"是心之体、善之源。中江藤树也不像王阳明那样认为"意"存在善恶，而把"意"视作百恶根源。除此之外，他们在明德、亲民、诚意、正心、格物、致知的理解上也有分歧。

王阳明对《大学》的解析特色，就在于把正心、诚意、格物、致知、明德、亲民、止善归为一件事。这或许是王阳明的独创之处。凡修阳明学之人，首先必须留意这一点。如果用一句话来概括，可以说阳明学是将血脉相通的生命体看作道，这正好避免了学之支离。据王阳明说，朱子对《大学》的解析陷于支离，只不过在《大学补传》中通过说"敬"，才避免了这种支离。

如前所述，虽然王阳明的《大学古本》初序中将"诚意"看作了学之头脑，但经过三次修改之后，他将为学头脑改为"致知焉尽矣"。当然，必须明白的一点是："致知"必须由心悟而来，而且是本体工夫。

刊刻《朱子晚年定论》

正德十年（1515）八月，王阳明写下《朱子晚年定论》，书中暗示自己的学说与朱子晚年的定论是一致的。王阳明想借此减少朱子学者对自己的强烈非难和谴责，但当时这本书并未被刊刻。直到正德十三年（1518），其门人才刊刻了此书。

当时，王阳明虽然兵务缠身，但还是提出了自己的学说。这些学说与朱子学完全不同，所以遭到当时的朱子学者的责难。但这些朱子学者根本不愿探究阳明学的内容。面对责难和非议，王阳明迫不得已才允许了《朱子晚年定论》的刊刻，并为它写了篇序文。

有关此事，我们可以从正德十四年（1519）王阳明写给安之的书信（《王文成公全书》卷四）中看到：

> 留都（南京）时偶因饶舌，遂致多口，攻之者环四面。取朱子晚年悔悟之说，集为定论，聊藉以解纷耳。门人辈近刻之虔都，初闻甚不喜；然士夫见之，乃往往遂有开发者，无意中得此一助，亦颇省颊舌之劳。

鉴于明初的"朱陆同异"论者程敏政（号篁墩）因在他编著的《道一编》中赞美陆学而遭到非难，王阳明唯取朱子的自说，而对其言论未加一词。他以为如此一来，朱子学者就不会再感到愤怒，进而非难他了。

因此，紧接前文，王阳明继续写道：

> 近年篁墩诸公尝有《道一》等编，见者先怀党同伐异之念，故卒不能有入，反激而怒。今但取朱子所自言者表章之，不加一辞，虽有偏心，将无所施其怒矣。

"朱陆同异"论兴起于元代，初期分为持"根本相同而末支不同"之论者和"本末皆相同"之论者，但由元至明，朱子学被用于科举，因此当时是一个朱子学至上的时代。正如王阳明所说，如此同异论，朱子学者自然会将此举看作为陆学撑腰，因而激起众怒也是很正常的。王阳明深知这一点，所以才刊刻《朱子晚年定论》，并写下序文。

对于这一点，东正堂在评价王阳明的书信《与安之书》时曾说道：

> 此篇虽以论阳明先生编纂《朱子晚年定论》之事为主，然阅后方知先生编纂此书乃因世之学者以学问为议论之种，而丝毫不在身心上做工夫，故先生出此著作，其主眼在于平息无益之论。
>
> 盖先生之意，天下皆以朱子为宗，若言朱子之误则定起不平，口角相争，喧哗不已，疏于身心工夫。如此，如前之法不可取。故天下皆以朱子之学为宜，无不宜之事。但学此说，须察朱子真意，停止议论，取朱子之语，着实身体力行。细学之，朱子之定论非如今争论之朱说，只因朱子晚年有大变之处，故出此书。
>
> 然而，此亦为招致吵闹益盛之种。若直言朱子之学不宜，犹为善者，但阳明诬妄曲解朱子，掺入己说，偷奸耍滑，欲胜于人。尤其书中《与吕子约》之类，阳明先生佯不知此乃朱子初年所作，而作为朱子晚年之说。如此混清视听，竟内心坦然，此乃朱子学者最嫉恶之事。
>
> 又如清儒李穆堂（李绂），引用阳明先生一文早晚之

偶误，言若谓彼是，唯晚年先生之说，云何著《朱子晚年定论》之新篇之事？此皆议论喧哗之事，全然不知先生之深意。

阳明先生初议朱子，本因忧世人以议论为学，丝毫不知着实之工夫，世人却因先生议朱子而不平，毫无反省之意。言先生未毁朱学，却又成议论之种，故而此番先生不毁朱学而示道理，出《晚年定论》。然此事又引议论喧哗益盛，只叹先生实无再可着手之方。我等后学须知，知先生真意乃第一义。

然而，笔者不得不说，以上评价有些偏袒王阳明。

在创作《朱子晚年定论》的同一年，王阳明又写下《紫阳书院集序》（《王文成公全书》卷七）。紫阳书院位于南直隶徽州府歙县（今安徽省歙县）南部的山中，朱熹的父亲朱松曾在此读书，因朱熹曾在其建筑上悬挂御题的"紫阳书室"匾额，所以后人建造了紫阳书院。正德七年（1512），知府熊桂（字世芳）重修紫阳书院，将朱子学弘扬于世，"萃七枝之秀"，并亲自担任主讲。后来紫阳书院的讲官程曾氏收集书院的兴废记录，效仿朱子的《白鹿洞书院揭示》，宣明政教，并请王阳明作序文。

尽管王阳明对朱子学持批判态度，但他还是答应了对方的请求，写下了序文。此举或许与他作《朱子晚年定论》用意相同。之所以这么说，是因为王阳明在序文中从自己的心学，即自得之学、培根之学的立场上，对《白鹿洞书院揭示》的各条做出解释，讲述了此揭示中蕴含的朱子学精髓。

第十五章　赣州时期

在《朱子晚年定论》(《王文成公全书》卷七)的序中,王阳明先述说了圣学的推移以及当时学界的状况,并对之加以批判,接着述说了自己为学的历程,解说自己悟得圣人之道的经历,然后明确道出自己对朱子学的看法,最后得出朱子学、王学殊途同归的结论。

序文开篇写道:"洙泗(孔子)之传,至孟子而息。千五百余年,濂溪、明道始复追寻其绪。"唐代的韩愈说,孟子死后"圣学绝",宋儒也有相同的看法。在王阳明看来,宋儒中继承了圣学的是周敦颐及其门人程颢。要注意的是,这里并未将程颢的弟弟程颐列举出来。

王阳明虽然提到了周敦颐、程颢,但几乎没有提及世人认为继承了程颢的伊川之学(由程颐开创),而且,如前所述,王阳明认为继周敦颐、程颢之后,应当注意的人是陆九渊。王阳明之所以有这样的想法,是因为周敦颐、程颢之学是体认自得之学,而以"心即理"为宗旨的象山之学(由陆九渊开创)与之并不违背。

如前所述,按照王阳明的说法,程颢之后的儒学,辨析日益详细而失其宗旨,陷入支离之敝,逐渐衰落。究其原因,是因为学者并未将体认自得作为宗旨,多言巧辩,而致使圣学陷入议论。

在这篇序中,王阳明讲述了自己的为学经历,他提到自己年轻时曾先后沉溺于举业、辞章之学和佛教、老庄思想,也曾对圣学产生过怀疑,但经历龙场大悟之后,自己终于悟到圣人之学平坦如大道。后来,自己创立了与朱子学不同的学说,但这种学说被世间学者视为标新立异之说,遭到了他们的非难和指责。但是,自己在压抑自我、反省己过之后,越发坚信自己的学说精确、明澈，对此再也没有什么疑惑了。

在序文中，王阳明接着写道："独于朱子之说有相抵牾，恒疚于心。窃疑朱子之贤，而岂其于此尚有未察？"

从上文中可见，王阳明曾经对朱子学抱有怀疑态度，但在南京时，他对朱子学重新进行了一番研究，发现朱子在晚年时曾对自己年轻时的学说进行反思，对自己学说的弊端有所悔悟。因《集注》《或问》是朱子中年未定之说，所以王阳明猜测朱子欲以改正，却未能完成。而《朱子语类》这类书是经由门人修订的，所以门人可能因为好胜心而加入了自己的想法，与朱子平日之说有着极大的不同。而世间学者只是道听途说，或仅限于听朱子学者讲述，因而不知朱子晚年悔悟之事。如果这种情况不能有所改变，那么朱子学就无法流传于后世。

故而，王阳明得出如下结论："予既自幸其说之不缪于朱子，又喜朱子之先得我心之同然，且慨夫世之学者，徒守朱子中年未定之说，而不复知求其晚岁既悟之论，竞相呶呶，以乱正学，不自知其已入于异端。辄采录而裒集之，私以示夫同志。庶几无疑于吾说，而圣学之明可冀矣。"

王阳明希望借《朱子晚年定论》的刊行，缓和自己与天下朱子学者的矛盾。应该将此举看作王阳明的一番苦心，还是就此认定王阳明存有曲学阿世的一面，虽然学者们抱有不同的意见，但后来王阳明自己说，他当时确实存有曲学阿世的念头。

关于这篇《朱子晚年定论》，因为其中甚至编入了并非朱子晚年学说的内容，所以后来遭到朱子学者的指责与非难。他们批评阳明此举完全是欺瞒世人，认为《朱子晚年定论》力图让朱子晚年之说与王阳明自己的学说一致，纯粹是一篇狡黠之文。

对于这一点，东正堂曾出言辩护（《阳明先生全书论考》卷三《文录四·序记说》）。东正堂的这些言论，与前文中他对王阳明《与安之书》的评论大致相同。

首先，东正堂叙述了王阳明虽然兵务繁忙，但仍然坚持讲学，因其讲义对朱子学提出了异议，所以遭到朱子学者的非难和指责的事实。他说：王阳明先生讲道，却成为议论之种，与其为先生喟叹，倒不如参阅此篇之说，亦可体察先生为道之苦心。

而对于那些非难、指责王阳明的人，东正堂说：先生一番苦心，只道世间学者徒然沉溺于空论，失却真实工夫，欲图除弊救人，却又助长了世间偏见私心的议论之种。观此事，实在无奈。

接着，东正堂又进一步进行了阐述：

云篇中早晚颠倒之事，乃阳明先生一时之误，本意却全不在此。此事，于阳明先生《答罗整庵少宰书》中已然明确。先生的《答罗整庵少宰书》，出于《传习录》中卷，云"其为《朱子晚年定论》，盖亦不得已而然。中间年岁早晚，诚有所未考，虽不必尽出于晚年，固多出于晚年者矣。然大意在委曲调停，以明此学为重……"

于此，先生之心已明了。然而，凡未摆脱门户与偏见者，至今犹穿凿附会。故清儒李绂（号穆堂）编《朱子晚年全论》，即便阳明误其早晚，此亦仅仅见于《朱子晚年定论》中《答何叔京》一书。《朱子晚年定论》中，可作证据之处众多。我只举此一处，可见《朱子晚年定论》之情状。穆堂徒知袒护阳明先生，却不知先生之心，反成无益多余之议论。恰如清儒陆陇其毁阳明，言阳明原来毁朱子，我不过毁毁朱子者而已。可见陆陇其全不知本统之学为何。

然本统工夫，却非易与。今读此序文，先生举朱子之言为证据，出于所谓"自咎以为旧本之误"。又《朱子晚年定论》中，《答黄直卿》中所书的"向来定本之误"，然"一斋先生云，朱子旧来定本之误，非指旧注"。即便如一斋翁所言，此乃阳明先生之误解，然序文中之精神、先生之心亦无改变。我等后学当着眼于此。

或云，《朱子晚年定论》之刊行，遂不免先生之失策。先生之学自通千古而不被埋没，未必需借朱子委曲调停。此乃先生所谓"犹有乡愿之意"，已自认。此说亦颇有意味。

然而，上述东正堂的论述未免有些过于偏袒王阳明。因为正如东正堂所引用的，连王阳明自己也说"犹有乡愿之意"。

此外，作为朱子晚年悔悟的例证，王阳明在《朱子晚年定论》里所举的三十四封朱子书信中，有关引起朱子学者非议之处，门人杨士德与王阳明之间有过如下一番问答：

士德曰："晚年之悔，如谓'向来定本之误'（《答黄直卿书》），又谓'虽读得书，何益于吾事'（《与吕子约》），又谓'此与守书籍，泥言语，全无交涉'（《答何叔京》），是他到此方悔从前用功之错，方去切己自修矣。"

（阳明）曰："然。此是文公不可及处。他力量大，一悔便转，可惜不久即去世，平日许多错处皆不及改正。"（《传习录》上卷）

刊行《传习录》

正德十三年（1518）七月，王阳明四十七岁时，门人薛侃于赣州刊行《传习录》，即现行的《传习录》上卷。

薛侃一生，为辩明世人对王阳明之学类禅的非难指责而竭尽心力。黄宗羲说："世疑阳明先生之学类禅者三，曰废书，曰背考亭，曰涉虚。先生一一辩之。然皆不足辩也……"（《明儒学案》卷三十《粤闽王门学案·薛侃传》）

当时的朱子学者指责王阳明的原因，在于他们认为理在天地万物之内，是客观存在的，而王阳明则认为天地万物之理皆在心中。他们认为王阳明将公理说成私理。

黄宗羲与指责王阳明之人辩理。他说，王阳明"循此一心，即是循乎天地万物。若以理在天地万物而循之，是道能弘人，非人能弘道也。释氏之所谓心，以无心为心，天地万物之变化，皆吾心之变化也。譬之于水，释氏为横流之水，吾儒为源泉，混混不舍昼夜之水也"。

在《传习录》上卷中，薛侃"去花间草"，王阳明说"无善无恶者理之静，有善有恶者气之动"，"又其所疑者，在无善无恶之一言"。黄宗羲说："考之《传习录》，因先生去花间草，王阳明言：'无善无恶者理之静，有善有恶者气之动。'盖言静无善无恶，不言理为无善无恶，理即是善也。犹程子言'人生而静以上不容说'，周子'太极而加之无极'耳。"

"独《天泉证道记》有'无善无恶者心之体，有善有恶者意之动'之语。夫心之体即理也，心体无间于动静，若心体无善无恶，则理是无善无恶，阳明不当但指其静时言之矣。释氏言无善无恶，正言无理也。善恶之名，从理而立耳，既已有理，恶得言无善无恶乎？就先生去草之言证之，则知天泉之言，未必出自阳明也。二疑既释，而犹曰阳明类于禅学，此无与于学问之事，宁容与之辨乎！"

以上便是黄宗羲为王阳明辩护的内容。

此外，这里还需要声明一点：王阳明有关花间草的言论出自《传习录》上卷，为薛侃所录，是薛侃与王阳明之间的为学问答。

另外，《传习录》上卷还记录了有关陆澄的事。徐爱殁后，王阳明将自己的学问托付给陆澄，说道："自曰仁没后，吾道益孤，致望原静者亦不浅。"（《王文成公全书》卷四）

《传习录》中所录陆澄提问甚多，其提问常常发人深省。

薛侃将徐爱所录十四条、陆澄所录八十条、自己所录三十五条结集成册，予以刊行。因徐爱将自己的问答辑录命名为《传习录》，所以薛侃沿用了其名。

据现代学者陈荣捷博士推断（《王阳明〈传习录〉详注集评》），徐爱所录不止十四条。在所录十四条之后，徐爱作跋文曰："如说格物是诚意的工夫,明善是诚身的工夫,穷理是尽性的工夫,道问学是尊德性的工夫,博文是约礼的工夫,惟精是惟一的工夫。诸如此类,始皆落落难合。其后思之既久,不觉手舞足蹈。"那么在徐爱所录之中,缺少"道问学与尊德性"的一条。另外,在《续刻〈传习录〉》的序后有一句:"此徐子曰仁之自序其录者。不幸曰仁亡矣,录亦散失。今之录,虽全非其笔,然其全不可得云。"

由此来看,徐爱所录明显已有若干条散佚难觅。

第十六章

江西时期

阳明请求致仕

如前所述，由于王阳明剿灭了江西、福建、广东、湖广四省边界猖獗的贼匪，并向朝廷上奏了捷报，正德十三年（1518）六月六日，王阳明被擢升为右副都御史，并被授予荫子一人为锦衣卫的荣誉，世袭百户。

六月十八日，王阳明以《辞免升荫乞以原职致仕疏》(《王文成公全书》卷十一）上疏朝廷，请求辞退恩赏。

在这篇奏疏中，王阳明首先感谢朝廷的恩宠：特命自己为军务提督，授予象征指挥权的旗牌和自由指挥部队的特权。

于是，该部议假臣以赏罚，朝廷从而假之以赏罚；议给臣以旗牌，朝廷从而给之以旗牌；议改臣以提督之任，朝廷从而改之以提督之任；授之方略而不拘以制，责其成功而不限以时。由是，臣以赏罚之柄，而激励三军之气；以旗牌之重，而号召远近之兵；以提督之权，而纪纲八府一州之官吏；伸缩如志，举动自由。

有了这些权力，王阳明消除了大部分的掣肘和障碍，得以迅速整编军队，率队出征："一鼓而破横水，再鼓而灭桶冈……又一鼓而破三浰，再鼓而下九连。"

虽然在军事上取得了这么大的胜利，但王阳明在奏疏中禀明，此番军功更多地归功于朝廷。朝廷就如同善于驾驶马车的马夫，而自己则如同一匹驽马，毫无半点功劳，所以只求朝廷能让自己致仕，回归田园，安享晚年。

他在奏疏中写道：

> 譬之驽骀之马而得良御，齐辑乎辔衔之际，而缓急乎唇吻之和，内得于人心，外合于马志；故虽驽下，亦能尽日之力而至百里。人见其驽而百里，因谓之能，不知其能至此，皆御马者驱策之力。不然，将数里而踣，或十数里而止矣。马之疲劳，或诚有之，而遂以归功于马，其可乎？况臣驱逐之余，疾病交作，手足麻痹，渐成废人。
>
> 前在贼巢，已尝具本请罪，告病乞休。日夜伏候允报，庶几生还畎亩。乃今求退而获进，请咎而蒙赏，虽臣贪冒垂涎，忍耻苟得，其如朝廷赏功之典何！伏望皇上推原功之所始，无使赏有滥及，收回成命。
>
> 臣苟有微劳，不加罪戮，容令仍以原职致仕，延余喘于田野。如此，则上无滥恩，下无奸赏；宣力受任者，得免于覆悚之诛；量能度分者，获遂其知止之愿。臣无任感恩惧罪，恳切祈望之至！

然而，朝廷最终还是没有满足王阳明的致仕愿望。

正德十四年（1519）正月二日，四十八岁的王阳明上奏疏《升荫谢恩疏》(《王文成公全书》卷十一)，诉说自己无德无能，不足以胜任右副都御史和接受荫子锦衣卫的恩赏，请求辞退恩赏；正月十四日，王阳明再上奏折《乞放归田里疏》(《王文成公全书》卷十一)，向朝廷奏明之前立下的战功皆源于圣上的恩德，然后又提起自己体弱多病，祖母卧床不起，恳切请辞，希望能够回故乡安度晚年。他在奏疏中写道：

> 且臣比年以来，百病交攻。近因驱驰贼垒，瘴毒侵凌，呕吐潮热，肌骨羸削。或时昏眩，偃几仆地，竟日不惺，手足麻痹，已成废人。又以百岁祖母卧病床褥，切思一念为诀。悲苦积郁，神志耗眊，视听恍惚，隔宿之事，不复记忆。以是求延旦夕之生，亦已难矣，而况使之当职承务，从征讨之后，其将能乎！夫豢畜牛羊，细事耳，亦且求良牧而付之，况于军务重任，生灵休戚之所关……
>
> 伏愿陛下念四省关系之大，不可委于匪人；察病废枯朽之才，不宜付以重任。怜桑榆之短景，而使得少遂其乌鸟之私；录犬马之微劳，而使得苟延其蝼蚁之息。别选贤能，委以兹任。放臣暂归田里，就医调治。倘存余喘，尚有报国之日。臣不胜感恩待罪恳切哀望之至！

王阳明再三上疏朝廷，请求辞免荫子封赏，让自己致仕还乡，朝廷皆不准许。无奈之下，王阳明只好写了一封信，寄给自己最信任、启用自己巡抚南赣的兵部尚书王琼。他在信中尽情抒发自己的思乡之情，并向王琼恳切请愿。

如前所述，王琼深知阳明之才，他提拔任命阳明为军务提督，授予阳明象征指挥权的旗牌以"便宜行事"。王琼又上疏朝廷，力排众议，让王阳明获得了一些特权。王阳明之所以甘愿剿匪，并大获成功，首先是心中怀有忠君爱国的至诚思想以及尽展才华的考虑，但其中多少也有回报王琼知遇之恩的因素。

正德十三年（1518），在写给王琼的书信《上晋溪司马》（《王文成公全书》卷二十一）中，阳明毫不隐讳地讲述了福建驻军的不稳定状况和处理困难等问题。在这封书信的末尾，阳明向王琼表达了辞官之意，并恳求他在朝廷中为自己美言。信中写道：

> 盖福建之军，纵恣骄鹜已非一日，既无漕运之劳，又无征戍之役，饱食安坐，徭赋不及，居则朘民之膏血以供其粮，有事返借民之子弟而为之斗。有司豢养若骄子，百姓疾畏如虎狼。稍不如意，呼呶群聚而起，焚掠居民，绑笞官吏；气焰所加，帖然惟其所欲而后已。今其势既盈，如将溃之堤，炭乎汹汹，匪朝伊夕。虽有智者，难善其后，固非迂劣如守仁者所能办此也。又况积弱之躯，百病侵剥。近日复闻祖母病危，日夜痛苦，方寸已乱，岂复堪任！临期败事，罪戮益重，辄敢先以情诉。
>
> 伏望曲加矜悯，改授能者，使生得全首领，归延残息于田野，非生一人之幸，实一省数百万生灵之幸也！

第十六章 江西时期

情殛辞隘，忘其突冒，死罪死罪！

王琼看完王阳明呈给朝廷的奏疏和写给自己的信后，被阳明言辞之间吐露的切切之情所打动。正如王阳明在信中所说，因为没有得到朝廷的允许，自幼丧母、由祖母抚养长大的王阳明最终也没能见到祖母最后一面。朝廷不允许阳明致仕，是因为贼匪未平。后来，平定贼匪之后，王阳明再次向王琼申请致仕返乡，希望能探望卧病在床的父亲龙山公，但王琼并没有予以任何答复。

因此，王阳明于正德十四年（1519）再次写信给王琼（见《王文成公全书》卷二十一），请求王琼帮忙：

生始恳疏乞归，诚以祖母鞠育之恩，思一面为诀。后竟牵滞兵戈，不及一见，卒抱终天之痛。今老父衰疾，又复日亟。而地方已幸无事，且蒙朝廷曾有"贼平来说"之旨，若再拘缚，使不获一申其情，后虽万死，无以赎其痛恨矣！

老先生亦何惜一举手投足之劳而不以曲全之乎？今生已移疾舟次，若复候命不至，断亦逃归，死无所憾，老先生亦何惜一举手投足之劳而必欲置之有罪之地乎？情隘辞迫，渎冒威严；临纸涕泣，不知所云，死罪死罪！

王琼之所以将王阳明的致仕请求压了下来，可能是他早已预见到即将发生的宸濠之乱。其实，王琼也能理解王阳明的心情，但为了江山社稷，只能把王阳明的私情放在一边。因为事实证明，能够很快地平定叛乱者，除王阳明之外再没有更合适的人选。这也正是王琼信任王阳明并给予他极大权限的原因。尽管两人从未谋面，但他们在国家大事上心有灵犀一点通。

宁王之患

据《年谱》记载，正德十三年（1518），王阳明于赣州平定贼匪之后，四方之人聚集而来师事于他。

刚开始时，王阳明安排门人寓居射圃，但后来人数众多而无法容纳。王阳明因此重修濂溪书院，安置门人，并让门人冀元亨担任书院的主讲。冀元亨为王阳明的养子王正宪的家庭教师，但在重修濂溪书院时，王阳明把他请到了赣州。

当时，江西的宁王朱宸濠来信，向王阳明请教一些问题。王阳明让冀元亨解答，随后把冀元亨派到宁王身边讲学。

或许有人会问，阳明门人中有才者众多，王阳明为何偏偏派元亨去宁王处？

这是因为王阳明早就看出了宁王篡夺皇位的野心，在之前提到的写给王琼的第二封书信中，王阳明说"若再拘缚，使不获一申其情"云云，或许是在暗示可能会爆发宸濠之乱。

冀元亨为人刚毅忠信，临危不惧，正好能够应付将来的危局。此举也是将冀元亨派去做卧底，让他打探宁王谋反的内情。对于擅长打间谍战的阳明先生来说，做出这样的安排也是理所当然的。

后来，宸濠之乱平定后，冀元亨遭怀疑，被打入大牢。因此，也有诸如李卓吾（李贽）之类的人认为王阳明此举极为失策。

《明儒学案》卷二十八《楚中王门学案》对冀元亨与宁王的相见，有如下叙述：

> 濠谈王霸之略，先生昧昧，第与之言学而已。濠拊掌谓人曰："人痴一至是耶！"一日讲《西铭》，先生反复陈君臣之义，本于一体，以动濠。濠大诧之，先生从容复理前语。濠曰："此生大有胆气。"遂遣归。

因为冀元亨当时所讲的内容似有劝谏宁王之意，所以按常理来说，宁王应该当场将冀元亨抓捕，立刻斩杀，但冀元亨还是安全地回到了王阳明身边。

回来之后，冀元亨便将宁王谋反的迹象告知了王阳明。宁王听说此事后怒不可遏，暗中派人去刺杀冀元亨。王阳明听到风声，为了让冀元亨避开祸事，立即派人将他护送回了武陵老家。

明初，洪武二十一年（1388），朝廷在福建福州府设立了三卫。卫，指的就是卫所，卫所里驻扎着卫军（一省的正规军）。洪武八年（1375）设右卫，驻于福州府城东南。洪武二十一年改为左卫，再于其西设置右卫，同时于左卫东侧增设中卫。

然而，从正德十三年（1518）起，因月粮（每月的兵粮）无法正常供应，福州的卫军爆发叛乱，而延平、邵武等卫的军士也响应了叛乱。其核心人物为进贵、叶元保等人。

正德十四年（1519）二月二十三日，巡抚福建、御史程昌恳请王阳明率军前去平乱，并奏请由兵备副使杨璋代理王阳明离任前所负责的工作。王阳明奉命前往福州镇压叛军。

福建卫军叛乱的同时，宁王之忧也越来越不容忽视。

正德九年（1514），江西按察副使胡世宁因看不惯宁王的恶行，上疏朝廷，揭露其不法行径。

得知胡世宁上疏参劾自己后，宁王上疏辩解说：此乃胡世宁离间骨肉之计。同时，朱宸濠又贿赂宦官与大臣。都察院副都御史丛兰与宁王相交甚厚，故上疏弹劾胡世宁有疯癫之症，擒拿了胡世宁交给禁卫军。随后朝廷将胡世宁流谪沈阳。

自数年前起，王琼便已预见到朱宸濠的叛乱。从这层意义上来说，胡世宁的功劳很大。

正德十四年，王阳明再次上疏，希望能够请辞返乡，但朝廷还是回绝了他的请求。这是预见到宸濠之乱的王琼为了留住王阳明，让王阳明对此采取应对措施而做出的举动。黄绾的《阳明先生行状》（《王文成公全书》卷三十七）中记录有此事：

王公琼逆知宸濠必将为变，一日，召其属主事应典（名天彝，王阳明门人）曰："我置王某于江西，与之便宜行事者，不但为溪洞诸贼而已，或有他变，若无便宜行事敕书旗牌，将何施用？"时福建有军人进贡等之变，王公曰："此小事，不足烦王某。但假此以牵便宜敕书在彼手中，以待他变。尔可为我做一题稿来看。"

稿成，具题。降敕与公曰："福州三卫军人进贡等协众谋反,特命尔暂去彼处地方会同查议处置,参奏定夺。"

也就是说,在剿灭南赣贼匪、立下赫赫战功之后,王阳明本打算将军务提督的特权及象征指挥权的旗牌交还,但王琼为了防备朱宸濠的叛乱,以镇压福州叛军为借口,让王阳明继续手握兵权。

也正是因为如此,王阳明才充分发挥旗牌的威力,在后来发生的宸濠之乱中,以极短的时间生擒宁王,立下大功。

死里逃生

正德十四年(1519)六月五日,王阳明受领了镇压福州三卫叛军的敕命,前往福建的官衙。九日,王阳明率军离开赣州,沿着赣江北上,由于水路不畅,十五日才抵达丰城县(隶属江西南昌府)的黄土脑。丰城县距离宁王盘踞的南昌府城仅有一百二十里。

此时,王阳明接到丰城知县顾佖以及沿途的地方总甲(地方民兵组织首领)的报告,得知宁王突然叛乱,如果继续北上的话,会很危险。

在叛乱中，巡抚、都御史孙燧和按察副使许逵[1]遇害，巡抚府、三司[2]和府县的大小官员，凡有不从宁王命令者，尽皆遭到逮捕，各卫门的印信也全部被没收，仓库中的物品被劫掠一空。宁王非常狂妄，扬言一方面要率领强大的水军沿长江而下攻占南京，另一方面则分兵北上。宁王的狂言令世人异常震惊。

据《皇明大儒王阳明先生出身靖乱录》记载，王阳明于六月九日离开赣州，火速北上。因为六月十三日宁王大寿，王阳明本当出面庆贺，可是当他行至吉安府时，突然想起自己忘记带官印，于是便派中军官返回赣州去取，所以就迟了几天，未能赶去给宁王贺寿。如果当时王阳明前去贺寿的话，那么或许他也会遭遇和孙燧、许逵一样的不幸。

对于此事，东正堂也感叹道：阳明先生虎口脱险，未遭孙燧、许逵同样之虐杀，且即刻率军返吉安，倡举义兵，遂成擒宸濠之功。此亦先生之高运，也有天意不想亡明之故。(《阳明先生全书论考》卷十五《年谱二》)

然而，此时王阳明麾下的军士只有疲弱士卒百余名而已，所以不敢轻举妄动。若驰奔赣州兴举义兵的话，距离又太远。因此，王阳明打算先返回吉安府，希望能在吉安制定战略部署，暂时牵制住宁王。可是不巧南风劲吹，舟行无法南归。对于当时的状况，

---

[1] 许逵（1484—1519）：字汝登，谥忠节，河南省汝宁府固始县（今信阳市固始县）人。正德三年（1508）进士。由山东都指挥佥事转任江西按察副使，后受赠左副都御史。

[2] 三司：即都、布、按三司。都为掌管军事的都指挥使司，布为掌管行政的承宣布政使司，按为掌管司法的提刑按察使司。

《皇明大儒王阳明先生出身靖乱录》中记载道：

> 先生命取辦香，亲至船头，焚香望北再拜曰："皇天若哀悯生灵，许王守仁匡扶社稷，愿即反风。若天心助逆，生民合遭涂炭。守仁愿先溺水中，不望余生矣。"言与泪下，从者俱感动。祝罢南风渐息，须臾樯杆上小旗飘扬，已转北风。

也就是说，王阳明当时对天祈祷，使得上天刮起了让他可沿赣江南下到吉安府的北风。

之前虽然也曾提到过王阳明对天祈祷之事，但在这里还是简单介绍一下。比如，正德五年（1510），王阳明从流谪的蛮荒之地龙场释放出来，出任吉安府庐陵县知县，在任期间恰逢县城内发生大火，烧毁千余户人家，王阳明也曾对天祈祷，而后风向改变，大火才得以熄灭。

在此之前，弘治十六年（1503），王阳明三十二岁时，也曾应浙江绍兴府佟知府之邀，为饱受旱灾之苦的百姓写下祈雨祭文，于会稽山向天祈祷。在当时回复知府的书信（见《王文成公全书》卷二十一）中，王阳明说："至诚而不动者，未之有也。"

此外，正德十二年（1517）春，王阳明为平定漳州贼匪，屯驻于福建汀州府的上杭时，当地百姓也因旱灾而叫苦不迭。见此，王阳明为民祈雨，结果大雨连降三日，百姓欣喜若狂。后来，百姓出面向上杭官员请愿，希望将王阳明祈雨的都察院行台正堂取名"时雨堂"。王阳明也作《喜雨三首》（《王文成公全书》卷二十）。

在第二首中，王阳明生动地描写了百姓欢欣喜悦的情形，吟道："山田旱久兼逢雨，野老欢腾且纵歌。"

然而，在丰城赣江上对天祈祷，却让王阳明印象最为深刻。在第二年所作的《丰城阻风》一诗中，以及正德十六年（1521）武宗驾崩，王阳明升任南京兵部尚书后，凭吊宸濠之乱的旧战场时所吟《重登黄土脑》一诗（皆出于《王文成公全书》卷二十）中，都有一句"此地曾经拜北风"，足见王阳明对此事的印象之深。

简而言之，正如大西晴隆所指出的，我们不能忽视王阳明同时也是一位"祷师"这一点。

《皇明大儒王阳明先生出身靖乱录》记载，尽管当时王阳明声泪俱下，好不容易求得了北风，船夫却说太阳已经下山，不愿再出船。听闻此言，阳明大怒，欲拔出佩剑斩杀船夫。但众多随员皆劝阻王阳明，说切不可动怒杀人，只可割下其耳。

船行大约二十里，太阳下山。王阳明见船只过大，航行速度很慢，便悄悄命令随员去召集渔船。其后，王阳明在随员龙光、雷济的陪同下，微服转乘渔船，而将自己的衣冠和随员萧禹等人一同留在了大船上。

王阳明转乘渔船之事，还有一段传说。据门人钱德洪记载，在收录王阳明写给父亲龙山公急报宸濠之乱的书信《上海日翁书》（《王文成公全书》卷二十六）时，钱德洪从当时的随员龙光口中打听到，当王阳明看到自己的夫人诸氏和幼子正宪还留在大船上时，心生犹豫。

当时诸夫人提起长剑，说道："公速去，毋为妾母子忧。脱有急，吾恃此以自卫尔！"以此激励阳明。如此场面，让人不由得深感诸夫人之贤德。

这段换乘渔船的传说，记录在随后将会提到的《征宸濠反间遗事》(《王文成公全书》卷三十八)中。与夫人诸氏道别之后，趁着渔船还未起航，王阳明问："准备好了没？没有忘记什么吧？"

随员龙光和雷济回答道："全都齐了。"

王阳明笑道："不是还有一样吗？"

两人互相看了看，不知到底忘了何物。王阳明指着大船舳前的罗盖说："没有那个东西的话，即便到了地方，又拿什么来证明我们的身份呢？"说完，王阳明便让人拆下罗盖，放在渔船上。

当一行人到达吉安府时，府城中已经听闻宁王叛乱的消息，全城戒严，城门紧闭。随员见状，便高高举起罗盖，城内之人大喜，打开城门，将王阳明一行迎进内城。看到此情此景，随员们心生敬佩，明白即便身处危难之中，王阳明依旧游刃有余。

此外，《皇明大儒王阳明先生出身靖乱录》记载，宁王得知王阳明为了镇压福州叛军行至赣江，寻思若能将身负经世济民之才的王阳明拉入帐下，大业何愁不成。于是，令内侍官喻才率快船数十艘，追赶阳明。追兵赶到丰城县黄土脑时发现大船，于是擒住萧禹诘问。萧禹答道："王都爷已去久矣，拿我何益。"

不得已，喻才只好取走王阳明的衣冠向宁王复命。一条大鱼就此逃脱了。

躲过了宁王的追兵，转乘渔船不久，王阳明便抵达临江府。知府戴德孺即刻出迎，将一行人领至府城中隆重款待，并恳请王阳明做好出征的准备。

王阳明说道："临江大江（赣江）之滨，与省城相近，且居道路之冲，不可居也。"

戴德孺问道："闻宁王兵势甚盛，何以御之？"

王阳明回答道："濠出上策，乘其方锐之气，出其不意直趋京师，则宗社危矣。若出中策，则径攻南京，大江南北亦被其害。但据江西省城，则勤王之师四集，鱼游釜中，不死何为。此下策矣。"

戴德孺又问："以老大人明见度之，当出何策？"

王阳明答道："宁王未经战阵，中情必怯。若伪为兵部恣文发兵攻南昌，彼必居守，不敢远出。旬日之间王师四集，破之必矣。"

王阳明的一句话，清晰点明了此战的基本战略。

戴德孺请王阳明换乘其他船只，却遭到王阳明的拒绝。之后，王阳明继续乘坐渔船沿赣江南下，不久便抵达了新淦县。

平日便悉心操练兵马的知县李美出城迎接王阳明一行，邀请王阳明暂时停留在县城。王阳明没有同意，说道："汝意甚善。然弹丸之地，不堪用武。"

离开新淦时，王阳明换乘了李美准备的大船，前往吉安府。就这样，王阳明逃过了宸濠之难，于六月十八日安然抵达吉安府。

宁王谋反之资

往前追溯，先介绍一下盘踞南昌府的宁王朱宸濠的情况。

明太祖朱元璋出身布衣，推翻蒙古族所创的元朝后统一了天下，是一位光复大汉王朝的英主。然而不幸的是，因懿文太子早逝，所以太孙朱允炆（即建文帝）继承了帝位，但太祖四子燕王朱棣起兵打败建文帝（即靖难之变），夺取了帝位。燕王也就成了明成祖永乐帝。正因为有这样的成功案例在先，所以自明成祖次子汉王朱高煦谋反不成，遭到诛杀为始，明代的亲藩全都对帝位虎视眈眈，觊觎流涎。

宁王的远祖，初代宁王朱权是明太祖的第十七子。明初，朱权被封到了北边的大宁（现在的辽宁省西北部与内蒙古自治区的省界附近），驻防北夷，称宁王。宁王与燕王朱棣两兄弟共同辅佐太祖。当时，有"燕王善战，宁王善谋"之说。

燕王朱棣对建文帝高举叛旗时，曾设下计谋，巧妙地引诱宁王，致使宁王不得不与燕王合谋。燕王篡夺了帝位，宁王出力不小，所以其后宁王的胡作非为也令明成祖感到棘手。

明成祖朱棣即位后，因为要在大宁的故地设置直辖的三卫，所以他打算将宁王转封到川广（四川和湖广），但宁王自己要求转封到苏杭（苏州府隶属以南京为都城的南直隶，杭州府则是浙江的首府）。

明成祖不许，宁王大怒，搬出传令的信号旗，让部下控制了成祖的必经之路。

如此一来，明成祖也怒了。

宁王见形势不妙，只好独自带着数名宦官，由南京来到江西南昌府，称病久居南昌府中。当地的行政长官向朝廷上奏了此事。朱棣不得已，只好将宁王封到了南昌府，让他依旧沿袭宁王的封号。

历代宁王在南方权势熏天，到了第四代朱宸濠时，奸恶益甚。

朱宸濠是其父宁康王与妓女生下的孩子，他出生之前，宁康王梦见一条巨大的蛇飞进宫殿里，一个接着一个地吞噬活人，甚至还袭向自己。因为这个不祥的梦，朱宸濠降生后，宁康王命人把他扔到城外去。但朱宸濠的母亲把他私藏起来，将他抚养长大。朱宸濠成年后，宁康王虽然让他进了府，但直到临终宁康王都没让朱宸濠进入自己的房间。

尽管朱宸濠天生聪明，富有才智，通史实，善歌舞，却为人轻佻，没有威严。

宁康王殁后，朱宸濠继承了宁王之位，益发变得傲慢不逊，专横霸道。后来他又因道士李自然的妄言"殿下有贵为天子之骨相"，而对帝位生出野心。

起意之后，朱宸濠便开始了各种行动。他将搜罗到的金银财物运送到都城，先与内官监太监李广勾结，正德初年，又勾结上以宦官刘瑾为首的"八虎"。朱宸濠通过买通官员来为自己宣扬善名孝行。

在奸臣的帮衬下，朝廷嘉奖了朱宸濠，并赐下玺书（盖有天子御印的书物）。

朱宸濠谋划叛乱近十年，养死士两万余人，招来吴十三、凌十一、闵廿四等四方的盗贼渠魁，匪众一万余人。举兵之日，连同护卫、党羽，以及被迫服从于他一同起事的总计六七万人。

为了筹措军费，朱宸濠又在鄱阳湖上抢夺商船货物，收取各种苛捐杂税，可谓无恶不作。

《年谱二》（《王文成公全书》卷三十三）对此也有概略的记述：

先是宁藩世蓄异志，至濠奸恶尤甚。正德初，与瑾纳结，尝风南昌诸生呈举孝行，抚按诸司表奏，以张声誉。

安成举人刘养正，素有词文名，屈致鼓众，株连富民，朘剥财产，纵大贼闵廿四、凌十一等四出劫掠，以佐妄费。

按察使陆完[1]因濠器重，遂相倾附。及为本兵，首复护卫，树羽翼。

而濠欲阴入第二子为武宗后，其内官阎顺等潜至京师，发奏，朝廷置不问，且谪顺等孝陵净军。濠益无忌。

完改吏部。王琼代为本兵，度濠必反，乃申军律，督责抚臣修武备，以待不虞。而诸路戒严，捕盗甚急。凌十一系狱劫逃，琼责期必获。濠始恐，复风诸生颂己贤孝，挟当道奏之。

朱宸濠以重金招徕的隐士刘养正，幼时人称神童，高中举人，以诗文见长，却未能在进士考试中及第。地方诸官皆以能见其诗文为荣，而朱宸濠亦待之甚厚。

朱宸濠又勾结武宗身边手握重权、恣意妄为的佞臣朱宁和臧贤，使二人成为其心腹。武宗时常私访臧贤家，于是臧贤造了一间密室，让朱宸濠的使者潜伏在密室中，悉知武宗的一举一动。

---

1 陆完（1458—1526）：字全卿，号水林。南直隶苏州府长洲县（今苏州）人。成化二十三年（1487）进士。历官兵部侍郎、太子少保、兵部尚书、吏部尚书。

此外，朱宸濠又启用曾任右都御史的李士实[1]为其谋臣。李士实颇有权术之能，自诩姜子牙、诸葛亮再世。

因身边有承奉（待命官）刘吉、道士李自然、徐卿等众多党羽，朱宸濠以武宗无后为由，图谋将自己的第二子立为皇嗣。此事也有朱宁、臧贤等众多宦官的参与。但因事关重大，朝廷的六部、九卿、科道官（都察院的监察官）等官员都不敢对此妄自发表意见。

李士实为朱宸濠献谋，一方面希望通过兵部尚书陆完恢复宁府的护卫，另一方面，促使南京镇守太监毕真为首的南方官员一同宣扬朱宸濠的孝行。因陆完转任吏部，王琼代为兵部尚书，朱宸濠的阴谋才未得逞。王琼很早便看出朱宸濠他日必反，所以对陆完说道："祖宗禁藩王设护卫，为防藩王不轨之谋，然宁王再三请复护卫制度。他日宁王必起事变，累及贵公。"

听了王琼的话，陆完有些后悔，立刻写信给朱宸濠，要求返还设护卫之权。但朱宸濠并没有答应陆完的请求，并以护卫为名，公然招募勇健之士，令他们朝夕于府城内苦练武艺。

朱宸濠的家臣中也不乏忠臣。宁府的典宝（掌管宝物的官）阎顺，内官（在宁王宫殿中侍奉的官）陈宣、刘良偷偷前往京师，上报了朱宸濠的不法行径。可是，朱宁和陆完却隐瞒不报，反而将阎顺等人秘密上奏朝廷的事报知了朱宸濠。朱宸濠怀疑此事是承奉周仪所为，于是命人伪装成强盗，将其家人尽皆杀光。

此外，朱宸濠又杀害了典杖（掌管武器的官）查武等数百人，

---

[1] 李士实（？—1519）：字若虚。江西南昌府新建县（今南昌市新建区）人。成化二年（1466）进士，授刑部主事，迁员外郎、郎中，曾出任按察副使提学浙江。

同时又将大批金银运送到京师，打点贿赂朝廷要员，并请求他们斩杀阎顺等人。阎顺等人早已亡命远方，终免于难。

《皇明大儒王阳明先生出身靖乱录》中还记载了朱宸濠之妃娄氏真心劝谏朱宸濠的事迹。娄妃贤德端淑，为朱宸濠生下了长子、三子和四子三个儿子，因此，朱宸濠对她一直敬爱有加。娄妃察知朱宸濠的不轨图谋之后，在一次酒宴中让歌女唱起元曲《梧叶儿》，讽刺、劝谏朱宸濠。

这首歌的大意是说人生苦短，转瞬即逝。听完此曲，朱宸濠一脸不快。之后，娄妃与朱宸濠便有了以下对话：

娄妃曰："殿下对酒不乐，何也？"

宸濠曰："我之心事非汝女流所知。"

娄妃赔笑道："殿下贵为亲王，锦衣玉食，享用非常。若循理奉法，永为国家保障，世世不失富贵。此外更有何心事？"

宸濠带了三分酒意，叹口气道："汝但知小享用之乐，岂知有大享用之乐哉！"

娄妃曰："愿闻如何是大享用、小享用。"

宸濠曰："大享用者，身登九五之尊，治临天下，玉食万方。吾今位不过藩王，治不过数郡，此不过小享用而已。岂足满吾之愿哉？"

娄妃曰："殿下差矣。天子总揽万机、晏眠早起、劳心焦思，内忧百姓之失所，外愁四夷之未服。至于藩王，衣冠宫室、车马仪仗亚于天子，有丰享之奉，无政事之责。是殿下之乐过于天子也。殿下受藩镇之封，更思越位之乐。窃恐志大谋疏。求福得祸，那时悔之晚矣。"

听完娄妃的忠言，朱宸濠勃然大怒，扔开酒杯站起身来。此外，娄妃还规劝自己的弟弟娄伯将，让他切不可跟从朱宸濠叛变，但娄伯将不听，还是跟从了朱宸濠。

就这样，朱宸濠的叛变之意越来越强烈。发动叛乱的六年前，也就是正德八年（1513），朱宸濠筑造阳春书院，僭号离宫。此外，他不断清除异己，毒死了巡抚王哲，令守臣皆栗惧不已。远近军民也皆惧怕朱宸濠，甚至连大气都不敢出。

此外，官员参见朱宸濠时，都必须穿上上朝面圣的衣服。因此，许多当地官员都畏于朱宸濠的威势，跟从了他。尽管娄妃依旧时常劝阻朱宸濠，但朱宸濠始终不听。

由于朱宸濠的谋叛举动越来越明显，所以朝廷中开始有人议论此事。侍御史（都御史代理）萧淮曾上疏（《王文成公全书》卷三十三《年谱三》）言道：

> 近奉敕旨，王人无事不得延留京师，臣有以仰窥陛下微意矣。臣不忍隐默，窃见宁王不遵祖训，包藏祸心，多杀无辜，横夺民产，虐害忠良，招纳亡命，私造兵器，潜谋不轨。交通官校有年，如致仕侍郎李士实，前镇守太监毕真，及诸前后附势者，皆今日乱臣贼子，关系宗社安危，非细故也。或逮系至京，或坐名罢削。布政使郑岳、副使胡世宁，皆守正蒙害；宜亟起用，庶几人知

顺逆，祸变可弭矣。

当时，受武宗宠爱的江彬、太监张忠等人也赞成。于是，武宗于五月二十四日颁下敕旨《宁王戒饬》："萧淮所言，关系宗社大计，朕念亲亲，不忍加兵，特遣太监赖义、驸马都尉崔元[1]、都御史颜颐寿[2]往谕，革其护卫。"

此外，给事中孙懋[3]建议发兵，以备江西流寇。王琼认为此建议甚好，建议励兵备战方为上策，杨廷和也默认了这一点。

崔元等人奉旨前赴南昌，而宰相杨廷和则下令兵部发兵以观其变。

宁王起事

朱宸濠派出的探子林华在京师打听了两三天的消息，尽管没能完全掌握实际情况，但还是立刻赶回江西，将探知的情况报知了朱宸濠。这天正好是朱宸濠的生辰（六月十三日），他邀请诸司

---

1 崔元（1478—1549）：字懋仁，号岱屏。山西太原府代州（今忻州市代县）人。永康公主之夫，官爵至太子太傅、驸马都尉、京山侯。

2 颜颐寿（1462—1538）：字天和，号梅田。湖广岳州府巴陵县（今岳阳市）人。嘉靖年间升任刑部尚书。

3 孙懋（1469—1551）：字德夫，号毅庵。浙江宁波府慈溪县（今慈溪市）人。正德六年（1511）进士。历任广东参议、按察副使，后升为广西右布政使、应天府尹。

齐聚王府，摆了一席寿宴款待他们。听说朝廷派出敕使颁下戒饬，朱宸濠不由得心中一惊，暗想：若让朝廷诏使到此，用的必定是以前宦官刘瑾被迫下狱时，蔡震和刘瑾对决，让其服罪的办法。

因此，寿宴结束之后，朱宸濠便秘密召集李士实、刘养正等人，商讨对策。

刘养正道："事急矣。明旦诸司谢酒，便当以兵威胁之。"

于是，朱宸濠决意举兵谋反。当夜，朱宸濠召集士卒，等待诸官员的到来。

第二天一早，诸官员聚集一堂，向朱宸濠参拜。礼毕之后，朱宸濠坐于露台之上，对众人诈言道："汝等可知大义？"

巡抚、都御史孙燧答道："不知。"

朱宸濠道："昔孝宗皇帝为太监李广所误，抱养民间子。我祖宗不血食者，今十四年矣。太后有密旨，命寡人发兵讨罪，共伸大义。汝等知否？"

孙燧挺身而出，说道："既然太后有旨，请出观之。"

朱宸濠大声道："不必多言。我今往南京去，汝愿保驾否？"

孙燧答道："天无二日，民无二王。这才是大义。此外非某所知。"

朱宸濠大怒，挥手说道："汝既举保我孝行，如何又私遣人诬奏我谋为不轨。如是反复，岂知大义？"

朱宸濠命人绑住孙燧，欲杀之。

露台之下的按察副使许逵大声叫道："孙都御史乃钦差大臣，汝反贼敢擅杀耶？"之后痛骂朱宸濠不已。朱宸濠命人将许逵也绑了，将二人拖至惠民门外，斩首示众。

听闻此讯,娄妃赶忙派遣近侍女官前去营救,但最终还是未能赶上。尽管当时时值正午,但天空骤然变得阴云密布。

自成为御史后就一直收受朱宸濠贿赂的佥事潘鹏当时率先叩头,高呼万岁。参政王伦和季斅[1]为了避免祸事临头,也相继下拜。布政使梁宸、按察使杨璋、按察副使唐锦、都指挥使马骥面面相觑,不知该说什么。

朱宸濠大喝:"顺我者生,逆我者死。"

听到朱宸濠的大喝,上述四人也不由得屈膝跪下。

然而,镇守太监王宏,巡按御史王金,奉差主事马思聪[2],右布政使胡濂,参政程杲、刘斐,参议许效廉、黄宏,佥事赖凤,佥书郑文,都指挥许清、白昂等皆因未屈从,被朱宸濠夺走官印,随后被打入大牢,但其中大多数最后都屈节表示愿意跟从朱宸濠而获释。只有马思聪和黄宏两人宁死不屈,最后绝食七日而死。

当时,瑞州府知府王以方之前就察知朱宸濠即将发动叛乱,因此厉兵秣马,修葺城墙,为抵御叛军做好准备。朱宸濠惜其才,屡屡派人前往,欲将王以方招至帐下,但王以方拒不接受。六月十三日,王以方恰因公事至南昌府城,被朱宸濠擒拿,王以方不肯屈从,最后朱宸濠只好将其打入大牢。

办完这些事后,朱宸濠马上称帝,任命官属,命吉暨、涂钦、

---

[1] 季斅(1461—1536):字彦文,号文峰。弘治十五年(1502)进士。季斅成为南安府知府后,因跟从王阳明扫平南赣贼匪有功,被任命为广西布政司左参政。

[2] 马思聪(1470—1519):字懋闻,号翠峰。福建兴化府莆田县(今莆田市)人。擢南京户部主事,死后被追赠光禄少卿。

万锐等人为御前太监，尊李士实为太师，封之前在南浦驿迎来的刘养正为国师，参政王伦为兵部尚书，季斅及佥事潘鹏、师琊等各有加封，大盗吴十三、凌十一、闵廿四等被授予都指挥使等官职。

接着，朱宸濠又在各地散布推翻武宗的檄文，将年号正德改为顺德，同时派遣心腹娄伯将、王春等四处募集兵马，招揽四方贼匪四万人，又将护卫、受迫屈从之人合到一起，凑齐七万余众，军势颇盛。

与此同时，朱宸濠一方面使用江西布政使的印鉴和公文，向各地布政使派人，转告说亲王和三司皆有意举兵，试图说服对方一同叛变；另一方面，他加紧整备各种军械兵器。

李士实、刘养正原本建议朱宸濠立刻由蕲黄出兵直捣北京，不然的话，就转战南京，在南京建立根据地。朱宸濠本来也打算听从二人的建议，但看到王阳明故意放出的官员所携的公文，以为天子的大军即刻便由京师大举攻来，便不肯离开南昌府城，一味坚守。

李士实又对朱宸濠说："朝廷方遣驸马，安得遽发边兵？此必守仁缓兵之计也。王负反叛之名，不务风驰雷击，而困守一隅，徐待四方兵集，必无幸矣。宜分兵一支，打九江府。若得此郡，内有二卫军足可调用，再分兵一支，打南康府。殿下亲率大军直赴南京，先即大位，天下之贪富贵，翕然来归。大业指日可定也。"

然而朱宸濠犹豫再三，始终未能下定决心。朱宸濠一边打探官军的消息，一边派闵廿四、吴十三等各统兵万余人，掠夺官民船只，以供部队装备，顺流而下，攻打南康府。南康知府陈霖逃走，城池陷落。之后，叛军又进攻九江府。知府汪颖、知县何士凤、兵备副使曹雷也逃走了，九江百姓打开城门，让贼军进入城中。吴十三、闵廿四屯兵于此，立刻将捷报报知朱宸濠。

听闻此讯，朱宸濠大喜道："出兵才数日，连得二郡，又添许多钱粮军马。吾事必成矣。"

随后，朱宸濠命贼将徐九宁守九江，陈贤守南康，任命二人为府城知府，并换回吴十三、闵廿四，令二人回大本营待命。

之后，朱宸濠向四方的府属各县派遣使者，说服各县归降，并让降服者官复原职。就在这时，探子来报，说之前兵部发兵的公文其实是王阳明伪造的，各路军马至今未有任何动静，王阳明也留在吉安府静观，将公文分发到了属下的各县，但至今未见有兵马抵达。

到了这个时候，朱宸濠还是希望王阳明也能归顺，所以向投降的参政季敩命令："汝曾与王守仁同在军中。能为我往吉安，招降守仁，汝功不浅。"

季敩与南昌府学教授赵承芳等十二人结伴同行，带着朱宸濠发布的伪造檄文前往吉安，希望说服王阳明归顺朱宸濠。

而在此之前，王阳明曾经下过命令，让各路的领哨官但凡看到宁府的人路过，不问身份，立刻带至军门审问。

季敩等到达墨池附近时，遭到了领哨官的拦阻。季敩叱道："我乃本省参政。汝何人？敢来拦截。"

领哨官问季敩为何事至此，季敩说他奉有宁府的檄文，让旗校（旗手）将檄文牌面拿给领哨官看。领哨官遂将旗校拿住。季敩见状，仓皇逃走。如此一来，朱宸濠策反王阳明的图谋就此失败。

因领哨官不知道参政是大官，所以就将持檄文的五名旗校带到了王阳明的军门前。王阳明得知季敩已经逃走，慨叹道："忠臣孝子与叛臣贼子，只在一念之间。季敩向日立功讨贼，便是忠臣。今日奉贼驱使，便是叛臣。为舜为跖，毫厘千里，岂不可惜？"

以上内容，主要来自《皇明大儒王阳明先生出身靖乱录》对朱宸濠和王阳明的一些记述。虽然《皇明大儒王阳明先生出身靖乱录》的记述多少有些夸张，未必全都忠实于史实，但以上的记述详细描写出了朱宸濠和王阳明当时的心理。

阳明备战

除此之外，《皇明大儒王阳明先生出身靖乱录》中还记述了以下内容。

当吉安知府伍文定听闻王阳明到达吉安后大喜，立刻前往谒见。王阳明本打算返还赣州征集士卒，但伍文定说："本府士卒钱粮充足，请先生于此发号施令，不必返还赣州。"

王阳明接受了伍文定的请求，驻留吉安，向朝廷上奏朱宸濠谋反之事，只等朝廷命令一到，便出兵平叛。

倘若当时王阳明没有留在吉安，而继续南下赣州举兵的话，或许会错过时机，明武宗的江山可能就危险了。

六月十九日，王阳明上奏《飞报宁王谋反疏》(《王文成公全书》

卷十二），上报了宁王谋反的消息。在上奏的同时，王阳明也向管辖之下的诸官厅通报了朱宸濠谋反之事，阐明大义，整顿备战。

在奏疏中，王阳明述说自己遭到朱宸濠的追击，但幸而逃脱，回到吉安。吉安知府伍文定以最高长官不在为由，希望王阳明能够暂且驻留吉安，部署击贼的计划。王阳明所行之处，远近军民皆夹道欢迎拥护，这让王阳明大为感动。

此外，临江府及下辖新淦县，丰城、奉新两县（隶属南昌府）派人急报，说朱宸濠谋反后，派兵四出攻掠，夺取印信，擒住掌印官员，调集精锐士卒，抢掠官军粮船。

吉安百姓非常希望王阳明能留下来，但王阳明必须奉旨前往福建镇压叛军。王阳明左右为难，尽管如此，他还是艰难地做出了决定，以下是奏疏部分内容："但天下之事莫急于君父之难，若彼顺流东下，万一南都（南京）失备，为彼所袭，彼将乘胜北趋，旬月之间，必且动摇京辅。如此，则胜负之算未有所归，此诚天下安危之大机。虑念及此，痛心寒骨，义不忍舍之而去。"

王阳明预见了朱宸濠军队的进攻计划，深感情况危急，于是对这一危险情况进行了紧急部署："故遂入城抚慰军民，督同知府等官伍文定等调集兵粮，号召义勇。又约会致仕乡官右副都御史王懋中、归乡养病的评事罗侨等，与之定谋设策，收合涣散之心，作起忠义之气。相机乘间，务为蹑后之图，共成掎角之势，牵其举动，而使进不得前，捣其巢穴，而使退无所据。"

对于朝廷，王阳明表达如下希望："日望天兵之速至，庶解东南之倒悬。伏望皇上（武宗）省愆咎己，命将出师。因难兴邦，未必非此。"

之前，朝廷命令王阳明带病前往福建镇压叛军时，王阳明奏请平叛成功后顺道回家一趟。但出发数日便发生宁王叛乱，所以王阳明决定先赴国难。王阳明深知自己的行动并未奉朝廷之命，但即便如此，"忘其缓命之罪""甘冒弃职之诛"，他也要克尽职守，保民报国。王阳明还就有关应对叛乱的地方官任命等人事变动事宜——详细奏请，为了调集军饷，恳求朝廷颁旨。

二十一日，王阳明上疏《再报谋反疏》（《王文成公全书》卷十二），内容与前一封奏疏基本相同。之所以这么小心，是因为都御史孙燧在江西看到朱宸濠准备谋反的苗头，曾秘密上疏奏报朝廷。尽管孙燧前后向朝廷奏报了七次，却全都因为奸党横行而未能报知给皇上，而孙燧自己也惨遭毒手。

有了前车之鉴，王阳明再次上疏奏报相同的内容，这正是王阳明的过人之处。

在写下上述奏疏的同一天，王阳明又向朝廷呈上了《乞便道省葬疏》（《王文成公全书》卷十二）。在这篇奏疏中，王阳明述说了对家人的切切思念，同时也表达了即便并非己任，自己也甘赴国难的决心。奏疏中写道：

> 不意行至中途，遭值宁府反叛。此系国家大变，臣子之义不容舍之而去。又阖省抚巡方面等官，无一人见在者。天下事机间不容发，故复忍死暂留于此，为牵制攻讨之图。俟命师之至，即从初心，死无所避。
>
> 臣思祖母自幼鞠育之恩，不及一面为诀，每一号恸，割裂昏殒，日加尪瘵，仅存残喘。母丧权厝祖墓之侧，

今葬祖母，亦欲因此改葬。臣父衰老日甚，近因祖丧，哭泣过节，见亦病卧苫庐。臣今扶病，驱驰兵革，往来于广信、南昌之间。广信去家不数日，欲从其地不时乘间抵家一哭，略为经画葬事，一省父病。

臣区区报国血诚上通于天，不辞灭宗之祸，不避形迹之嫌，冒非其任以勤国难，亦望朝廷鉴臣之心，不以法例绳缚，使臣得少伸乌鸟之痛。臣之感恩，死且图报。

从上述文字中，我们能够强烈地感受到王阳明的拳拳孝心和尽忠报国的至诚之情。另外，王阳明在奏疏中表达了希望能够回乡探望生病的父亲并参加祖母的葬礼的心愿，认为此举正好可以麻痹朱宸濠，让他以为王阳明不会立刻动兵。

七月五日，王阳明又向朝廷呈上了一篇《奏闻宸濠伪造檄榜疏》（《王文成公全书》卷十二）的奏疏。奏疏中说，据吉安府知府伍文定报告，通判杨昉、千户萧英于墨潭附近逮捕了赵承芳等多名携带有朱宸濠檄文的官员，其中妄言惑众，讥讪主上。奏疏内容如下：

六月十三日宁府生日，次日各官谢宴，突起反谋，杀死孙都御史、许副使，囚死黄参议、马主事，其余大小职官胁从不遂者俱被监禁，追夺印信，放囚劫库，邀截兑米，分遣逋寇四散摽掠。声言要取南京，就往北京。十六日亲出城外迎取安福县举人刘养正，十七日迎取致仕都御史李士实，该入府内，号称军师、太师名目。

二十一日将原禁各官放回各司，差人看守。二十二日令承芳并参政季敩代赍伪檄榜文，赴丰城、吉安、赣州、南安并王都御史及广东、南雄等处，俱各不写正德年号，止称大明己卯岁。比承芳等不合怕死及因妻子被拘，旗校管押，只得依听，赍至墨池地方。蒙本院防哨官兵将承芳等拿获。

随审季敩，供系先任南安府知府，近升广西参政，装带家小由水路赴任，行至省城，适遇宁王生日，传令庆贺。次日随众谢宴，变起仓卒，俱被监禁。比敩自分死国，因妻女在船，写书令妻要死夫、女俱死母。后因看守愈严，求死不遂。至二十一日放回本船，懵死良久方苏。二十二日，又将妻女拘执，急呼敩进府，将前伪檄榜差旗校十二人督押敩与承芳代赍。敩计欲投赴军门，脱身报效，不期官兵执送前来等因。

案照先为飞报地方谋反重情事，已经二次差人具奏去后，今审据前因，参照宁王不守藩服，敢此称乱，睥睨神器，指斥乘舆，擅杀大臣，放囚劫库，稔不逭之罪，犯无将之诛。致仕都御史李士实恩遇四朝，实托心膂，举人刘养正旧假恬退之名，新叨录用之典，今皆反面事仇，为之出谋发虑，既同狗彘之行，难逭斧钺之诛。参政季敩、教授赵承芳，义未决于舍生，令已承于捧檄，但暴虐之威恐动于中，鹰犬之徒钤制于外，在法固所当罪，据情亦有可悯。除将赵承芳、季敩监禁，一面檄召兵民，随机应变，竭力讨贼，一应事宜，陆续奏闻处置外，

第十六章　江西时期　　　　　　　　　　715

在奏疏的最后，王阳明表达了自己披肝沥胆的忠心：

> 臣闻多难兴邦，殷忧启圣。陛下在位一十四年，屡经变难，民心骚动。尚尔巡游不已，致宗室谋动干戈，冀窃大宝。且今天下之觊觎，岂特一宁王；天下之奸雄，岂特在宗室。言念及此，懔骨寒心。昔汉武帝有轮台之悔，而天下向治；唐德宗下奉天之诏，而士民感泣。伏望皇上痛自刻责，易辙改弦，罢出奸谀以回天下豪杰之心，绝迹巡游以杜天下奸雄之望，定立国本，励精求治，则太平尚有可图，群臣不胜幸甚。

王阳明劝谏武宗停止巡游，引用汉、唐帝王的故事，趁国难当头的契机，恳请圣上反省自己的行为，励精图治。在王阳明的奏疏中，我们很少能够看到这样的劝阻之辞。从这一点也可看出在国家危难之际，王阳明对国家的忠诚之心。

同一天，王阳明又一次上奏《留用官员疏》(《王文成公全书》卷十二)。为了应对朱宸濠的叛乱，王阳明请求暂时留用准备赴京复命的官员，以处理紧急军务。在奏疏中，王阳明写道：

> 照得江西宁府谋反，据城练兵，分兵攻劫，囚禁方面官员，有操戈向阙之势。此君父之大难，臣子愤心之日也。臣在吉安地方调兵讨贼，四路阻绝，并无堪用官员。适遇钦差两广清军御史谢源、刷卷御史伍希儒各赴京复命，道经该府，不能前进。各官奋激，思效力讨贼

以报朝廷，臣亦思军务紧急，各官俱有印敕，方便行事，遂留军前，同心勠力，经济大难。

六月十九日，王阳明向朝廷报知事变的同时，也向父亲龙山公送去了急报。七月二日，王阳明由吉安府寄送第二封家书《上海日翁书》（《王文成公全书》卷二十六）给龙山公。

据钱德洪说，为了防止朱宸濠派手下袭击龙山公，王阳明在到达吉安府之前，便派家人走小路回乡，将宁王叛乱之事告知龙山公。

在第二封家书里，王阳明吐露了自己面对国难战胜敌人的信心和对亲人的思念之情。他在信中写道："男处所调兵亦稍稍聚集，忠义之风日以奋扬，观天道人事，此贼不久断成擒矣。"

而参政季斅为了策反王阳明而携朱宸濠檄文前来，正是王阳明写下这封信的前一天。"今竟陷身于难。人臣之义至此，岂复容苟逃幸脱！惟俟命师之至，然后敢申前恳。俟事势稍定，然后敢决意驰归尔。"

上文中，王阳明说自己虽然此刻正等待朝廷下达出兵征讨朱宸濠的命令，但即便向朝廷上奏朱宸濠叛乱之事，京师也实在太过遥远，若待朝廷出动王师的话，或许会失去战机，所以他心中早已做好了随时兴举义兵的准备。

最后，王阳明表明希望能够尽一尽孝心："天苟悯男一念血诚，得全首领，归拜膝下，当必有日矣。"

此外，据钱德洪说，朱宸濠发动叛乱时，虽然有人劝说龙山公暂且避难，以免朱宸濠派人来寻仇，但龙山公泰然自若，回答说：" 吾儿以孤旅急君上之难，吾为国旧臣，顾先去以为民望耶！"

不仅如此，龙山公还与郡县的官员商议整备兵粮，准备好守城的方略。关于这一点，不得不让人对这一句话深以为然——虎父无犬子，有其父龙山公，才有其子王阳明。

运筹帷幄

自到达吉安府的六月十八日起，王阳明迅速发出多篇公文，向所管军官司通报了宁王叛乱的情况，向他们表明自己准备率兵征讨朱宸濠的意愿，申明大义，倡举义兵，下令做好出征准备。

首先，王阳明在六月十八日的《牌行赣州府集兵策应》(《王文成公全书》卷十七)中下达指令，召集赣州府各县士卒应对急变。指令如下：

一、牌仰本府官吏，照牌事理，并行附近卫所，各行所属，起集父子乡兵军余人等，昼夜加紧固守城池，以保不测；

二、仍仰知府邢珣查将贮库钱粮尽数开具印信手本，先行呈报，毋得隐匿；

三、行取安远等县原操不论上下班次官兵，各备锋利器械，通到教场，日逐操练，重加犒饷，选委谋勇官员管领，听候本院公文一至，即刻就便发行。敢有违误，定以军法处置，绝不轻贷。

接着，王阳明给两广总制、都御史杨旦[1]写了一封邀请文《咨两广总制都御史杨共勤国难》(《王文成公全书》卷十七)，敦促其为国难举兵。

在这篇邀请文中，王阳明报告了南昌府城的异变及其情况，讲述了自己避过宸濠之难到达吉安府的经过，坦言若朱宸濠率军北上，情况就会不妙，表达了自己披肝沥胆、为国尽忠的决心，并描述了应对此番国难的作战计划。之后，王阳明表达了自己想组建义勇兵的愿望：

> 虽经起调吉安等府兵快，非惟武艺无素，尤恐兵力不敷，必须添调兵马，方克济事。
>
> 照得南、韶、惠、潮等府，各有惯战精兵，堪以调用，拟合移咨督发，为此合咨贵院，烦为选取骁勇精壮兵快夫款打手人等大约四五千名，各备锋利器械，选委谋勇胆略官员，或就委岭南道兵备佥事王大用监统，给予各兵行粮，不分雨夜，兼程前来，共勤国难。谅贵院素秉忠孝之节，久负刚大之气，闻此，必将奋袂而起，秉钺长驱，当在郭汾阳之先，肯居祖士远之后哉。纷扰之中，

---

[1] 杨旦（1460—？）：字晋叔，号偲菴。福建建宁府建安县（今南平市建瓯市）人。弘治三年（1490）进士。任太常寺卿，但因得罪刘瑾，被迁至温州知府，因治理有加，升任浙江提学副使。刘瑾伏诛后，累升至户部侍郎，后任南京吏部尚书。

莫罄恳切，惟高明速图之！

　　王阳明抵达吉安府的当天，便匆匆写下以上指令文、邀请文。对此，东正堂认为这是因为阳明先生遵循事理，镇定大度，临危不乱（见《阳明先生全书论考》卷十二《奏疏·公移二·江西书》），但这也正是王阳明平日事上磨炼使然。王阳明之所以首先调集南雄、韶州、惠州、潮州的兵马，是因为在这些兵马士卒中，有许多是曾在南赣地区跟随王阳明的精兵，易于指挥。

　　此外，王阳明认为福建、浙江与江西相邻，如果朱宸濠不向北袭击京师的话，那么必定会率先攻打这两地。所以，如不率先调集士卒，做好准备，将来就悔之晚矣。因此，王阳明写下了公文《行福建布政司调兵勤王》（《王文成公全书》卷三十一），向福建布政司发出指令，命各官衙对调兵勤王进行讨论，指示各地配置兵员。

　　其后，王阳明又向南京的各军卫发出公文《预行南京各衙门勤王咨》（《王文成公全书》卷三十一），邀请各军卫出兵勤王。同时，王阳明计划调集江西吉安等府，湖广、福建、广东的军兵，合军一处征讨朱宸濠。

　　朱宸濠宣称自己的部队将沿长江东下，奔赴南京。这一计划叛军蓄谋已久。此外，朱宸濠还在京师布下了奸细，准备为叛乱做内应。

　　虽说长江是天险，而南京城也固若金汤，朝廷威德，人心顺应，朱宸濠的奸计是很难成功的。但如果不事先做好准备，就正中朱宸濠的下怀，形势也会难以控制。等到情况危急再来做准备的话，那么一切就为时已晚。

王阳明在公文中写道：

> 为此合咨贵部，烦为通行在京及大小衙门，会谋集议，作急缮完城守；简练舟师，设伏沿江，以防不虞之袭；传檄傍郡，以张必讨之威；先发操江（官名，都察院设提督操江一名，掌管上下的沿江防御）之兵声义，而西约会湖湘，互为掎角。本职亦砥钝策驽，牵躐其后，以义取暴，以直加曲，不过两月之间，断然一鼓可缚，惟高明速图之。

从此文可以看出，王阳明计划南北呼应，夹击叛军，一举歼灭对方。这个作战计划或许是王阳明在宸濠之乱爆发前便已经策划好的。

六月二十六日，为了应对宸濠之乱，王阳明发出《案行南安等十二府及奉新等县募兵策应》(《王文成公全书》卷十七) 一文，下令南安等十二府及奉新县调集士卒。在这篇指令的开头，王阳明写道：

> 切照叛逆天下之大恶，讨贼天下之大义。国家优礼藩封，恩德隆重。乃敢辄萌异图，以干宪辟，上逆天道，下犯众怒，灭亡之期，计日可待。本院职任虽非专责，危难安忍坐视，仗顺伐逆，鼓率忠义，豪杰四起，发谋协力。

王阳明阐明此番兴义兵讨伐朱宸濠的理由，希望省内各地的各位军官能够协助自己。之后，王阳明又下达了命令：

> 所属县分并卫所衙门，各起调官军乡兵，固守城池，保障地方。仍一面分调兵快，散布关隘，严加把截；一面选募骁勇精兵，大县约四五千名，小县约二三千名以上，各备锋利器械，供给粮草，择委能干勇力官员管领操练，其各项钱粮费用，听将在官钱粮动支，随申本院查考。其滨江去处，多备船只，听候本院差官赍捧旗牌至日，即刻依期启行进攻。仍选差惯便人役，多方探听消息，不时飞报，以凭区画。
>
> 此系守土官员切责，而臣子效忠致身正在今日，各宜奋发义气，鼓动军民，共成灭贼之功，以输报国之念，毋得迟违观望，失误军机，自取罪戾。

六月二十七日，王阳明发出告示《奖瑞州府通判胡尧元擒斩叛党》(《王文成公全书》卷十七)，褒奖瑞州府通判胡尧元等人擒拿、斩杀朱宸濠的姻亲李藩等九十四人之事。

在这篇告示中，王阳明指示说，要对战死者、负伤者予以优恤，下令等战乱结束后提交详细的功勋录，并调集精兵固守城池，等候差遣。

如前所述，王阳明为了赶赴福建镇压叛军，在抵达丰城县时遭叛军追击，但侥幸逃过一难。丰城县是攻打南昌的一大据点，丰城县知县顾佖来信说，即便调集乡兵固守城池，兵力也不够充足，希望王阳明能够派出援军。

王阳明已经接连向龙泉、安福、永新各县（皆属吉安府）以及吉安府城派了援军，所以只好给吉安府通判杨昉发布指令《策应丰城牌》(《王文成公全书》卷十七)，让杨昉在派兵增援的同时，一定要坚守住丰城县这个重要据点。"协同知县顾佖等，计议攻守方略，相度险夷要害，远斥候以防奸，勤训练以齐众，探知敌人入境，即便设奇布伏，以逸待劳，击其不意，务在先发制人，毋令乘间抵隙。"

如此计谋，仿佛孙子之兵法。此外，在指令的末尾，王阳明严令，如有违反军令或者畏缩不前者，依照军法，严惩不贷。

同一天，王阳明考虑到因朱宸濠叛乱，南昌城中众多守备官员不幸牺牲，故发出《差官调发梅花峒义兵牌》(《王文成公全书》卷三十一)，指示从民间募集英才。

在这篇指令文中，王阳明谈到永新县（位于吉安府最西端山岳地带的县城）的梅花峒及龙田、上乡、樟枧、关北地区的百姓皆精悍而富有义勇心，故下令调发当地百姓。因此，王阳明指示千户高睿前往该县，与知县柯相一道，立刻募集梅花峒等乡约一千名精勇民兵，给他们分发武器，并选出乡中义官、良民分率乡民，由县中有勇有谋、胆略过人的官员统率。

七月一日，王阳明发出《调取吉水县八九等都民兵牌》(《王文成公全书》卷十七)，特派致仕县丞龙光前往平素便以习武尚义著称的吉水县（隶属吉安府）的八都、九都（八都、九都皆为乡名），指示、组织民兵义勇军，以待时机，等候王阳明的动员令一下，便与正规军一道举兵。在这篇邀请文中，王阳明敦促八都、九都的民众自觉组织征讨朱宸濠的义军：

> 照得江西一省人民，久被宁府毒害，侵肌削骨，破家荡产，冤困已极，控诉无门。今其恶贯满盈，天假义兵，为民除暴，尚闻愚昧之徒，阻避宁府威势，不敢举动。殊不知宁府未叛之前，尚为亲王，人不敢犯；今逆谋既著，即系反贼，人人得而诛之，复何所惮！尔等义民，正宜感激忠义，振扬威武，为百姓报仇泄愤，共立不世之勋，以收勤王之绩……

从上文的"尚闻愚昧之徒，阻避宁府威势，不敢举动"的字里行间，我们可以体会到王阳明扼腕切齿的憾恨之心。如此看来，尽管当时朱宸濠发动叛乱已有半月之久，但依旧有许多愚昧官民畏惧朱宸濠的威势，不敢反抗。王阳明告诉大家，即便朱宸濠身为亲王，只要他敢发动叛乱，那么就应当"人人得而诛之，复何所惮"。

另一方面，据探查，叛军很难攻占南京，如果他们无法占领南京，必然会退到九江（江西九江府），采取坚守的战略。王阳明预计主战场将会转移到以由南昌到九江的鄱阳湖为中心的水域，以水战为主。

七月四日，王阳明对福建布政使发出了《预备水战牌》(《王文成公全书》卷十七)，指示动员义兵，编成水战部队。为此，王阳明调集了海沧（福建漳州府海澄县的港口，今厦门市附近）的一万名水军士卒，下令从府库抽调钱粮，整备军械，支援这支军队。此外，在这篇指令文中，王阳明还写道："呜呼！主忧臣辱，主辱臣死，凡有血气，孰无是心。况各官忠义自任，刚大素闻，必将奋臂疾驱，有不容已。"

此外，王阳明表达了自己的大义之心，并表明若有贻误军机者，必依军法重处。

东正堂感叹说，正是因为王阳明能够准确无误地洞察敌情，所以才能事先做好万全的准备，神速制胜。而对于王阳明下令动员相隔千里的福建海沧的水军，东正堂则说，估计是当时江西鄱阳湖周边的水夫已经大多被叛军征集调用了。(《阳明先生全书论考》卷十二《奏疏·公移二·江西书》)

如前所述，因为朝廷频繁收到举报朱宸濠有不稳动向的奏报，武宗终于在五月二十四日下达了敕命，命令太监赖义、驸马都尉崔元、都察院右副都御史颜颐寿三人前往江西首府，向朱宸濠宣谕。可是，三人刚到浙江严州府，就听说了朱宸濠叛乱的消息。三人不得已，只好中途返回北京。因此，七月五日王阳明向颜颐寿写了一封禀明自己将集合军队、亲赴国难的书信《咨都察院都御史颜权宜进剿》(《王文成公全书》卷十七)。但当王阳明送出这封书信时，颜颐寿等人已经动身起程返回北京了。

顺带一提，王阳明是在七月十三日率军离开吉安府，进军江西首府南昌的。两天之后，颜颐寿三人才回到了北京。在这封书信的后半部分中，王阳明论述了倡举义兵的大义：

即今逆迹已露，别无可勘事情，合咨前去，烦为随处行令所属，选取骁勇精兵，及民间忠义约二三万名，

第十六章 江西时期

选委谋勇官员分领，会约邻近省郡，合势刻期进讨，仍烦贵院（颜颐寿）亲督兼程前来，共勤国难。谅贵院平日忠义存心，刚直自许，况今奉命查勘宁藩，正可权宜行事，号召远迩，主忧臣辱，主辱臣死，他复何言……

王阳明甚至向给朱宸濠宣谕的使者也发出了邀请，希望对方能兴举义兵。就这样，王阳明对朱宸濠叛军的包围作战一步步地展开。

七月八日，王阳明又发布了《行吉安府知会纪功御史牌》(《王文成公全书》卷三十一)，指示在讨伐朱宸濠之时，命巡按两广、监察御史二人查察所立军功，以作为日后论功行赏的依据，并下令如有危害百姓或畏敌不前者，皆以军法论处。

其后，在率领义军离开吉安府向北进军之际，虽然各县士卒皆由指定的长官统率前进，而城池的防御工事已经十分完备，但王阳明依旧认为难以预测之事时有发生，所以在七月八日又发出了指令文《牌行吉安府敦请乡士夫共守城池》(《王文成公全书》卷十七)，邀请居住于吉安府各县乡中的名士壮丁做防卫军的顾问，协助守军守城。

此时，王阳明举荐了一位留守吉安府城的重要顾问——于正德八年(1513)十二月十日致仕的前福建按察使刘逊。此人本就是一位身负才望、忠勇奋发之士，王阳明命人以宾师之礼邀请他，遵从他的一切裁断，并请他为军机事宜出谋划策。王阳明以正式公文相邀，希望刘逊能够以国家社稷为重，竭尽全力，共同伐贼，切勿借年老体衰而拒绝所请。

在如此紧张的情形下，王阳明依旧能够寻得此等老成之人，对此东正堂认为：从这一点来看，阳明先生必然在平日里就一直留心探求有才之士。宋朝的李纲就经常这样做，而日本近代的胜海舟[1]也曾将自己对平日所见之人的印象都写在本子上。然而，世人在危急关头却往往只是心存侥幸，束手待毙。(《阳明先生全书论考》卷十二《奏疏·公移二·江西书》)

阳明用计

除了正统的作战部署外，王阳明在率兵进攻南昌之前，还对朱宸濠使用了心理战术。朱宸濠彻底中计。在听完随同王阳明避过朱宸濠的追击、一同沿赣江南下的龙光的讲述后，王阳明的高足钱德洪把事情的经过梳理了一下，详细记录在《征宸濠反间遗事》(《王文成公全书》卷三十八)中。在这里，笔者就引用钱德洪的这篇文章，参照《年谱》来稍加讲述。

另外，因上述篇名中的"反间"二字，与《孙子兵法》"用间第十三"中的"反间"一条稍有区别，其涵盖的意义甚至要超过"用间"。从内容上来看，感觉似乎更接近《孙子兵法》"虚实第六"。

在逃避朱宸濠追兵的渔船中，王阳明和随员龙光、雷济两人

---

[1] 胜海舟（1823—1899）：日本江户时代末期至明治时代初期的政治家。

商量了对付朱宸濠的战略。朱宸濠当时大言不惭,说要立刻率军攻占南京,再取北京。因为事出突然,北京和南京两方面都未做好应战准备。此时,若能暂时拖住朱宸濠,让其部队留在南昌城中半月,那么各地就有时间做好应战准备了。

为此,王阳明首先假造了一封由总督两广总制军务的都御史杨旦发出的紧急公文,说是奉兵部尚书王琼和都察院右副都御史颜颐寿之命,率领狼达土兵四十八万前往江西首府,命令沿途各军衙备好粮草,支援行军,倘有违抗者,立即依军法论斩,云云。

王阳明让雷济派机灵之人带着这份伪造的公文前赴南昌,想办法让这份伪造的公文落到朱宸濠的手里。

雷济问王阳明:"朱宸濠见此公文,恐怕未必会信以为真。"

王阳明说:"就算他不信,至少也会心生怀疑。"

雷济道:"朱宸濠肯定会起疑的。"

王阳明笑道:"他只要一迟疑,那么就大势去矣。"

接着,王阳明又思考了一会儿,叹气道:"一直以来,朱宸濠对百姓进行惨无人道的迫害。虽然眼下听从他号令的人不少,但其实都不是真心愿意跟从他,只是因为遭到胁迫或者受利益驱使。这些都只是暂时性的。因此,如果他得意忘形,立刻派出大军的话,那么只要我们派出军队,正邪是非就立刻判然,而战斗的胜负也就立见分晓了。然而,一旦叛军向南京进军,沿途的百姓就遭殃了。这个道理就和'纵虎归山易,擒虎入笼难'一样。因此,我们眼下的计策,只能是设法将朱宸濠拖在南昌府城中,让他过些时日再发兵。只要他一天不发兵,天下百姓就能享一天的福。"

果然不出王阳明所料，朱宸濠拿到那份伪造的公文后惧怕不已。

到达吉安府后，王阳明与前右副都御史王懋中、归乡养病的大理评事罗侨、阳明门人翰林编修官邹守益，以及其他已致仕的地方官签订盟约，和知府伍文定共同谋划，向四方发出揭露朱宸濠残暴罪行、激发民众官员为国尽忠的檄文，以图征集各郡兵马，率兵勤王。

同时，为了牵制朱宸濠，王阳明又散布大军将由丰城出击的虚假情报。

此外，王阳明与随员雷济商议，亲自伪造了回复兵部的手抄文书。

这份伪造的文书，先叙述了朝廷的命令：许泰、张永率地方军四万从凤阳由陆路进攻，刘晖、桂勇各率京师周边的四万军队从徐州、淮安水陆并进，王阳明率兵两万，杨旦等人率兵八万，秦金等人率兵六万，定下日期，从四面夹击南昌。

王阳明在回复文书中建议，兵部的进军方略是先发制人，但与其把朱宸濠包围在南昌府，恐怕一时难以消灭叛军，不如各军缓步进军，只等朱宸濠率军离开南昌府城，在前往南京的路上设下伏兵，攻其首尾，定能生擒朱宸濠。

王阳明召集新淦的十余名小吏，将这份伪造的给朝廷的手抄文书缝在他们的衣袂里，给予他们大量的盘缠，让他们前往南昌，故意让朱宸濠的伏兵擒住，使这些伪造文书落入朱宸濠手中。

与此同时，王阳明派遣随员龙光前往吉安府安福县，将刘养正的妻女请到县城中进行款待，并让其家属把这个信息传达给刘

第十六章 江西时期

养正，这令朱宸濠对刘养正起疑；又派心腹拜访李士实家，迷惑其家人说："王阳明不过只是奉旨行事，形式上征集一下士卒罢了。既没有想过干涉宁王之事，也没有考虑过战争成败，并非打算与宁王为敌。"

就这样，朱宸濠彻底被王阳明的这些计策耍得团团转。

对于王阳明丰城闻变，返回吉安，在如此短的时间里想出这些妙计奇谋，东正堂引用了李贽的话，认为阳明先生以反间计得其机宜，让朱宸濠疑心三日而延误东征时机，挫败了朱宸濠以疾风迅雷之势直捣京师的图谋，又为各郡府州县争取到准备守御的时间，从而得以调集勤王之军。

王阳明之所以能够在朱宸濠率军东征伊始，便立刻袭击了其根据地南昌府城，其实应该归功于之前的这些反间计。宁王的谋反注定要以失败告终。（见《阳明先生全书论考》卷十五《年谱二》）

但在王阳明于平定宸濠之乱后上奏给朝廷的"捷音疏"中，很难看到这些计谋，一方面可能是因为担心奏疏篇幅太长，所以王阳明对上述反间计只字未提；另一方面可能是因为这些带有诈性质的谋略，君子是不得已而为之，所以王阳明不希望向他人言明这一点。

当时，让朱宸濠与疾风迅雷之势展开进击的良机失之交臂，最终坐以待毙，其实全都应当归功于这些反间计。然而，世人能够查知的只有写在奏疏上的功勋，却无法得知奏疏背后的这些事情。

后文中将会讲到，王阳明在七月十三日兴举征讨朱宸濠的义军，二十日攻下南昌城，二十三日在鄱阳湖上击败了朱宸濠的水军。宸濠之乱爆发于六月十四日，但直到七月三日前，朱宸濠的军队仍然被王阳明牢牢地拖在原地，无法动弹。

在此期间，农民们进行买卖的运粮船，经常有被朱宸濠军队没收的危险。因此，六月二十日，王阳明对吉安府发出《行吉安府收囤兑粮牌》(《王文成公全书》卷三十一)，下令将粮米暂时贮藏到府内谷物仓库或者寺院内的合适场所，在变乱结束前，暂时中断粮米交易。

王阳明曾经接到情报，说"镇守江西太监王发买葛布银三封，及本所出备葛布折银并贡礼银三千两"，所以他在六月二十日下令调查情况，让此等交易正常化的同时，禁止进贡银钱。因当时处在变乱之中，所以王阳明写下劝诫官员切不可贪污公款的《行吉安府禁止镇守贡献牌》(《王文成公全书》卷三十一)，发往吉安府。

六月二十二日，屯驻于吉安府的王阳明对远近乡民发出《抚安百姓告示》(《王文成公全书》卷三十一)，说自己率军屯驻于此，是为了应对宁王的叛军，勤王之师很快将会从四方聚集而来，还望众百姓安居生活，切勿轻易移居他处。倘有妖言惑乱人心者，由各地方负责人缉拿，送至军卫，依照军法论处。同时，王阳明还号召各地百姓主动参加义军，协助征讨叛贼。

朱宸濠叛乱使得江西的各府县都遭受了兵戈之灾，因粮秣的供给问题，各地都出现了动摇情绪，又加上旱灾的缘故，粮食供应极为紧张，各地治安随之出现问题。

针对这一情况，六月二十七日，王阳明下令辖下的所有官员，除了紧急情况外，停止救济贫困者，同时又让官员停止处理非紧急情况的诉讼、劳役，让乡民们恪守本分安居家中，又令地主停

第十六章　江西时期

止催讨欠租等。王阳明发出禁约指令《宽恤禁约》，设下诸多禁约，要求辖下乡民严格执行"十家牌法"，确定责任人。（见《王文成公全书》卷十七）

七月五日，王阳明发出指令《行吉安府踏勘灾伤》(《王文成公全书》卷三十一）。因江西吉安府的庐陵县等十三个县自五月起一直遭受旱灾，又遭遇朱宸濠叛乱，百姓生活极为艰难，所以王阳明让吉安府的各位官员去实地调查灾情，并延缓当年的税粮征收。

当王阳明在吉安府一步步安排包围和歼灭叛军的部署时，朱宸濠这边又有何动向呢？

虽然《皇明大儒王阳明先生出身靖乱录》是一部根据王阳明的奏折等内容写成的小说，其记述未必完全遵照史实，却详细描述了当时朱宸濠阵营的情况及周围军民的心理状态。下面笔者就以《皇明大儒王阳明先生出身靖乱录》为基础，对这方面的情况稍作概述。

如前所述，季敩奉了朱宸濠之令前去说服王阳明，却遭到了义军哨兵的拦截。季敩立刻掉转船头逃回到宁王的身边，报告说旗校（旗兵）已被王阳明俘获。朱宸濠大怒，问季敩王阳明是否有准备出兵的态势。

季敩因怕朱宸濠责骂，所以谎报说："王守仁只可自守，安敢与殿下为敌？"

朱宸濠对季敩的话深信不疑。

其后，朱宸濠查知朝廷的军队尚未从各地聚集而来，便下令宜春王朱拱樤及其三子、四子和伪太监万锐等领兵一万余人留守，多备军械，坚守南昌城，又在城外设下一队伏兵防御城池。

朱宸濠自己则率娄妃、长男世子、宗室朱栱和朱栧，以及谋士刘养正、李士实、杨璋、潘鹏等人于七月三日离开南昌，封宗弟朱宸溍为九江王，命他率船百艘作为先导，沿长江往东，向着南京进发。

出发之前，朱宸濠命娄妃准备上船。娄妃不明朱宸濠的意图，问道："殿下邀妾何往？"

朱宸濠回答道："近日太后娘娘（明朝第八代皇帝宪宗的皇后，武宗的祖母）有旨，许各亲王往南京祭祖。我同汝一往，不久便回。"

当时娄妃虽然有些半信半疑，但还是跟着朱宸濠走了。

上船之前，朱宸濠先设下祭坛祭拜了长江之神，斩杀了起事时抓获的江西瑞州府知府王以方，用以祭天。在往供桌上进献供品时，放祭坛的桌几案脚突然折断，王以方的头和腿跳起，落到了地上。朱宸濠见状，心生恐惧，立刻下令将其头和腿扔进长江。

在船队即将出发之时，天气突变，乌云如墨，天色漆黑，疾风骤起，暴雨倾盆，电闪雷鸣。乘坐于先锋船上的朱宸溍被雷劈死。朱宸濠心中郁闷，愀然不乐。

李士实见状道："事已至此，殿下能住手否？"朱宸濠道："天道难测，不足虑也。"随后命人拿来酒水，痛饮一番后大醉而卧。醉卧时，朱宸濠梦见自己手持铜镜观看容貌，镜中自己的头发白如霜雪，于是大惊而醒。醒来后，朱宸濠叫来方士徐卿为他解梦。

徐卿低头沉思，之后抬头向朱宸濠道贺说："殿下贵为亲王，而梦头白，乃皇字也。此行必取大位矣。"

此时，朱宸濠所率士卒六七万人，号称十万之众。船队抢掠路上所有的官民船只，并将船只武装起来，插上旌旗，一路向东，

其队列长达六十余里,足以遮蔽长江江面。《皇明大儒王阳明先生出身靖乱录》中录有一篇描写当时情景的诗文:

> 杀气凄凄红日蔽,金鼓齐鸣震天地。
> 艨艟压浪鬼神惊,旌旆凌空彪虎聚。
> 流言管蔡似波翻,争锋楚汉如儿戏。
> 难将人力胜天心,一朝扫尽英雄气。

安庆攻防战

宁王的叛军一路骚扰掠夺,来到安庆府外。因投降朱宸濠的佥事潘鹏是安庆府人,所以朱宸濠派他携带伪檄文进入安庆府城,说服安庆守军开城投降。

安庆府知府张文锦召见都指挥使杨锐[1]商议。

杨锐回答说:"王都堂前有牌面来,吩咐紧守信地,大兵不日且至。今潘鹏来谕降,当力拒之。"

其后,杨锐登上城楼,对潘鹏说:"佥事乃国家宪臣,奈何为反贼奴隶传语?宁王有本事,来打安庆城好了。"

潘鹏不死心,说:"汝且开城门,放我进来,有话商量。"

---

[1] 杨锐(1471—1532):字进之。南直隶徐州萧县人。曾在宸濠之乱中据守安庆,后任都督佥事。

杨锐回答："要开门，除是逆濠自来。"

杨锐说完，拉弓搭箭，让士兵对着潘鹏放箭。潘鹏满脸羞愧，灰溜溜地退走了，随后向朱宸濠汇报了情况。

朱宸濠勃然大怒，叫嚣着要将安庆城杀个鸡犬不留。

李士实劝阻道："殿下速往南都正位，何愁安庆不下？"

听闻李士实此言，朱宸濠默然不语。

不久之后，朱宸濠军的船队准备绕过安庆城直下南京。杨锐知道，如果朱宸濠直奔南京的话便成大势，所以自己必须设计阻拦朱宸濠。

于是，杨锐命人在城头四隅竖起写着"剿逆贼"三个大字的旗帜，并让军士和诸臣环立城头大声痛骂："反贼，不日天兵到来，剿灭全家。千反贼万反贼。"

朱宸濠在船内听闻外边吵吵嚷嚷，询问原因。潘鹏回答说："此即指挥杨锐使军民辱骂殿下。"

朱宸濠大怒，嚷道："我且攻下安庆，杀了杨锐，然后往南京未迟。"

于是，朱宸濠派兵攻掠安庆城西侧的城郭，包围了城池的正观、集贤二门。朱宸濠乘坐旗船，停泊于黄石矶，亲自督战。

朱宸濠问艄公："此地何名？"

艄公回答："黄石矶也。"

黄石矶的谐音为"王失机（王失去机会）"，朱宸濠觉得不吉利，大动肝火，拔出佩剑斩杀了艄公，又对部下说："一个安庆且不能克，安望金陵哉？"说完，自己动手搬运土石以填壕沟，期在必克。

但安庆城固若金汤,张文锦和杨锐自宁王叛乱后就不断加固防御工事,城内也早已准备好了大量炮石和守城器械。与叛军相比,守城的军卒虽然不多,但城中居民全部被动员起来,一家老小齐上阵,老弱妇女负责炊事,而上城之人则必定手持一两块大石,城头石块堆积如山。炎热口渴时,就用放置在城上的釜煮茶喝。一旦发现叛军攻城,就投石块,或者将烧沸的水从城上泼下,使得叛军难以接近。

叛军组建云梯,试图攻入城中。城中守军则建起数十座高楼,从高处放箭,致使叛军死伤惨重。每到夜晚,杨锐就招募敢死之士,出城焚烧叛军云梯。

叛军又造出宽幅长梯,在上边铺上板子,令士卒潜伏,攻向城壁。而城头军民则往成捆的蒿草上倒油脂,点燃其一端,待敌军长梯一到,就将蒿草扔下,令敌军长梯着火,烧死叛军无数。

此外,杨锐又在大量箭支上绑上说服叛军就地解散的文书,射到叛军阵中。看完箭上的信,不少叛军士兵都逃离了军阵。某夜,杨锐又纠集英勇无畏之士,夜袭叛军兵营,导致叛军陷入混乱。

在朱宸濠的大军不断向安庆城发起进攻的时候,王阳明阵营里的情况又如何呢?

在综合了派往南昌城打探消息的探子送回的情报和由安庆逃回来却遭到擒获的叛军艄公的供述之后,王阳明得知宁王朱宸濠已于七月三日率大军沿长江而下,眼下正在大举进攻安庆,安庆即将陷落。

此外,王阳明还查知南昌城守备甚为坚固,城外似乎设有伏兵，但无法查明这支伏兵的具体位置。王阳明重赏了提供消息的叛军艄公，并令他实地探查南昌城外所设伏兵的具体位置，尽快回报。

此时，麾下众将中有人提出，应即刻发兵救援安庆。面对下属的建议，王阳明说道："九江、南康皆已为贼所据，而南昌城中数万之众，精悍亦且万余，食货充积，我兵若抵安庆，贼必回军死斗。安庆之兵仅仅自守，必不能援我于湖中。南昌之兵绝我粮道，而九江、南康之贼合势挠蹙，四方之援又不可望，事难图矣。"

"今各郡官兵渐次齐集。先声所加，城中必已震慑。因而并力以攻省城，其势必下。既破南昌，贼先丧胆，彼欲归救根本，则安庆之围自解，而濠亦可擒矣。"

后来事情的发展，果如王阳明所言。

南昌攻略战

七月十三日，王阳明于吉安府兴举义兵，率领部队进攻南昌。当天，王阳明向南昌府奉新县、靖安县两位知县刘守绪、万士贤发出指令《行知县刘守绪等袭剿坟厂牌》（《王文成公全书》卷三十一），要他们赶在大军对南昌城发动攻击之前，各自率领精兵三千秘密赶到西山（南昌西边，与南康府交界）处会合，设下伏兵，合力围剿叛军。

王阳明特别交代，必须事先详细查看地势，把握时机，切不可为争功而分散力量，导致失败。王阳明交代刘、万二位探查清楚情势之后，应立刻报告他。王阳明还提醒两位知县留下战功记录，作为日后升赏的依据。

王阳明之所以先行设下伏兵，是为了日后大部队攻城之际，防止敌军由小道偷袭，妨碍己方部队的行动自由。如果王阳明的作战计划在战场上一举奏效，那么进攻南昌城的难度就降低了不少。

此外，王阳明又下令江西各府县的诸将务必在七月十五日率兵到达临江府清江县的樟树镇（丰城西南约三十公里）。王阳明自己则督率吉安府知府伍文定的兵士往樟树镇进发。

知府戴德孺由临江府前来，知府徐琏由袁州府前来，知府邢珣由赣州府前来，通判胡尧元、童琦由瑞州府前来，皆带了众多的兵马。

赣州卫署都指挥佥事余恩、吉安府通判谈储、吉安府推官王晖和徐文英、临江府新淦县知县李美、吉安府泰和县知县李楫、吉安府万安县知县王冕、赣州府宁都县知县王天与、抚州通判邹琥、抚州府临川县知县傅南乔等，也率兵前来。

当所有部队都如期到达樟树镇时，王阳明本准备作为巡抚立于坛上发号施令，却积劳成疾病倒在床。为了振奋军心，王阳明写下一文，将知府伍文定、邢珣、徐琏、戴德孺四人召集到一起，传达自己的意思。《皇明大儒王阳明先生出身靖乱录》中有一句："伍（军队）不用命者斩队将，队将不用命者斩副将，副将不用命者斩主将。"

王阳明接着又写道："军中无戏言，此是实语，不相诳也。"看完这篇文章，伍文定等人都咋舌惊叹。

十七日，病情稍有好转，王阳明便将全军分为十三支部队，其中七支部队（中军，第一至第五军及第七军）为进攻南昌城七道城门的正面进攻部队，剩下六支部队则作为夹击七门中四门的游击部队。王阳明还向各军的指挥官详细指示了进击路线和攻击目标等，发布了军令《牌行各哨统兵官进攻屯守》(《王文成公全书》卷十七)。

在军令的末尾，王阳明写道：

承委官员务要竭忠奋勇，擒剿叛逆，以靖国难。如或退缩观望，违犯节制，定以军法论处。军兵人等敢有临阵退缩者，就仰本官遵照本院钦奉敕谕事理，就于军前斩首示众。牌候事完日缴。

各部队的具体军令如下：

仰一哨统兵官吉安府知府伍文定，即统部下官军兵快四千四百二十一员名，进攻广润门；就留兵防守本门，直入布政司屯兵，分兵把守王府内门。

仰二哨统兵官赣州府知府邢珣，即统部下官军兵快三千一百三十余员名，进攻顺化门；就留兵防守本门，直入镇守府屯兵。

仰三哨统兵官袁州府知府徐琏，即统部下官军兵快

第十六章　江西时期

三千五百三十员名，进攻惠民门；就留兵防守本门，直入按察司察院屯兵。

仰四哨统兵官临江府知府戴德孺，即统部下官军兵快，新、喻二县三千六百七十五员名，进攻永和门；就留兵防守本门，直入都察院提学分司屯兵。

仰五哨统兵官瑞州府通判胡尧元、童琦，即统部下官军兵快四千员名，进攻章江门；就留兵防守本门，直入南昌前卫屯兵。

仰六哨统兵官泰和县知县李楫，即统部下官军兵快一千四百九十二员名，夹攻广润门；直入王府西门屯兵把守。

仰七哨统兵官新淦县知县李美，即统部下官军兵快二千员名，进攻德胜门；就留兵防守本门，直入王府东门屯兵把守。

仰中军营统兵官赣州卫都指挥余恩，即统部下官军兵快四千六百七十员名，进攻进贤门；直入都司屯兵。

仰八哨统兵官宁都知县王天与，即统部下官军兵快一千余员名，夹攻进贤门；留兵防守本门，直入钟楼下屯兵。

仰九哨统兵官吉安府通判谈储，即统部下官军兵快一千五百七十六员名，夹攻德胜门；直入南昌左卫屯兵。

仰十哨统兵官万安县知县王冕，即统部下官军兵快一千二百五十七员名，夹攻进贤门；就把守本门，直入阳春书院（宁王朱宸濠的宫殿）屯兵。

仰十一哨统兵官吉安府推官王昈，即统部下官军兵快一千余员名，夹攻顺化门；直入南、新二县儒学屯兵。

仰十二哨统兵官抚州通判邹琥、知县傅南乔，即统部下官兵三千余员名，夹攻德胜门；就留兵防守本门，随于城外天宁寺屯兵。

中军和第一至第十二军，合计十三支部队，总兵员三万四千七百五十一人，与号称六七万之众的朱宸濠军相比，仅是朱宸濠军兵力的一半。

据东正堂说，明朝理学家陈龙正调查了此次战役的兵员数之后，不由得大吃一惊。在共约三万四千八百五十六人（与上面的兵员统计数据略有差异）的兵员中，除了屯守部队之外，于阵前杀敌的仅有一万四千人，而且这些人后来还攻陷了南昌城，生擒了朱宸濠。此役王阳明军阵亡者不过六十八人，王阳明的用兵实在是巧妙神速。

用东正堂的话来说，阳明先生总是能以寡兵立奇功。只要能有以寡兵取胜的对策，王阳明必定会选择以寡兵出战。但有时也会出现敌我双方的兵力、财力不相上下，必须出动大军的情况。韩信曾经对汉高祖说过"多多益善"，但这只是说韩信有合理运用大军的才能，并非凡事都要出动大军。楠木正成也很擅长用寡兵。我等后学，需学会用寡兵的功夫。（见《阳明先生全书论考》卷十二《奏疏·公移二·江西书》）

此外，对南昌城发起总攻的前两天，也就是七月十八日，王阳明对城内的王族、军、官、民等发出《告示在城官兵》(《王文成公全书》卷十七），声明攻击的目标为发动叛乱的中心人物、叛乱主谋，而此举也是为了解救平日遭受朱宸濠虐政的百姓。告示中声明：总攻当天，王族相关者闭门留家，一般百姓则与平日一样生活，军兵应缴械归顺。告示还敦促相关负责人与具有身份地位之人投诚自首。

用东正堂的话来说，这篇告示不仅有安抚民心之效，同时还可防止城内军民自暴自弃、全民皆反。但人算不如天算，事情并未按王阳明的意愿发展。

平定叛乱后，王阳明才知道上述告示未能在总攻前发布到城内的相关者手里。原来南昌守城军的主谋们并没有接受王阳明的使者送去的告示。因此，正如随后将要讲述的，南昌城陷落时，宁王的眷族全都自焚而亡。入城之后，王阳明得知了此种情况，发出告示《牌行江西二司安葬宁府宫眷》（《王文成公全书》卷十七），下令依礼厚葬宁王眷属的尸骸。

在这篇告示中，对于王阳明写下的"虽宁王背逆，罪在不赦，而朝廷惇睦之仁，何所不至"一句，东正堂赞誉道：这是我见到过的最纯正仁义之师。

确定各军分掌之后，王阳明下令全军路经丰城，十九日于市汊（丰城北约二十五公里、南昌南约三十五公里处）集合。而在出发之际，又斩杀了数名不愿听从命令之人，以儆效尤。

但实际斩杀的，是之前跟随参政季敩前来说服王阳明投降朱宸濠的士兵。王阳明的权谋术数，总是这样超乎常人的意料。

如前所述，因为安庆城守备坚固，守军随机应变，朱宸濠虽然亲自指挥填埋壕沟，以期必克，但直到七月十八日，朱宸濠军都未能攻陷安庆城。

就在这时，南昌守军派出的信使赶到朱宸濠大营，报告王阳明所率的大军已经抵达丰城，眼看就要攻到南昌城下，城中军民尽皆震骇，南昌守军请求朱宸濠火速分兵救援。

朱宸濠闻言大惊，打算立刻率全军返回南昌。李士实赶忙劝阻道："若殿下一回，则军心离矣。"

朱宸濠却不听，说："南昌我之根本，如何不救？"

刘养正也说："今安庆不通音问，破在旦夕。得了安庆，以为屯止之所，然后调集南康、九江之兵，齐救省城。官军见我兵势浩大，不战而退矣。"

朱宸濠睁大眼睛看着刘养正，斥责道："汝家属受王守仁供养，欲以南昌奉之耶？"

二人乃不敢复言。朱宸濠与谋士产生隔阂，正是王阳明离间计的作用。

朱宸濠与谋士之间的上述对话，记录在《皇明大儒王阳明先生出身靖乱录》中。从王阳明的胜利奏疏《擒获宸濠捷音疏》(《王文成公全书》卷十二) 来看，虽然当时李士实等人劝阻朱宸濠说："必须径往南京，既登大宝，则江西自服。"但朱宸濠并未理会，而是于次日解安庆之围，率兵停泊于长江上，先派遣两万水军回江西救援南昌，之后又亲率大军前往。

七月十八日，王阳明通过谍报得知，朱宸濠在南昌城外的新旧坟厂设下一千余名伏兵，当即派遣奉新县知县刘守绪率精兵四百余人走小路，对朱宸濠设下的伏兵展开夜袭，将其击败。朱宸濠的伏兵死伤众多，败残兵卒则全都逃回了南昌城。

十九日傍晚，王阳明率领全军一齐由市汊进发，二十日黎明，攻至南昌城下。王阳明严令："一鼓附城，再鼓登城，三鼓不克，诛其伍，四鼓不进诛其将。"

因各军指挥官都知道王阳明军纪严明，听到鼓声，一齐率领部下高声呐喊，向前突进。

南昌城内虽然备有大量的各种武器，采取了严密的防御态势，但因坟厂伏兵的败残兵卒逃回了城里，声称王阳明的大军已经将城池团团围住，城内之人大为震骇，皆欲退避。

王阳明军趁着敌军出现动摇，大声呼喝，一齐进击。伍文定首先率领兵卒搭起梯子，攀登城墙。守城士兵见王阳明军士气旺盛，尽皆倒戈，狂奔败退。因此，城外王阳明军喊声震天，四方骚然。

王阳明军攻破城门，一齐突入，叛军士兵土崩瓦解，全军退散。就这样，固若金汤的南昌城陷落了。

南昌陷落，王阳明擒获了留守南昌的宜春王朱拱樤及其三子、四子和伪太监万锐等共千余人。宁王眷族百余人身处宫中，听闻事变，放火自焚而亡。宫中之火延至城内百姓家中。王阳明命各部分头灭火，抚慰居民，人心始定。火势稍息，伍文定等人前来参见王阳明，被抓获的叛军全都跪于堂下等候发落。王阳明将朱宸濠抢夺的大小卫所的印章和职印九十六枚押收府库，妥善封存。

此外，因受朱宸濠胁迫而听命的诸官，前布政使胡濂、前参政刘斐、前参议许效廉、前副使唐锦、前佥事赖凤，以及南昌府知府郑瓛、同府知县何继周、通判张元澄、南昌知县陈大道、新建县知县郑公奇等都自首服罪。

《皇明大儒王阳明先生出身靖乱录》中记录了一首攻陷南昌时的诗文:"皖城方逞螳螂臂,谁料洪都巢已倾。赫赫大功成一鼓,令人千载羡文成。"

鄱阳湖决战

朱宸濠弃安庆,移兵长江,先派凌十一和闵廿四率兵两万,赶来救援南昌城。朱宸濠自己则亲率大军,随后赶至。

王阳明接到信报,向属下咨询守御良策。

大多数人认为:"贼势强盛。今既有省城可守,且宜敛兵入城。坚壁观衅,俟四方援兵至,然后图之。"

然而,王阳明却笑道:"不然。贼势虽强,未逢大敌。惟以爵赏诱人而已。今进不得逞,退无所归,其气已消沮。若出奇兵击其惰归,一挫其锐,将不战自溃。所谓先人有夺人之心也。"并下令转告诸将,准备在鄱阳湖上与叛军决战。

当日,抚州府知府陈槐、南昌府进贤县知县刘源清率兵前来增援。王阳明下令知府伍文定、邢珣、徐琏、戴德孺,各率五百精兵,四面并进,打敌人个措手不及。

又命都指挥佥事余恩率四百名精兵于鄱阳湖上往来穿梭,引诱叛军。命知府陈槐,通判胡尧元、童琦、谈储,推官王昈、徐文英,知县李美、李楫、王冕、王轼、刘守绪、刘源清等各率精兵百余人为四面伏兵，静待时机，只等伍文定等人的兵士一交战，就发动进攻。就这样，王阳明向各军官分派了在鄱阳湖上的职责和阵地。

在攻占南昌的第二天，王阳明赈恤城内军民，因忧心宁王宗室、郡王和将军中会出现谋反者，所以张贴告示，亲切抚慰、教谕一干人等，让他们安下心来。告示中说，如果是受宁王胁迫才跟从宁王谋反的，免去死罪，而对于斩杀叛军首脑归顺之人，重重有赏。

王阳明命人将二十余份布告张贴于城内城外，以示军民官吏。之后他又命人在七道城门的内外各处张贴布告。这篇《告示七门从逆军民》（《王文成公全书》卷十七）的部分内容如下：

> 督府示谕省城七门内外军民杂役人等，除身犯党逆不赦另议外，其原被宁府迫胁，伪授指挥、千、百户、校尉、护卫及南昌前卫一应从乱杂色人役家属在省城者，仰各安居乐业，毋得逃窜；有能寄声父兄子弟改过迁善，擒获首恶，诣军门报捷者，一体论功给赏，逃回报首者，免其本罪。仍仰各地方将前项人役一名名赴合该管门官处开报，令各亲属一名，每日一次打卯，其有收藏军器，许尽数送官，各宜悔过，毋取流亡。

七月二十三日，王阳明接到情报，说叛军的先锋已经由长江返回鄱阳湖，船帆遮蔽江面，前后绵延数十里，难计其数。王阳明立刻指挥各军趁夜色进击，伍文定率兵充当前锋，余恩紧随其后。邢珣率兵包抄敌人队尾，徐琏、戴德孺两军为左右侧翼。

二十四日清早，北风大起，叛军擂响战鼓，于鄱阳湖上顺风行进，气势凌人，直逼黄家渡。伍文定与余恩率兵与叛军交战，刚一交锋便立即诈败回逃，诱敌深入。

叛军为争抢战功，争先恐后地抢占有利位置，导致部队前后脱节。邢珣见时机成熟，率军由侧面攻击前后的叛军，突入其军阵当中，叛军大乱。伍文定、余恩乘机回军反扑，再加上徐琏和戴德孺率军左右夹击，王阳明军四面的伏兵同时呼喝，发起进攻。叛军被打了个措手不及，大败而逃。

王阳明军追击敌军十余里，擒获、斩杀叛军两千余人，落水溺亡的叛军则超过一万余人。叛军气焰大大受挫，退守八字脑（今景德镇市浮梁县）。

听闻众多己军离散、逃走，朱宸濠大为惊惧，在激励和呵斥自家将士的同时，重赏冲锋陷阵、拼死效命者，又派人赶往九江、南康，准备调集守军强化战力。

准确探知叛军于七月二十四日从九江、南康两城撤兵的消息后，王阳明心想："贼兵已撤，二郡空虚矣。不复九江，则南兵终不敢越九江以援我。不复南康，则我兵亦不能逾南康以蹑贼。"

王阳明令抚州府知府陈槐率军四百人，与饶州府知府林玎合兵一处，趁鄱阳湖水战的时机，攻打九江。恰巧这一天建昌府知府曾玙也率军来援，王阳明便派其率军四百人，与广信府知府周朝佐合兵一处，对南康发动进攻。后文中将会提到，两支部队都轻而易举地夺回了城池。

七月二十五日，朱宸濠在八字脑发布赏功令，激励将士，封赏打头阵的勇士白银千两，在战斗中负伤的勇士白银百两。当日，北风更甚，叛军乘风出击。

伍文定的先头部队因风势不利陷入苦战，数十名士卒阵亡，只得后退。王阳明得知官军的将帅们心生退却之意，急忙发令，赐长剑给中军官，要斩下指挥官伍文定的脑袋，以儆效尤，但他又私下告诉中军官，如果看到伍文定坚守奋战的话，就暂缓执行。从这一点来看，王阳明身上有诸葛亮挥泪斩马谡的兵家气概。

看到王阳明的令状，伍文定大为吃惊，于是亲自手持武器，立于船头激励士卒。敌军炮火顺风而来，烧掉了伍文定的胡须，但他仍坚守在最前方。见此，士卒们皆以决一死战的气势应战。

邢珣等的部队也加入战斗，一齐向敌军发起炮击，炮声如雷，响彻天地。朱宸濠的副船被击破，闵廿四也在炮击中身亡。朱宸濠大为震惊，连忙转移自己的座船。

就这样，叛军最终溃败，遭到擒获和斩杀的叛军士卒有两千余人，而溺死者更是无数。

朱宸濠收集残兵，泊于樵舍，连接船只，组成方形之阵，以防王阳明军由四面攻来，并拿出携带的所有金银来犒劳士卒。叛军将士们发誓，愿随朱宸濠死战到底。

王阳明得知此事后，当晚向伍文定等人下令，秘密筹备火攻。邢珣由左侧，徐琏、戴德孺由右侧发动攻击。王阳明又令余恩等各官兵四面设下伏兵，一旦看到火攻，就一齐发动攻击。

二十六日清晨，朱宸濠召见群臣，叱责众将没有出力奋战，所以才连连败退，又点名指责了三司的各官和杨璋、潘鹏等十余人，并欲斩杀几个从旁观望者。杨璋开口为自己辩护，以求赦免。

就在此时，众人突然听到官军从四面发出的喊声。原来伍文定率官军驾着装满干柴的小船靠近朱宸濠的船只，趁着风势四处放火。因火势甚大，风势强劲，朱宸濠的船只接连起火。

对于当时的情况，《皇明大儒王阳明先生出身靖乱录》中有如下记载：

浓烟霭霭，青波上罩万道乌云；紫焰烘烘，绿水中布千层赤雾。三军慌乱，个个心惊胆裂。撇鼓丢锣，众将惊惶。各各魄散魂销，投戈弃甲。舴艋艨艟，霎时变成煨烬。旗幡剑戟，须臾顷化作灰尘。分明赤壁遇周瑜，好似咸阳逢项羽。

潜伏于鄱阳湖各路的伏兵见火光四起，于是协力冲锋杀往敌船。叛军战船四面被火海包围，朱栱、朱栟两人因船上起火，从船舱逃出，遭到官军的斩杀。王春、吴十三也被官军擒获。王阳明写下令状，派使者前往各军，告知众人：逆濠已擒。诸军勿得纵杀，愿降者听。

各军士卒听闻此讯，觉得甚为有理，勇气倍增。相反，叛军士卒却无心再战，纷纷逃亡。

生擒宁王

事已至此,宁王明白大势已去,却没有放弃逃走的念头。他泪别娄妃,感叹道:"昔人亡国,因听妇人之言。我为不听贤妃之言,以致如此。"

娄妃泣不成声,只说道:"殿下保重,勿以妾为念。"说完,便与几名侍女一同跳入鄱阳湖自尽了。

朱宸濠心中犹如刀绞。这时,万锐找来一艘小船。朱宸濠换上便服,与万锐一同坐上小船,在四名侍女的陪同下,冒着战火逃亡。

此时,万安县知县王冕接到王阳明密令,伪装成渔船,潜伏于芦苇丛中,看着前方匆匆而来的小船,便划了过去。朱宸濠看到渔船,高声叫嚷着:"渔翁渡我,当有厚报。"但刚一上船,渔船中便响起尖锐的哨声,官军船只接连不断聚集而来。朱宸濠自知无路可逃,于是跳入湖中欲图自杀,却因湖水太浅未果。官船上的兵士用长竿挑住朱宸濠的衣服,将其捉住。

伍文定、邢珣等人乘胜追击,杀入叛军阵中,擒获宁王世子郡王大哥、将军、仪宾[1]和王室宗族等,以及伪太师、国师、元帅、参赞、尚书、都督、都指挥、千百户等官,又拿住李士实、刘养正、刘吉、屠钦、王纶、熊琼、卢珂、罗瑛、丁馈、秦荣、葛江、刘勋、何镗、凌十一、吴国七、火信、喻才、李自然、徐卿等数百人。

---

[1] 仪宾:全称为宗人府仪宾,是明朝郡主夫婿的封号。

此外，还抓住了因遭朱宸濠胁迫而跟从叛军的前镇守太监王宏，前巡按御史王金，前按察使杨璋，前主事金山，前参政程杲，前佥事王畴、潘鹏，前布政使梁辰，前都指挥使郑文、马骥、白昂等人。王纶、季敩跳湖自杀。

此外，据《年谱》记载，王阳明官军擒拿、斩杀叛军三千余人，落水而死的叛军有两万余人，叛军的衣服、武器、财物和漂浮的尸体遍布方圆十余里的水面。

叛军乘坐数百艘战船四散逃亡。王阳明军分头追击，二十七日，于樵舍赶上叛军船只，大破之。

此外，王阳明还派出别动队，于昌邑和吴城搜捕余孽，在吴城大破叛军，斩下叛军首级千余颗。二十八日，知府陈槐等人与鄱阳湖沿岸的残敌交战，斩敌首千余颗。

据正德十五年（1520）三月四日发布的《开报征藩功次赃仗咨》(《王文成公全书》卷三十一) 中记载，在平定宸濠之乱时，生擒叛党首领四百名，叛军士兵六千二百七十九名，跟从叛军者六千一百七十五名，斩杀叛军首级四千四百五十九颗，烧毁叛军战船七百四十六艘。

在鄱阳湖上取得大胜的王阳明，曾经写下一首意气昂扬的《鄱阳战捷》(《王文成公全书》卷二十)：

甲马秋惊鼓角风，旌旗晓拂阵云红。
勤王敢在汾淮后，恋阙真随江汉东。
群丑漫劳同吠犬，九重端合是飞龙。
涓埃未遂酬沧海，病懒先须伴赤松。

诗中最后一句提到的"赤松",是古代有名的隐士。王阳明在这里再次表达了自己归乡隐遁的愿望。说是归隐,但王阳明的志向并非真隐,而是希望能回到故乡,享受与门人弟子们讲学的乐趣。

战斗结束后,位于鄱阳湖北端的湖口县(隶属九江府)知县章玄梅将王阳明请到县城中。而王冕则将朱宸濠带入城内,献给王阳明。看到洁净的街道和整齐的军列,朱宸濠笑道:"此是我家事,何劳王都堂这等费心!"

见到王阳明之后,朱宸濠拱手施礼,说道:"濠做差了事,死自甘心。但娄妃每每苦谏勿叛,乃贤妃也。已投水而死,望善葬之。"

王阳明派遣中军官与宁王宫中的一名差人前往勘察,发现渔舟上载着一具尸体。尸体身着华贵服饰,但衣服用丝线密密地缝合起来。宫中差人立刻认出这正是娄妃。王阳明差人用衣服盖住尸体,下葬于湖口县的城外,这就是娄妃墓。

弘治二年(1489),王阳明十八岁时,与新婚妻子结伴由南昌返回故乡余姚的途中,曾经在江西广信府的上饶与娄谅(一斋)见过一面,聆听了宋儒的格物之说,将"圣人必可学而至"的教诲铭记于心。这位娄谅,正是娄妃的父亲。娄妃幼承家学,对这次事变的处理也尽到了妻子的本分。

据黄绾的《阳明先生行状》记载,朱宸濠被王阳明抓获后曾问:"王先生,我欲尽削护卫所有,请降为庶民,可乎?"

王阳明回答说:"有国法在。"然后将朱宸濠押入了大牢。

不管是在前线的中军中,还是在城内,王阳明总是不忘对士友们讲学。其间有战报传来，王阳明便会当场处理。

据《年谱》记载，当伍文定部队陷入苦战的消息传来时，王阳明立刻下令斩杀指挥官，之后便回到座位上。

听闻此言，同席的众人皆惊惧不已，向王阳明询问情况。王阳明回答道："不过只是听说背对叛军稍稍后退了几步，这样的措施也是兵家常事，何足介意？"

后来，听使者来报说已经擒住朱宸濠，王阳明询问了一下情况，论功行赏完毕之后回到座位上。同席的众人全都面露喜色，恭喜王阳明。王阳明依旧镇定自若，回答说："不过听说朱宸濠已经被擒罢了。这个消息应该不会有假。据闻叛军也死伤惨重。"说完，便又继续论说之前的话题。同席的众人皆为王阳明的学德所感服。

以上事迹，皆为钱德洪后来询问当时随王阳明出征的门人邹守益所得，记录在《征宸濠反间遗事》(《王文成公全书》卷三十八)中。当听到使者来报，说前军不利时，同席众人全都面露惧色，唯有王阳明神色自若，继续论说之前的话题。不久，听闻朱宸濠军大败，众人皆面露喜色，王阳明却依旧神色自若地回到了座位上。

此外，当某人询问王阳明是否有用兵之术时，王阳明曰："用兵焉有术耶？"专心于学问，养心不动，就是其中的"术"。这与常人的观点相去甚远。决定胜败的，并非亲临前线，而是心的动与不动。王阳明又曰："若用工夫于良知上，则心常精明，不为欲蔽，临事心不动。若由此不动心，则自能应变。"

在此先提一句。在钱德洪师事王阳明的八年间，门人常就作战经验向王阳明提出各种问题，王阳明都默然不语，从不作答。

第十六章　江西时期

据《年谱》记载，王阳明在吉安府城中以待时机时，邹守益曾问道："闻濠诱叶芳兵夹攻吉安。""彼从濠，望封拜，可以寻常计乎？"

王阳明回答说叶芳绝不会反叛，沉默了一阵子之后，毅然决然地说道："天下尽反，我辈固当如此做。"听闻此言，邹守益甚为敬畏，心中的利害得失之念瞬间消失。

正如王阳明所料，叶芳并未跟从朱宸濠，而是参加了进攻朱宸濠的王阳明义军。虽然叶芳原本是南赣地区的一大贼首，但后来率领手下归顺王阳明，受赠"新民义官"的称号，在之前王阳明率军平定横水、桶冈、浰头贼匪时，叶芳曾作为王阳明的下属在战场上英勇奋战。

嘉靖六年（1527），王阳明奉敕命征讨思恩、田州的叛军，行至南昌时，还派手下给叶芳发送了《湖兵进止事宜（牌谕安远县旧从征义官叶芳等）》(《王文成公全书》卷十八）。

征讨南赣贼匪时自不必说，在宸濠之乱时，叶芳拒绝了叛军的邀请，克尽忠义，立下了赫赫战功。但叶芳的功劳一直未得到封赏，王阳明表达了愧疚之意，特意让典史送去花、羊肉和酒水作为奖励。王阳明担心周围的新民中有记恨叶芳的人，于是令叶芳严加防范，与不睦之人重修旧好，以保地方的安宁。

对于这道牌文，东正堂说，前贼匪首领叶芳之所以能成为忠义之民，为国尽力，全都归功于阳明先生的至诚之心，以致叶芳彻底改变。对于阳明先生对叶芳的惦念之举，东正堂又感慨道，阅读此文，仿佛能感受到父子之间的深情谈话。(《阳明先生全书论考》卷十三《奏疏·公移三·恩田书》）

擒获朱宸濠的七月二十六日，众将一齐拜会了王阳明。王阳明走下大堂，首先执起伍文定的双手，说道："今番破贼，足下之功居多。本院即当首列。必有不次之擢。"

伍文定回答说："仗圣天子洪福、老大人妙算，知府何功之有！"

王阳明又道："斩阵先登，人所共知，不必过谦。"

之后王阳明又分别温言抚慰了邢珣、余恩等诸将，恳切慰劳他们。众人皆欢喜而退。

第二天，王阳明在军中整理军务时，接到了中军官的报告。报告中说，率军攻打九江和南康的知府陈槐和曾玙等人，皆破城凯旋。陈槐斩杀了朱宸濠任命的伪知府、叛军将领徐九宁，知县何士凤打开城门，迎接官军入城，城中的叛军余孽皆被扫平。南康百姓听说曾玙率领的官军逼近城门，于是一拥而上，杀掉伪知府陈贤，叛军余孽也被彻底铲除。就这样，九江和南康二府也被平稳地夺回。

当时，邹守益谒见王阳明，恭贺道："且喜老师成百世之功，名扬千载。"

王阳明回答说："功何敢言。且喜昨晚沉睡。盖自闻报后，晓夜焦劳，至是始得安枕矣。"

当日，王阳明下令全军返回，进驻南昌城。听闻王阳明军凯旋，南昌城内数万军民发出响彻天地的欢呼声，欢迎王阳明军的到来。朱宸濠则被押在一顶小轿之中。其余叛军全都被拘禁在囚车里，由军兵看押。士卒刀枪出鞘，甲胄泛光。

行至中街，路旁百姓皆以手覆额，欢呼道："我等今日方脱倒悬之苦。皆王都爷之赐也。"

据《皇明大儒王阳明先生出身靖乱录》记载，后人为颂扬王阳明之功，曾题诗一首："指挥谈笑却莱夷，千古何人似仲尼？旬日之间除叛贼，真儒作用果然奇。"

论功行赏

正如之前曾多次提到的，朱宸濠六月十四日于南昌城发动叛乱，四十二天后的七月二十六日便被王阳明生擒活捉。从王阳明七月十三日于吉安倡举义军算起，二十日攻取南昌城，又在鄱阳湖之战中大破朱宸濠军，仅在十四天后的二十七日便进驻了南昌城。如此神速地平定大乱，自古以来再无他例。毫无疑问，王阳明之所以能够如此快地赢得胜利，全都是他妙用策略所致。

王阳明凯旋进驻南昌之后，写下《江西捷音疏》和《擒获宸濠捷音疏》（皆出自《王文成公全书》卷十二）奏报朝廷，详细报告了具体的战况和经过。

在这两篇捷音疏中，王阳明恳求朝廷，对跟随自己奋战的各将官论功行赏。而在第二道捷音疏的末尾，王阳明写道：

> 伏愿皇上论功朝锡之余，普加爵赏旌擢，以劝天下之忠义，以励将来之懦怯。仍诏示天下，使知奸雄若宁王者，蓄其不轨之谋已十有余年，而发之旬月，辄就擒灭。于以见天命之有在，神器之不可窥，以定天下之志。

尤愿皇上罢息巡幸，建立国本，端拱励精，以承宗社之洪休，以绝奸雄之觊觎，则天下幸甚，臣等幸甚。

如前所述，在遭遇宸濠之乱时上奏的《乞便道省葬疏》(《王文成公全书》卷十二) 中，王阳明曾表明过决心："天下事机间不容发，故复忍死暂留于此，为牵制攻讨之图。俟命师之至，即从初心，死无所避。"

然而还没等到朝廷的回复，王阳明就奏报了此番大胜。

之前我们提到过，作为对付宸濠之乱的临战态势中的一环，王阳明曾向两广总制、都御史杨旦发出过请求，请他派遣义兵。七月二十三日，王阳明再次发出邀请文《咨两广总督都御史杨停止调集狼兵》(《王文成公全书》卷十七)，说明眼下自己已经攻克南昌，而之前请求派出的狼达土兵也曾协助过朱宸濠，暴虐扰民，所以委托杨旦停止调集。

另一方面，正德十四年（1519）三月到七月间，吉安府的庐陵县等十三个县遭受了旱灾，百姓苦不堪言。在此期间，因朱宸濠发动谋反，曾对该地区发出过免税的伪圣旨，故而百姓对此心存疑虑。王阳明顺应民心实行免税，讲说臣子大义，揭露了朱宸濠的暴虐，人心才稍稍安定下来。但是，倘若不做好赈灾工作，或许百姓会再次叛乱。因此，王阳明于七月三十日上奏了《旱灾疏》(《王文成公全书》卷十二)，向朝廷申请免除江西正德十四年的税收，解救百姓，以防民变。

在奏疏的末尾，王阳明写道："伏望皇上罢冗员之俸，损不急之赏，止无名之征，节用省费，以足军国之需，天下幸甚。"

遭遇旱灾，实施免税固然是理所当然，况且江西还发生了叛乱谋反，王阳明在奏疏中摆明情理，恳请朝廷免除税收。

同日，王阳明又上奏了《奏闻益王助军饷疏》(《王文成公全书》卷十二)，上报朝廷说在征讨宁王时，自己曾向亲藩益王殿下恳求援助军饷，益王拿出私银千两援助自己，希望天子下敕，奖励益王殿下的善心和畿辅皇室的行为。奏疏里提到的奉益王殿下令旨奔赴提督军务王都御史身边的使者中，有王阳明的高足陆澄的名字。

对此，东正堂表示必须留意，在王阳明成功的背后，也有其门人同志的踊跃协助。(《阳明先生全书论考》卷十二《奏疏·公移二·江西书》) 八月十七日，王阳明在《奏闻淮王助军饷疏》(《王文成公全书》卷十二) 中，奏报了同为亲藩的淮王殿下拿出私银五百两以资军饷的情况。

另外，王阳明接到消息，说相传死于鄱阳湖水战的朱宸濠余孽、大盗闵廿四还活着，于是在南昌府宁州县的边界附近召集部下，希望闵廿四自首投降。为此，王阳明发出公文《释放投首牌》(《王文成公全书》卷十七)，下令宁州县知县汪宪确认真伪，倘若事情属实，那么就将闵廿四带到军门，并就地解散其部下，如不解散，立刻诛杀。

九月十二日，王阳明发出公文书《委知府伍文定邢珣防守省城牌》(《王文成公全书》卷三十一)，严令指示说尽管宸濠之乱已经被平定，民情也已稍稍安定，但省内依旧残留叛乱的余烬，为了避免其死灰复燃，要留下军士轮番巡视。

如前所述，宁王叛乱后，王阳明当即让南京兵部、巡抚两广的军门以及福建的三司选拔骁勇精兵，由有勇有谋的官员率领，日夜兼程，赶来援助。

其间，尽管福建的漳南道与江西首府南昌府相隔甚远，但福建按察司整饬兵备兼管分巡漳南道佥事周期雍[1]在动员指令下达后不到一个月的时间内，率领上杭等地的军兵五千余名和海沧的三千余名军兵，冒着酷暑于八月三日赶在江西之外其他省的援军前面到达。

虽然当时官军已经生擒朱宸濠，其余孽也已被全部扫清，但王阳明还是在八月十四日发布公文《犒赏福建官军》(《王文成公全书》卷十七)，厚赏了这支部队。在这篇公文中，王阳明对这支部队的指挥官周期雍大加赞赏："足见本官勇略多谋，预备有素。忠义之诚，足以感激人心；敏捷之才，足以综理庶务。故一呼而集，兼程赴难。"

周期雍为何行动如此神速？

我们在王阳明记述的《书佛郎机遗事》(《王文成公全书》卷二十四)中可以找到原因。

在宸濠之乱爆发的前一年冬天，周期雍因公事到赣州拜访过王阳明。当时，王阳明告知周期雍，朱宸濠谋反的举动日渐明显，虽然王阳明自己希望有所准备，但因为朱宸濠耳目众多，所以无法如愿。而周期雍人在福建，朱宸濠无法监控其行动，所以王阳

---

[1] 周期雍(1479—1551)：字汝和。江西南昌府宁州(今九江市修水县)人。正德三年(1508)进士。因直言不讳而闻名。嘉靖年间任浙江参议，后升任刑部尚书。

明暗中叮嘱周期雍回去后如何行事。

回到上杭后,周期雍便开始准备,暗中招募骁勇士卒,整备武器,以备有变。

东正堂说明了如上背景后,又说道:幸宸濠瞬息之间受擒,虽未用及福建兵,阳明先生心中之感,盖于犒赏之上。(《阳明先生全书论考》卷十二《奏疏·公移二·江西书》)

那么,究竟何谓"佛郎机"呢?这是公元四五世纪前后兴盛于欧洲的法兰克族的音译,后被笼统地用来称呼欧洲人。尤其是在明代,随着西学东渐的深入,"佛郎机"所指代的对象变成了葡萄牙人和西班牙人,而随葡萄牙人传入的洋枪也被称为"佛郎机"或"佛郎机铳"(《年谱》中作"佛郎机铳")。

上述的《书佛郎机遗事》,记录了福建省莆阳的见素公林俊[1]听闻宁王叛乱,便立刻命人打造佛郎机铳,记录火药配方,命两名仆人冒着酷暑,避开朱宸濠军,沿小路日夜兼程,于八月三日送到王阳明军营。

文中写道,看完见素公鼓励自己竭忠伐逆的书信后,王阳明"感激涕下"。

见素公林俊比王阳明年长二十岁,与王阳明是忘年交。当年龙山公王华进士及第,考中状元,留任京师,为了向年迈的父亲竹轩公恪尽孝心,将老父由浙江余姚接到了京师。当时,年仅

---

[1] 林俊(1452—1527):字待用,号见素,晚年号云庄,谥贞肃,福建兴化府莆田县人。成化十四年(1478)进士。虽于正德年间致仕,但在世宗一朝又被升为刑部尚书。著有《见素文集》《西征集》。

十一岁的王阳明也随祖父上京，来到父亲身边。恰巧王家和林家在京师彼此相邻，所以来往颇为亲密。

叛乱爆发之前，冀元亨被派往朱宸濠身边，进谏君臣大义。朱宸濠大怒，冀元亨退出宁府，返回故乡湖广常德府。闻知朱宸濠叛乱爆发，冀元亨立刻由常德出发，一路潜行，也恰巧是在八月三日赶到了王阳明的身边。

因为这三方面的来客恰巧都于八月三日抵达，王阳明在《书佛郎机遗事》的跋文最后感慨道："见素公在莆阳，周官上杭，冀在常德，去南昌各三千余里，乃皆同日而至，事若有不偶然者。"王阳明觉得事情并非全都出于偶然，更像是冥冥中注定的。

对于巡抚、都御史孙燧的命运，王阳明也发出了同样的感慨。叛乱平定后，王阳明重新为孙燧举行了葬礼。在灵舟出发之际，王阳明写下《祭孙中丞文》(《王文成公全书》卷二十五)，以祭奠孙燧。文中，王阳明写道："守仁于公，既亲且友，同举于乡，同官于部，今又同遭是难，岂偶然哉！"

如前所述，弘治五年(1492)，二十一岁的王阳明在故乡浙江乡试中举时，孙燧和胡世宁也同时考中。孙燧在翌年便考中进士，官拜刑部主事。而王阳明在弘治十二年(1499)才成为进士，直到翌年方才受封与孙燧同样的刑部主事之职。孙燧与自己同时遭遇宸濠之乱，种种事态，总让王阳明觉得并非偶然。在祭文中，王阳明写道："呜呼！逆藩之谋，积之十有余年，而败之旬日，岂守仁之智谋才力能及此乎？是固祖宗之德泽，朝廷之神武，而公之精忠愤烈，阴助默相于冥冥之中，是亦未可知也。"

此外，有关与孙燧一同遭难的副使许逵的葬礼事宜，王阳明在八月十五日发出公文《批江西按察司优恤孙许死事》(《王文成公全书》卷三十一)。据按察司的禀告，许逵的家人生活窘困，而孙燧的正式葬礼也未举行，故王阳明给孙、许两家各白银三十两料理后事，又命人给予许逵家人白银五十两作为生活费。

八月二十九日，王阳明发出《行南昌府礼送孙公归榇牌》(《王文成公全书》卷三十一)，派遣南昌府官吏一名，小心护送孙燧棺柩返回故乡，命沿途的相关官厅准备人夫车马等。

第十七章

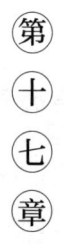

阳明受难

武宗要御驾亲征

如前所述,在王阳明神速果敢的指挥下,朱宸濠的叛乱在很短的时间里便被平定了,那么朝廷方面又做出了怎样的应对呢?如果用一句话来概括,那就是有功无赏,反受中伤。

平定叛乱的功臣王阳明,因整日围绕在武宗身边的那些奸佞小人的奸计,遭遇了常人无法忍受的非难、中伤和迫害。

有关此事的前因后果,还是先来看一下《皇明大儒王阳明先生出身靖乱录》里的记述。

接到王阳明从江西吉安府城送来的有关宁王叛乱的两封奏疏之后,兵部尚书王琼给六部的大臣们送去书信,在京师左顺门召开了紧急会议。

与会者中,有些人收受过朱宸濠的贿赂,平素便与朱宸濠暗中往来,还有一些人则怕朱宸濠势大,若他日朱宸濠果真做了皇帝,怪罪下来可不得了,所以没有一个人敢提出反对朱宸濠的意见。

见众人都闭口不言,王琼正色道:"竖子素行不义,今仓猝造乱,自取灭亡耳。都御史王守仁据上游,必能了贼,不日当有捷报至也。其请京军,特张威耳。"

王琼当即写下十三项条款,上奏朝廷。

第一，请削宸濠属籍。正名为贼，布告天下。

第二，有忠臣义士，能倡义旅，擒反贼宸濠者，封以侯爵。

第三，将通贼逆党朱宁、臧贤拿送法司问罪。

第四，传檄南京、两广、浙江、江西各路军马，分据要害，一齐剿杀。

然后，朝廷差安边伯许泰总督军务，统总兵官，平虏伯江彬及太监张忠、魏彬俱为提督官，左都督刘晖为总兵官，太监张永赞画机密，并体勘濠反逆事情。

然而，就在兵部侍郎王宪为调集征讨江西的粮饷而抵达临清地区[1]时，叛军已为王阳明所破，朱宸濠本人也被生擒。听闻此讯之后，许泰、江彬、张忠等佞臣因无法在皇上面前邀功，便秘密上疏，建议武宗御驾亲征，顺道沿途游览一番南方的景色。

看完这份奏疏后，本就喜好武功的武宗大为欣喜，于是自称"总督军务威武大将军总兵官""后军督府太师镇国公"，决定亲自前往江西，御驾亲征。又下令太监张永、张忠，安边伯许泰，平虏伯江彬，左都督刘晖率领京师周边的官军，命给事中祝续[2]、御史章纶随军纪功。尽管朝臣中有人极力谏阻皇帝南巡，但武宗不听，甚至还有人因此遭杖刑而死。武宗的车驾出发离开北京，大学士梁储、蒋冕扈从。

尽管王阳明将平叛获胜的详细情况奏报了朝廷，却因未公开

---

1 临清地区：山东北部的东昌府，由北京至南京的大运河沿岸。
2 祝续：字尧绪，南直隶苏州府长洲县（今苏州）人。正德六年（1511）进士，经礼科给事中至广西布政使。

第十七章　阳明受难

发布的缘故，众人皆说"元恶虽已擒，但逆党尚在。拘捕余孽，以除后患"，所以武宗御驾亲征。简而言之，御驾亲征之事，其实都是君侧的小人佞臣怂恿所致。

生擒朱宸濠之后，王阳明本来打算派人将俘虏押送朝廷，但又怕朱宸濠的残党余孽暗中放走朱宸濠，所以他决定亲自押解朱宸濠前往京师。

听到武宗将御驾亲征的消息后，王阳明立刻上疏谏阻武宗。

在正德十四年（1519）八月十七日的奏疏中，王阳明主要说明了如下主旨："亲征反贼朱宸濠之举危险至极，请圣上立刻中止。今宁王已被擒，臣将亲自率军，押解朱宸濠前赴阙下。"

在这封谏阻武宗御驾亲征的奏疏《请止亲征疏》（《王文成公全书》卷十二）中，我们可以看到王阳明心中满满的忠君爱国之情。王阳明在奏疏的后半部分写道：

臣于六月十九日具本奏闻之后，调集军兵，择委官属，激励士气，振扬武勇。七月二十日，先攻省城，墟其巢穴。本月二十四日，兵至鄱阳湖，与贼连日大战。至二十六日，宸濠遂已就擒。谋党李士实等，贼首凌十一等，俱已擒获。贼从俱已扫荡，闽、广赴调兵士俱已散还，地方惊扰之民俱已抚帖。

臣一念忠愤，誓不与贼共生，而迂疏薄劣之才，实亦何能办此：是皆祖宗在天之灵，我皇上圣武之懋昭，本兵谋略之素定，官属协力，士卒用命所致。臣已节次具本奏报外。窃惟宸濠擅作辟威，虐焰已张于远，睥睨神器，阴谋久蓄于中。招纳叛亡，辇毂之动静，探无遗迹；广致奸细，臣下之奏白，百无一通。

发谋之始，逆料大驾必将亲征，先于沿途伏有奸党，期为博浪、荆轲[1]之谋。今逆不旋踵，遂已成擒，法宜解赴阙门，式昭天讨。然欲付之部下各官押解，诚恐旧所潜布之徒，尚有存者，乘隙窃发，或致意外之虞，臣死且有遗憾。况平贼献俘，固国家之常典，亦臣子之职分。臣谨于九月十一日亲自量带官军，将宸濠并逆贼情重人犯督解赴阙外，缘系献俘馘，以昭圣武事理，为此具本，专差舍人金昇亲赍，谨具题知。

王阳明认为朱宸濠既已被擒，如果武宗再御驾亲征的话，不但会有无妄之灾，同时还会导致民力疲敝，所以希望武宗能够采纳谏言，取消亲征。王阳明之所以没有派部下而是亲自押解朱宸濠上京，既是为了避免发生意外，同时也是为了粉碎盘踞于朝廷的佞臣们的阴谋。

令人遗憾的是，武宗并没有采纳王阳明的谏言。于是，在武宗南征和自己北上之际，王阳明向沿途相关的各官署发布了命令文《牌仰沿途各府州县卫所驿递巡司衙门慰谕军民》(《王文成公全书》卷十七)，严令远近军民务必保障地区的安定。

---

[1] 博浪、荆轲：博浪为博浪沙，现在河南省原阳县东郊，西汉功臣张良派遣力士行刺秦始皇之地。荆轲为战国时燕国刺客，卫国人，奉燕国太子丹之命赴秦国行刺秦始皇，失败被杀。

此外，在呈上谏阻武宗亲征奏疏的同一天，王阳明又上奏了《奏留朝觐官疏》(《王文成公全书》卷十二)，说虽然叛乱已平，但江西各府各县民生依旧疲敝，民心不安，旱灾严重。为了防止意外发生，必须尽早做好准备。为此，在正德十五年（1520）正月的朝觐之礼上，王阳明恳请朝廷延缓派遣相关官员。

若要列举两三个实例来说明当时的情况的话，其中一个例子，就是正德十四年十二月，因江西街头依旧随处可见军兵，人们很难将军兵与奸人区分开来，为了防止平乱后治安恶化，王阳明发布《防制省城奸恶牌》(《王文成公全书》卷三十一)，下令官员在省城内外巡逻警戒。此外，为了确保平乱后的治安和保证接待亲征军工作的顺利进行，王阳明出示《禁省词讼告谕》(《王文成公全书》卷三十一)，令众官员对百姓间的小纠纷暂不受理。

直到正德十五年五月，叛军残党依旧在鄱阳湖上横行，王阳明又发出指令文《行江西三司搜剿鄱阳余贼牌》(《王文成公全书》卷三十一)，申明如不即刻肃清乱党，日后势必酿成大患，严令江西的三司对乱党进行彻底的搜查，如发现乱党，务必捕缚剿杀，以肃清乱党余孽。

如前所述，正德十四年八月，王阳明上疏武宗，谏阻武宗御驾亲征。武宗不听，于叛乱平定的一个月后亲率大军由北京南下。

武宗身边的佞臣为何怂恿武宗御驾亲征呢？究其原因，大致可总结为以下四点：

一、王阳明之前迅速歼灭南赣贼匪，又在短短两周超乎预料的时间里，运用神速果敢的军略，平定了甚至可能导致明武宗江山倾覆的宸濠之乱，立下了赫赫战功。佞臣们认为功劳落入王阳明之手，所以对他心怀妒恨。

二、佞臣们觉得倘若平定宸濠之乱的功劳不能算到武宗的头上，就无法维持自己的地位。

三、佞臣们对支持和信赖王阳明的兵部尚书王琼也心怀妒恨。

四、佞臣们对王阳明反对时下流行的朱子学，提出新学说的举动感到不快。

王阳明本已迅速将大败叛军、生擒宁王的消息上奏给了朝廷，但武宗身边的佞臣许泰、江彬、张忠等人从中阻拦，未将奏疏呈给武宗，反而怂恿武宗御驾亲征。与此同时，为了将朱宸濠等一干俘虏进献给武宗，王阳明率兵离开了南昌。

许泰等人暗中谋划，想出一条愚蠢的奸计，即在鄱阳湖上放走朱宸濠，然后由武宗亲自率兵督战，生擒朱宸濠，凯旋返京。而王阳明已经押解着俘虏出发了，所以许泰等人不断派人告知王阳明，朝廷将于广信府（隶属江西）接收俘虏。

若在鄱阳湖上释放朱宸濠一干人等，或许会招致天下大乱，所以王阳明不愿交出俘虏。他不顾许泰等人的阻碍，黄夜赶到了玉山县（隶属广信府）的草萍驿站。

在草萍驿站，王阳明作《书草萍驿二首》（《王文成公全书》卷二十）。诗的序文中写道："九月献俘北上，驻草萍，时已暮。忽传王师已及徐淮[1]，遂乘夜速发。次壁间韵纪之二首。"

在第一首诗中，王阳明吟道：

---

[1] 徐淮：徐州和淮水一带。

> 一战功成未足奇，亲征消息尚堪危。
> 边烽西北方传警，民力东南已尽疲。
> 万里秋风嘶甲马，千山斜日度旌旗。
> 小臣何尔驱驰急？欲请回銮罢六师。

王阳明认为，东南地区已经民力疲竭，御驾亲征定会雪上加霜，反而会成为叛乱的根源。之后，他又在第二首中吟道：

> 千里风尘一剑当，万山秋色送归航。
> 堂垂双白虚频疏，门已三过有底忙。
> 羽檄西来秋黯黯，关河北望夜苍苍。
> 自嗟力尽螳螂臂，此日回天在庙堂。

在上述的诗文中，王阳明虽然对御驾亲征表示反对，却只能空叹自己的行为正如螳臂当车一样无力。"门已三过有底忙"一句，出自《孟子·滕文公上》的"当是时也，禹八年于外，三过其门而不入"，说当年大禹为了治理洪水天灾，不得已三过家门而不入，如今王阳明扪心自问，觉得自己的做法无可厚非。这句诗文中蕴藏了王阳明心中无限的忧世之情。

因王阳明不愿交出朱宸濠等一干俘虏，许泰等佞臣大怒，破口大骂王阳明，造谣道："王阳明先与宁王交通，曾遣门人冀元亨往见宁王，许他借兵三千，后见事势无成，然后袭取宁王以掩己罪。"

有关冀元亨成为佞臣奸计下的牺牲品一事，本书在后文中将会提及。

然而，太监张永深知王阳明忠心耿耿，极力为他辩护，并希望能够与王阳明见上一面。张永率领两千军兵，以调查朱宸濠谋反的详细情况为名，先行来到浙江杭州府等候王阳明。

王阳明见到张永后，对他讲明了江西的实际情况："江西之民，久遭濠毒，今经大乱，继以旱灾，又供京边军饷，困苦既极，必逃聚山谷为乱。昔助濠尚为胁从，今为穷迫所激，奸党群起，天下遂成土崩之势。至是兴兵定乱，不亦难乎？"

张永表示理解，说道："吾之此出，为群小在君侧，欲调护左右，以默辅圣躬，非为掩功来也。但皇上顺其意而行，犹可挽回，万一若逆其意，徒激群小之怒，无救于天下大计矣。"

王阳明也体谅张永的心情，于是将朱宸濠等一干俘虏交给了他。之后，为了养病，王阳明来到杭州府钱塘县以西，曾给自己留下深深回忆的西湖畔的净慈寺静养。王阳明向实际上接纳俘虏的浙江按察使递交了落款日期为十月九日的通告文《案行浙江按察司交割逆犯暂留养病》(《王文成公全书》卷十七)。文中写道："本职自度病势日重，猝未易愈，前进既有不能……暂留当地，请医调治，俟稍痊可，一面仍回省城……"从文中来看，因为强忍病痛押解俘虏，王阳明当时似乎已经无法直接返回南昌了。

尽管自古以来宦官之中善人无几，但如前所述，张永曾与杨一清一起铲除了奸佞刘瑾。王阳明深知张永是一位重要人物，所以才将俘虏交给他。此外，从王阳明递交给张永的落款日期为九月二十六日的《献俘揭帖》(《王文成公全书》卷三十一)来看，在王阳明押解俘虏前进的途中，李士实、刘养正、王春等人全都患病而亡，王阳明虽曾设法医治，却无力回天。所以，王阳明亲手交出的俘虏只有朱宸濠及刘吉等数人。

隐居净慈寺

就这样，王阳明在杭州将朱宸濠等一干俘虏交给了张永，退居西湖畔的净慈寺。那么，王阳明此时的心境又如何呢？

翻开王阳明的诗，我们便可窥见他此时的内心。接下来介绍几篇王阳明在这个时期写下的诗作。

感受到直道之难和虚名空虚的王阳明，心中萌生了效仿北宋诗人林逋隐居湖畔深山的念头，而吟出了袒露其内心情感的《西湖》（《王文成公全书》卷二十）一诗：

> 灵鹫高林暑气清，天竺石壁雨痕晴。
> 客来湖上逢云起，僧住峰头话月明。
> 世路久知难直道，此身那得尚虚名！
> 移家早定孤山计，种果支茅却易成。

王阳明将自己征讨南赣汀漳贼匪的四年戎马生涯的思绪全都寄托在诗文中。

尽管自己立下了生擒朱宸濠的奇功，王阳明却为没有像医生解救病人一样解决百姓疾苦而感到惭愧。叛乱虽平，但湘江流域的洪灾和旱灾却交替而来。王阳明想起中唐诗人贾岛旅居并州十年后所作《渡桑干》中的"归心日夜忆咸阳……却望并州是故乡",心中总是放不下对江西的挂念。

为了表明自己的心志,王阳明作《寄江西诸士夫》(《王文成公全书》卷二十)诗一首:

> 甲马驱驰巳四年,秋风归路更茫然。
> 惭无国手医民病,空有官衔縻俸钱。
> 湖海风尘虽暂息,江湘水旱尚相沿。
> 题诗忽忆并州句,回首江西亦故园。

王阳明生性刚直,与君侧的那些佞臣势不两立,又不得不为日暮道远而感叹。在《太息》(《王文成公全书》卷二十)一诗中,王阳明寄语于缠绕嘉树的乱藤,吟道:

> 一日复一日,中夜坐叹息。
> 庭中有嘉树,落叶何渐沥。
> 蒙翳乱藤缠,宁知绝根脉。
> 丈夫贵刚肠,光阴勿虚掷。
> 头白眼昏昏,吁嗟亦何及!

王阳明本打算亲自押解俘虏北上,却遭到奸佞小人的阻挠,最终无法亲自面圣。在上文的"蒙翳乱藤缠,宁知绝根脉"一句中,王阳明将那些身处君侧、遮蔽圣明的奸臣比喻为难以根除的乱藤。

以"宿净寺"为题写下的四首诗文(《王文成公全书》卷二十),深刻表现了王阳明当时的心境。四首诗中,前两首为律诗,后两首为绝句。第一首诗:

> 老屋深松覆古藤,羁栖犹记昔年曾。
> 棋声竹里消闲画,药裹窗前对病僧。
> 烟艇避人长晓出,高峰望远亦时登。
> 而今更是多牵系,欲似当时又不能。

在第一首诗中,王阳明想到尔后的多难,追忆了当年的快乐时光。

而在第二首诗中,王阳明表明自己之所以隐退,不仅因为无法谏阻皇上御驾亲征,还因为没有将朱宸濠等俘房交到许泰、张忠等佞臣手中,自己的忠诚遭到了怀疑。

王阳明在表达自己希望抛弃尘世、隐居山林的愿望的同时,还隐隐表露了自己深切的忧世之情。虽然宸濠之乱已经被平定,江西也安定下来,但武宗要御驾亲征,大举南巡。昔日,唐朝的张朴谏阻唐太宗修筑洛阳宫,辅佐唐太宗的魏徵曾说过"张公论事,有回天之力",而在当今的朝廷中,谁又有回天之力,让武宗改变心意呢?是否也有能让即将落山的太阳再次升起的诸老呢?倘若有这样的人,或许皇上就会听从自己的谏言了吧?在诗中,王阳明表达了自己的遗憾。

第二首诗:

常苦人间不尽愁，每拼须是入山休。
若为此夜山中宿，犹自中宵煎百忧。
百战西江方底定，六飞南向尚淹留。
何人真有回天力，诸老能无取日谋？

然而，其后王阳明又吟出第三首诗，表达了自己不为眼前时事所愁，自得孔子对颜渊所讲述的"用之则行，舍之则藏，唯我与尔有是夫"的行藏之教，寻求桃源之乡而居的心境：

百战归来一病身，可看时事更愁人。
道人莫问行藏计，已买桃花洞里春。

话虽如此，王阳明仍然忧世至深，自认为根本没有隐居弃世、悠然自适的空闲。他借助山中僧侣的话，吟出第四首诗：

山僧对我笑，长见说归山。
如何十年别，依旧不曾闲？

在字里行间，王阳明隐隐表明了自己的处境。

当时，王阳明作《归兴》(《王文成公全书》卷二十)，感叹圣明天子对自己毫无半点慰藉犒劳，又述说自己此番功绩难比韩信，希望能够像不问世事的邵雍（字康节）一样，隐居于西湖畔的旧居：

一丝无补圣明朝，两鬓徒看长二毛。
自识淮阴非国士，由来康节是人豪。
时方多难容安枕？事已无能欲善刀。
越水东头寻旧隐，白云茅屋数峰高。

其后，王阳明又作《即事漫述四首》(《王文成公全书》卷二十)。

在第一首诗中，王阳明述说自己到了赣州之后，虽然立下了生擒朱宸濠等战功，但这一切不过全是些虚名，到头来，自己为思乡而愁苦。

在第二首诗中，王阳明述说战乱早已结束，而武宗执意要御驾亲征，自己无法阻止，只能为自己的无力而感叹。在第二首诗的后半段，王阳明吟道："烟水沧江从鹤好，风云溟海任龙争。他年若访陶元亮，五柳新居在赤城。"这表达了他对不管世间风云变幻、自顾隐居田园之中的陶渊明的羡慕之情。

而在第三首诗中，王阳明坦言皇上御驾亲征不过是无谓之举，同时表达了自己思念故乡亲人的归乡之情。

最后，在第四首诗中，王阳明说自己本是一介儒生，却因世事变幻，充当了统率军队转战南北的将军。尽管诸葛亮和战国名将田单都以军事才能扬名天下，但最令自己羡慕不已的，是渔翁一般的闲散生活。

茅茨松菊别多年，底事寒江尚客船？
强所不能儒作将，付之无奈数由天。
徒闻诸葛能兴汉，未必田单解误燕。

最羡渔翁闲事业，一竿明月一蓑烟。

对于上述诗文，东正堂曾评价说：阳明先生用反间计使朱宸濠贻误战机，于瞬息之间平定天下大乱，我等敬服先生对于大智的运用。但从这些诗文中，我等可以看出先生并未将平定宁王之乱看作任何功绩。对于这一点，我等后学应当深思默识，领悟其至诚妙道。(《阳明先生全书论考》卷九《诗三》)

与奸臣斗智

正德十四年（1519）十一月，王阳明称病，在西湖畔的净慈寺静养，而武宗南巡的队伍已至淮扬。听闻皇帝身边佞臣众多，淮扬周边人心不安，王阳明打算立刻前往武宗的驻地，谏阻武宗御驾亲征。

但大学士杨一清为王阳明着想，阻止了他。

如前所述，由龙场释放、成为江西庐陵县知县后，三十九岁的王阳明为朝觐而进京，曾与湛甘泉、黄绾一同探讨研学。正德五年（1510）十二月，王阳明被任命为南京刑部四川清吏司主事，湛、黄二人为了将王阳明留在京师，曾与友人乔白岩一同请户部尚书杨一清出面谋划。正德六年（1511）正月，王阳明被提拔为吏部验封清吏司主事。虽是后话，但在此先暂且提一句，杨一清就是日后为王阳明之父龙山公写墓志铭之人。

将朱宸濠等一干俘虏交给张永之后，王阳明上疏说希望能够致仕归乡。张永见到武宗后，奏明王阳明忠心耿耿，还请武宗切勿准许王阳明的致仕请求，因为江西贼匪虽大都已被降伏，但民心依旧不稳定，眼下之所以能够安宁无事，皆因王阳明所指挥的官军防备森严。因为不知贼匪何时会再起叛乱，武宗命王阳明兼任巡抚江西，由西湖启程返回南昌。回到南昌后，王阳明受到了军民的热烈欢迎。

当王阳明返回南昌时，许泰、张忠等佞臣又向武宗上奏说"宁王余党尚多，臣等愿亲往南昌搜捕"。得到武宗的许可后，许泰、张忠等人率领北军约两万人，抢在王阳明之前到达了南昌。他们不断地挑起事端，想要激怒王阳明以图陷害之，但王阳明泰然自若，以礼相待，下令负责维持地方治安的巡捕官恪尽职守。

不仅如此，王阳明还为随武宗南巡的北军着想，犒赏北军兵士，尽力安抚军心。某日在路上遇到北军出丧，王阳明询问了情况后，立即赐下棺柩，然后与众兵士一同奔丧。由此，北军兵士反而真心信服王阳明，尽思北归。

其间还发生过一件趣事。许泰、张忠等人想让王阳明在北军面前出丑，于是共同谋划，提出比试射箭。他们以为北方人擅长射箭，而王阳明出生于南方，想必射箭不行。王阳明答应了他们的邀请，双手挽弓，飞箭离弦，三发三中。每见王阳明射出的箭正中靶心，在场参观的北军就拍手喝彩，许泰等人意识到北军已经全部信服王阳明，只得带着部下离开了。

上述内容是基于《年谱》的记录写成的。虽然《皇明大儒王阳明先生出身靖乱录》一书的文体为小说，但因为其中的记述更为精彩，所以这里简要摘录一下。

某日，许泰、张忠、刘晖三人借演武之名，向王阳明发起挑战，要和王阳明比试射箭。因为三人三番五次地执拗邀请，王阳明无法谢绝，所以只好回答说："某书生何敢与诸公较艺，诸公请先之。"

听了王阳明说的话，刘晖以为"王先生果不习射矣"，心中顿时意气风发。于是，许泰说："吾等先射一回与老先生看，必要求老先生射一回赐教。"三个人一同站到了射箭场上。射箭场上黑压压的全是人头，北军、南军的兵士都睁大了眼睛盯着箭靶。

许泰等三人每人三箭，总共射了九箭，结果却令人遗憾。除了许泰的一箭射到了箭靶的上方，张忠的一箭射到了箭靶的角落上，其余的七箭全都偏离了箭靶。

究其原因，"一来是欺先生不善射，心满气骄了；二来立心要在千人百眼前逞能炫众"，所以"就有些患得患失之心，矜持反太过，一箭不中，便着了忙，所以中者少"。三人面红耳赤，但依旧逞强说："咱们自从跟随圣驾，久不曾操弓执矢，手指便生疏了。必要求老先生射一回赐教。"不管王阳明如何推却，三人都不肯放过。三个人想，虽然自己搞砸了，但如果王阳明射得比自己还差的话，那么自己也就能挽回颜面了。

迫不得已，王阳明只好让中军官取来弓箭，对许泰等人说："下官初学，休得见笑。"王阳明站到射箭场上，集中精神，平心静气，"左手如托泰山，右手如抱婴儿"。搭弓引箭，嗖的一箭，正中靶心。在场的两军兵士尽皆拍手喝彩，响若万雷。许泰等人见状，心知无趣，说"是偶然幸中"。然而，其后的第二箭、第三箭也都射中了靶心。兵士们发出的欢呼声震动大地。北军兵士们赞道："咱们北边倒没有恁般好箭。"许泰等人说："是老先生久在军中，果然习熟。已见所长，不必射了。"于是无趣退场。

虽然《皇明大儒王阳明先生出身靖乱录》中并没有记载，但如前所述，年轻时候的王阳明曾经沉溺于"五溺"，即任侠、骑射、辞章、神仙与佛氏，直到三十五岁时，他才开始崇信儒教。因此，王阳明擅长射箭，也是理所当然的。不仅如此，当时王阳明甚至已经达到了所谓无我无心的境界。

另外，"左手如托泰山，右手如抱婴儿"这句描写，也展现了弓术的至高境界。前文中曾经提到过，德国哲学家奥根·赫立格尔曾在大正年间来到日本，一边执教东北大学，一边修习弓术和禅道。他在自己的演讲录《箭术与禅心》中写道，弓道大师阿波研造曾经教育他："弓不能靠腕力来拉，而要用心来拉。学的时候，一定要让肌肉彻底放松，松懈自己身上的气力才行。"而站在西欧理性主义立场上的他，刚开始的时候完全无法理解。

在这里，最重要的是"用心来拉弓"。也就是说，心中有了拉弓的想法，"想要去拉"的心的主体就是"我"，弓则是与"想要去拉"的我对立的。因此，如果希望做到"用心来拉弓"，就必须舍弃"我"，进入"无我"的境界。做到了"无我"，那么事物与"我"之间的对立就会消失，变得"物我一体"。

若想做到"无我"，那么就需要"无心"。一旦做到"无心"，弓和"我"就会融为一体，不再是由"我"来拉弓，而是由弓自己来拉弓，神技也就由此诞生了。王阳明之所以能够三发三中，或许是因为他达到了这种境界。

此外,《皇明大儒王阳明先生出身靖乱录》还记录了此事引发的后事。比试过射箭之后,当天夜里,刘翚派出心腹,到北军中去打探兵卒们对此事的看法。兵卒们都说:"王都堂做人又好,武艺又精,咱们服侍这一位老爷,也好建功立业。"

第二天,刘翚对许泰、张忠说:"北军俱归附王守仁矣,奈何?"几个人商量了一番,最终决定率领北军离开南昌。然而,这群恶棍在离开南昌之际,杀害了数百名附近的良民,说是朱宸濠的残党余孽,还将之当成自己的功劳。当时,武宗由淮扬抵达京口,暂且在杨一清的宅邸中逗留,许泰、张忠等人谒见武宗,谎称他们已经将残留在南昌的朱宸濠残党彻底肃清了。随后,武宗一行渡过长江,驻扎在南京。

身陷谗言佞辞

正德十五年(1520)正月,许泰、张忠等佞臣在南京向武宗进谗言,说王阳明企图谋反。张永没有和他们一同进谗言。武宗听闻后,便让许泰、张忠等人列举王阳明企图谋反的证据,许泰等人说道:"只需遣召之,他必不来。"

于是,武宗颁下圣旨,命王阳明立刻前来谒见。一直敬重王阳明的人品和其忠诚品质的张永,立刻将许泰、张忠等人的奸计告知了王阳明。王阳明得知后立即起程离开南昌,前赴武宗的行在所。许泰、张忠等人害怕自己向武宗进谗言的事被人发现,于是在王阳明抵达芜湖时发出伪诏,令王阳明在芜湖待命。

在前往南京的途中,王阳明宿泊于曾给他留下深刻回忆的金山寺，作《泊金山寺》(《王文成公全书》卷二十)诗二首。其中第二首曰：

> 醉入江风酒易醒，片帆西去雨冥冥。
> 天迥江汉留孤柱，地缺东南著此亭。
> 沙渚乱更新世态，峰峦不改旧时青。
> 舟人指点龙王庙，欲话前朝不忍听。

最后两句，王阳明吐露了自己郁闷憋屈的心情，说舢公指着祈雨用的祠堂，准备讲述一些前朝的故事，但王阳明想到自己的现状，不忍聆听。

当时王阳明受奸佞迫害，所处境地极为艰难，所以留下了不少寄情山水之间的诗。在《舟夜》(《王文成公全书》卷二十)一诗中，王阳明讲述了宁王已经被擒，武宗的亲征军却依旧驻留南京的现状，表达了自己为风云变幻的世事担忧的心情。王阳明吟道：

> 随处看山一叶舟，夜深霜月亦兼愁。
> 翠华此际游何地，画角中宵起戍楼。
> 甲马尚屯淮海北，旌旗初散楚江头。
> 洪涛滚滚乘风势，容易开帆不易收。

另外，王阳明又作了一首《舟中至日》的诗：

> 岁寒犹叹滞江滨，渐喜阳回大地春。

未有一丝添衮绣，谩提三尺净风尘。
丹心倍觉年来苦，白发从教镜里新。
若待完名始归隐，桃花笑杀武陵人。

在这首诗里，王阳明说宸濠之乱已经被平定，百姓也渐渐迎来否极泰来的日子。自己尽忠职守，平添了白发，天子的近臣却没有立下任何的功劳。虽然自己渴望能像陶渊明《桃花源记》中的武陵人一样，隐居于桃花源中，但等到功成名就之后，就为时已晚了。这首诗表明了王阳明既希望能够退隐，又满怀诚意，期待成为天子辅佐之臣的复杂心情。

王阳明担忧宸濠之乱威胁到民众的生活，一直期盼能够救济穷苦百姓，让百姓生活得安稳富足。下述的《阻风》一诗（《王文成公全书》卷二十），便恰如其分地展现了王阳明当时的内心：

冬江尽说风长北，偏我北来风便南。
未必天公真有意，却逢人事偶相参。
残农得暖堪登获，破屋多寒且曝檐。
果使因穷能稍济，不妨经月阻江潭。

诗文中说，自己因为不巧遇上南风而无法出船，但温暖的南风能激励农民，促进收割等农事，所以就算自己被南风阻挡一个月也无妨。整首诗表达了王阳明为疲惫不堪的农民们着想的心情。

此外，在以相同韵律答复伍汝真的诗《用韵答伍汝真》（《王文成公全书》卷二十）中，王阳明表达了自己即便面对谗言与诽谤，依旧心如钢铁，不为世间的毁誉褒贬所动的决心。诗中又说静寂的山水才是自己的归处，毫无阴霾的青天白日才是自己的知己。

有人说，这个伍汝真其实就是在宸濠之乱中跟从王阳明，立下了赫赫战功的吉安府知府伍文定，但这一说法尚未得到证实。

> 莫怪乡思日夜深，干戈衰病两相侵。
> 孤肠自信终如铁，众口从教尽铄金！
> 碧水丹山曾旧约，青天白日是知心。
> 茅茨岁晚饶风景，云满清溪雪满岑。

下面一首诗提到了两个人：屈原、杨朱。屈原蒙受谗言被迫离开朝廷，却依旧对楚王一片忠心，他苦恼地徘徊于洞庭湖、湘江之滨，最终抛弃尘世跳入汨罗江而死。王阳明觉得屈原怀抱一颗忠诚之心投江，虽然可敬，但显得心胸过于狭窄。而对于站在歧路岔口，因不知该向南走还是该向北走而哭泣的杨朱，王阳明觉得颇为可怜。因此，在《过鞋山戏题》(《王文成公全书》卷二十)一诗中，王阳明吟道：

> 曾驾双虬渡海东，青鞋失脚堕天风。
> 经过已是千年后，踪迹依然一梦中。
> 屈子漫劳伤世隘，杨朱空自泣途穷。
> 正须坐我匡庐顶，濯足寒涛步晓空。

上述诗中提到的鞋山，位于江西九江府东南方，是一座耸立于鄱阳湖最北端湖面上的孤岛，因其形状与草鞋相似，故得名。相传，这座山是昔日仙人乘坐双头小龙飞过鄱阳湖时，不慎将草鞋遗落于此地而形成的。

与杨一清的交往

虽然王阳明被武宗身边的佞臣迫害，但武宗身边依然有像张永、杨一清这样能够理解王阳明且对王阳明伸出援手的人。王阳明曾对大学士杨一清表示过敬意，而杨一清也体察到王阳明的退隐想法。

王阳明作《杨邃庵待隐园次韵诗五首》(《王文成公全书》卷二十)。杨一清有一座庭园，名为待隐园。王阳明造访待隐园，会见杨一清，彼此畅谈了一番。

杨一清所说的隐居，并非道士的真隐，而是随时准备迎接时机，为国家挺身而出的"大隐"。这样的"大隐"，也可以说是一种"儒隐"。在这五首诗中，王阳明淋漓尽致地表达了自己对这种"大隐"境界的向往之情。

"平难心仍在，扶颠力未衰。江湖兵甲满，吟罢有余思。"第三首诗的后半段尤其展现了王阳明当时的心境。平定时难的雄心依旧在，拯救国难的气力也未衰，渴望成为天子辅佐之臣的王阳明对长江和鄱阳湖周边到处都是亲征军的现状表达了一番感慨。

在第四首诗中，王阳明将杨一清比作谢安，称赞他即便隐退，民众也必定期待他展现才能。在第五首诗中，王阳明讲述了自己在待隐园中与杨一清相见，彼此敞开心扉、畅谈不已的情景。诗中吟道：

芳园待公隐，屯世待公亭。
花竹深台榭，风尘暗甲兵。
一身良得计，四海未忘情。
语及艰难际，停杯泪欲倾。

如前所述，正德十四年（1519）十一月，王阳明在南昌百姓的欢迎声中返回了南昌城。返回途中，王阳明曾在鄱阳湖中的小孤山上作《登小孤书壁》（《王文成公全书》卷二十）诗一首。

"奇观江海讵为险？世情平地犹多艰。呜呼！世情平地犹多艰，回瞻北极双泪潺！"末尾的四句是说，山水虽险，却可以很轻易地登涉，而尘俗世间虽宛如平地，却困难多多。最后一句展现了王阳明对北极也就是天子的忠诚。

正德十四年十一月，王阳明回到南昌，随后迎来了正德十五年的正月。此时的王阳明，心中感慨万千。当时，他作《元日雾》《二日雨》和《三日风》诗三首（皆出于《王文成公全书》卷二十）。《元日雾》一诗将武宗身边的佞臣比喻为浓雾，暗示佞臣们设计阻挠自己，表达了希望能够驱散云雾见青天的心境。诗中吟道：

元日昏昏雾塞空，出门咫尺误西东。
人多失足投坑堑，我亦停车泣路穷。
欲斩蚩尤开白日，还排阊阖拜重瞳。

小臣谩有澄清志，安得扶摇万里风！

诗文中的"蚩尤"，是传说中唤起大雾想要阻拦黄帝，却最终被灭亡了的诸侯。在这里，王阳明将其比作君侧的佞臣，表达了希望能够斩杀蚩尤，驱散浓雾的愿望。最后一句语出《庄子·逍遥游》篇中的"鹏之徙于南冥也，水击三千里，抟扶摇而上者九万里"，表达了王阳明希望能够扶摇而起，肃清君侧佞臣的意愿。

在《二日雨》一诗中，王阳明表达了自己对时世的忧虑之情。在《三日风》一诗中，王阳明叙述自己为战乱平息后的百姓祈求安福的同时，又表达了亲征军士兵的思乡之情，希望他们能够以年饭和浊酒来慰藉自己的心。诗中这样写道：

一雾二雨三日风，田家卜岁疑凶丰。
我心惟愿兵甲解，天意岂必斯民穷！
虎旅归思怀旧土，銮舆消息望还宫。
春盘浊酒聊自慰，无使戚戚干吾衷。

简而言之，在这三首诗中，王阳明寄语于雾、风、雨，吐露了心中的忧世之情、清澄之意。

逃过佞臣陷害

许泰、张忠等佞臣向武宗进谗言，说王阳明有谋反之意，让武宗将王阳明召至南京行在所。可是，佞臣们没有想到，王阳明立即按照武宗诏书的要求，起程前往南京。为了阻止王阳明前往南京面圣，许泰等人设计阻止王阳明，让王阳明在芜湖待命。

在此之前，许泰、张忠等人也曾发出伪诏，想将王阳明召至南京行在所。他们本打算发出伪诏，让王阳明前往南京，然后再以擅离职守的罪名来陷害王阳明。张永立刻派出幕士顺天检校钱秉直找到王阳明，告知他实情，王阳明这才知道自己接到的是伪诏，所以未做出任何反应。与此同时，张永还请钱秉直将佞臣们的谗言和奸计告知王阳明。

王阳明在芜湖逗留了半个月，无奈之下，只得上了九华山，每日于草庵中静坐。不过武宗听从了杨一清的谏言。为了探明王阳明的真意，武宗派出人员打探王阳明的动静。他们打探清楚情况之后向武宗上奏说："王守仁学道之人，若下诏召唤，必定前来。何谓企图谋反。"于是，武宗下令，让王阳明返回南昌。

先前王阳明因许泰、张忠等进谗言而奉命前往南京，是正德十五年(1520)的正月，而出发的几天前，恰巧就是立春。立春之后，王阳明的境况便否极泰来。因此，王阳明作《立春二首》(《王文成公全书》卷二十)。

在第一首诗中，王阳明为自己致仕不成而感慨万千，借用春秋时代的隐者老莱子七十岁高龄依旧身着五彩衣服，如婴儿般戏耍以宽慰老母的典故，表达自己希望能够归省孝亲的愁苦心境。诗中吟道："孤云渺渺亲庭远，长日斑衣羡老莱。"

而在第二首诗中，王阳明表达了自己忧国忧民的心情。他借用乘坐车驾巡游南方而忘记返回，最终导致治世变得纷乱的周昭王的故事，和每年大兴土木，流于奢侈，因而被匈奴夺走轮台，发出《轮台诏》安抚天下的汉武帝的故事，暗中向武宗进谏，说即便能刮起让百姓变得富足的东风，百姓也会因为武宗的出游而痛苦不堪。

在这首充满忧国之情的诗中，王阳明吟道：

> 天涯霜雪叹春迟，春到天涯思转悲。
> 破屋多时空杼轴，东风无力起疮痍。
> 周王车驾穷南服，汉将旌旗守北陲。
> 莫讶春盘断生菜，人间菜色正离仳。

当初，王阳明接到让自己前往南京行在所的诏书后立即出发，抵达上新河[1]后，因佞臣向武宗进谗言，王阳明无法谒见武宗。当时，王阳明半夜静坐，聆听着浪涛拍岸的声音，说道："以一身蒙谤，死即死耳，如老亲何？"接着他又对门人说道："此时若有一孔可以窃父而逃，吾亦终身长往不悔矣。"由此可见，当时王阳明是抱定巨大决心的。

此外，当时武宗的宠臣江彬也欲不利于王阳明。王阳明看破了这一点，打算把江彬拖至武宗面前，说他图谋危害国家社稷，罪当处死。如此一来，天下人的愤怒也会稍稍有所缓解。但随后刑部拘捕了江彬，对其展开调查，如此也算是了结了一件事情。

上述文字所言之事迹记录在《年谱》中，对此东正堂评价道：

---

[1] 上新河：南京正西的长江沿岸，现在的江苏省江阴市西北。

将江彬拖至武宗面前，控诉其罪，此举实在是无谋至极，杨一清坚决阻止是非常正确的。阳明先生虽不至想出此种轻率举动，但或许其用意在于凭借此计威吓江彬，以挫其奸心。我等后学当洞察其间事情，以晓阳明先生心法之妙。

正德十五年（1520）正月三十日，在返回南昌途中，王阳明再次前往庐山南麓的开先寺。当时，王阳明记录了宸濠之乱的始末，以及凭借皇威生擒朱宸濠的事迹，在该寺的读书台刻下如下文字：

> 正德己卯六月乙亥，宁藩濠以南昌叛，称兵向阙，破南康、九江，攻安庆，远近震动。七月辛亥，臣守仁以列郡之兵复南昌，宸濠还救，大战鄱阳湖。丁巳，宸濠擒，余党悉定。当是时，天子闻变赫怒，亲统六师临讨，遂俘宸濠以归。于赫皇威！神武不杀，如霆之震，靡击而折。神器有归，孰敢窥窃！天鉴于宸濠，式昭皇灵，嘉靖我邦国。正德庚辰正月晦，提督军务都御史王守仁书。从征官属列于左方。（《王文成公全书》卷三十三《年谱二》）

不知当年生擒朱宸濠，而不得不将功绩归于武宗，刻下这篇石刻的王阳明心境究竟如何。事实上，我们读完此文，便可清晰了解了。

寄情山水

正德十五年（1520）二月，因忧虑武宗车驾不回京师，抵达九江府的王阳明心绪不宁。王阳明检阅兵卒，并游历了东林寺、天台、讲经台等地。在返回南昌之前的这段时间里，王阳明应景赋诗，寄情山水。

到达庐山后，王阳明游览了东林寺，回想起晋朝高僧慧远和陶渊明，心思飞到了仙境中，于是作《庐山东林寺次韵》(《王文成公全书》卷二十) 诗一首：

> 东林日暮更登山，峰顶高僧有兰若。
> 云萝磴道石参差，水声深涧树高下。
> 远公学佛却援儒，渊明嗜酒不入社。
> 我亦爱山仍恋官，同是乾坤避人者。
> 我歌白云听者寡，山自点头泉自泻。
> 月明壑底忽惊雷，夜半天风吹屋瓦。

东林寺是慧远曾经隐居的寺庙。当年慧远与诸僧诸儒一同结社，称为白莲社，修习佛道。虽然曾有人劝陶渊明一起入社，陶渊明却说自己嗜酒，无法遵守佛道的戒律，所以没有入社。但据说慧远与陶渊明的交往一直很密切。

途中，王阳明又造访了庐山的开先寺。眼见美景，王阳明诗兴大发，作《游庐山开先寺（一）》(《王文成公全书》卷二十)：

> 僻性寻常惯受猜,看山又是百忙来。
> 北风留客非无意,南寺逢僧即未回。
> 白日高峰开雨雪,青天飞瀑泻云雷。
> 缘溪踏得支茆地,修竹长松覆石台。

第一句"僻性寻常惯受猜",说的是因为自己性格偏执,所以受到了许泰、张忠等人的猜忌,但如今自己对此已习以为常了。

此时,王阳明又作《又次壁间杜牧[1]韵》(《王文成公全书》卷二十),尽享诗人雅兴:

> 春山路僻问归樵,为指前峰石径遥。
> 僧与白云还暝壑,月随沧海上寒潮。
> 世情老去浑无懒,游兴年来独未消。
> 回首孤航又陈迹,疏钟隔渚夜迢迢。

此外,王阳明又访问了位于庐山五老峰麓的朱子学圣地白鹿洞书院(因朱子的《白鹿洞书院揭示》而扬名),他沉醉于怀古之情中,将与天地自然冥合的心情吟唱到了《白鹿洞独对亭》(《王文成公全书》卷二十)一诗中:

> 五老隔青冥,寻常不易见。

---

[1] 杜牧(803—852):字牧之,号樊川。晚唐诗人。诗风刚健,与诗圣杜甫的"老杜"对应,被人称为"小杜"。

我来骑白鹿，凌空陟飞巘。
长风卷浮云，褰帷始窥面。
一笑仍旧颜，愧我鬓先变。
我来尔为主，乾坤亦邮传。
海灯照孤月，静对有余眷。
彭蠡浮一觞，宾主聊酬劝。
悠悠万古心，默契可无辩！

自鄱阳湖泛舟逆赣江而上至丰城时，因风势强劲，王阳明不得不碇泊所乘之舟。此时，王阳明想起去年与朱宸濠大战之前自己曾被当地的南风所阻，后向上天祈祷终于唤来北风之事，不由得追思起卧薪尝胆、三千越甲终吞吴的越王勾践，射中齐桓公腰带但后来助齐桓公成为一代霸者的管仲，将兵书《三略》传授给张良的黄石公，还有本为勾践谋臣，后来离开越国，积累下巨万之财的陶朱公范蠡等先人，吟下了《丰城阻风》(《王文成公全书》卷二十)一诗：

北风休叹北船穷，此地曾经拜北风。
勾践敢忘尝胆地？齐威长忆射钩功。
桥边黄石机先授，海上陶朱意颇同。
况是倚门衰白甚，岁寒茅屋万山中。

王阳明在《江上望九华不见》(《王文成公全书》卷二十)一诗的最后两句中吟道："驾风骑气览八极，视此琐屑真浮沤。"他说若能像乘风观览大地的列子一样驾风驭气，饱览全世界的话，那么世间之事也会变得如同海上泡沫一般虚无缥缈，由此寻求到庄、列般的超越意境。

此时，门人江生和施生与医官陶埜一同冒着雷雨云雾，造访了山中的寺庙，而世人却对他们这种超凡脱俗的行为评价不一。对此，王阳明作《江施二生与医官陶埜冒雨登山人多笑之戏作歌》(《王文成公全书》卷二十)诗一首，反过来批判了那些只知道追求名利的世人。诗中所吟"归与归与吾与尔，阳明之麓终尔期"一句，赞同了江、施二生的癫狂。

此外，在《游九华道中》(《王文成公全书》卷二十)一诗中，王阳明表明了希望能够生活在陶渊明所描述的桃花源里的心愿。而后他又创作了《重游无相寺次韵四首》(《王文成公全书》卷二十)，其中第四首诗中有如下诗句："瀑流悬绝壁，峰月上寒空。鸟鸣苍涧底，僧住白云中。"如此诗情，完美地展现了诗人王阳明的情怀。

王阳明又攀登了庐山的莲花峰，莲花峰山脚下有宋学之祖周敦颐的书院。被诗人、书法家黄庭坚评为"胸中洒落，如光风霁月"的周敦颐，曾经创作了阐述君子境地的《爱莲说》：

水陆草木之花，可爱者甚蕃。晋陶渊明独爱菊。自李唐来，世人甚爱牡丹。予独爱莲之出淤泥而不染，濯清涟而不妖，中通外直，不蔓不枝，香远益清，亭亭净植，可远观而不可亵玩焉。予谓菊，花之隐逸者也；牡丹，花之富贵者也；莲，花之君子者也。噫！菊之爱，陶后鲜有闻。莲之爱，同予者何人？牡丹之爱，宜乎众矣！

周敦颐及其门人程颢，是王阳明最为崇敬的两位儒者。登上莲花峰后，王阳明追思起周敦颐，对其心境的憧憬自不必说，于是吟《登莲花峰》（《王文成公全书》卷二十）一诗表达自己的情怀："莲花顶上老僧居，脚踏莲花不染泥。夜半花心吐明月，一颗悬空黍米珠。"诗中第二句就像《爱莲说》中所说，莲花出淤泥而不染，散发清香；第三句则将从莲花峰上看到明月升起时的景象，比喻成莲花花心之美；在第四句中，通过将明月比喻成黍米或者米粒一样渺小，来表现莲花峰秀拔的山姿。

王阳明再次访问无相寺，作《重游无相寺次旧韵》（《王文成公全书》卷二十），再次表达了自己对陶渊明《桃花源记》中所描写的仙境的仰慕之情。

此外，王阳明攀登了九华山的各个山峰，但直到攀登云峰山时，他才得知九华山有九十九座山峰。得知这奇中之奇后，王阳明大喜，作《登云峰望始尽九华之胜因复作歌》（《王文成公全书》卷二十）一诗：

九华之峰九十九，此语相传俗人口。
俗人眼浅见皮肤，焉测其中之所有？
我登华顶拂云雾，极目奇峰那有数？
巨壑中藏万玉林，大剑长枪攒武库。
有如智者深韬藏，复如淑女避谗妒。
暗然避世不求知，卑己尊人羞逞露。

> 何人不道九华奇，奇中之奇人未知。
> 我欲穷搜尽拈出，秘藏恐是天所私。
> 旋解诗囊旋收拾，脱颖露出锥参差。
> 从来题诗李白好，渠于此山亦潦草。
> 曾见王维画辋川，安得渠来拂纤缟？

诗中的倒数第五句、第六句，借用赵国遭到秦国进攻，在赵国公子平原君为了请求援军前往楚国时，门下食客毛遂自荐，欲陪同前往，成为"囊中之锥"的故事（《史记》），咏叹九华山的奇景实在是无法以小小的诗囊来容纳，不管怎样赞美，都会有所疏漏。

而在诗的最后两句，王阳明说，希望能够请王维来画一画九华山。王维是盛唐时期的诗人、画家，被视为擅长山水画的南画之祖。辋川位于长安郊外，王维曾于此地建造别墅，在享受诗歌雅兴的同时，还留下了《辋川图》的画作。同时，在倒数第三、第四句诗里，王阳明指出唐代的李白没有写过有关九华山的诗篇。

宸濠之乱前后，王阳明吟唱心境的"江西诗"中并没有太多重要的思想诗。然而，因为下述的《书汪进之太极岩二首》（《王文成公全书》卷二十）是极为重要的理诗（哲学诗），所以尽管之前也提及过，这里还是再次说明一番。

> 一窍谁将混沌开？千年样子道州来。
> 须知太极元无极，始信心非明镜台。

*

始信心非明镜台，须知明镜亦尘埃。

人人有个圆圈在，莫向蒲团坐死灰。

如前所述，第一首诗开头提到的"混沌"，出自《庄子·内篇·应帝王》，说南海之帝儵和北海之帝忽为了报答中央之帝混沌的恩义，因为混沌没有人的七窍，所以帮助他日凿一窍，七天之后，混沌最终被凿死。其中所蕴含的寓意就是，即便以俊敏的良知来分析混混沌沌、未曾分化的事物，最终也无法得其本体。

而一千年之后，为混沌凿窍的是出生于湖广永州府道州的宋学之祖周敦颐。周敦颐著有《太极图说》，将生成万物的宇宙本体说成是"无极而太极"，认为《周易》中所提到的太极是无极，无极才是抽象的实在。

说起来，心本无极，并非神秀所说的那样是一种有形的"明镜台"。事实上，明镜台的根本也是尘埃。心，其实就如同周濂溪所画的〇（圆圈），每个人天生就拥有它。而王阳明说，在蒲团上坐禅，耽于三昧，追求死灰一般境界的行为，是无法寻求到此心的。虽然这是一首批判禅的诗，但此时王阳明引用了周敦颐的"无极太极"论，觉察到每个人都具有可喻之为明月的良知。

此时的王阳明，坚信自己拥有看破佞臣权谋的锐利眼光和应对人情世故的笃定智慧。因此，他写下了下述这首《劝酒》（《王文成公全书》卷二十）：

平生忠赤有天知，便欲欺人肯自欺？
毛发暗从愁里改，世情明向笑中危。

春风脉脉回枯草，残雪依依恋旧枝。
谩对芳樽辞酩酊，机关识破已多时。

由此可见，当时王阳明已经开始对良知抱有信念。

其后，王阳明又游览了九华山的化城寺。他忆起十八年前游览九华山时遇到的道者，于是吟唱了怀旧之情，表明现在的心境与当年到访有所不同。《重游化城寺》（《王文成公全书》卷二十）两首诗便讲述了王阳明当时宁静的心境：

爱山日日望山晴，忽到山中眼自明。
鸟道渐非前度险，龙潭更比旧时清。
会心人远空遗洞，识面僧来不记名。
莫谓中丞喜忘世，前途风浪苦难行。

★

山寺从来十九秋，旧僧零落老比丘。
檐松尽长青冥干，瀑水犹悬翠壁流。
人住层崖嫌洞浅，鸟鸣春涧觉山幽。
年来别有闲寻意，不似当时孟浪游。

上述第一首诗中提到的"会心人"，指的就是十八年前即弘治十五年（1502），王阳明三十一岁游览九华山时遇到的道者蔡蓬头。此外，第一首诗的最后一句"前途风浪苦难行"，尽管表明了王阳明正以"闲寻之意"享受仙境，但也透露出他当下艰难的处境。所谓"中丞"，是对担任巡抚职务之人的俗称，王阳明以此自称。当时，王阳明任都察院右副都御史，巡抚江西。

弘治十五年（1502），三十一岁的王阳明游览九华山时，因阴雾所扰，未能欣赏到奇观。后来因戎马倥偬，无法周游名山，此次趁军务闲暇之际游览九华山，深受上天眷顾，得以在壮观的景象中享受到登上仙境的美妙。

为此，王阳明作《弘治壬戌尝游九华值时阴雾竟无所睹至是正德庚辰复往游之风日清朗尽得其胜喜而作歌》（《王文成公全书》卷二十）长诗一首：

> 昔年十日九华住，云雾终旬竟不开。
> 有如昏夜入宝藏，两目无睹成空回。
> 每逢好事谈奇胜，即思策蹇还一来。
> 频年驱逐事兵革，出入贼垒冲风埃。
> 尝恐昼夜不遑息，岂复山水能徘徊。
> 鄱湖一战偶天幸，远随归凯停江隈。
> 是时军务颇多暇，况复我马方虺隤。
> 旧游诸生亦群集，遂将童冠登崔嵬。
> 先晨霏霭尚冥晦，却疑山意犹嫌猜。
> 肩舆一入青阳境，忽然白日开西岭。
> 长风拥彗扫浮阴，九十九峰如梦醒。
> 群峦踊跃争献奇，儿孙俯伏摩其顶。
> 今来始识九华面，恨无诗笔为传影。
> 层楼叠阁写未工，千朵芙蓉抽玉井。
> 怪哉造化亦安排，天下奇山此兼并。

揽衣登高望八荒，双阙下见日月光。
长江如带绕山麓，五湖七泽皆陂塘。
蓬瀛海上浮拳石，举足可到虹可梁。
仙人为我启阊阖，鸾軿鹤驾纷翱翔。
从兹脱屣谢尘世，飘然拂袖凌苍苍。

在这首长诗中，王阳明全面描写了巍巍九华山的风景及周围雄伟壮丽的景观，诗人的豪迈情怀跃然纸上。诗中第十六句"遂将童冠登崔嵬"与写下《登云峰二三子咏歌以从欣然成谣二首》（《王文成公全书》卷二十）时的情形相同，王阳明应该是带着两三名年轻门人一同游览九华山的。

当时王阳明的心境，要比孔子的门人曾点带着五六名冠者（青年）和六七名童子，浴于沂水，乘凉于舞雩台，咏歌而归的脱俗境界更加优美。此外，王阳明在最后的六句中精彩地吟诵了仙境的美好。

随后，王阳明又攀登了齐山（南直隶池州府贵池县南，现在的安徽省境内），赋诗二首，为《春日游齐山寺用杜牧之韵》。晚唐诗人杜牧曾经攀登此山，并吟诵诗歌。该山西侧有齐山湖。《春日游齐山寺用杜牧之韵》的两首诗读起来让人感觉王阳明似乎都成为隐者了。

在《贾胡行》一诗中，王阳明引用西域商人贾胡因吝惜明珠，剜开身体将明珠藏于体内而毙命之事，表明追求名利的行为无异于剜体藏珠。王阳明坚决反对为身外之物而消耗身心的行为。

此外，在《送邵文实方伯致仕》一诗里，王阳明阐述了希望

能够尽快致仕，摆脱功名富贵的束缚，逍遥生活在自然之中的愿望。（以上诗文皆出于《王文成公全书》卷二十）

忧民疾苦

正德十五年（1520）二月，王阳明回到南昌。然而，从正德十四年（1519）的三月到七月间，江西一直没有降过雨，田里的禾苗全部枯死，再加上宸濠之乱的爆发，所以一部分民众趁机作乱。王阳明尽心尽力想让百姓的生活安定下来，计划恳请朝廷赐下恩惠。

然而，王阳明看到的是官吏不断前来督促交纳租税。在三月二十五日的奏疏《乞宽免税粮急救民困以弭灾变疏》（《王文成公全书》卷十三）里，王阳明讲述了百姓的疾苦，强烈要求免除租税：

> 宽恤之虚文，不若蠲租之实惠；赈济之难及，不若免租之易行。今不免租税，不息诛求，而徒曰"宽恤赈济"，是夺其口中之食，而曰："吾将疗汝之饥。"

朱宸濠穷凶极恶、横征暴敛带来的影响，在江西南昌府的南昌、新建两县表现得尤为严重。王阳明与巡按江西、监察御史唐龙调查了实际情况，于五月十五日上奏了《计处地方疏》（《王文成公全书》卷十三）。

在这篇奏疏里，王阳明引用了《大学》的"财散则民聚"、《尚书》的"守邦在众"、《周易》的"聚人曰财"等先哲名言，讲述国政的要谛在于民生的安定。王阳明将朱宸濠之前强占的民田变卖为银钱，代替百姓上缴租税，百姓的疾苦稍稍减轻了一些。

与前一年的大旱不同，正德十五年由春至夏，江西各地连降大雨，爆发了数十年不遇的洪水，公私住房被冲毁者众多，农田也遭受了巨大的损失。对百姓来说，这是继朱宸濠的横征暴敛、旱灾和武宗率军亲征南巡之后的又一大灾害。

因此，王阳明在五月十五日同一天里列举了自己的四大罪状：

一、宸濠之变，劳圣驾亲征，朝廷之政令阙隔，四方之困惫日深；

二、不能直言极谏以悟主听；

三、聚敛征索为计，而不知日积小民之怨；

四、上不能有裨于国，下不能有济于民，坐视困穷，沦胥以溺。

此外，王阳明说自己重病缠身，不堪重任，于是上呈了自劾奏疏《水灾自劾疏》（《王文成公全书》卷十三）。之所以会上奏这样的自劾文，是因为武宗的车驾仍然停留在南京，王阳明希望能以水灾的事实令武宗醒悟，请武宗关心民生。

六月，王阳明前往赣州。同月十四日，自章口前往玉笥的火秀宫。十五日，宿于云储。十八日前往吉安，游青原山，和北宋诗人黄庭坚的诗韵咏诗一首，篆刻碑文。

与罗钦顺论学

正德十五年（1520）夏，王阳明前往吉安后又到泰和，拜访比自己大七岁、身居少宰的朱子学者罗钦顺，并向罗钦顺敬奉了《大学古本》和《朱子晚年定论》两本书。随后，王阳明收到罗钦顺寄来的有关上述两本书的论学书信。当时罗钦顺五十六岁，王阳明四十九岁。

罗钦顺虽然是明代中叶著名的朱子学者，但他是一位将区别理气、心性的举动视为错误，具有明朝特色的朱子学者。罗钦顺，字允升，号整庵，江西吉安府泰和县人。弘治六年（1493）进士。罗钦顺任南京国子司业时，因犯刘瑾之怒而致仕，刘瑾伏诛后官复原职，经南京吏部右侍郎，升至南京吏部尚书。罗钦顺死后，被朝廷追封太师太保，谥文庄。

罗钦顺潜心于格致之学，著有《困知记》。由该书中的《与王阳明书》一文来看，罗钦顺在正德十五年的夏天，受王阳明赠予《大学古本》和《朱子晚年定论》，而在前一年的夏天，他在友人处看到了《传习录》。

对于罗钦顺这篇站在朱子学者的立场来批判王阳明心学的书信，王阳明在《答罗整庵少宰书》（《传习录》中卷）里逐一加以反驳。其中，从《大学》的古本、新本问题到《大学》的"八条目"（正心、诚意、格物、致知、修身、齐家、治国、平天下），王阳明一一进行了解释，并站在其心学的立场上，批判朱子学陷入外求义理之弊，明确表示对自己的学说抱有自信。

下面，我们就对王阳明的这封回信的内容稍作介绍。

罗钦顺对《大学古本》的批判和王阳明的反驳

罗钦顺认为，学当为内求，而王阳明将程、朱的格物之说视为外求，这是错误的。此外，他还对王阳明去除朱子定下的《大学》分章，削减朱子勘补的经传，提倡《大学古本》复古的行为，进行了批判。

对此，王阳明回答说："学岂有内外乎？《大学古本》乃孔门相传旧本耳。朱子疑其有所脱误，而改正补缉之。在某则谓其本无脱误，悉从其旧而已矣。"

之后，王阳明又强调，学的重点在于求之于心。"求之于心而非也，虽其言之出于孔子，不敢以为是也，而况其未及孔子者乎！求之于心而是也，虽其言之出于庸常，不敢以为非也，而况其出于孔子者乎！"

由此，我们可以看出当时王阳明对自己的心学抱有很强的自信，对朱子学的批判很明确。随后，王阳明严厉反驳道："旧本之传数千载矣，今读其文词，既明白而可通；论其工夫，又易简而可入。亦何所按据而断其此段之必在于彼，彼段之必在于此，与此之如何而缺，彼之如何而补？而遂改正补缉之，无乃重于背朱而轻于叛孔已乎？"

罗钦顺对心学的批判和王阳明的反驳

罗钦顺批判说，王阳明提倡排开外求，致力于反观内省，如此一来，《大学》便可以"正心诚意"四个字来完全概括，而初学之人在学问之际，难道就不再需要格物等详密的工夫了吗？

对此，王阳明完全赞同罗钦顺的说法，回答说："若语其要，则'修身'二字亦足矣，何必又言'正心'？'正心'二字亦足矣，何必又言'诚意'？'诚意'二字亦足矣，何必又言'致知'，又言'格物'？惟其工夫之详密，而要之只是一事，此所以为精一之学，此正不可不思者也。"

之后，王阳明又基于自己心学的立场，反驳道：

> 夫理无内外，性无内外，故学无内外。讲习、讨论，未尝非内也；反观、内省，未尝遗外也。夫谓学必资于外求，是以己性为有外也，是义外也，用智者也。谓反观、内省为求之于内，是以己性为有内也，是有我也，自私者也。是皆不知性之无内外也。

> 故曰："精义入神，以致用也。利用安身，以崇德也。""性之德也，合内外之道也。"此可以知格物之学矣。

关于格物的意义，王阳明如下说道：

> 格物者，《大学》之实下手处，彻首彻尾，自始学至圣人，只此工夫而已，非但入门之际有此一段也。夫

正心、诚意、致知、格物，皆所以修身而格物者，其所用力，日可见之地。故格物者，格其心之物也，格其意之物也，格其知之物也；正心者，正其物之心也；诚意者，诚其物之意也；致知者，致其物之知也。此岂有内外、彼此之分哉？

理一而已。以其理之凝聚而言，则谓之性；以其凝聚之主宰而言，则谓之心；以其主宰之发动而言，则谓之意；以其发动之明觉而言，则谓之知；以其明觉之感应而言，则谓之物。故就物而言谓之格，就知而言谓之致，就意而言谓之诚，就心而言谓之正。正者，正此（心）也；诚者，诚此也；致者，致此也；格者，格此也。皆所谓穷理以尽性也。天下无性外之理，无性外之物。

学之不明，皆由世之儒者认理为外，认物为外，而不知义外之说，孟子盖尝辟之，乃至袭陷其内而不觉，岂非亦有似是而难明者欤？不可以不察也！

如上所述，王阳明强调心性理与事物本来是混一的。但不容置疑的是，王阳明的混一性立场是以内心为主的，换言之，是以内心为主的内外混一。不过，客观地来看，王阳明对《大学》的解释稍略有些主观。此外，文中"正者，正此也"里的"此"指的是什么呢？尽管很多大家的注释书中并没有过多解释，但其实就是陆九渊所谓"宇宙即我心，我心即宇宙"里的"心"，一言以蔽之，就是物心一体的"心"。所以，这里需要加个"心"字。

王阳明对"格物"说的解释

王阳明向罗钦顺解释,自己的"格物"说与程朱之说并无抵触。

王阳明说道:

> 凡执事所以致疑于格物之说者,必谓其是内而非外也;必谓其专事于反观、内省之为,而遗弃其讲习、讨论之功也;必谓其一意于纲领、本原之约,而脱略于支条、节目之详也;必谓其沉溺于枯槁、虚寂之偏,而不尽于物理、人事之变也。审如是,岂但获罪于圣门,获罪于朱子?是邪说诬民,叛道乱正,人得而诛之也,而况于执事之正直哉?审如是,世之稍明训诂,闻先哲之绪论者,皆知其非也,而况执事之高明哉?
>
> 凡某之所谓格物,其于朱子"九条"之说,皆包罗统括于其中。但为之有要,作用不同,正所谓毫厘之差耳。然毫厘之差而千里之谬实起于此,不可不辨。
>
> 孟子辟杨、墨,至于"无父,无君"。二子亦当时之贤者,使与孟子并世而生,未必不以之为贤。墨子"兼爱",行仁而过耳;杨子"为我",行义而过耳。此其为说亦岂灭理乱常之甚而足以眩天下哉?而其流之弊,孟子则至比于禽兽夷狄,所谓"以学术杀天下后世"也。
>
> 今世学术之弊,其谓之学仁而过者乎?谓之学义而过者乎?抑谓之学不仁不义而过者乎?吾不知其于洪水

猛兽何如也!

孟子云:"予岂好辩哉?予不得已也!"杨、墨之道塞天下,孟子之时,天下之尊信杨、墨,当不下于今日之崇尚朱说,而孟子独以一人呶呶于其间,噫,可哀矣!韩氏云:"佛、老之害甚于杨、墨。"韩愈之贤不及孟子,孟子不能救之于未坏之先,而韩愈乃欲全之于已坏之后,其亦不量其力,且见其身之危,莫之救以死也矣!呜呼!若某者,其尤不量其力,果见其身之危,莫之救以死也矣!

夫众方嘻嘻之中,而独出涕嗟,若举世恬然以趋,而独疾首蹙额以为忧,此其非病狂丧心,殆必诚有大苦者隐于其中,而非天下之至仁,其孰能察之?

通览上文不难看出,以孟子、韩愈自任的王阳明心中充满着忧世情怀。而文中所提到的"九条之说",是朱子于《大学或问》的格物章中引用的程颐提出的有关格物致知的九条方法,其要旨如下:

穷理亦多端。或读书,讲明义理;或论古今人物,别其是非;或应接事物而处其当,皆穷理也。……今日格一物,明日又格一物。

自一身之中,以至万物之理,理会得多,自当豁然有个觉处。

穷理者,非谓必尽穷天下之理,又非谓止穷得一理便到。但积累多后,自当脱然有悟处。

于一事上穷尽,其他可以类推。……如一事上穷不得,且别穷一事。或先其易者,或先其难者,各随人深浅。

物必有理,皆所当穷。

如欲为孝,则当知所以为孝之道。

物我一理,才明彼即晓此,合内外之道也。……一草一木,亦皆有理,须是察。

当知至善之所在。

格物,莫若察之于身,其得之尤切。

罗钦顺对《朱子晚年定论》的批判和王阳明的反驳

如前所述,王阳明为了减少朱子学者对自己所创学说的抨击,说明朱子晚年的悔悟之说与自己的学说主旨相同,从朱子文集中遴选了三十四封书信,各抄录一节,编成《朱子晚年定论》,于正德十三年(1518)七月出版。然而,因为罗钦顺指出其中还收录了朱子早年的学说,所以王阳明一边说明,一边对朱子的学说加以反驳:

某为《朱子晚年定论》,盖亦不得已而然。中间年岁早晚,诚有所未考,虽不必尽出于晚年,固多出于晚年者矣。然大意在委曲调停以明此学为重,平生于朱子之说如神明蓍龟,一旦与之背驰,心诚有所未忍,故不得已而为此。

"知我者，谓我心忧；不知我者，谓我何求"，盖不忍抵牾朱子者，其本心也；不得已而与之抵牾者，道固如是，不直则道不见也。执事所谓决与朱子异者，仆敢自欺其心哉？

夫道，天下之公道也；学，天下之公学也，非朱子可得而私也，非孔子可得而私也。天下之公也，公言之而已矣。故言之而是，虽异于己，乃益于己也；言之而非，虽同于己，适损于己也。益于己者，己必喜之；损于己者，己必恶之。然则某今日之论，虽或于朱子异，未必非其所喜也。君子之过，如日月之食，其更也，人皆仰之，而小人之过也必文。某虽不肖，固不敢以小人之心事朱子也。

在上文中，尽管王阳明说自己如敬神信卜一样尊崇朱子之说，不忍背驰，但为了明学问之道，自己必须纠正朱子的错误。"夫道，天下之公道也；学，天下之公学也，非朱子可得而私也，非孔子可得而私也。天下之公也，公言之而已矣"这句话，对现今的学徒来说可谓醍醐灌顶。

无心之境

正德十五年（1520）六月，王阳明抵达赣州后立刻举行了一场大阅兵，教导兵卒作战。当时，江彬派人打探王阳明的动静。认识王阳明的人都担心，认为大阅兵这样的举动会刺激到皇帝身边那些想让王阳明马失前蹄的奸佞小人。王阳明的门人陈九川也为此担忧，出言劝诫。王阳明说道："吾在此与童子歌诗习礼，有何可疑？"并作《啾啾吟》(《王文成公全书》卷二十)一诗：

  知者不惑仁不忧，君胡戚戚眉双愁？
  信步行来皆坦道，凭天判下非人谋。
  用之则行舍即休，此身浩荡浮虚舟。
  丈夫落落掀天地，岂顾束缚如穷囚！
  千金之珠弹鸟雀，掘土何烦用镯镂？
  君不见东家老翁防虎患，虎夜入室衔其头？
  西家儿童不识虎，执竿驱虎如驱牛。
  痴人惩噎遂废食，愚者畏溺先自投。
  人生达命自洒落，忧谗避毁徒啾啾！

  这是一首在民间广为流传的诗。东正堂介绍说，佐藤一斋把这篇《啾啾吟》当作自己的座右铭，又说这首诗虽然很不错，但如果人们只会吟诵，不知王阳明当时创作这首诗的背景的话，就无法掌握其中的深意。因此，东正堂引用了《年谱》中的相应部分来解释：创作此篇诗作时，先生正遭到谗徒的围攻。先生虽一如平日泰然自若，丝毫未露危惧之情，然正所谓"圣贤忧世之志，乐天之诚，有并行而不悖者"，如今研究先生之诗，当从两面观察，始知先生心法如何。然世间诸生，多仅喜此诗之豪怀，常诵读,未与其他诸诗同考,以致不知先生之疏心。(《阳明先生全书论考》卷九《诗三》)此论甚为有理。

《啾啾吟》不仅阐述了王阳明到达乐天洒脱境地的儒者之情,而且也展现了王阳明的心学已经到达了纯熟的境地。

在这首诗中,有一处非常值得注意,就是讲述老翁与儿童在面对老虎时所采用的不同方法。了解虎患、积极防止虎患的老翁被老虎咬掉了头;而不知道老虎厉害的儿童,却像赶牛一样,用竹竿赶走了老虎。

简而言之,这里阐述了在排除灾患时,"无心"是如何发挥伟大妙用的。这一点,与《庄子·达生》里提到的木鸡,以及日本武道中的"无心",其实是相通的。

在赣州征讨贼匪时,王阳明用计谋将贼匪控制于股掌之间;而在平定宸濠之乱时,王阳明又以神速果敢、令人惊奇的兵法生擒了朱宸濠。从上述的《啾啾吟》可见,王阳明自己其实很清楚,这就是"无心"的妙用。因此,王阳明对为自己担忧的门人陈九川说:"公等何不讲学……吾所以不轻动者,亦有深虑焉耳。"

此时的王阳明必定已经明白,这一切皆为良知的妙用。因此,后来王阳明才会针对世间儒者所唾弃的苏秦、张仪的外交术评述道:"仪、秦亦是窥见得良知妙用处。"(《传习录》下卷)

将朱宸濠交给朝廷处置之后,尽管君侧的奸臣们不断使用奸计,使王阳明身处危险之中,但王阳明依旧忧国忧民。当时王阳明写下的诗作,都是游览庐山、九华山、九江山水,饱览奇峰胜溪,被美景古迹打动,述怀古代仙人、诗人境界的诗篇。

通过这些诗作,我们可以清楚地看出王阳明羡慕隐者、追求仙人之境的情怀。然而，王阳明既然身为儒者，其隐世肯定与佛、道者之流的真隐不同，是儒隐。

在"江西诗"的后半部分中，有许多展现王阳明对隐者仙人之境的向往之情的诗篇。王阳明晚年的诗作多为以良知为主题的说理诗，其中值得注意的一篇，就是在《啾啾吟》之后创作的《纪梦》(《王文成公全书》卷二十)。这首诗也能帮助我们理解之前的《啾啾吟》。

由诗序来看，《纪梦》一诗作于正德十五年八月。在之前的七月十七日，武宗身边的佞臣们让王阳明再次上奏宸濠之乱的胜利过程，而在奏疏中，王阳明列举了武宗近臣的名字，将平定战乱的功劳归到他们头上。我们读这首诗时，应当对这一情况有所了解。

《纪梦》一诗，讲述了郭璞（郭景纯）托梦给王阳明，告诉王阳明，他的祖先王导并非世人所说的忠臣，而是一个不忠之臣。（郭璞、王导、王敦的故事在前文介绍王阳明的祖先时，已有详细叙述。）简而言之，王阳明写下这首郭璞托梦责难王导的诗，颠覆了世人的常识，将史上被视为东晋忠臣的王导说成在背后操纵堂兄王敦、掀起叛乱的奸恶之臣。

从表面上来看，身为千年之后的子孙，王阳明此举让人颇感怪异，但也可以说，王阳明通过这样的方式将自己当时对武宗身边那群奸佞的义愤吐露了出来。

为冀元亨申冤

直到正德十五年（1520）七月，武宗依旧没有起程回京，而是久留在南京。此时，张忠、许泰、江彬等佞臣欲将王阳明擒获朱宸濠的功劳说成是他们自己的，于是向武宗献上朱宸濠，以此邀功。

张永得知此事后，劝诫他们道："不可。昔未出京，宸濠已擒，献俘北上，过玉山，渡钱塘，经人耳目，不可袭也。"正如张永所说，王阳明生擒朱宸濠之事，早已世人皆知了。

鉴于此，佞臣们又传下武宗诏令，让王阳明修改奏疏，改奏擒获朱宸濠的战功应当归功于威武大将军（武宗），而捷报上也应写下一众佞臣们的名字。王阳明并无半点贪功之心，于是按照佞臣们所说的修改了奏疏，于七月十七日向武宗呈上了《重上江西捷音疏》（《王文成公全书》卷十三）。

得到这份奏疏后，佞臣们才终于开始劝谏武宗北归。但武宗率军北归拖到了这一年的十二月，同月三日朱宸濠伏诛。

接到亲征军北归的消息后，王阳明在《与顾惟贤书》（《王文成公全书》卷二十七）中写道："……不胜喜悦，贱恙亦遂顿减。此宗社之福，天下之幸，人臣之至愿，何喜何慰如之！"信中表达了王阳明的安心之情。

同时，因江西境内仍有流寇出没，王阳明决定一边火速剿平流寇，一边借此机会整顿兵马，以备不时之变。

对于修改奏疏一事，东正堂说：阳明先生深知，若世间再爆大乱，或难平息，故忍辱负重，修改捷音疏。此绝非寻常人等可堪之痛。先生能隐忍不发，皆因先生之大忠大仁。……中间事实虽较前疏稍稍略写，却绝无半点曲笔之处。此亦先生用意周到，用心良苦。(《阳明先生全书论考》卷十二《奏疏·公移二·江西书》)

霍韬[1]原本就对武宗御驾亲征之事持反对意见，说道："是役也，罪人已执，犹动众出师；地方已宁，乃杀民奏捷。误先朝于过举，摇国是于将危。盖忠、泰之攘功贼义，厥罪滔天，而续、纶之诡随败类，其党恶不才亦甚矣。"(《王文成公全书》卷三十三《年谱二》)

此外，御史黎龙也坦承预测了此事或将在未来成为事变的导火索："平藩事，不难于成功，而难于倡义。盖以逆濠之反，实有内应，人怀观望，而一时勤王诸臣，皆捐躯亡家，以赴国难。其后忌者构为飞语，欲甘心之，人心何由服乎？后有事变，谁复肯任之者？"(《王文成公全书》卷三十三《年谱二》)

如果将宸濠之乱称为阳谋的话，那么江彬、张忠、许泰的所作所为，可谓是阴谋了。站在王阳明的立场上，救前者易，而救后者难。太监张永之前参与诛杀宦官刘瑾，而这一次，他又去除了江彬、张忠、许泰造成的危难，其功劳可谓甚大。因此

---

[1] 霍韬（1487—1540）：字渭先，初号兀崖，后改渭厓，谥文敏。广东广州府南海县（今佛山市南海区）人。正德九年（1514）进士。归乡后于西樵山专心读书，于世宗朝复官，累官至礼部尚书。

文宪公费宏[1]在送别张永起程返京的序中赞扬了张永的功劳,写道:"兹行也,定祸乱而不必功出于己;开主知而不使过归乎上;节财用而不欲久困乎民;扶善类而不欲罪移非辜。且先是发瑾罪状,首以规护卫为言,实以逆谋之成,萌于护卫之复,其早辨预防,非有体国爱民之心,不能及此。"(《王文成公全书》卷三十三《年谱二》)

此外,王阳明的高足钱德洪也在《年谱二》中写道:"平藩事不难于倡义,而难于处忠、泰之变。盖忠、泰挟天子以偕乱,莫敢谁何?豹房之谋,无日不在畏,即据上游不敢骋,卒能保乘舆还宫,以起世宗之正始。开先勒石所谓'神器有归,孰敢窥窃'。"

如前所述,在宸濠之乱爆发前,王阳明曾派自己最信任、门人中资格最老,甚至委以教育养子正宪之任的冀元亨前去拜访朱宸濠,让他一边讲学,一边查探朱宸濠谋反的情况。

回到赣州之后,冀元亨向王阳明报告了朱宸濠的谋反之心。听说冀元亨在讲学时影射劝诫朱宸濠,因而惹恼了朱宸濠之后,王阳明担心祸及冀元亨,便派护卫护送冀元亨走小路回到故乡湖广常德府。在听闻宸濠之乱爆发的消息后,冀元亨料到王阳明必然起兵,于是立刻赶到了王阳明的军营。

然而,在王阳明平定了宸濠之乱后,武宗身边的佞臣张忠、

---

[1] 费宏(1468—1535):字子充,号健斋,又号鹅湖,谥文宪。江西广信府铅山县(今上饶市铅山县)人。成化二十三年(1487)进士第一(状元),官拜翰林院修撰。正德年间累官至户部尚书。世宗即位后,加封少保,参与辅政。杨廷和退隐后,就任首辅。

许泰一直想要设计陷害王阳明。因实行的种种奸谋都没能奏效，张忠、许泰等人便私自逮捕了冀元亨，对其严刑拷问，并胁迫说："宸濠之乱前，你到朱宸濠那里去，是奉王阳明之令前去与朱宸濠签订秘密盟约的吧？快从实招来。"

但冀元亨无片语可说。因此，张忠、许泰等人将冀元亨及其妻女打入大牢。在狱中，冀元亨与众囚徒情同手足，每日为囚徒们讲学。众囚徒也感激涕零，修学慰心。

对于冀元亨下狱之事，监察御史曾相继呈上辩疏。王阳明也呈上了《咨六部伸理冀元亨》(《王文成公全书》卷十七)，在说明冀元亨是自己派去探查朱宸濠实情，希望能够为其申冤的同时，又表明自己即便一死，也难以消减对冀元亨下狱之事的愤恨。

正德十六年（1521）三月，武宗驾崩，世宗即位。虽然世宗下诏开释冀元亨，但冀元亨在出狱五天后病死。

得知此事后，王阳明祭祀灵牌，恸哭不已。随后，王阳明对湖广布政使和按察使发出《仰湖广布按二司优恤冀元亨家属》(《王文成公全书》卷十七)一文，在朝廷下令常德府官吏释放冀元亨家属的同时，下令对其妻子予以特殊优待政策。

正德十五年（1520）闰八月二十日，王阳明上奏疏，请求回乡省亲，但未能获得允可。正德十四年和正德十五年期间，王阳明曾四次奏请归省。

第一次是在赣州时，王阳明以祖母岑太夫人过世和父亲王华患病为由，上疏请求归乡以葬祖母，但没过多久，朝廷便下达了平定福州叛军的命令。

在赶赴福州平定叛军的途中，王阳明奏请平叛成功后顺道归

第十七章　阳明受难　　　　　　　　　　　　　　　817

乡一趟。朝廷回复说先平定叛乱，之后再归省。

当得知父亲病重时，王阳明曾经有过弃职逃归乡里的想法，但后来听说父亲病愈，就打消了这一想法。

一日，王阳明询问诸友："予欲逃归乡里，何故无一人赞成？"

一门人说道："先生归乡之念，甚为执着。"

王阳明想了想，说道："何故不执着于此？"

由此可见王阳明的孝心。不可不提的是，年轻时的王阳明由佛、老转信儒教，也是因为孝心所致。

始提"致良知"说

如前所述，王阳明创立"良知"说，是在四十九岁回到南昌之前，尚身处虔州时的事。其内容可从正德十五年（1520）六月，陈九川拜访王阳明，向其请教的如下问答中得知（《传习录》下卷）：

陈九川："近来工夫虽若稍知头脑，然难寻个稳当快乐处。"

王阳明："尔却去心上寻个天理，此正所谓理障。此间有个诀窍。"

陈九川："请问如何？"

王阳明："只是致知。"

陈九川："如何致？"

王阳明:"尔那一点良知,是尔自家底准则。尔意念着处,他是便知是,非便知非,更瞒他一些不得。尔只不要欺他,实实落落依着他做去,善便存,恶便去。他这里何等稳当快乐。此便是格物的真诀,致知的实功。若不靠着这些真机,如何去格物?我亦近年体贴出来如此分明,初犹疑只依他恐有不足,精细看无些小欠阙。"

在上述的问答中,王阳明第一次将良知视作为学头脑,并加以说明。在刚开始的时候,王阳明还曾怀疑光靠良知是不够的。后来,经历过宸濠之乱以及后来的张忠、许泰之变后,王阳明才弄清了致良知的好处。

嘉靖二年(1523),五十二岁的王阳明在寄给门人薛侃的书信(见《王文成公全书》卷五)中写道:"二字(良知)在虔时终日论此,同志中尚多未彻。"《传习录》下卷中记录了王阳明与陈九川之间的如下讲学。

在虔州时,陈九川与王于中、邹守益等侍于王阳明身边。在一次讲学时,王阳明说道:"人人胸中各有个圣人,只自信不及,都自埋倒了。"然后,他扭头看着王于中说:"尔胸中原是圣人。"

王于中不敢当。王阳明说:"良知在人,随你如何,不能泯灭,虽盗贼亦自知不当为盗,唤他作贼,他还忸怩。"

又说:"这些子看得透彻,随他千言万语,是非诚伪,到前便明。合得的便是,合不得的便非。如佛家说心印相似,真是个试金石、指南针。"

只不过,良知是自己不断修行上进才可恢复的,倘若无谓地讲说良知的绝对性，便又会陷入独断的境地。

正德十五年（1520）九月，王阳明回到南昌。因为武宗此时仍然滞留在南京的行在所，尚未北归京师，江西百姓不堪重负，甚为不满。王阳明因此处置了朱宸濠搜刮掠夺来的财物，代百姓交租税，又改善贸易的方法，想尽一切办法安定民生，民心这才稍稍稳定下来。

在这段时间里，王阳明给邹守益写了封信（见《王文成公全书》卷三十三《年谱二》）。信中说："自到省城，政务纷错，不复有相讲习如虔中者。虽自己舵柄不敢放手，而滩流悍急，须仗有力如吾谦之者持篙而来，庶能相助更上一滩耳。"

也就是说，在南昌时，因为武宗的亲征军长期滞留，导致人心惶惶，为了安定民生，王阳明整日忙于繁杂错综的政务，无法尽心讲学。然而值得注意的是，他把遇到事情时的沉着冷静，比喻为于激流中逆水行舟的小船并没有放开"自己的舵柄"。这里的"舵柄"，指的就是"良知"。王阳明确信，只要有了它，不管遇到再大的风浪，小船都不会被浪涛打翻。

此外，在这之后不久，王阳明吟下了祈祷世人觉醒的"撞晓钟"。下边这首《睡起偶成》（《王文成公全书》卷二十），对于我们这些现代人来说，就犹如振聋发聩的天籁之声：

> 四十余年睡梦中，而今醒眼始朦胧。
> 不知日已过亭午，起向高楼撞晓钟。
> 起向高楼撞晓钟，尚多昏睡正憛憛。
> 纵令日暮醒犹得，不信人间耳尽聋。

另外，王阳明又吟下《月夜二首》(《王文成公全书》卷二十)。下边的第二首，就是王阳明以宏伟的气魄向世人提倡自己的良知心学的警世之句：

> 举世困酣睡，而谁偶独醒？
> 疾呼未能起，瞪目相怪惊。
> 反谓醒者狂，群起环门争。
> 洙泗辍金铎，濂洛传微声。
> 谁鸣荼毒鼓，闻者皆昏冥。
> 嗟尔欲奚为？奔走皆营营？
> 何当闻此鼓，开尔天聪明！

王艮入门

王阳明回到南昌后，王艮[1]第一次拜访了王阳明。

当时，王艮身穿古服，手执木简，以自作的两首诗为贽（学费），前来会见王阳明。王阳明认为此人甚为特异，于是降阶而迎。王艮走进屋里，便立刻坦然地在上座上坐了下来。

王阳明：何冠？

---

[1] 王艮（1483—1540）：字汝止，号心斋。南直隶扬州府泰州县（今泰州市）人。阳明心学泰州学派创始人。出身于制盐业的庶民，后成为王门现成派的巨匠，高呼"出必为帝者师，处必为天下万世师"的口号，尽力传播阳明学。

王艮：有虞氏冠。

王阳明：何服？

王艮：老莱子服。

王阳明：学老莱子乎？

王艮：然。

王阳明笑道：将止学服其服，未学上堂诈跌掩面啼哭也？

听闻此言，王艮一惊，慢慢站起身，侍坐王阳明。当听到王阳明的致知"格物"论后，王艮方才领悟，说道："吾人之学，饰情抗节，矫诸外；先生之学，精深极微，得之心者也。"

随后，王艮换下古服，执弟子礼。王阳明将其原名的"银"字改为"艮"，赐字汝止。此名出自《周易》里象征"山"的艮卦，上下并行的"艮为山"的象辞"艮止也"，意思是"心当与动静同止时，止则无咎"。

后来，王阳明述怀道："向者吾擒宸濠，一无所动，今却为斯人动矣。"（《王文成公全书》卷三十三《年谱二》）

王阳明与音乐

在南昌时，王阳明还与舒芬（字国裳）就音乐进行过问答。

舒芬以昌明绝学为己任，通晓诸经，最为精通的是《周礼》。世宗即位时舒芬虽复官，却因大礼仪之争再次遭廷杖，归乡为母奔丧，四十四岁去世，谥文节。学者称其为"梓溪先生"。

虽然《传习录》下卷中收录了王阳明有关音乐论的详细内容，但从他与舒芬的问答中，我们也能大体察知其概况。《年谱二》记载：

> 进贤舒芬以翰林谪官市舶，自恃博学，见先生问律吕。
> 先生不答，且问元声。
> 对曰："元声制度颇详，特未置密室经试耳。"
> 先生曰："元声岂得之管灰黍石间哉？心得养则气自和，元气所由出也。《书》云'诗言志'，志即是乐之本；'歌永言'，歌即是制律之本。永言和声，俱本于歌。歌本于心，故心也者，中和之极也。"

王阳明的心学已考虑到了音乐的根源。聆听了有关律吕、礼乐的教诲后，舒芬跃然向王阳明执弟子礼。

门人聚首

在当时，以陈九川为首，夏良胜、万潮、欧阳德、魏良弼[1]、

---

1 魏良弼（1492—1575）：字师说，一作师悦，号水洲。江西南昌府新建县（今南昌市新建区）人。受学于王阳明，与钱德洪、陈九川、邹守益等往复论学，联集讲会，阐扬王学。著有《水洲文集》。

李遂[1]、舒芬、裘衍等每日侍学于王阳明。

然而,巡按御史唐龙、督学佥事邵锐[2]等固守旧学朱子学,对王阳明的学说持怀疑态度。唐龙甚至劝诫王阳明,建议他停止讲学,慎重交友。

对此,王阳明回答说:"吾真见得良知人人所同,特学者未得启悟,故甘随俗习非。今苟以是心至,吾又为一身疑谤,拒不与言,于心忍乎?求真才者,譬之淘沙而得金,非不知沙之汰者十去八九,然未能舍沙以求金为也。"(《王文成公全书》卷三十三《年谱二》)

也就是说,见得良知的王阳明,认为只有对求圣贤之道者来者不拒,才能找出真正的有才之人。他引用淘金的例子,拒绝听从唐龙的劝告。

因唐龙、邵锐等为政者对王阳明的学说抱有疑问,所以有部分门生心存畏惧,开始逃避王阳明的讲学。然而,同门的王臣[3]、魏良政[4]、魏良器[5]、钟文奎、吴子金等都泰然不为所动,潜心研学,因此兴起的门人中少则数十人,多则数百人聚集到了王阳明的身边。

---

1 李遂(1504—1566):字邦良,号克斋,又号罗山,谥襄敏。江西南昌府丰城县人。嘉靖五年(1526)进士,经右佥都御史提督操江升任南京兵部尚书。博学多才,擅长用兵。

2 邵锐(1480—1534):字思抑,号端峰,谥康僖。浙江杭州府仁和县(今杭州市)人。正德三年(1508)进士,官至太仆卿。

3 王臣(1486—1549):字元卿,号复斋。南直隶扬州府兴化县(今泰州兴化市)人。正德十四年(1519)举人,历任四川成都府绵阳等县的知县。

4 魏良政:字师伊,魏良弼之弟。嘉靖四年(1525)解元,著有《时斋集》。

5 魏良器:字师颜,号药湖,魏良政之弟,后为白鹿洞书院山长,生徒多达数百人。

第十八章 倡导『良知』说

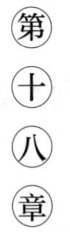

"致良知"诞生始末

正德十六年（1521），王阳明于江西南昌首次向世人揭示"致良知"说。王阳明说，自从自己经历了宸濠之乱以及张忠、许泰之变后，益发相信良知足以真正忘却患难、超越生死。于是，他在给弟子的信——《与杨仕鸣（一）》（《王文成公全书》卷五）中提到，能够体会到良知的真意，就会明白《中庸》中所讲的君子之道，即"建诸天地而不悖，质诸鬼神而无疑，考诸三王而不谬，百世以俟圣人而不惑！"

他在给高足邹守益的信中又说："近来信得'致良知'三字，真圣门正法眼藏。往年尚疑未尽，今自多事以来，只此良知无不具足。譬之操舟得舵，平澜浅濑，无不如意，虽遇颠风逆浪，舵柄在手，可免没溺之患矣。"（《王文成公全书》卷三十三《年谱二》）在王阳明看来，只要依靠良知，无论遇到何种风浪，都可以抵达自在无碍之境。

雪堂和尚在阐释禅门悟境时，曾用"水上葫芦"做比喻，刘宗周用其明示了禅与儒教中的自在无碍的差异：禅讲的是无目的，而儒教讲的是有目的。（《刘子全书遗编·学言》）将这一点比作无舵之舟和有舵之舟，差异一目了然。因为，无舵之舟不逆风浪而行，而是随风顺水，故可得自在无碍，而舟若有舵，则可乘风破浪，到达想去的彼岸，亦可谓自在。刘宗周的"诚意"说，可以说揭示了阳明学的奥义，明示了儒教中的自在无碍境地。（详情请参照拙著《王阳明与明末儒学》中对《刘念台文集》解说的章节）

根据王阳明的"致良知"说，宋儒所谓穷理本可谓极其简易，皆因宋儒从知解上求之，故而头绪纷繁，苦于艰难。

一日，见王阳明喟然叹息，侍坐一旁的弟子陈九川问其原因，王阳明说："此理简易明白若此，乃一经沉埋数百年。"

陈九川答曰："亦为宋儒从知解上入，认识神为性体，故闻见日益，障道日深耳。今先生拈出良知二字，此古今人人真面目，更复奚疑？"

王阳明说："然！譬之人有冒别姓坟墓为祖墓者，何以为辨？只得开圹将子孙滴血，真伪无可逃矣。我此良知二字，实千古圣圣相传一点骨血也。"中国自古就有传说，将活人的血滴到死者的骨头上，如果有血缘关系，就会渗入骨中，当场可验明。王阳明就是用这个故事来说明，良知二字正是滴到骨头上的那滴血。

王阳明用滴骨之血这个传说，阐明了良知的能力，即当场可辨善恶的先天知觉。他又将良知可以消除自私自利之念的力量比作在大熔炉中放入雪，瞬间即化。

王阳明正是经历了千辛万苦，才开始把良知作为千百年来圣人代代相传的圣门正法眼藏来信奉的。因此，如果不了解这一历程而轻易实行"良知"说，反倒会产生弊端。我们看一下后来王门现成派的追随者就自然明了，世间高倡阳明心学的人，往往会陷入这种弊端。

第十八章　倡导"良知"说　　　　　　　　　　　　　827

因此王阳明训诫道："某于此良知之说，从百死千难中得来，不得已与人一口说尽。只恐学者得之容易，把作一种光景玩弄，不实落用功，负此知耳。"(《王文成公全书》卷三十三《年谱二》)

自从在南京讲学以来，王阳明知道门人有静坐求道、搞教条主义的弊端，却只令他们以"存天理，去人欲"为本，讲求务实，并未说明天理为何。因为天理应当亲身体会，不可言传。因此即便有人询问，王阳明也不作答，令自求之。

这时王阳明却对友人说："近欲发挥此，只觉有一言发不出，津津然如含诸口，莫能相度。"过了一会儿他又说："近觉得此学更无有他，只是这些子，了此更无余矣。"

旁边有人热情询问，于是他说："连这些子亦无放处。"(《王文成公全书》卷三十三《年谱二》)

也就是说，王阳明在经历了宸濠之乱以及张忠、许泰之变后，才明确把"这些子"作为良知，开始高倡"良知"说。

首肯陆学

尽管陆九渊是得孔孟正传的学者，陆学却因朱子学成为官学而受到压制，文庙尚缺配享之典，子孙未沾褒崇之泽。王阳明得知此事，深感遗憾。正德十五年(1520)正月，王阳明给陆九渊的故乡、江西抚州府金溪县官吏发去公文《褒崇陆氏子孙》(《王文成公全书》卷十七)，要求仿各处圣贤子孙之惯例，免除陆氏嫡派子孙之差役；有俊秀子弟，具名提学道送学肄业。

如前所述，正德四年(1509)，王阳明于龙场大悟之后，贵州提学副使席元山曾就朱陆异同向他发问，当时王阳明并未作答，只是讲了自己所领悟的道理。一方面他是不想因为谈论异同问题而给朱子学者带来不必要的刺激，另一方面也是因为他认为圣人之道必须通过自己亲身体会才能领悟。

正德十六年（1521），席元山将自己写的为陆学辩护的《鸣冤录》赠予王阳明。王阳明读后回信说："象山之学简易直截，孟子之后一人。其学问思辨、致知格物之说，虽亦未免沿袭之累，然其大本大原断非余子所及也。"（《王文成公全书》卷五）也就是说，王阳明在对孟子之后唯一提出"心即理"的学者陆九渊予以褒扬的同时，又对陆九渊拘泥于传统学说的致知"格物"说表达了不满，并希望席元山能够洞察这一点，使学问更加精进。

同年，抚州知府李茂元刊行了《陆象山文集》，并委托王阳明为此书作序，于是王阳明写下了《象山文集序》（《王文成公全书》卷七）。在序的开头，王阳明宣扬"圣人之学，心学也"，强调心学为正统学问。

元代以后，思想界虽有过朱陆异同的争论，但到了明代，朱子学作为官学而备受重视，世间学者大都秉持朱子学的理念，象山学几乎被遗忘。如前所述，王阳明于龙场大悟后以心学为宗旨，所以自然是站在颂扬象山心学立场上的。当时是朱子学独尊的时代，因此王阳明虽倾向于陆学，但有所顾忌。而且王阳明在提倡与朱子学不同的看法时，也遭到了世间朱子学者的非议。于是，王阳明又写了《朱子晚年定论》，苦苦地为己说与朱子晚年之说的相同性做辩护，其中难免有所谓曲学阿世之论。

然而，自从主张"良知"说后，王阳明就一反常态地赞扬起

第十八章　倡导"良知"说　　　　　　　　　　　　　　　　　829

受到压抑的陆学，开始批判朱子学。他在《象山文集序》中写道：孟子没而圣人心学绝，至宋周、程二子，始复追寻孔、颜之宗……自是而后，有象山陆氏，虽其纯粹和平若不逮于二子，而简易直截，真有以接孟子之传。孟子曰："仁，人心也。学问之道无他，求其放心而已矣。"又曰："仁义礼智，非由外铄我也，我固有之，弗思耳矣。"自是而后，析心与理而为二，而精一之学亡。而世之议者，以其尝与晦翁之有同异，而遂诋以为禅……今禅之说与陆氏之说，其书具存，学者苟取而观之，其是非同异，当有不待于辩说者。而顾一倡群和，剿说雷同，如矮人之观场，莫知悲笑之所自，而要"其学之必求诸心，则一而已"。

如此指责并痛斥朱子学亚流之弊端，可以说是划时代的。

白鹿洞讲会

虽然王阳明一直向门人宣讲自己的学说，但他很少有机会于静处亲授。武宗的车驾北还之后，南昌周边稍微恢复了平稳，再加上王阳明开始把"良知"作为千古圣贤的正法眼藏，于是他聚集门人，首次大力宣扬"良知"说，地点选在因朱子讲学而闻名的白鹿洞书院。

当然，王阳明很早就有意回到故里向门人讲学，正好时任江西南昌府知府的吴嘉聪[1]正欲编撰《府志》。当时王阳明的高徒

---

[1] 吴嘉聪：字惟德，号雁山。湖广长沙府湘阴县（今岳阳市湘阴县）人。正德六年（1511）进士。

蔡宗兖为南康府教授，负责主持白鹿洞书院的事务，就将编写府志的机构设在书院内，召集夏良胜、舒芬、万潮、陈九川共同编辑，这样一来也可以节省费用。

同时，王阳明写信〔见（《与邹谦之（一）》,《王文成公全书》卷五）〕给高徒邹守益，邀他来白鹿洞书院共同讲学。信中写道："别后德闻日至，虽不相面，嘉慰殊深。近来此意见得益亲切，国裳亦已笃信，得谦之更一来，愈当沛然矣。适吴守欲以府志奉渎，同事者于中、国裳、汝信、惟浚，遂令开馆于白鹿。醉翁之意盖有在，不专以此烦劳也。区区归遁有日，圣天子新政英明，如谦之亦宜束装北上，此会宜急图之，不当徐徐而来也。"

王阳明写信给邹谦之，催他来白鹿洞书院参加讲会。我们从这件事上就可以察觉到王阳明对邹守益的殷切期望。如前所述，邹守益后来成为王门修证派（正统派）的巨匠之一。

同一时期，讲友湛甘泉、霍韬和方献夫都辞官归隐，开始讲会。王阳明得知此事，说："英贤之生，何幸同时共地，又可虚度光阴，失此机会耶？"于是决定将同门召集到白鹿洞举办讲会。

此时霍韬经过南昌，与王阳明讨论《大学》，坚持朱子学的旧见解。

王阳明说："若传习书史，考正古今，以广吾见闻则可；若欲以是求得入圣门路，譬之采摘枝叶，以缀本根，而欲通其血脉，盖亦难矣。"（《王文成公全书》卷三十三《年谱二》）

也就是说，王阳明断定朱子学忘记了内部的根本血脉与外界是相通的，只是通过外部的枝叶来追求根本血脉，因此其学说显然是本末倒置。在此，王阳明简易明快地讲述了朱、王二学的区别。他认为，朱子学可以用来通晓古今，增长见闻，如果把其作为圣学的通道，就会失去以血脉贯通为根本的圣学通道。

王阳明、湛甘泉学说的异同

正德十六年（1521）五月，讲友湛甘泉将自己的作品《学庸测》，方献夫将自己的作品《〈大学〉原》和《洪范》寄给王阳明。

如前所述，王阳明于孝宗弘治十八年（1505）在京师邂逅湛甘泉，二人共同致力于复兴以体认为本的圣学，高倡体认学，努力纠正朱子学追随者的弊端，故而成为至交盟友。湛甘泉虽然长王阳明六岁，在王阳明去世后的三十多年里，他仍然坚持致力于圣学的复兴。王、湛两派各自拥有数千名弟子，两人在倡导自己学说的同时，也互相往来讲学，然而因为时事关系，王派学说日渐兴盛。（详情请参照拙著《王阳明与明末儒学》）

王阳明在向世人高倡致良知的学说之后，王、湛两派虽然同以体认学为宗旨，但也产生了分歧。也就是说，王阳明倡导致良知，而晚年的湛甘泉发展了程颢的"体认天理"学说，在其基础上加上"随处"二字，倡导"随处体认天理"的学说。

在体认的诀窍方面，王、湛两派都重视孟子的心性存养，宣扬孟子学说的要点，即"必有事焉而勿正，心勿忘，勿助长也"（出自《孟子·公孙丑上》）。然而湛甘泉认为，必须做到"勿忘""勿助"，才能达到"必有事焉"，而王阳明认为，只要遵从"必有事焉"，自然就能做到"勿忘""勿助"。

另外，王、湛两派虽然同以体认学为宗旨，相比之下，湛甘泉的体认学较为间接，而王阳明的体认学更为直接。阳明学以血脉的直达、本体生命的精神饱满为要旨，而甘泉学则血脉不够畅通，连贯略微不够紧密。

这一点也体现在两人对《大学》的解释上。因此，王阳明收到《学庸测》后为表谢意，写了《答甘泉》（《王文成公全书》卷五），其中虽然表示"和自己的想法大同小异"，却也指出湛甘泉的论调略显冗繁，表示"恐怕不能改变自己的致良知说"：

"随处体认天理"，是真实不诳语，鄙说初亦如是，及根究老兄命意发端处，却似有毫厘未协，然亦终当殊途同归也。修齐治平，总是格物，但欲如此节节分疏，亦觉说话太多。且语意务为简古，比之本文（《大学》《中庸》的原文）反更深晦，读者愈难寻求，此中不无亦有心病？莫若明白浅易其词，略指路径，使人自思得之，更觉意味深长也。

同时，王阳明在《答方叔贤（一）》中指出，方献夫寄来的《〈大学〉原》太过拘泥于句意：

道一而已，论其大本大原，则"六经""四书"无不可推之而同者，又不特《洪范》之于《大学》而已。此意亦仆平日于朋友中所常言者。譬之草木，其同者，生意（生命力）也，其花实之疏密，枝叶之高下，亦欲尽比而同之，吾恐化工不如是之雕刻也。……君子论学，固惟是之从，非以必同为贵。至于入门下手处，则有不容于不辨者，所谓毫厘之差，千里之谬矣。

在此，王阳明和往常一样，论述了为学的入门阶段的重要性，如果学问涉及面太广，则会陷入支离破碎的境地。这也可以说是王阳明的"根本枝叶"论。他认为：朱子学博学多识，但过于重视知见，这就像剪掉枝叶将其连接到根上一样，根的生命很难到达枝叶上。湛甘泉的学说是向枝叶求血脉以达到根本，缺乏血脉流通的连贯性。这是由于不知道枝叶的血脉源于根本。

也就是说，王阳明认为：活跃主根的血脉，使其达到各个枝叶，让枝叶各自发挥作用。用他的话说，这叫内外一致、动静一体的工夫。这种培养根本的学说，并非以静根为宗旨来区分动静。

之后，王阳明来到赣州，伦以训[1]曾前来问学。伦以训让弟弟伦以谅给王阳明寄信，询问："学无静根，感物易动，处事多悔，如何？"因此，王阳明在正德十六年（1521）五月，给伦以训写信《答伦彦式》（《王文成公全书》卷五），信中写道：

大抵三言者，病亦相因。惟学而别求静根，故感物

---

[1] 伦以训（1497—1540）：字彦式，别号白山，广东广州府南海县（今佛山市南海区）人。正德十二年（1517）会试第一，殿试第二，被任命为翰林院编修，后升任南京国子监祭酒。

而惧其易动；感物而惧其易动，是故处事而多悔也。心，无动静者也。其静也者，以言其体也；其动也者，以言其用也。故君子之学，无间于动静。其静也，常觉而未尝无也，故常应；其动也，常定而未尝有也，故常寂；常应常寂，动静皆有事焉，是之谓集义（《孟子·公孙丑上》）。集义故能无祗悔，所谓动亦定，静亦定（《定性书》）者也。心一而已。静，其体也，而复求静根焉，是挠其体也；动，其用也，而惧其易动焉，是废其用也。故求静之心即动也，恶动之心非静也，是之谓动亦动，静亦动，将迎起伏，相寻于无穷矣。故循理之谓静，从欲之谓动。

由此可以多少了解到王阳明的"动静"论。

总之，心是统一的，无论其动静与否，循天理即为静，循人欲则为动。王阳明谈论动静是建立在"天理人欲"论的基础上的，这一点与宋儒相同，然而王阳明并不认为静处的工夫是好的。这也是理所当然的，因为他主张在事上磨炼，倡导致良知。

正德十六年（1521）三月，武宗驾崩，世宗即位。六月十六日，世宗遣特使前来下旨，因王阳明扫荡叛贼使地方上得以安宁，立了大功，朝廷新政之际，命其速来京师。朝廷的意图在于，将王阳明召回朝廷，褒奖其功绩，并命其辅佐新政。于是，王阳明于六月二十日从南昌出发，奔赴京师。然而七月行至浙江钱塘时，遭朝廷辅臣阻拦，不能继续赴京。朝廷任命他为南京兵部尚书，参赞机务。

表面上，辅臣阻止王阳明上京的理由是，因武宗国葬，资费浩繁，不宜行宴赏之事。据说当时阻拦王阳明上京的辅臣是身居要职的大学士杨廷和。

据东正堂考证（见《阳明先生全书论考》卷十五《年谱二》），当时很多人怀疑阻拦王阳明上京是杨廷和的意思，湛甘泉甚至当面质问他："有人怀疑此次于中途将王阳明派往南京一事，乃贵公所为，何如？"这是因为兵部尚书王琼一直提拔庇护王阳明，而杨廷和与王琼素来不和，又嫉妒王阳明平定叛乱的功绩。本来，杨廷和就曾协助朱宸濠，意图帮助他实现叛乱阴谋。不过，东正堂又说："当时满朝大臣多少都有些嫉妒之心，不应该只怀疑杨廷和。"（《阳明先生全书论考》卷十五《年谱二》）

因此，王阳明于钱塘上《乞便道归省疏》（《王文成公全书》卷十三），请求去南京赴任途中回乡探望老父。在此之前，他分别于正德十四年（1519）六月和八月、正德十五年（1520）三月和八月四次上疏奏请归省，都未获得恩准，这次终于被允准，得以回到故乡余姚。

用"良知"解释生死

正德十六年（1521）六月，王阳明在《与陆原静（一）》（《王文成公全书》卷五）这封信中谈论了养生。他的高徒陆澄原本体弱多病，因此喜好神仙养生学说。王阳明也曾倾心于此，所以告诫陆澄不可徒为神仙养生学说劳力费神：

大抵养德养身，只是一事，元静所云"真我"者，果能戒谨不睹，恐惧不闻（《中庸》），而专志于是，则神住气住精住，而仙家所谓长生久视之说，亦在其中矣。……如老子、彭篯之徒，乃其禀赋有若此者，非可以学而至。后世如白玉蟾、丘长春之属，皆是彼学中所称述以为祖师者，其得寿皆不过五六十，则所谓长生之说，当必有所指矣。元静气弱多病，但遗弃声明，清心寡欲，一意圣贤，如前所谓"真我"之说。不宜轻信异道，徒自惑乱聪明，弊精劳神，废靡岁月。

关于信中提到的"神""气""精"，王阳明在嘉靖三年（1524）《答陆原静书》（《传习录》中卷）中用"夫良知，一也。以其妙用而言谓之神，以其流行而言谓之气，以其凝聚而言谓之精"告诫陆澄，仙家所讲的"神""气""精"与良知是一回事。

王阳明还提倡过真吾说。在《从吾道人记》（《王文成公全书》卷七）中有如下记载：

父而慈焉，子而孝焉，吾良知所好也，不慈不孝焉，斯恶之矣。"言而忠信焉，行而笃敬焉"（《论语·卫灵公》），吾良知所好也；不忠信焉，不笃敬焉，斯恶之矣。故夫名利物欲之好，私吾之好也，天下之所恶也。良知之好，真吾之好也，天下之所同好也。是故从私吾之好，则天下之人皆恶之矣，将心劳日拙而忧苦终身，是之谓"物之役"。从真吾之好，则天下之人皆好之矣，将家、国、天下无所处而不当，富贵、贫贱、患难、夷狄，无入而不自得；斯之谓能从吾之所好也矣。夫子尝曰"吾十有五而志于学"，是从吾之始也。"七十而从心所欲不逾矩"，则从吾而化矣。

也就是说，王阳明讲的"真吾"，用一个词概括就是良知。因此，实现自我，就是去私吾之好，从我良知之好。

然而，陆澄所讲的"真我"，指的是隐于世外，于静处生活以求养生，这样便是重视真我。因此，王阳明写信告诫他，不要信奉佛教、老庄思想而喜好静坐。

据此可知，王阳明认为修行良知学说便可自然达到道教的神仙养生的境界。他认为佛教的生死解脱也是同样道理。他说生死如同昼夜，知昼夜，即知死生。（《传习录》上卷）

但是王阳明又说，克服生死之念并非易事。有门人请教"夭寿不贰"（《孟子·尽心上》）。他回答说："学问工夫，于一切声利嗜好俱能脱落殆尽，尚有一种生死念头毫发挂带，便于全体有未融释处。人于生死念头，本从生身命根上带来，故不易去。若于此处见得破，透得过，此心全体方是流行无碍，方是尽性至命之学。"（《传习录》下卷）

总之，尽管很难，只要克服生死之念，学问便可达"尽性至命"（《孟子·尽心上》）之境界。王阳明认为，最终致良知才能去生死之念，像佛教讲的那样从生死中解脱出来。这可以说是他作为儒学家的生死观。

王阳明认为修行自己的良知学说，既可以像佛教讲的那样从生死之念中解脱出来，又可以达到道教讲的神仙养生。这可以说是以"良知"说为主体的统摄三教之学吧。而且王阳明批判说，佛教并不能真正使人从生死之念中解脱出来，而道教也不能使人真正达到神仙养生的境界。

通过回答门人的提问，王阳明阐述了这样的观点：应以良知来看待世界万物的绝对虚无，不可有一丝一毫的私念。道教与佛教虽然也讲虚无，但是它们的目的在于祈求长生不老，脱离现世的苦海，因此难免存有私念，这种虚无并非真正的虚无。(《传习录》下卷)

王阳明批判道：佛教否定父子、君臣、夫妇等人伦关系的存在，认为它们是烦琐的，劝说人们不必执迷于此。然而，这些人伦关系是确实存在的。佛教否定这些人伦关系的存在，倡导虚无，是因为想从这些关系中逃离出来，结果反倒陷入了"着相"。儒教承认人伦关系的存在，追求本应有的道德，这样反倒是"无相"。(《传习录》下卷)

佛教和儒教都宣扬养心的心法，但是王阳明认为，儒教的养心并不脱离人伦事物，而佛教舍弃人伦事物，轻视经世致用，采取不与世间打交道的态度，结果不能够治天下。佛教弃绝人伦事物，是因为佛教把心看作幻相，以养"无心"为宗旨。关于这一点，王阳明进行了批判。(《传习录》下卷)关于佛教舍弃人伦事物这一点，宋代以来的儒学家都进行了批判，归根结底是因为佛教把心看作幻相，不将心用在人伦事物及经世致用上。

王阳明批判佛教是自私自利的，这一点宋儒也曾批判过，王阳明则是从心学的立场展开论述的。嘉靖三年，王阳明在写给陆澄的信（《答陆原静书（又）》，出自《传习录》中卷）中对佛教进行了批判：

"不思善不思恶时认本来面目"，此佛氏为未识本来面目者设此方便。"本来面目"即吾圣门所谓"良知"。今既认得良知明白，即已不消如此说矣。"随物而格"，是"致知"之功，即佛氏之"常惺惺"，亦是常存他本来面目耳。体段工夫，大略相似。但佛氏有个自私自利之心，所以便有不同耳。今欲"善恶不思，而心之良知清静自在"，此便有自私自利，将迎意必之心，所以有"不思善、不思恶时用致知之功，则已涉于思善"之患。孟子说"夜气"，亦只是为失其良心之人指出个良心萌动处，使他从此培养将去。

今已知得良知明白，常用致知之功，即已不消说"夜气"；却是得兔后不知守兔，而仍去守株，兔将复失之矣。欲求宁静，欲念无生，此正是自私自利、将迎意必之病，是以念愈生而愈不宁静。良知只是一个，良知而善恶自辨，更有何善何恶可思？良知之体本自宁静，今却又添一个求宁静；本自生生，今却又添一个欲无生；非独圣门致知之功不如此，虽佛氏之学亦未如此将迎意必也。只是一念良知，彻头彻尾，无始无终，即是前念不灭，后念不生。今却欲前念易灭，而后念不生，是佛氏所谓"断灭种性"，入于槁木死灰之谓矣。

也就是说，宋儒提倡体用一源、显微无间、彻上彻下之道，因此他们会批判佛教与老庄沉沦于本体，忘却了作用，追求上一段，舍弃下一段。而王阳明在此基础上从"良知"说的角度加以批判。他认为一念良知贯穿上下，无始无终，前念不灭，后念不生，是生生不灭的。

衣锦还乡，谢辞封爵

正德十六年（1521）八月，王阳明来到越地，九月回到余姚，与父亲海日翁也就是龙山公重逢并祭祖。然后拜访自己的出生地——瑞云楼，对着埋葬自己胎衣的地方潸然泪下。因为王阳明幼年丧母，他对自己不能奉养母亲感到悲伤；王阳明是由祖母抚养成人的，所以他为自己没能送老人家最后一程感到悲恸不已。

回家这段日子，王阳明每日与亲朋好友饮宴作乐、游山玩水，随处宣扬良知学。然而乡里的故老大多因为王阳明过去的行迹而对"良知"说持怀疑态度，只有钱德洪对王阳明的话深信不疑，力排众议，携见面礼前来拜师。当时，约有八十名志同道合的人前来拜师。王阳明真可谓是衣锦还乡了。

与此同时，朝廷因王阳明平定了宸濠之乱，于十二月十九日封他为新建伯，并下旨任命他为南京兵部尚书兼光禄大夫、柱国，每年可享禄米千石，追封王家三代及其妻室，并赐诰券令他传给子孙后代。朝廷命行人（宣旨的官员）持白金与文绮慰劳王阳明，并赐给龙山公羊肉与美酒。

一行人来到余姚时，恰逢龙山公大寿，亲朋好友齐聚一堂。王阳明举杯祝老父长寿。龙山公庄严地说："宁濠之变，皆以汝为死矣而不死，皆以事难平矣而卒平。逸构朋兴，祸机四发，前后二年，岌乎知不免矣。天开日月，显忠遂良，穹官高爵，滥冒封赏，父子复相见于一堂，兹非其幸欤！然盛者衰之始，福者祸之基，虽以为幸，又以为惧也。"

王阳明听后，跪倒在地说："大人之教，儿所日夜切心者也。"众人不禁感叹虎父无犬子。而龙山公对王阳明的训诫，也让众人叹服。(《年谱二》)

嘉靖元年（1522）正月十日，王阳明上《辞封爵普恩赏以彰国典疏》(《王文成公全书》卷十三)，辞让新建伯这一爵位，却未被批准。王阳明辞退封爵的理由是什么呢？也许是遵奉了父亲龙山公的训诫，这番训诫来自《周易》的智慧，王阳明自己也非常喜爱这本书，另外也许是怕招来朝廷众臣的嫉妒吧。

关于这件事，东正堂大致做了如下评论(《阳明先生全书论考》卷十五《年谱三》)：王阳明提交了纪功，上面记载了平定宸濠之乱中部下的显赫功绩。朝中娼嫉王阳明的辅臣看到后，对此加以评论删改。王阳明才认识到，自己独自享受封爵从情理上是讲不通的。而且，虽然朝廷明言赐予岁俸一千石，官府却并未将诰券交给王阳明，也没有兑现岁俸。另有史书记载，纪功所记载的立功的部下中，只有原吉安知府伍文定真正得到升职，其余人等虽名义上升迁了，暗里却被贬，后来甚至被罢免。那些娼嫉者实在是祸世匪浅。据说朝中首辅杨廷和便是娼嫉者之一。

其他书上说，因为王阳明只求教于王琼，根本不问候其他阁老，阁老们对此怀恨在心。编著《王阳明先生年谱二卷》的李贽也注意到这一点，认为这是王阳明的失误之处。但是，王阳明不可能完全不给阁老们写信，只是不像写给王琼的书信那样有十五封之多而已。《王阳明全集》中的《与当道书》(《王文成公全书》卷二十七)便是一个例证。毕竟两者之间有亲疏的差别。

关于上述情况，《年谱三》做了记述。在平定各地贼匪与宸濠之乱时，王阳明一直都是先与王琼商议。王琼给他提供方便，因此每次报捷时，王阳明都将首功归于兵部尚书王琼。宰辅杨廷和对此怀恨在心，为阻拦王阳明此次升迁，伙同他人将其提交给朝廷的纪功内容加以删改。在上疏中，王阳明说："册中所载，可见之功耳。若夫帐下之士，或诈为兵檄，以挠其进止；或伪书反间，以离其腹心；或犯难走役，而填于沟壑；或以忠抱冤，而构死狱中(指前文提到的冀元亨)。有将士所不与知，部领所未尝历，幽魂所未及泄者，非册中所能尽载。今于其可见之功，而又裁削之，何以励效忠赴义之士耶！"乃上疏乞辞封爵。

《年谱三》中又接着引用上疏中的一段文字，王阳明如此痛批道："殃莫大于叨天之功，罪莫大于掩人之善，恶莫深于袭下之能，辱莫重于忘己之耻：四者备而祸全。此臣之不敢受爵者，非以辞荣也，避祸焉尔已。"王阳明使用如此激烈的言辞，大概是因为此时他已经深信良知，无所畏惧了。

东正堂如此评论这封上疏(见《阳明先生全书论考》卷十二《奏疏·公移二·江西书》)：王阳明用四条理由讲明了自己辞退封爵的意向，其实关键在于第二条和第三条。奖励没有惠及有功的上司与部下，自己没理由独享功劳，虽然这也是事实，关键还在于披沥了

第十八章　倡导"良知"说　　843

自己的至诚之心。文中将杨廷和与王琼一并而论，可见王阳明并非只敬重王琼，不敬重内阁其他人，只是没有像之前给王琼写信那样，通过私人信函传达感恩之情。

嘉靖元年（1522）二月十二日，王阳明的父亲龙山公病情突然加重，生命垂危。朝廷派使者来到王家，此时龙山公虽是重病缠身，却仍吩咐王阳明等子弟以礼相迎。他说："虽仓遽，乌可以废礼？"听说已经准备好了，他才瞑目而逝，享年七十七岁。此次朝廷派使者前来，是因为王阳明平定了宸濠之乱，皇帝下旨追封其父龙山公、祖父竹轩公、曾祖父槐里先生三公为新建伯。

这道圣旨是正德十六年（1521）十二月十九日下的，为何晚了将近两个月才到呢？这是因为宰辅杨廷和等人嫉妒王阳明，阻挠朝廷对他进行论功行赏。

朝廷使者到来时，虽然龙山公已经去世，王阳明却不让家人哭泣，而是换上新的礼服、礼帽，腰中系绅（宽腰带），令家人准备葬礼用品。九月，王阳明将龙山公葬于石泉山。

老父病逝，王阳明悲伤、疲惫交加，最终病倒在床。因为不能与远道而来的朋友会面，王阳明在墙上挂了这样一幅"壁帖"（见《王文成公全书》卷八）：

守仁鄙劣，无所知识，且在忧病奄奄中，故凡四方同志之辱临者，皆不敢相见。或不得已而相见，亦不敢有所论说，各请归而求诸孔孟之训可矣。夫孔孟之训，昭如日月，凡支离决裂，似是而非者，皆异说也。有志于圣人之学者，外孔孟之训而他求，是舍日月之明而希光于萤烛之微也，不亦谬乎！有负远来之情，聊此以谢。
荒迷不次。

七月十九日，吏部派人来告知，这次请求辞退封爵的奏疏未得到批准。于是，王阳明上疏《再辞封爵普恩赏以彰国典疏》(《王文成公全书》卷十三)再次请求辞退封爵，然而又未得到批准。

为何王阳明两次请求辞退封爵呢？因为平定宸濠之乱后，王阳明上报了将士的军功，朝廷明里予以褒奖，实际却没有全部兑现。有的将士的功绩被删改，有的将士甚至受到处罚，有的将士被授予有名无实的职位，或被任命为闲职，或被诬为不忠加以贬谪。那些和自己患难与共的将士翘首期盼了将近三年，如果在此时不提出来，事情会越拖越久。如果自己不提供资料，讲述他们立功的事实，请求论功行赏，还有谁会这样做呢？他们全都忠心耿耿，国难当头，挺身而出。然而，如今只有自己享受封赏，其他人只能分一杯残羹冷炙。因此王阳明才提交上疏，再次辞退封爵。

在这次的上疏中，王阳明写道：宸濠之乱爆发时，自己尚未任江西巡抚一职，为了尽忠报国，便兴起一支义兵，府州县各级官员纷纷响应，以粉身碎骨的忠义之气平定了叛乱。他们的功绩不但没有得到褒奖，反遭朝中奸臣的逸言嫉妒，在这种情况下，自己不能独自享受恩典。原文如此激烈：

窃惟宸濠之变，实起仓卒，其气势张皇，积威凌劫，虽在数千里外，无不震骇失措，而况江西诸郡县近切剥床,触目皆贼兵,随处有贼党。当此之时,臣以逆旅孤身,举事其间,虽仰仗威灵以号召远近,然而未受巡抚之命,则各官非统属也;未奉讨贼之旨,其事乃义倡也。若使其时郡县各官果怀畏死偷生之心,但以未有成命,各保土地为辞,则臣亦可如何哉?

然而闻臣之调,即感激奋励,或提兵而至,或挺身而来,是非真有捐躯赴难之义,勤力报主之忠,孰肯甘粉齑之祸,从赤族之诛,蹈必死之地,以希万一难冀之功乎?然则凡在与臣共事者,皆有忠义之诚者也。……

夫考课之典,军旅之政,固并行而不相悖,然亦不可混而施之。……今也将明旅之赏,而阴以考课之意行于其间,人但见其赏未施而罚已及,功不录而罪有加,不能创奸警恶,而徒以阻忠义之气,快谗嫉之心;譬之投杯醪于河水,而曰"是有醪焉,亦可饮而醉也",非易牙之口将不能辨之矣,而求饮者之醉,可得乎?

这篇上疏真正是论点鲜明、论据充分的大文章,然而辞退封爵并未得到批准。对此,东正堂大致做了如下评论:前一篇上疏中已然明确提出辞退封爵的理由,王阳明先生最为不满的是,其部将的功绩未得到恩典,这篇上疏重申此举万万不可。王阳明此次请辞封爵最终未得到批准,皆是因为世间的媚嫉者终归不值得共谈贤者之心。(《阳明先生全书论考》卷十三《奏疏·公移三·思田书》)

阻止陆澄辩护

据《年谱三》记载，王阳明再次上疏请求辞退封爵时，巡按江西、监察御史程启宪[1]与户科给事中毛玉[2]，在宰辅杨廷和的授意之下，提交上疏，弹劾王阳明。因为王阳明曾批评朱子，又建有平定宸濠之乱的大功，朝廷内外有不少人对他嫉妒不已。

当时王阳明的高徒陆澄任刑部主事，愤慨地提笔写下《辨忠谗以定国是疏》(《王文成公全书》卷三十八《世德纪附录》)，列举六条，为老师王阳明辩护，准备上奏。上疏中提到，当时抨击王阳明的理由大致有以下六点：

一谓宸濠私书，有"王守仁亦好"一语；
二谓守仁曾遣冀元亨往见宸濠；
三谓守仁亦因贺宸濠生辰而来；
四谓守仁起兵，由于致仕都御史王懋中、知府伍文定攀激；
五谓守仁破城之时，纵兵焚掠，而杀人太多；
六谓宸濠本无能为，一知县之力可擒，守仁之功不

---

[1] 程启宪：字以道。明代南直隶苏州府嘉定县（今上海市嘉定区）人。正德三年（1508）进士。

[2] 毛玉（1464—1524）：字国珍，后改用成，号琢庵。云南云南府昆明县（今昆明市）人。弘治十八年（1505）进士，由行人擢南京吏科给事中，后历任南京兵科给事中、吏科给事中、户科右给事中等职。

足多。

陆澄针对这些非议，一一列举事实详细辩论，明示王阳明与部下诸将的军功，为老师辩护，被称为"六辩"。上疏末尾写道："今建不世之功，而遭不明之谤，天理人心安在哉！""天理人心安在哉"这句话在文中出现了四次，可知陆原静有多么激愤。

但是，王阳明听说此事后，写了一封信《与陆原静（二）》(《王文成公全书》卷五）给陆澄，劝他不要上疏。王阳明在晚年告诫门人说："人生大病，只是一傲字。"（《传习录》下卷）值得注意的是，在这封书信中，王阳明首先对陆澄的辩护表示深深的谢意，然后写道，应该以谦虚为宗旨，自我反省，警诫卖弄辩解之词。现将王阳明的论点分条整理，明示其意，随后加入一些笔者个人的见解。

第一条：

某不孝不忠，延祸先人，酷罚未数，致兹多口，亦其宜然。乃劳贤者触冒忌讳，为之辩雪，雅承道谊之爱，深切恳至，甚非不肖孤之所敢望也。

王阳明认为，受众人责难是对祖先的不孝，这也印证了他主张的心学就是源于一个"孝"字。他讲到不忠一词，大概是出于自责之念。因为平定宸濠之乱后，他上报了部下的军功，但是皇帝身边的佞臣擅自删改捏造，并以莫须有的罪名陷害其门人冀元亨，而他却不能铲除奸佞。接着，他又表示，因为自己处置不当，要劳烦陆澄为自己上疏辩护，非常感谢。

第二条：

"无辩止谤"，尝闻昔人之教矣，况今何止于是！四方英杰以讲学异同之故，议论方兴，吾侪可胜辩乎？惟当反求诸己，苟其言而是欤，吾斯尚有所未信欤，则当务求其是，不得辄是己而非人也。使其言而非欤，吾斯既已自信欤，则当益致其践履之实，以务求于自慊，所谓"默而成之""不言而信"（《易·系辞上传》）者也。然则今日之多口，孰非吾侪动心忍性（《孟子·告子下》），砥砺切磋之地乎！

上面所讲的"昔人之教"，源自隋朝王通的《中说·问易篇》。贾琼问："何以息谤？"王通回答说："无辩。"也就是"勿辩"。这个"无辩"可以说是辩解的极致。《周易》中的贲的极致便是白贲，也是同一道理。这也算是对世间有志之士的针砭之言吧，因为他们吹捧阳明学是知行合一的实践哲学。

在此，王阳明表示，与其急于辩解，不如反求他人是非之论，以谦虚的态度追求体认。另外，他使用的"自慊"一词，出自《大学》，表示自我满足的意思，也是阳明学中非常重要的概念。也就是说，王阳明认为，"自慊"正是因为致良知而得到的自我满足。但是，这个词用在这里，也包含了自谦的意思，也就是说，遵循良知拥有自信的话，没必要特意向他人炫耀，反倒要谦虚。我们不可忽略王阳明所讲的"自慊"中有这样一层含义。

第三条：

　　且彼议论之兴，非必有所私怨于我，彼其为说，亦将自以为卫夫道也。况其说本自出于先儒之绪论，固各有所凭据，而吾侪之言骤异于昔，反若凿空杜撰者。乃不知圣人之学本来如是，而流传失真，先儒之论所以日益支离，则亦由后学沿习乖谬积渐所致。彼既先横不信之念，莫肯虚心讲究，加以吾侪议论之间或为胜心浮气所乘，未免过为矫激，则固宜其非笑而骇惑矣。此吾侪之责，未可专以罪彼为也。

王阳明虽然批判朱子学说，但是他讲到朱子学说时，并不明确指出朱子之名，只是提出"先儒之论"，而且绝不立门户之见。明末陈建的态度则大相径庭，他坚持朱子学说，在著作《学蔀通辩》中点明陆九渊和王阳明的名字，并对他们的学说予以彻底批判。我们应当注意，王阳明这种谦虚的态度从未改变过。

第四条：

　　吾侪今日之讲学，将求异其说于人邪？亦求同其学于人邪？将求以善而胜人邪？亦求"以善而养人"（《孟子·离娄下》）邪？知行合一之学，吾侪但口说耳，何尝知行合一邪！推寻所自，则如不肖者为罪尤重。盖在平时徒以口舌讲解，而未尝体诸其身，名浮于实，行不掩言，己未尝实致其知，而谓昔人致知之说未有尽。如贫子之说金，乃未免从人乞食。诸君病于相信相爱之过，好而不知其恶，遂乃共成今日纷纷之议，皆不肖之罪也。

王阳明对于自己讲学的深深自责着实打动人心。他在龙场大悟之后就提出知行合一，四十九岁开始倡导"致良知"说，在此却反省自己曾对先儒的"致知"说进行过批判一事，认为自己曾陷入口舌之弊，并不是真正的知行合一。

第五条：

虽然，昔之君子，盖有"举世非之而不顾，千百世非之而不顾"（《伯夷颂》）者，亦求其是而已矣。岂以一时毁誉而动其心邪！惟其在我者有未尽，则亦安可遽以人言为尽非？伊川、晦庵之在当时，尚不免于诋毁斥逐，况在吾辈行有所未至，则夫人之诋毁斥逐，正其宜耳。凡今争辩学术之士，亦必有志于学者也，未可以其异己而遂有所疏外。是非之心，人皆有之，彼其但蔽于积习，故于吾说卒未易解。就如诸君初闻鄙说时，其间宁无非笑诋毁之者？久而释然以悟，甚至反有激为过当之论者矣。又安知今日相诋之力，不为异时相信之深者乎！

一方面，王阳明针对世人的批判表示自己会进行深刻的反省，另一方面，他认为那些批判自己学说的人也是有志于学问的人，坚信他们遵循良知后很快便会理解自己的学说。由此可见，王阳明虽然主张自己独创的新学说——"良知"说，但是对世人非常谦虚。

而且，在书信的末尾，王阳明引用了孟子的"是非之心，知也""是非之心，人皆有之"(《孟子·告子上》)。这两句话讲述的是良知，唯有致良知是重要的。值得注意的是，他在提出"良知"说一两年后，已经在论述"致"的重要性了。

当时，王阳明的讲友，担任光禄寺少卿的黄绾也上《明军功以励忠勤疏》(《王文成公全书》卷三十八《世德纪附录》)，为王阳明辩护。

论科举

嘉靖二年（1523），社会上发生了一件与心学相关的事。当年的殿试由礼部负责出题，策问题中涉及心学，出题人暗中希望考生指责王阳明。王阳明的门人徐珊(字汝佩)考试时看到这个题目，说了句"不能曲意逢迎"，便不作答退出了考场。对于官方企图陷害王阳明的阴谋，他愤慨不已。其他门人听说此事后，对徐珊表示由衷的敬佩，说此事非常人所为，自北宋程颐的高徒尹焞以来他还是第一个。

然而，王阳明从其他门人口中得知此事后愀然不乐。其原委可详见王阳明写于嘉靖二年(1523)的《书徐汝佩卷》《王文成公全书》卷二十四)。有位门人敬重徐珊，认为他的行为是"富贵不能淫，贫贱不能移，威武不能屈"(《孟子·滕文公下》)。这位门人本以为王阳明听了自己的评价会高兴，从而表扬徐珊，谁知王阳明却黯然不乐。于是门人询问原因。

王阳明说："非是之谓也。"然后就默不作声了。

徐珊回到越地，这位门人问他："向吾以子之事问于夫子矣，夫子黯然而不乐，予云云而夫子云云也。子以为奚居？"

徐珊回答说："始吾见发策者之阴诋吾夫子之学也，盖怫然而怒，愤然而不平。以为吾夫子之学，则若是其简易广大也；吾夫子之言，则若是其真切著明也；吾夫子之心，则若是其仁恕公普也。夫子悯人心之陷溺，若己之堕于渊壑也，冒天下之非笑诋詈而日惇惇焉，亦岂何求于世乎！而世之人曾不觉其为心，而相嫉媢诋毁之若是，若是而吾尚可与之并立乎？已矣！吾将从夫子而长往于深山穷谷，耳不与之相闻，而目不与之相见，斯已矣。故遂浩然而归。归途无所事事，始复专心致志，沉潜于吾夫子致知之训，心平气和，而良知自发。然后黯然而不乐曰：'嘻吁乎！吾过矣。'"

门人又问道："然则子之为是也，果尚有所不可欤？"

徐珊回答道："非是之谓也。吾之为是也，亦未不可；而所以为是者，则有所不可也。吾语子。始吾未见夫子也，则闻夫子之学而亦尝非笑之矣，诋毁之矣。及见夫子，亲闻良知之诲，恍然而大悟醒，油然而生意融，始自痛悔切责。吾不及夫子之门，则几死矣。

"今虽知之甚深，而未能实诸己也，信之甚笃，而未能孚诸人也。则犹未免于身谤者也，而遽尔责人若是之峻。且彼盖未尝亲承吾夫子之训也，使得亲承焉，又焉知今之非笑诋毁者，异日不如我之痛悔切责乎？不如我之深知而笃信乎？何忘己之困而责人之速也！夫子冒天下之非笑诋毁，而日谆谆然惟恐人之不入于善，而我则反之，其间不能以寸矣。夫子之黯然而不乐也，盖所以爱珊之至而忧珊之深也。虽然，夫子之心，则又广矣大矣，微矣几矣。不睹不闻之中，吾岂能尽以语子也？"

之后，徐珊拜见王阳明时，将这番话原原本本禀告给他。王阳明听后，只是颔首不言，沉默良久。徐珊则躬身似已自省。翌日，徐珊持卷拜见王阳明，请求说："昨承夫子不言之教，珊倾耳而听，若震惊百里；粗心浮气，一时俱丧矣。请遂书之。"于是王阳明写下此卷。由此可得知，徐珊指责世间嘲笑诋毁阳明学的人，而王阳明则以"不言之教"教化他。

关于上述书卷，东正堂评论说（《阳明先生全书论考》卷五《外集四·说·杂著》）：这一篇文章，王阳明先生特意为徐珊明示学问精妙的工夫，圣门仁恕的工夫应当自己体会。

另外，关于"震惊百里"，东正堂认为取自《周易》中的震卦象辞（震惊百里的震为雷。震惊百里是说雷的威力巨大，可以使远处的人吃惊，使近处的人恐惧），也可以认为是来自佛教的"维摩一默，声如渊雷"。

同是嘉靖二年的进士考试，同门王阳德、王臣（字元卿，号复斋）、魏良弼等，在回答关于心学的策问时，堂堂正正、毫不忌讳地阐述老师的心学，结果考中了，而钱德洪却落榜了。他深恨时世不明，回到故里，向王阳明讲述了自己的感受。

王阳明很高兴地接见他，说："圣学从兹大明矣。"

钱德洪听后问："时事如此，何见大明？"

王阳明回答说："吾学恶得遽语天下士？今会试录，虽穷乡深谷无不到矣。吾学既非，天下必有起而求真是者。"（《王文成公全书》卷三十四《年谱三》）

"乡愿"自省

邹守益、薛侃、黄宗明、马明衡、王艮等侍于王阳明前，因言谤议日炽。先生曰："诸君且言其故。"有言先生势位隆盛，是以忌嫉谤；有言先生学日明，为宋儒争异同，则以学术谤；有言天下从游者众，与其进不保其往，又以身谤。（《王文成公全书》卷三十四《年谱三》）

王阳明回答道："三言者诚皆有之，特吾自知诸君论未及耳。""吾自南京以前，尚有'乡愿'（《论语·阳货篇》）意思。在今只信良知真是真非处，更无掩藏回护，做得'狂者'（《论语·子路》）。使天下尽说我行不掩言，吾亦只依良知行。"

薛侃认为先生自信良知以来，已得圣人真髓。

总之，王阳明在倡导良知说后，才不再有《论语》中所讲的乡愿之念，从而达到狂者之心境。

在上述问答之后，门人就乡愿与狂者的区别提问，王阳明回答道：

> 乡愿以忠信廉洁见取于君子，以同流合污无忤于小人，故非之无举，刺之无刺。然究其心，乃知忠信廉洁所以媚君子也，同流合污所以媚小人也，其心已破坏矣，故不可与入尧舜之道。狂者志存古人，一切纷嚣俗染，举不足以累其心，真有凤凰翔于千仞之意，一克念即圣人矣。惟不克念，故阔略事情，而行常不掩。惟其不掩，故心尚未坏而庶可与裁。（《王文成公全书》卷三十四《年谱三》）

关于狂者，《论语·子路篇》有如下记载："子曰：不得中行而与之，必也狂狷乎。狂者进取，狷者有所不为也。"

也就是说，孔子说他找不到奉行中庸之道的人交往了，只能与狂者、狷者相交往了。狂者敢于为善，狷者绝不会为恶。

王阳明倡导"良知"说以后，有时以狂者自居。他说，这也是招来世间指责的一个原因。从上述引用中我们可以察觉到，王阳明心中有些自省。可以说这里面包含了王阳明精神的真髓。因为薛侃察觉到这一点，所以才对王阳明说"得圣人真髓"这样的话。王阳明的这种自省态度，我们也可以从他写的《与陆原静（二）》（《王文成公全书》卷五）中得知。

> 曰："乡愿何以断其媚世？"
> 曰："自其议狂狷而知之。狂狷不与俗谐，而谓生斯世也，为斯世也，善斯可矣，此乡愿志也（《论语·阳

货篇》及《孟子·尽心下》)。故其所为皆色取不疑，所以谓之'似'("居之似忠信，行之似廉洁"出自《孟子·尽心下》)。三代以下，士之取盛名于时者，不过得乡愿之似而已。然究其忠信廉洁，或未免致疑于妻子也。虽欲纯乎乡愿，亦未易得，而况圣人之道乎？"

曰："狂狷为孔子所思，然至于传道，终不及琴张辈而传曾子，岂曾子亦狷者之流乎？"

曰："不然，琴张辈狂者之禀也，虽有所得，终止于狂。曾子中行之禀也，故能悟入圣人之道。"

有意思的是，在上述问答中，王阳明认为曾子是孔子所讲的中行之士，故而可以悟圣人之道。阳明学重行，朱子学重知，如果将二人比作孔子门生，则朱子像子贡，王阳明像曾子。当然，朱、王二人都高度评价过曾子，认为他领悟了孔子所讲的一贯之道。如果硬要对比二人，也可以用上述类比吧。

嘉靖二年（1523），王阳明在写给黄绾的书信（《王文成公全书》卷五）中写道："近与尚谦、子华、诚甫讲《孟子》'乡愿狂狷'一章，颇觉有所省发……"他回顾在南京的日子，发现自己当时的言论未免有乡愿之念。

从其一生来看，王阳明能够安心讲学的时期，只有从贬谪地龙场出来后的南京时期和还乡后的越地时期。具体如下。

正德五年（1510）十一月，王阳明任江西吉安府庐陵县知县时，上京觐见；正德七年（1512）十二月官拜南京太仆寺少卿。这段时间是王阳明的在京时期。

正德九年（1514）四月，任南京鸿胪寺卿；正德十一年（1516）以都察院左佥都御史的身份被任命为南赣汀漳巡抚。这段时间就是南京时期。

正德十六年（1521）八月，王阳明得到朝廷恩准回到故乡越地；嘉靖六年（1527）五月，受命征讨广西思恩、田州叛乱，并于九月离开故乡。这段时间便是越地时期。

王阳明在南京时期，提倡和朱子学不同的"去欲存理""省察克治"及有名的"事上磨炼"等学说，但是当时遭到朱子学者的指责。为避开朱子学者的锋芒，王阳明写下了《朱子晚年定论》。王阳明开始提倡"良知"说以后，他回顾当时的心境，承认自己有乡愿之念，有曲学阿世之心。

咏良知诗

可以说，王阳明是在大力倡导"良知"说之后才开始明确批判朱子学说的。我们可以通过他吟咏的良知诗窥见一斑。他在越地讲学期间，连续作了很多首吟咏良知的诗。据传朱子曾吟诵《性理吟》传于后世，其诗论及性理，但究竟是否为朱子所作尚存疑问。王阳明的"良知吟"，可以称为思想诗，与《性理吟》有点儿相似。

在王阳明所作的关于良知的诗中，最具代表性的首推《咏良知四首示诸生》(《王文成公全书》卷二十)。

第一首："个个人心有仲尼，自将闻见苦遮迷。而今指与真头面，只是良知更莫疑。"

这首诗主要讲述人人都和孔子一样拥有良知。第一句"个个人心有仲尼"，是说每个人都和孔子一样有一颗圣人之心。东正堂也曾讲过《阳明先生全书论考》卷十《诗四·续篇·赋诗》），这有点儿像禅宗宣讲的"直指人心，见性成佛"。圣人之心乃圣人秘传，非良知莫属。禅宗认为人人皆有佛性，当直指之。同样，王阳明直指良知，教化人们成为圣人。

然而，他又告诫说，世人并未直指心中的良知，却陷入以知识求之于外的迷惘。因此，在第三句中，他明白地告诉大家，应直指心中的真髓，不要犯了以知识求之于外物的错误。他还告诉人们，应当相信我们和圣人一样，心中具备良知。

下面看第二首："问君何事日憧憧？烦恼场中错用功。莫道圣门无口诀，良知两字是参同。"

这首诗是说，良知才是成为圣人的秘诀，圣学如同佛教、道教一样也有自己的"口诀"（要诀），那就是良知。第四句中援引道教学说进行说明。后汉魏伯阳著《周易参同契》，告诉我们道家炼丹成仙的秘诀。王阳明借此告诉我们，良知如同道家的参同契中的秘诀一样，是圣学的要诀，不可被烦恼见闻迷惑，陷入求天理于心外的迷惘境地，徒令自己苦恼，而应当直指圣学的真髓。

第三首可以说是王阳明"良知吟"的代表作："人人自有定盘针，万化根源总在心。却笑从前颠倒见，枝枝叶叶外头寻。"

这首诗告诉我们，良知就藏在我们心中，就像定盘针那样给我们指示方向。因此，良知正是宋儒所讲的天理，万事万物皆有定理，不可陷入外求的迷惘。很明显，第三句中"从前颠倒见"是指世间儒生奉为正宗的朱子学。

而且，在这首诗中，可以说明示了王阳明所讲的"培根之学"的真髓，总而言之就是良知。在王阳明看来，相较于培根之学，朱子学应该被称为枝叶之学。王阳明述怀道，在领悟良知以前，求道于外部枝叶之学而不是内部根源，犯了本末倒置的错误。

也就是说，王阳明在提倡"良知"说之前，倡导心即理，认为诚意便可完成《大学》的工夫，主张事上磨炼，尚未脱离枝叶之学的领域，他自己也觉得有些遗憾。在这首诗中，王阳明向世人明示了朱王两派学说的区别。

最后看一下第四首诗："无声无臭独知时，此是乾坤万有基。抛却自家无尽藏，沿门持钵效贫儿。"

这首诗是说，良知即天理，而天理不可外求。第一句中的"无声无臭"是源于"上天之载，无声无臭"（《诗经·大雅·文王》），《中庸》中也曾引用，说无声无臭是道德的最高境界，也是天理的极致。

王阳明以《大学》中的"独知"来讲述良知，东正堂提到（《阳明先生全书论考》卷十《诗四·续篇·赋诗》），《大学》《中庸》中提倡"慎独（君子必慎其独）"，朱子注解说："独者，人所不知，而己所独知之地也。"就此，王阳明论述道："所谓人虽不知，而己所独知者，此正是吾心良知处。"（《传习录》下卷）在上述诗中，王阳明将朱子说的"独知之地"改成了"独知时"，而且认为这就是本心，即良知。将"地"字改为"时"字，大概是跟诗韵有关，不值得讨论。

第二句说，无声无臭是天地万物之基础，也可以说良知即宇宙的根本。因此，王阳明感叹道，我心即良知中藏有取之不尽的真理，世人却不知求其于心内，而是求之于外，这就像乞丐乞讨一样。

下面请看《示诸生三首》(《王文成公全书》卷二十)。第一首如下：

尔身各各自天真，不用求人更问人。
但致良知成德业，漫从故纸费精神。
乾坤是易原非画，心性何形得有尘？
莫道先生学禅语，此言端的为君陈。

这首诗是说，人本来就具有天然无须雕饰的良知，不需要求之于人或书籍。若能发挥良知，便可成就德业。第一句中说的"天真"指良知。王阳明认为，要想成就德业，致良知便可，因为每个人都具备，所以不需要求之于人或者阅读古书。

第四句中的"漫从故纸费精神"，也许是指责朱子学注重读书穷理。陆王两派就因排斥读书穷理而遭到指责。朱子以道问学为宗旨，而陆九渊以尊德性为学术宗旨，王阳明则认为读书劳神。其实陆王两派并不排斥读书，王阳明饱读诗书，知识渊博，关于这一点我们读过《王文成公全书》便可了解。只是王阳明指出，不应将读书放在首位。

在诗的后半部分，第五句中，王阳明首先说天地运行、阴阳变化之道并非通过八卦显示，而是皆在我心。杨简也曾提出类似的说法，他是主张心学的陆九渊的高徒，曾提出易是"己易（易者，己也）"（《慈湖遗书》卷七）。

接下来，王阳明讲道，心性并非有形，本来无形、不染尘垢的东西就是良知。神秀大师曾作偈，将佛性比作明镜，明镜易沾尘埃，应当时时拂拭，不可怠慢修行。六祖慧能则作偈说，佛性本来就没有被尘垢蒙蔽，只要直指佛性就可以，没必要拂拭尘垢。王阳明暗中引用这一典故，直指良知的纯粹性和能动性，并表明虽然以一点禅语加以说明，但是我教（阳明心学）与禅并不相同，只是为了清楚说明良知才引用了禅语。自不必说，王阳明所讲的良知和禅所讲的佛性并非一回事。

第二首如下：

人人有路透长安，坦坦平平一直看。
尽道圣贤须有秘，翻嫌易简却求难。
只从孝弟为尧舜，莫把辞章学柳韩。
不信自家原具足，请君随事反身观。

这首诗并没有直接论述良知，只是告诉我们，人生道路是平平坦坦的，就是《周易》所讲的"易简"，因此不可求难于文辞。而且，遇事反观自身便知有良知，遵循良知可以轻易成就德业。修行圣人之道极为简易，举例来说，只要行孝悌，便可成为尧舜。这是引用了《孟子·告子下》里面的话。

第三首如下：

长安有路极分明，何事幽人旷不行？

遂使蓁茅成间塞，仅教麋鹿自纵横。
徒闻绝境劳悬想，指与迷途却浪惊。
冒险甘投蛇虺窟，颠崖堕壑竟亡生。

这首诗将求道比作去长安的行人，叙述了良知乃易简之道，人们却去冒险，最终导致身亡。这条道极为分明，人们却因见闻文辞把它当作险难之道，自讨苦吃。

有人就良知向王阳明提问，因此他作诗《答人问良知二首》(《王文成公全书》卷二十)加以说明。

首先看第一首："良知即是独知时，此知之外更无知。谁人不有良知在，知得良知却是谁？"

在这首诗中，王阳明说，任何人先天都具有良知，此外再无他知。因此，良知不可求于人，应当自己体会。

第二首如下："知得良知却是谁？自家痛痒自家知。若将痛痒从人问，痛痒何须更问为？"

这是说，良知是自身具有的，要体会良知，就如同自身的痛痒要自己体会。

王阳明回到故乡越地后，众多志同道合的朋友从四方赶来，王阳明也在讲学中与他们互相切磋，见到了一定成效，也结识了一些学业得力之人。但是，他在给黄绾的书信(见《王文成公全书》卷五)中说："大抵近世学者，只是无有必为圣人之志。"又说："闻接引同志孜孜不息，甚善甚善！但论议之际，必须谦虚简明为佳。若自处过任而词意重复，却恐无益有损。"

现代有些专家，标榜科学研究、客观研究，热衷于争论。这段话，对于他们也算是顶门一针吧。就像上述书信中写的那样，王阳明在高呼致良知之后，也不忘论述"立志"的重要性。

此时，王阳明对于"致良知"益发自信。他在《与尚谦书》（《王文成公全书》卷三十四《年谱三》）中主张说："得致知二字，千古人品高下真伪，一齐觑破，毫发不容掩藏。"当时，薛侃曾向世宗进言，希望能早立太子，结果被问罪。于是他痛切反省自己过于轻傲。对此，王阳明在书信中称赞其修行有进步，反省很深刻，并教化道："但知轻傲处便是良知，致此良知，除却轻傲，便是格物。"由此可见，王阳明认为，知道是非便是良知，致此良知，远离是非则是格物。这与朱子格物致知的解释相反。以前，王阳明主张以正物为格物，此时则认为，格物便是致良知，即致知。不仅如此，他还主张，致知贯穿于《大学》中的"格致诚正"。因此，他将以前写的《大学古本序》最后一句中的"诚意尽焉"改为"致知尽焉"。这件事在书信中也有提及。

前面提到，王阳明是在四十九岁，于虔州提出的"致良知"说的，但是当时很少有门人能够理解透彻。因此，他在《与尚谦书》中写道："二字在虔时终日论此，同志中尚多未彻。近于古本序中改数语，颇发此意，然见者往往亦不能察。今寄一纸，幸更熟味。此乃千古圣学之秘，从前儒者多不善悟到，故其说入于支离外道而不觉也。"王阳明在这里讲的"从前儒者"指的正是朱子。

王阳明说自己在南京时期的讲学难免有曲学阿世即乡愿之念，也是情有可原的。从上段文字我们可以看出王阳明对"致良知"说产生自信的心路历程。

王阳明讲学

嘉靖二年（1523）春，邹守益拜访了在越地讲学的王阳明，求教学问。

邹守益逗留数日之后，王阳明和其他门人一起将他送到浮峰，留宿在延寿寺。当晚秉烛夜坐，先生慨怅不已，说："江涛烟柳，故人倏在百里外矣！"有一门人问："先生何念谦之之深也？"王阳明回答说："曾子所谓'以能问于不能，以多问于寡；有若无，实若虚；犯而不校'，若谦之者，良近之矣。"（《传习录》下卷）可见在王阳明心中，邹守益是最接近曾子嘉许的人。

曾子嘉许的人可见于《论语·泰伯篇》，曾子回想起亡故的友人（据说是孔子的高足颜回），说："以能问于不能，以多问于寡；有若无，实若虚；犯而不校，昔者吾友尝从事于斯矣。"王阳明曾经痛斥傲慢的坏处，说："人生大病，只是一傲字。"（《传习录》下卷）他认为颜回那样谦虚的人是最理想的，于是把自己的高徒邹守益比作颜回。

当时，王阳明在写给邹守益的诗《次谦之韵》（《王文成公全书》卷二十）中，批评了宋儒求理于心外的错误，叙述了体认良知的必要性。

珍重江船冒暑行，一宵心话更分明。
须从根本求生死，莫向支流辨浊清。
久奈世儒横臆说，竞搜物理外人情。

> 良知底用安排得？此物由来自浑成。

第三句"须从根本求生死"，大概是批判佛老思想吧。这里的"根本"指的就是良知。王阳明认为，佛老的生死说是求于心外，良知才是根本，以良知为本便可超脱生死，自然可以达到养生的目的。王阳明晚年时提出，遵循"良知"说便可达到佛教的超脱生死、道教的养生，甚至论述了以"良知"说为中心的三教合一的思想。我们将在后文详细讲述这一点。

第四句"莫向支流辩浊清"，是批判求理于心外的宋儒"格物"说，王阳明感叹朱子"格物"说成为世间儒者的通论已久，因此在第五句中吟道"久奈世儒横臆说"。他认为，世间儒者求物理于心外，忘记求之于人情，而良知学非常简易直接，因此在诗的最后吟道："良知底用安排得？此物由来自浑成。"

嘉靖二年（1523）十一月，都御史林俊致仕，打算渡过钱塘江来拜访王阳明。他比王阳明年长二十岁，曾多次给予王阳明庇护。王阳明考虑到对前辈的礼节，于是前往萧山（杭州南）迎接他，后夜宿浮峰延寿寺，几个人聚在一起共论时事。当时王阳明的门人也跟随在侧，张元冲在船上就佛老提问道（见《年谱三》）："二氏与圣人之学所差毫厘，谓其皆有得于性命也。但二氏于性命中着些私利，便谬千里矣。今观二氏作用，亦有功于吾身者，不知亦须兼取否？"

对此，王阳明如此回答：

> 说兼取，便不是。圣人"尽性至命"（《孟子·尽心上》），

何物不具，何待兼取？二氏之用，皆我之用：即吾尽性至命中完养此身谓之仙，即吾尽性至命中不染世累谓之佛。但后世儒者不见圣学之全，故与二氏成二见耳。譬之厅堂三间共为一厅，儒者不知皆吾所用，见佛氏，则割左边一间与之；见老氏，则割右边一间与之；而己则自处中间，皆举一而废百也。圣人与天地民物同体，儒、佛、老、庄皆吾之用，是之谓大道。二氏自私其身，是之谓小道。

王阳明晚年对佛老的这番评论，可以说是以儒教为本的三教合一学说。然而佛老二氏并不认同三教合一，而是执着于自己的想法，排斥他人。儒者从这种立场出发，认为应当求教于佛老，兼容并蓄，遭到王阳明的批评。

不过，这里说的三教合一，必须以儒教为中心，三教的本体和作用并非都是相同的，也不是本体相同而作用不同。总而言之，在王阳明看来，儒教本来就是包含其他二教的，非常完善。修行儒教自然就包含了其他二教的功用。换句话说，修行儒教也可以达到佛老的目标，然而佛老二氏的教谕中不包含其他。因此，王阳明说，前者是大道，后者是小道，儒教之道是完善的。

王阳明认为，圣人性命之学是完善的大道，也可以达到佛教的解脱和道教的长生。相反，佛老是偏于一边的小道，儒者没有必要特意兼取二氏。这可以说是"三教合一"学说。但是，这并不是说三者之道都是从性命为体、作用不同这一角度来讲的，而是以儒教为主体的三教合一学说。王阳明对佛老二氏依然持批判态度，所以认为儒者不应该兼取二氏之学。

我们再多了解一些王阳明倡导"致良知"说后对佛老的批判吧。王阳明认为，佛教以"无（空）"为宗旨，却有力求脱离生死苦海的私念，因此没有做到真正的无；道教以"虚"为宗旨，却有祈祷长生不老的私念，因此没有做到真正的虚。而圣人无任何私念，因此做到了真正的虚无。他觉得遵循良知可以把万事万物看作绝对虚无，不会有一丝私念，于是从这一立场上对佛老二氏加以批判。（《传习录》下卷）

王阳明又批判说，佛教主张无执着，即不着相，这反倒陷入了着相的状态。也就是说，儒教承认君臣、父子、夫妻都是实际存在的关系，因而能够坦诚对待。佛教认为这些关系都是烦琐的，想要逃避，结果是着相于此。儒教以仁来处理父子关系，以义来处理君臣关系，以别来处理夫妻关系，所以没有着相。总之，佛教否定诸般事物的存在，想要逃避，虽主张无执着却陷入执着。（《传习录》下卷）

门人黄直又问："儒者到三更时分，扫荡胸中思虑，空空静静，与释氏之静只一般，两下皆不用，此时何所分别？"

王阳明回答说："动静只是一个。那三更时分，空空静静的，只是存天理，即是如今应事接物的心。如今应事接物的心，亦是循此天理，便是那三更时分，空空静静的心。故动静只是一个，分别不得。知得动静合一，释氏毫厘差处亦自莫掩矣。"（《传习录》下卷）

总之，儒教是动静一体的，而佛教是沉沦于静的。概括地说，二者都主张动静一体，但儒教以动为本，佛教以静为本，这样说来二者的区别不够分明。如果以王阳明所讲的有无天理来区分，则会更清楚。

前文提到，正德十六年（1521）八月，王阳明得到朝廷恩准，回到故乡越地，收钱德洪等八十多名弟子，对他们讲学。到了嘉靖二年（1523），门下弟子日益增多，讲学呈现出空前的繁盛景象。钱德洪曾在《传习续录》二卷的跋文中描述了当时的盛况：

> 先生初归越时，朋友踪迹尚寥落，既后，四方来游者日进。癸未年以后，环先生而居者比屋，如天妃、光相诸刹，每当一室，常合食者数十人，夜无卧处，更相就席；歌声彻昏旦。南镇、禹穴、王阳明洞诸山，远近寺刹，徒足所到，无非同志游寓所在。先生每临讲座，前后左右环坐而听者，常不下数百人，送往迎来，月无虚日；至有在侍更岁，不能遍记其姓名者。每临别，先生常叹曰："君等虽别，不出天地间，苟同此志，吾亦可以忘形似矣。"诸生每听讲出门，未尝不跳跃称快。尝闻之同门先辈曰："南都以前，朋友从游者虽众。未有如在越之盛者。此虽讲学日久，孚信渐博，要亦先生之学日进，感召之机申变无方，亦自有不同也。"

读到这里，我们便可深切感受到王阳明讲学的魅力以及对门人的感化力。

嘉靖三年（1524），时任浙江绍兴府知府的南大吉成为王阳明的门生。南大吉性格豪放阔达，不拘小节，他听了王阳明讲学后颇有感悟。当时，两人有过这样的谈话（见《年谱三》）：

大吉曰："大吉临政多过，先生何无一言？"
先生曰："何过？"
大吉历数其事。
先生曰："吾言之矣。"
大吉曰："何？"
先生曰："吾不言，何以知之？"
大吉曰："良知。"
先生曰："良知非我常言而何？"
大吉笑谢而去。
居数日，复自数过加密，且曰："与其过后悔改，曷若预言不犯为佳也。"
先生曰："人言不如自悔之真。"大吉笑谢而去。
居数日，复自数过益密，且曰："身过可勉，心过奈何？"
先生曰："昔镜未开，可得藏垢；今镜明矣，一尘之落，自难住脚。此正入圣之机也，勉之！"

由此可见王阳明教化门人的妙法。王阳明通过明镜的比喻，告诉南大吉他已经自悟了良知，只要能够致良知，就能马上意识到过错并更改，并勉励他说这正是进入圣人之境的大好时机。

如上所述，王阳明对门人的教化都是根据他们的才德与环境选择合适的方法，门人自然不胜感激。

稽山书院位于绍兴府卧龙山西岗，荒废已久。此时，南大吉命属下绍兴府山阴县知县吴瀛进行修复。吴瀛一边听王阳明讲述良知心学，一边修筑尊经阁。后王阳明受南大吉所托，作《稽山书院尊经阁记》(《王文成公全书》卷七)，其内容暂且不表。据《年谱三》记载，来稽山书院听讲的竟达三百余人，他们分别来自湖广、广东、南直隶、江西等地。书院几乎容纳不下。

前面提到，正德十三年（1518）八月，王阳明的高徒薛侃在陆澄的协助之下，于虔州首刊《传习录》三卷，相当于现行的《传习录》上卷。六年后，即嘉靖三年（1524）十月，南大吉于越地编辑王阳明的论学书简，续刊《传习录》五卷，大致相当于现行的《传习录》中卷，估计曾在稽山书院讲学时使用过。

摆弄禅机教导门人

前面提到过，王阳明擅长智谋，少年时代用计谋惩戒了虐待自己的继母，中年弃佛教与老庄思想转尊儒教时，曾在西湖虎跑寺用禅机教化禅僧，使其信奉儒教。而他在教导门人时，也不忘摆弄禅机，感化门人。不得不说，王阳明确实是一个因材施教的好老师。下面列举一两个例子。

《传习录》下卷中记录了一段师徒对话，非常有趣：

> 先生锻炼人处，一言之下，感人最深。一日，王汝止（王艮）出游归，先生问曰："游何见？"
> 对曰："见满街人都是圣人。"
> 先生曰："你看满街人是圣人，满街人倒看你是圣

人哉。"

又一日，董萝石（董沄）出游而归，见先生曰："今日见一异事。"

先生曰："何异？"

对曰："见满街人都是圣人。"

先生曰："此亦常事耳，何足为异？"盖汝止圭角未融，萝石恍见有悟，故问同答异，皆反其言而进之。

钱德洪与黄弘纲（字正之）、张元冲、王畿丙戌会试归，为先生道途中讲学，有信有不信。先生曰："你们拿一个圣人去与人讲学，人见圣人来，都怕走了，如何讲得行！须得做个愚夫愚妇，方可与人讲学。"

也就是说，王阳明认为，教导人的时候不能一副圣人面孔，应该以普通人的姿态教人。这时，钱德洪与王阳明又有如下对话：

洪又言："今日要见人品高下最易。"

先生曰："何以见之？"

对曰："先生譬如泰山在前，有不知仰者，须是无目人。"

先生曰："泰山不如平地大，平地有何可见？"

先生一言剪裁，剖破终年为外好高之病，在座者莫不悚惧。

一友问工夫不切。

先生曰:"学问工夫,我已曾一句道尽,如何今日转说转远,都不着根?"

对曰:"致良知盖闻教矣,然亦须讲明。"

先生曰:"既知致良知,又何可讲明?良知本是明白,实落用功便是。不肯用功,只在语言上转说转糊涂。"

曰:"正求讲明致之之功。"

先生曰:"此亦须你自家求,我亦无别法可道。昔有禅师,人来问法,只把尘尾提起。一日,其徒将尘尾藏过,试他如何设法。禅师寻尘尾不见,又只空手提起。我这个良知就是设法的尘尾,舍了这个,有何可提得?"

少间,又一友请问工夫切要。

先生旁顾曰:"我尘尾安在?"一时在座者皆跃然。

嘉靖五年(1526),王阳明在书信《寄邹谦之(三)》(《王文成公全书》卷六)中写道:"近有乡大夫请某讲学者云:'除却良知,还有什么说得?'某答云:'除却良知,还有什么说得!'"

王阳明想通过这段文字告诉门人,除却良知再也没有什么可以说的了。这可谓是王阳明思想的真髓。

王阳明与董沄

上节师徒问答中出现的王阳明门人,王畿与王艮后来成为良知现成派(左派)的巨匠,钱德洪成为良知修证派(正统派)的巨匠,董沄(号萝石,晚号从吾道人)则脱离尘世,思慕佛教、老庄的无碍自在境界。

王阳明为董沄的风度及诗作所打动，于嘉靖四年（1525）写下《从吾道人记》(《王文成公全书》卷七)，记述了董沄的人生经历以及拜师时的情形。当时董沄已经六十八岁，是一个广为人知的诗人，在故乡和志同道合的人结成诗社，整天沉迷于吟诗，甚至废寝忘食，受人讥笑也毫不在意，反倒说"此乃天下至乐也"。

嘉靖三年（1524）春，董沄来越地游玩，正好听说王阳明在山中与门人讲学，于是前去拜访。王阳明见他风度奇异，又听说他已经六十八岁高龄，因此以礼相迎，与他日夜交谈。董沄听了王阳明的讲学后益发谦卑，离席后他对王阳明的门人说：

> 吾见世之儒者支离琐屑，修饰边幅，为偶人之状，其下者贪饕争夺于富贵利欲之场，而尝不屑其所为，以为世岂真有所谓圣贤之学乎，直假道于是以求济其私耳！故遂笃志于诗，而放浪于山水。今吾闻夫子良知之说，而忽若大寐之得醒，然后知吾向之所为，日夜弊精劳力者，其与世之营营利禄之徒，特清浊之分，而其间不能以寸也。幸哉！吾非至于夫子之门，则几于虚此生矣。吾将北面夫子而终身焉，得无既老而有所不可乎？

王阳明从门人那里听到这段话，喟然说道："有是哉？吾未或见此翁也！虽然，齿长于我矣。师友一也，苟吾言之见信，奚必北面而后为礼乎？"

董沄听说后，觉得可能是自己诚意不够，回到故乡待了两个月后又来到越地，手持绢布对王阳明的门人说："此吾老妻之所织也。吾之诚积，若此缕矣。夫子其许我乎？"

王阳明听说后感动地说：

> 有是哉？吾未或见此翁也！今之后生晚进，苟知执笔为文辞，稍记习训诂，则已侈然自大，不复知有从师学问之事。见有或从师问学者，则哄然共非笑，指斥若怪物。翁以能诗训后进，从之游者遍于江湖，盖居然先辈矣。一旦闻予言，而弃去其数十年之成业如敝屣，遂求北面而屈礼焉，岂独今之时而未见，若人将古之记传所载，亦未多数也。夫君子之学，求以"变化其气质"（《张子全书》卷六《经学理窟》）焉尔。气质之难变者，以客气之为患，而不能以屈下于人，遂至自是自欺，饰非长敖，卒归于凶顽鄙倍。故凡世之为子而不能孝，为弟而不能敬，为臣而不能忠者，其始皆起于不能屈下，而客气之为患耳。苟惟理是从，而不难于屈下，则客气消而天理行。非天下之大勇，不足以与于此！则如萝石，固吾之师也，而吾岂足以师萝石乎？

董沄听了王阳明的话，说："甚哉！夫子之拒我也。吾不能以俟请矣。"然后主动来到王阳明面前行拜师礼。王阳明无法再推辞，最终同意以师友身份来往。

王阳明与董沄同游禹穴，登炉峰，攀秦望（相传秦始皇曾到此），寻访兰亭遗址，徜徉于云门、若耶、鉴湖、剡曲等名胜。

第十八章　倡导"良知"说

在游玩的同时，董沄每天听王阳明讲学，体会颇多，欣然而乐，以至流连忘返。然而，和他一起结成诗社的故乡亲友子弟，有人嘲笑他，也有人作诗请他回来，说："翁老矣，何乃自苦若是耶？"董沄笑着回答说："吾方幸逃于苦海，方知悯若之自苦也，顾以吾为苦耶？吾方扬鬐于渤澥，而振羽于云霄之上，安能复投网罟而入樊笼乎？去矣，吾将从吾之所好！"然后自号"从吾道人"。从这番话中，我们可以推断他自号"从吾道人"的用意。另外，他心里还藏有些许老庄的超脱思想。

王阳明曾指出，经典就是从吾之好。他听了董沄的话，得知董沄之好，感叹说"血气既衰，戒之在得"（《论语·季氏篇》），没有人能像董沄那样，血气方刚，意气风发，宛如少年一般。世间之人正好相反，为利欲奔波，相互欺诈，以此为"从吾之好"，不知道什么是"真吾"。他就"真吾"解释如下：

> 夫吾之所谓真吾者，良知之谓也。父而慈焉，子而孝焉，吾良知所好也；不慈不孝焉，斯恶之矣。"言而忠信焉，行而笃敬焉"（《论语·卫灵公篇》），吾良知所好也；不忠信焉，不笃敬焉，斯恶之矣。故夫名利物欲之好，私吾之好也，天下之所恶也；良知之好，真吾之好也，天下之所同好也。是故从私吾之好，则天下之人皆恶之矣，将心劳日拙而忧苦终身，是之谓"物之役"（孟子语）。从真吾之好，则天下之人皆好之矣，将家、国、天下，无所处而不当；富贵、贫贱、患难、夷狄，无入而不自得（《中庸》）；斯之谓能从吾之所好也矣。夫子尝曰"吾

十有五而志于学"(《论语·为政篇》),是从吾之始也。"七十而从心所欲不逾矩"(《论语·为政篇》),则从吾而化矣。萝石逾耳顺而始知从吾之学,毋自以为既晚也。充萝石之勇,其进于化也何有哉?

在上述文字中,王阳明阐述了"真吾",即真正的自我就是良知,从"真吾"之好便可达圣人境界。

另外,他还讲道,从"真吾"之好可以自慊而得到心的安宁,不仅可以随处自得,还能够治国平天下。从"真吾"之好会被天下人喜欢,相反会被天下人讨厌。

前面提到,王阳明在流放之地龙场大悟,在当地讲学时,曾为聚集来的青年学生讲述"立志"的要诀(《教条示龙场诸生》,出自《王文成公全书》卷二十六)。其中讲道:"为善则父母爱之,兄弟悦之,宗族乡党敬信之,何苦而不为善为君子?……为恶则父母怒之,兄弟怨之,宗族乡党贱恶之,何苦而必为恶、为小人?"对照一下《立志》和《从吾道人记》里的话,我们便可知道王阳明晚年提出的"良知"说早在龙场时期便已萌芽。

下面参考一下黄宗羲在《明儒学案》中对董沄的评价:"先生晚而始学,卒能闻道。其悟道器无两,费隐一致,从佛氏空有而入,然佛氏终沉于空,此毫厘之异,未知先生辨之否耶?"(《浙中王门学案》卷四)从而可知董沄其人。

践行良知

　　嘉靖三年（1524）八月十五日，中秋佳节，一轮明月悬挂在天空，皎洁明亮。王阳明于府邸碧霞池上天泉桥设宴赏月，召集门人百余名。酒至半酣，门人中有的放声高歌，有的掷箭于壶，有的击鼓泛舟，耽于游兴。王阳明退而作诗《月夜二首》（《王文成公全书》卷二十）。两首诗都讲述了王阳明的心学，第一首如下：

　　　　万里中秋月正晴，四山云霭忽然生。
　　　　须臾浊雾随风散，依旧青天此月明。
　　　　肯信良知原不昧，从他外物岂能撄！
　　　　老夫今夜狂歌发，化作钧天满太清。

　　在前四句中，王阳明把良知比作中秋明月，就像风能够瞬间吹开云霭浊雾一样，良知有扫尽人欲的伟大力量。本书后面附有《拔本塞源论》，王阳明在文中将良知比作太阳，太阳一出中天，便可散尽云雾，也是同样的意思。

　　接下来的两句是说，王阳明相信良知非常明晰，不为外物所扰乱，良知是亘古不变的。王阳明深感良知的光明可以拂去云雾般的人欲。他在最后两句诗中感叹道，自己身为老人，也要狂歌一番，如身在天籁环绕之中。

　　第二首如下：

处处中秋此月明，不知何处亦群英？
须怜绝学经千载，莫负男儿过一生！
影响尚疑朱仲晦，支离羞作郑康成。
铿然舍瑟春风里，点也虽狂得我情。

这首诗也将良知比作中秋明月，感叹世间俊秀之才虽多却不知在何处，孟子仙去，圣学断绝已过千年，希望有志男儿早日醒悟，不要不知圣学空度一生。接下来又感叹，朱子未得圣学真传，只是传其形影，后汉刘玄陷入训诂之学而支离破裂，世间儒者却以此为宗。自己和那些儒者不同，更羡慕孔子的门人曾点，想成为孔子所说的狂者。

曾点是曾参之父，亦称曾晳。一天，孔子让曾点及另外三名弟子说一下自己的理想。其他三人都说要以道治理天下，成就大事。曾点一边弹琴一边听他们谈论。

"点，尔何如？"
鼓瑟希，铿尔，舍瑟而作，对曰："异乎三子者之撰。"
子曰："何伤乎？亦各言其志也。"
曰："莫春者，春服既成。冠者五六人，童子六七人，浴乎沂，风乎舞雩，咏而归。"
夫子喟然叹曰："吾与点也！"（《论语·先进篇》）

另外，孔子还说过："不得中行而与之，必也狂狷乎！"（《论语·子路篇》）因此，王阳明的理想是宁愿成为曾点那样恣意狂放的狂者。

酒宴上门人做出狂者的样子，忘记了孔子教诲的真义，王阳明看到以后作诗旁敲侧击了一下。

第二天早晨，门人为前天晚上的狂态道歉。

"子在陈，曰：'归与！归与！吾党之小子狂简，斐然成章，不知所以裁之。'"（《论语·公冶长篇》）王阳明引用这一典故教化道（《年谱三》）：

> 世之学者，没溺于富贵声利之场，如拘如囚，而莫之省脱。及闻孔子之教，始知一切俗缘，皆非性体，乃豁然脱落。但见得此意，不加实践以入于精微，则渐有轻灭世故，阔略伦物之病。虽比世之庸庸琐琐者不同，其为未得于道一也。故孔子在陈思归，以裁之使入于道耳。诸君讲学，但患未得此意。今幸见此，正好精诣力造，以求至于道。无以一见自足而终止于狂也。

王阳明看到中秋的明月有时也会被云遮住，因此作诗《中秋》，以抒感怀：

> 去年中秋阴复晴，今年中秋阴复阴。
> 百年好景不多遇，况乃白发相侵寻！
> 吾心自有光明月，千古团圆永无缺。
> 山河大地拥清辉，赏心何必中秋节！

王阳明就是这样大力提倡心学纲要，不断阐述良知是永远光明的。

敬畏与洒落

王阳明在书信《答舒国用》（《王文成公全书》卷五）中论及敬畏与洒落的关联，这也是他对门人的训诫。我们不妨来了解一下。

舒国用的问题："敬畏之增，不能不为洒落之累。""敬畏为有心，如何可以无心？而出于自然，不疑其所行。"

王阳明大致做了如下回答：

> 夫君子之所谓敬畏者，非有所恐惧忧患之谓也，乃戒慎不睹，恐惧不闻之谓耳。君子之所谓洒落者，非旷荡放逸，纵情肆意之谓也，乃其心体不累于欲，无入而不自得之谓耳。夫心之本体，即天理也。天理之昭明灵觉，所谓良知也……
>
> 而其昭明灵觉之本体，无所亏蔽，无所牵扰，无所恐惧忧患，无所好乐忿懥，无所意必固我，无所歉馁愧怍。和融莹彻，充塞流行，动容周旋而中礼，从心所欲而不逾，斯乃所谓真洒落矣。是洒落生于天理之常存，天理常存生于戒慎恐惧之无间。孰谓"敬畏之增，乃反为洒落之累"耶？惟夫不知洒落为吾心之体，敬畏为洒落之功，歧为二物而分用其心，是以互相抵牾，动多拂戾而流于欲速助长。

是国用之所谓"敬畏"者，乃《大学》之"恐惧忧患"，非《中庸》"戒慎恐惧"之谓矣。程子常言："人言无心，只可言无私心，不可言无心。"戒慎不睹，恐惧不闻，是心不可无也。有所恐惧，有所忧患，是私心不可有也。尧舜之兢兢业业（《尚书·皋陶谟》），文王之小心翼翼（《诗经·大雅·大明》），皆敬畏之谓也，皆出乎其心体之自然也。出乎心体，非有所为而为之者，自然之谓也。敬畏之功无间于动静，是所谓"敬以直内，义以方外"也。敬义立而天道达，则不疑其所行矣。

举业与圣学

此时王阳明曾论及圣学与举业，在此一并记述。

王阳明说过，修行圣学与举业绝不矛盾。他提出"良知"说以后，认为良知是千古圣贤的秘诀、圣学的正法眼藏，自然会觉得修行良知圣学与举业不矛盾。不过当时王阳明明确指出朱子学是外求之学，良知学是求心之学，二者相反，而科举考试依旧以朱子学为基础，因此有人觉得举业与良知学矛盾。就此有一段趣闻。(《年谱三》)

> 德洪携二弟德周、仲实读书城南。洪父心渔翁往视之。魏良政、魏良器辈与游禹穴诸胜，十日忘返。
> 家君问曰："承诸君相携日久，得无妨课业乎？"
> 二子答曰："吾举子业无时不习。"

家君曰："固知心学可以触类而通，然朱说亦须理会否？"

二子曰："以吾良知求晦翁之说，譬之打蛇得七寸矣，又何忧不得耶？"

家君疑未释，进问先生。

先生曰："岂特无妨？乃大益耳。学圣贤者，譬之治家，其产业、宅第、服食、器物，皆所自置。欲请客，出其所，有以享之；客去，其物具在，还以自享，终生用之无穷也。今之为举业者，譬之治家不务居积，专以假贷为功。欲请客，自厅事以至供具，百物莫不遍借。客幸而来，则诸贷之物一时丰裕可观；客去，则尽以还人，一物非所有也；若请客不至，则时过气衰，借贷亦不备；终生奔劳，作一窭人而已。是求无益于得，求在外也。"

明年乙酉大比，稽山书院钱楩与魏良政并发解江、浙。家君闻之，笑曰："打蛇得七寸矣。"

第十九章

阳明晚年

书院四大记

如前所述，南宋初年，自朱子复兴了荒废的白鹿洞书院以来，各地纷纷建立书院，至后世益发兴盛。朱子时期，有四大著名书院，这其中就包括白鹿洞书院。

书院学缘何如此勃兴呢？不言自明，这与宋代新儒学的勃兴关系密切。随着书院学的流行，新儒学也日渐兴盛，因此，以禅学为主流的时代终结，进入了以儒学为主流的时代。

到了宋代，以科举考试为目的的训诂记诵之学遭到批判，人们认为儒学应该是学习圣人之学，以修身治国为宗旨。也就是说，立志成为圣人才是儒学的根本特色。因此，书院学开始流行，洞主或山长都是专修儒学、以经世之学为宗旨的大儒，他们不再讲述过去学校教育中的训诂记诵之学。

然而到了元代，科举考试中开始采用朱子学，专门考查朱子学对经典的解释。到了明代，学术思想方面甚至产生了推崇朱子学、排斥其他学派的倾向。因此，宋学的百科全书《性理大全》出版后即成为科举考试的中心内容，学校教育中甚至出现了只重视朱子训诂记诵之学的风潮，丧失了圣学的原本精神。朱子学被形式化、固定化，在这样的时代，书院学本来的精神自然不复存在。

王阳明生于明代中叶，少年时曾声称要读书学做圣贤，让私塾先生大为吃惊，晚年又主张良知才是千古圣贤的奥义，是圣学的正法眼藏，因此他自然会强调书院学的宗旨。

嘉靖四年（1525），除前面提到的《从吾道人记》（《王文成公全书》卷七）之外，王阳明还写了四篇书院记或县学记，被称作"四大记"。文中阐明了书院学、圣学本来的宗旨，也论述了关于"良知"说的新见解。

《稽山书院尊经阁记》

王阳明所写的"四大记"中，最值得关注的就是《稽山书院尊经阁记》（《王文成公全书》卷七）。从这篇文章中我们可以了解当时王阳明心学的特色。

前文提到，嘉靖三年（1524），王阳明在故乡越地讲学，众多门人前来听讲，其中就有绍兴府知府南大吉。他感慨世间学问已陷入末学（朱子学末流）的支离状态，立志复兴圣学，于是命绍兴府山阴县知县吴瀛修复并扩建稽山书院。该书院位于绍兴府卧龙山西岗，荒废已久。书院后新建有尊经阁，南大吉道："经正，则庶民兴；庶民兴，斯无邪慝矣。"他请王阳明写一篇告诫弟子的文章，即《稽山书院尊经阁记》。

在这篇《稽山书院尊经阁记》中，王阳明首先论述了"六经"的经义：

> 经，常道也。其在于天谓之命，其赋于人谓之性，

其主于身谓之心。心也，性也，命也，一也。通人物，达四海，塞天地，亘古今，无有乎弗具，无有乎弗同，无有乎或变者也。是常道也，其应乎感也，则为恻隐，为羞恶，为辞让，为是非。（《孟子·公孙丑上》，称作四端）其见于事也，则为父子之亲，为君臣之义，为夫妇之别，为长幼之序，为朋友之信。（《孟子·滕文公上》，称为五教）是恻隐也，羞恶也，辞让也，是非也；是亲也，义也，序也，别也，信也；一也。皆所谓心也，性也，命也。通人物，达四海，塞天地，亘古今，无有乎弗具，无有乎弗同，无有乎或变者也，是常道也。

接着，他又具体讲述了"六经"之常道：

是常道也，以言其阴阳消息之行焉，则谓之《易》；以言其纪纲政事之施焉，则谓之《书》；以言其歌咏性情之发焉，则谓之《诗》；以言其条理节文之著焉，则谓之《礼》；以言其欣喜和平之生焉，则谓之《乐》；以言其诚伪邪正之辩焉，则谓之《春秋》。是阴阳消息之行也，以至于诚伪邪正之辩也，一也。皆所谓心也，性也，命也。通人物，达四海，塞天地，亘古今，无有乎弗具，无有乎弗同，无有乎或变者也，夫是之谓"六经"。

王阳明论说的特色在于将"六经"之常道归于吾心，认为"六经"为一、为心，看上去是在说一即多、多即一，其实这是王阳明用性命来体认的道理，并非简单的空谈。下面看一下王阳明关于"六经"归于吾心的论点：

"六经"者非他，吾心之常道也。故《易》也者，志吾心之阴阳消息者也；《书》也者，志吾心之纪纲政事者也；《诗》也者，志吾心之歌咏性情者也；《礼》也者，志吾心之条理节文者也；《乐》也者，志吾心之欣喜和平者也；《春秋》也者，志吾心之诚伪邪正者也。君子之于"六经"也，求之吾心之阴阳消息而时行焉，所以尊《易》也；求之吾心之纪纲政事而时施焉，所以尊《书》也；求之吾心之歌咏性情而时发焉，所以尊《诗》也；求之吾心之条理节文而时著焉，所以尊《礼》也；求之吾心之欣喜和平而时生焉，所以尊《乐》也；求之吾心之诚伪邪正而时辨焉，所以尊《春秋》也。

由此可见，王阳明的心学绝不忽视"六经"。世间的朱子学者往往批评陆象山与王阳明疏忽了读书穷理，这其实是对陆、王二人的误解。王阳明虽然不如朱子饱读诗书，但是，打开《王文成公全书》，我们便可发现王阳明是何等的博学多识。

在《稽山书院尊经阁记》的后半部分，王阳明写道："故'六经'者，吾心之记籍也，而'六经'之实则具于吾心。"指出"六经"不在心外而在心内。王阳明又说："而世之学者，不知求'六经'之实于吾心，而徒考索于影响之间，牵制于文义之末，硁硁然以为是'六经'矣。"

最后王阳明又论述了"六经"不明于世的原因，如下：

呜呼！"六经"之学，其不明于世，非一朝一夕之故矣。尚功利，崇邪说，是谓乱经；习训诂，传记诵，没溺于浅闻小见以涂天下之耳目，是谓侮经；侈淫辞，竞诡辩，饰奸心，盗行逐世，垄断而自以为通经，是谓贼经。

王阳明断定，像这样把书读成"乱经、侮经、贼经"的人，等于撕毁心之"记籍"，根本不知道尊重"六经"。

需要特别一提的是，王阳明一语道破"故'六经'者，吾心之记籍也"，可以说这句话最能体现阳明心学的特色。

陆九渊是朱子的讲友，他提倡心学，指责朱子的理学是支离之学，曾说："'六经'注我，我安注'六经'。"（《陆象山全集》卷三十四）杨简是陆九渊的高徒，四明学派的代表人物之一，称易为"己易（《易》者,己也）"。在上面的论述中,王阳明是从心学出发，比陆、杨二人的论点更加细致精微。

从心学的发展历程来看，我们可以说王阳明吸收了陆九渊的心学，而杨简的心学则传给了年长于王阳明的陈献章。因为陆王心学主动，而杨陈心学主静。

陆九渊还说："宇宙即吾心，吾心即宇宙。"（《象山年谱》）王阳明的心学也是持同样的立场，不过相比之下，阳明心学更加精微，而陆九渊的心学稍显粗陋。那是因为，王阳明的心学是在龙场大悟以后，经历千苦万难，闯过生死关头才得到的，因此更深刻透彻。这一点可以从王阳明晚年提出的"良知"说中得到验证。王阳明晚年时认为，天地万物自不必说，就连草木瓦砾也要通过良知获得理性。

西方哲学家认为阳明心学是观念论，这一论断是否正确此处不予讨论。王阳明认为，切记凡事要经过深刻的体认来获得，不能只依靠思索来思辨。

戒除门户之见

王阳明将《稽山书院尊经阁记》寄给讲友湛甘泉，湛甘泉则回寄给他自己写的《广德州儒学新建尊经阁记》(《甘泉文集》卷十八)。对此，王阳明在书信《寄邹谦之（五）》(《王文成公全书》卷六)中，称赞湛甘泉的思想与自己的大意相同。

事实上，王阳明在《稽山书院尊经阁记》中说"故'六经'者，吾心之记籍也"，阐述了良知中有圣人之道，无须外求这一主题。而湛甘泉在他的《尊经阁记》中写道："今之谓聪明知觉，不必外求诸经者，不必呼而能觉。"他批评了王阳明的观点。

对此，王阳明回应道：

> 今甘泉乃谓"今之谓聪明知觉，不必外求诸经者，不必呼而能觉"之类，则似急于立言，而未暇细察鄙人之意矣。后世学术之不明，非为后人聪明识见之不及古人，大抵多由胜心为患，不能取善相下。明明其说之已是矣，而又务为一说以高之，是以其说愈多而惑人愈甚。

凡今学术之不明，使后学无所适从，徒以致人之多言者，皆吾党自相求胜之罪也。今良知之说，已将学问头脑说得十分下落，只是各去胜心，务在共明此学，随人分限，以此循循善诱之，自当各有所至。若只要自立门户，外假卫道之名，而内行求胜之实，不顾正学之因此而益荒，人心之因此而愈惑，党同伐异，覆短争长，而惟以成其自私自利之谋，仁者之心有所不忍也！甘泉之意，未必由此，因事感触，辄漫及之。盖今时讲学者，大抵多犯此症，在鄙人亦或有所未免，然不敢不痛自克治也。〔《寄邹谦之（五）》，《王文成公全书》卷六〕

王阳明告诫门人提倡"良知"说时不要有门户之见，否则会陷入党同伐异的错误中，同时勉励自己要努力防止这一弊端。

《亲民堂记》

王阳明的"四大记"中第二记便是《亲民堂记》(《王文成公全书》卷七）。这篇文章记录了浙江绍兴府知府南大吉将官衙命名为亲民堂的过程，解说了"亲民"的意义。不仅如此，王阳明还叙述了《大学》中"明明德""亲民""止于至善"三纲领的关系。当然，其根本之道在于致良知。

南大吉在任浙江绍兴府知府时向王阳明问政。

王阳明答："政在亲民。"

南大吉问:"亲民何以乎?"

王阳明答:"在明明德。"

南大吉问:"明明德何以乎?"

王阳明答:"在亲民。"

南大吉问:"明德、亲民,一乎?"

王阳明答曰"一也。明德者,天命之性,灵昭不昧,而万理之所从出也。人之于其父也,而莫不知孝焉;于其兄也,而莫不知弟焉;于凡事物之感,莫不有自然之明焉:是其灵昭之在人心,亘万古而无不同,无或昧者也,是故谓之明德。其或蔽焉,物欲也。明之者,去其物欲之蔽,以全其本体之明焉耳,非能有以增益之也。"

王阳明又说,无欲便可感知明德,不可凭空追求。而对于明德,王阳明认为必须将其具体化才能真正弄明白,它是人伦道德的实践,在于亲民。因此明明德与亲民是一体的。他认为,如果不明白这一点,就会堕入佛老二氏的虚无。但是,如果只注重亲民,不知道要明明德,就会陷入霸者的功利之道。由此可以看出王阳明的意图。

南大吉进一步问:"亲民以明其明德,修身焉可矣,而何家、国、天下之有乎?"

于是王阳明论述了明明德中万物一体的要诀:

人者,天地之心也;民者,对己之称也;曰民焉,则三才之道举矣。是故亲吾之父以及人之父,而天下之父子莫不亲矣；亲吾之兄以及人之兄，而天下之兄弟莫不亲矣。君臣也，夫妇也，朋友也，推而至于鸟兽草木也，而皆有以亲之，无非求尽吾心焉以自明其明德也。是之谓明明德于天下，是之谓家齐国治而天下平。

接着，南大吉又问《大学》三纲领之一的"止于至善"："然则乌在其为'止至善'者乎？"

王阳明回答道：

昔之人固有欲明其明德矣，然或失之虚罔空寂，而无有乎家国天下之施者，是不知明明德之在于亲民，而二氏之流是矣；固有欲亲其民者矣，然或失之知谋权术，而无有乎仁爱恻怛之诚者，是不知亲民之所以明其明德，而五伯功利之徒是矣：是皆不知止于至善之过也。是故至善也者，明德亲民之极则也。天命之性，粹然至善。其灵昭不昧者，皆其至善之发见，是皆明德之本体，而所谓良知者也。

至善之发见，是而是焉，非而非焉，固吾心天然自有之则，而不容有所拟议加损于其间也。有所拟议加损于其间，则是私意小智，而非至善之谓矣。人惟不知至善之在吾心，而用其私智以求之于外，是以昧其是非之则，至于横鹜决裂，人欲肆而天理亡，明德亲民之学大乱于天下。……夫是之谓大人之学。大人者，以天地万物为一体也。夫然，后能以天地万物为一体。

针对南大吉的提问，王阳明从"良知"说的角度简洁明了地解说了《大学》的三纲领，认为由此才能完成以天地万物为一体的大人之学、圣人之学。他不仅尖锐地批判了佛老二氏的空寂学说、霸者的功利之心，还暗中批判朱子学陷入了外求之弊端。

南大吉听了王阳明的解说后，非常感动，感叹道："甚哉！大人之学若是其简易也。吾乃今知天地万物之一体矣！吾乃今知天下之为一家，中国之为一人矣！《礼记·礼运》'一夫不被其泽，若己推而内诸沟中'（《孟子·万章上》），伊尹其先得我心之同然乎！"

于是，南大吉将自己的官衙命名为亲民堂，在墙上写道："吾以亲民为职者也，吾务亲吾之民以求明吾之明德也夫！"并且，他请王阳明写下这篇文章。

《万松书院记》

王阳明的"四大记"中第三记是《万松书院记》（《王文成公全书》卷七）。万松书院位于浙江杭州府城南的凤凰山脚下，本来是浙江右参政周木于弘治初年在废旧的寺庙遗址上修建的孔庙。在后来的几年中，官府不断修复，因风景秀美而成为观光之地，但没能成为很好的讲学圣地。嘉靖四年，侍御史潘景哲受钦命巡视到此，大力整顿各项规章制度，学风焕然一新，又选拔全省贤才，并让他们参加进士考试。为培养人才，潘景哲又命提学佥事万汝信监督工程，增修万松书院，增建了很多学堂，又借鉴了白鹿洞书院的很多院规。

万松书院的增修工程结束后，王阳明受托写下这篇书院记。

在文中，王阳明认为明初以来书院学日益兴盛，但坠入训诂记诵的弊端，丧失了夏商周三代的明伦观：

> 夫三代之学，皆所以明人伦。今之学宫皆以"明伦"名堂，则其所以立学者，固未尝非三代意也。然自科举之业盛，士皆驰骛于记诵辞章，而功利得丧分惑其心，于是师之所教，弟子之所学者，遂不复知有明伦之意矣。怀世道之忧者思挽而复之，则亦未知所措其力。

王阳明认为，书院教学的根本在于古今圣贤的"明伦"，即明人伦，人伦大纲便是舜授命司徒的五教，它是贯穿三才之道。明伦学指的是，尧舜禹相传下来的"人心惟危，道心惟微；惟精惟一，允执厥中"（《尚书·大禹谟》）。

以上观点，是自宋儒以来儒家学者一直论述的。明伦学不分古今，不论圣愚，任何人都具备。宋儒对人心、道心的解释多少有些出入。王阳明认为，道心率性，是先天的，而人心伪，是后天的。

王阳明认为，人伦不明是因为道心为物欲所蔽，人们求之于心外。用孟子的话来说，人伦可以"不虑而知"，那便是良知；可以"不学而能"，那便是良能。在书院记末尾，王阳明称明伦之外再无学问，明伦学以外的学问便是异端，指责明伦学的论说便是异说，利用明伦学的人便是霸道。他写道："人伦明于上，小民亲于下，家齐国治而天下平矣。是故明伦之外无学矣。外此而学者，谓之异端；非此而论者，谓之邪说；假此而行者，谓之伯术；饰此而言者，谓之文辞；背此而驰者，谓之功利之徒，乱世之政。"

又说："虽今之举业，必自此而精之，而谓不愧于敷奏明试；虽今之仕进，必由此而施之，而后无忝于行义达道。斯固国家建学之初意，诸君缉书院以兴多士之盛心也，故为多士诵之。"

由此可见，王阳明并不排斥举业。

《重修山阴县学记》

王阳明的"四大记"中的最后一记便是《重修山阴县学记》(《王文成公全书》卷七)。山阴县学败落已久，因忧虑于此，绍兴府山阴县知县顾铎与后任知县吴瀛及山阴教谕汪瀚遂对其进行修复增建，并再三恳请王阳明为后学子弟写一篇圣学论说。最初王阳明因为身体有恙拒绝了，嘉靖三年（1524）再次受托，遂于嘉靖四年（1525）写下这篇文章。他在文章开头写道，在南京任职时曾受托执笔学记，论述圣贤之学，但是很遗憾当时论述得不够详细，所以想再为家乡父老多写几句。他在文中提出，圣学便是心学，它与禅的心学差之毫厘，谬以千里。并且，他在文中大力提倡以"良知"说为根本的万物一体思想。

王阳明在文章开头便概括说："夫圣人之学，心学也。学以求尽其心而已。"他引用尧舜禹的教化之言来说明"尽心"即心学。"尽心"为心学之要诀，是以天地万物为一体的圣学。王阳明又具体说明了"尽心"以万物为一体，论述了圣人之学仅在于"尽心"。

然而，禅学也以"尽心"为学问的要旨，王阳明论述了圣学尽心与禅学尽心的差异，严厉批评了禅学的心学。他指出，禅学分内外而以内为主，弃绝人伦事物，虽提倡修身却不注重齐家、治国、平天下，虽提倡尽心却不穷事物之理使其各得其所，最终陷入了自私自利的误区。

自宋代以来，儒家学者一直对禅学加以批判，而阳明心学的特色在于，它是从天地万物一体之心的有无来论述的。他写道：

> 圣人之求尽其心也，以天地万物为一体也。吾之父子亲矣，而天下有未亲者焉，吾心未尽也；吾之君臣义矣，而天下有未义者焉，吾心未尽也。吾之夫妇别矣，长幼序矣，朋友信矣，而天下有未别、未序、未信者焉，吾心未尽也。吾之一家饱暖逸乐矣，而天下有未饱暖逸乐者焉，其能以亲乎？义乎？别、序、信乎？吾心未尽也。故于是有纪纲政事之设焉，有礼乐教化之施焉，凡以裁成辅相、成己成物，而求尽吾心焉耳。心尽而家以齐，国以治，天下以平。故圣人之学不出乎尽心。

王阳明又概括道："盖圣人之学无人己，无内外，一天地万物以为心。"他批判禅之心学道："禅之学非不以心为说，然其意以为是达道也者，固吾之心也，吾惟不昧吾心于其中则亦已矣，而亦岂必屑屑于其外；其外有未当也，则亦岂必屑屑于其中。斯亦其所谓尽心者矣，而不知已陷于自私自利之偏。是以外人伦，遗事物，以之独善或能之，而要之不可以治家、国、天下。"

这是从天地万物为一体的圣学尽心学说角度对禅学予以批

判的，万物一体之心归根结底自然是以人伦为本。佛、老二氏也主张万物大同，但以虚无为根本，圣学的万物一体思想是以人伦道德为本，二者存在根本差异。

前文讲过，自宋儒开始，儒家学者便提倡圣学万物一体思想，而万物一体之心是以仁为体，王阳明则认为是以良知为体。他认为，仁义礼智是良知的别称。

文章最后，王阳明痛斥那些沉溺于辞章记诵之学，却指责圣人心学的世间学者，并写下这段让人为之一振的文字，以激励故乡后学：

世之学者，承沿其举业词章之习以荒秽戕伐其心，既与圣人尽心之学相背而驰，日骛日远，莫知其所抵极矣。有以心性之说而招之来归者，则顾骇以为禅，而反仇仇视之，不亦大可哀乎！夫不自知其为非而以非人者，是旧习之为蔽，而未可遽以为罪也。

有知其非者矣，藐然视人之非而不以告人者，自私者也。既告之矣，既知之矣，而犹冥然不以自反者，自弃者也。吾越多豪杰之士，其特然无所待而兴者，为不少矣，而亦容有蔽于旧习者乎？故吾因诸君之请而特为一言。呜呼！吾岂特为吾越之士一言之而已乎？

交友的要诀

当时，王阳明每个月都会在余姚龙泉山的龙泉寺中天阁举办四天讲会，向门人讲学。王阳明之父王华因年轻时曾于龙泉寺专心读书，被世人称为龙山先生。

王阳明为激励来参加讲会的门人，在中天阁墙上写下《书中天阁勉诸生》(《王文成公全书》卷八)一文，开头一句："虽有天下易生之物，一日暴之，十日寒之，未有能生者也。"(《孟子·告子上》)意思是，即使最容易生长的植物，播种以后晒一天、冻十天的话，也不可能发芽。王阳明引用这句话是想告诉门人，自己每个月只能讲学四次，即便是我不在时你们也要坚持学习，互相切磋。

他又论述了交友的要诀，给出以下训示："大抵朋友之交，以相下为益。或议论未合，要在从容涵育，相感以诚，不得动气求胜，长傲遂非。务在默而成之，不言而信。其或矜己之长，攻人之短，粗心浮气，矫以沽名，讦以为直，扶胜心而行愤嫉，以圮族败群为志，则虽日讲时习于此，亦无益矣。诸君念之念之！"

《自得斋说》和《博约说》

除了"四大记"之外，王阳明还写了很多"说"，比如前文提到的《示弟立志说》。笔者在此介绍一下王阳明晚年写下的两篇"说"。(最后完成的《惜阴说》后文再详细介绍)

王阳明晚年写下的"说"中，有一篇是《自得斋说》(《王文成公全书》卷七)。嘉靖三年(1524)六月，王阳明应高足黄省曾所求写下这篇文章,自得斋便是黄省曾的书斋。

在文章开头,王阳明首先引用了孟子的话:"君子深造之以道,欲其自得之也。自得之则居之安,居之安则资之深,资之深则取之左右逢其源。故君子欲其自得之也。"(《孟子·离娄下》)

自宋代以来儒家学者就提出道之深造自得,王阳明在此引用孟子的话论述自得的效果。即自得道则心安泰,心安泰则道益深,道益深则随处达其本原,因此君子以自得为要。

王阳明认为,道遵循吾之本体,为先天的,而性为吾之生命,因此不可外求。世间的学者却与此相反,劳苦一生,追求辞章、训诂、技艺。并非没有人想深造其道,只是未能脱离辞章、训诂、技艺的领域,归根结底是因为以"外物"为事,即求道于心性之外,所以不能自得以达其本原。

他最后写道,求道应不分动静,一刻不离,戒慎恐惧,常住不断,致其良知。王阳明"深造自得"说的特色便在于此。

这篇文章中值得注意的有两点:第一,从"致良知"说的角度来解释孟子的深造自得;第二,暗里批判朱子的"居敬穷理"说。朱子之说是辞章、训诂、技艺的外求之道,并不是孟子所说的真正的"自得逢原,而深造之道"。

第二篇晚年之"说"便是《博约说》(《王文成公全书》卷七)。嘉靖四年(1525),南逢吉[1]对朱子的"博约先后"说产生疑问,王阳明回答他的疑问,写下此文。

首先看一下"博约"。《论语》中有"君子博学于文,约之以礼,

---

[1] 南逢吉(1494—1574):字元真,南大吉之弟。兄弟二人曾在渭南宣传良知学。

亦可以弗畔矣夫"(《论语·雍也篇》),"夫子循循然善诱人。博我以文,约我以礼"(《论语·子罕篇》)。也就是说,孔子把博文和约礼作为学问之道。博文即广读古籍以求道,约礼即以传统的礼法约束自己的行为以求不背道。因此可以说,博文为知,约礼为行。

朱子认为,君子必须博文,因此要广读书籍,知万物之理,然后进行实践。对朱子来说,礼是实践之理,要先致力于博文再追求约礼。这便是先知后行的"博约先后"说。

王阳明最初提出"博约"说,是在正德七年(1512)。当时他在从京师去南京赴任的船上,向爱徒徐爱传授《大学古本》中的"格物"说时讲到"博约"说。此事记载在《传习录》上卷中徐爱所录部分。

当时王阳明提出"博文是约礼工夫",这在立论上与朱子论点相同,然而朱子提倡先知后行的"博约先后"说,而王阳明认为博文约礼一脉相承,为一体工夫。这便是王阳明"博约"说的特色。王阳明是从心学立场上提出"博约一体"的,晚年他开始提倡"致良知"说,其心学越发广大精微,其博约一体的立场也更加稳固坚定。比较一下《传习录》上卷中记载的《博约说》和王阳明晚年写下的《博约说》,其中的区别我们一目了然。在《博约说》中,王阳明巧妙地将朱子学说统摄到其心学中,使朱子学成为自己的囊中之物,但他暗中又尖锐地批判了朱子的"博约先后"说。

以陆王心学为学术宗旨的人,往往容易忽视以博学为要旨的立场,即朱子那样穷理集约的立场。这样一来,正如朱子批判陆学所说的那样,不以经世为要,有可能沦为禅之心学。王阳明在

《博约说》中将程、朱的博约精神融合到自己的心学中，并且断定，如果不从这样的心学立场上讲述博约，则会沦为功利辞章之学或佛老的异端学说。而且他将朱子的"理一分殊"学说恰如其分地融入心学之中，从这一点上来讲，王阳明独特的"博约"说是值得注意的学说。因此，笔者摘录部分内容如下：

> 文散于事而万殊者也，故曰博；礼根于心而一本者也，故曰约。博文而非约之以礼，则其文为虚文，而后世功利辞章之学矣；约礼而非博学于文，则其礼为虚礼，而佛、老空寂之学矣。是故约礼必在于博文，而博文乃所以约礼。二之而分先后焉者，是圣学之不明，而功利异端之说乱之也。
>
> 昔者颜子之始学于夫子也，盖亦未知道之无方体形像也，而以为有方体形像也；未知道之无穷尽止极也，而以为有穷尽止极也；是犹后儒之见事事物物皆有定理者也……及闻夫子博约之训，既竭吾才以求之，然后知天下之事虽千变万化，而皆不出于此心之一理；然后知殊途而同归，百虑而一致；然后知斯道之本无方体形像，而不可以方体形像求之也……博文以约礼，格物以致其良知也，亦宁有二学乎哉？

南逢吉曾就王阳明的"博约一致"说和朱子的"博约先后"说提问，上面一段文字的最后结论部分便是王阳明的回答。

答顾璘之疑

嘉靖四年（1525），顾璘（即顾东桥）从朱子学者的立场上对王阳明的"良知"说提出疑问，并来信求教，王阳明则回了一封长信——详细答复。信函为《答人论学书》，被收在《传习录》中卷。这里的"人"指的是顾璘。王阳明的回信论述酣畅淋漓，让人惭愧。此信被收入《传习录》时顾璘尚健在，考虑到这一点，王阳明的门人就没有明确指出其名字。有的版本则直接使用了顾璘的名字。

顾璘是站在朱子学立场上的儒家学者，因此在来信中写道："但恐立说太高，用功太捷，后生师传，影响谬误，未免坠于佛氏明心见性、定慧顿悟之机，无怪闻者见疑。"他暗中批判王阳明的学说。

对此，王阳明反驳说："区区格、致、诚、正之说，是就学者本心、日用事为间体究践履，实地用功，是多少次第、多少积累在，正与空虚顿悟之说相反。闻者本无求为圣人之志，又未尝讲究其详，遂以见疑，亦无足怪。若吾子之高明，自当一语之下便了然矣！乃亦谓立说太高，用功太捷，何邪？"

顾璘在来信中问道："所喻知行并进，不宜分别前后，即《中庸》'尊德性而道问学'之功，交养互发，内外本末一以贯之之道。然工夫次第，不能无先后之差，如知食乃食，知汤乃饮，知衣乃服，知路乃行，未有不见是物，先有是事。"

王阳明严厉地回答道："既云'交养互发，内外本末一以贯之'，则知行并进之说无复可疑矣。又云'工夫次第不能无先后之差'，无乃自相矛盾已乎？'知食乃食'等说，此尤明白易见，但吾子为近闻障蔽，自不察耳。夫人必有欲食之心，然后知食：欲食之心即是意，即是行之始矣。食味之美恶，必待入口而后知，岂有不待入口而已先知食味之美恶者邪？……若如吾子之喻，是乃所谓不见是物而先有是事者矣。"

也就是说，王阳明认为，意识也是行。他曾向爱徒徐爱讲述："知是行之主意，行是知之工夫；知是行之始，行是知之成。"(《传习录》上卷)这是把对善恶的好恶之意作为知行的本体。也就是说，王阳明认为，不行就不是真正的知，行的本源上有好恶之意。

顾璘又问道："真知即所以为行，不行不足谓之知，此为学者吃紧立教，俾务躬行则可。若真谓行即是知，恐其专求本心，遂遗物理，必有暗而不达之处。抑岂圣门知行并进之成法哉？"

王阳明首先用这样一句话来论述："知之真切笃实处即是行，行之明觉精察处即是知，知行工夫本不可离。只为后世学者分作两截用功，失却知行本体，故有合一并进之说。"也就是说，王阳明认为，知的真切笃实处即是行，行的明觉精察处即是知，知行工夫本来就不可以分离。对比上述王阳明对徐爱所讲的话，我们可以看出，这里阐述的知行合一的原因更加简洁明了，由此可以说王阳明的"知行合一"说已经大成。

接下来王阳明又指出：

夫物理不外于吾心，外吾心而求物理，无物理矣。遗物理而求吾心，吾心又何物邪？心之体，性也，性即理也。故有孝亲之心，即有孝之理，无孝亲之心，即无孝之理矣。……理岂外于吾心邪？晦庵谓："人之所以为学者，心与理而已。心虽主乎一身，而实管乎天下之理；理虽散在万事，而实不外乎一人之心。"是其一分一合之间，而未免已启学者心、理为二之弊。此后世所以有"专求本心，遂遗物理"之患，正由不知心即理耳。夫外心以求物理，是以有暗而不达之处，此告子"义外"之说，孟子所以谓之不知义也。心一而已，以其全体恻怛而言谓之仁，以其得宜而言谓之义，以其条理而言谓之理。不可外心以求仁，不可外心以求义，独可外心以求理乎？外心以求理，此知行之所以二也。求理于吾心，此圣门知行合一之教，吾子又何疑乎！

这里讲述了"知行合一"说是建立在"心即理"的基础之上的。而且王阳明认为，由于朱子在说明心与理时，时而合一，时而分离，所以后世之人才将心与理一分为二，最终产生了"专求本心，遂遗物理"的弊端。

接下来顾璘又提出："人之心体本无不明，而气拘物蔽，鲜有不昏，非学、问、思、辨，以明天下之理，则善恶之机，真妄之辨，不能自觉，任情恣意，其害有不可胜言者矣。"

王阳明指出：

此段大略似是而非，盖承沿旧说之弊，不可以不辨也。

夫学、问、思、辨、行，皆所以为学，未有学而不行者也。……尽天下之学，无有不行而可以言学者，则学之始固已即是行矣。笃者，敦实笃厚之意。已行矣，而敦笃其行，不息其功之谓尔。盖学之不能以无疑，则有问，问即学也，即行也；又不能无疑，则有思，思即学也，即行也；又不能无疑，则有辨，辨即学也，即行也。辨既明矣，思既慎矣，问既审矣，学既能矣，又从而不息其功焉，斯之谓笃行。非谓学、问、思、辨之后，而始措之于行也。

是故以求能其事而言谓之学，以求解其惑而言谓之问，以求通其说而言谓之思，以求精其察而言谓之辨，以求履其实而言谓之行。盖析其功而言则有五，合其事而言则一而已。此区区心理合一之体，知行并进之功，所以异于后世之说者，正在于是。今吾子特举学、问、思、辨以穷天下之理，而不及笃行。是专以学、问、思、辨为知，而谓穷理为无行也已。天下岂有不行而学者邪？岂有不行而遂可谓之穷理者邪？

在这里，王阳明论述了知行合一。他指出，学、问、思、辨用一个字概括就是学，没有无行之学，也没有无行之穷理。他又批判朱子的"穷理"站在主知主义的立场上，将知行一分为二。而自己的"穷理"说和程颢（程明道）的学说是一致的：

明道云："只穷理便尽性至命。"故必仁极仁，而后谓之能穷仁之理；义极义，而后谓之能穷义之理。仁极仁则尽仁之性矣，义极义则尽义之性矣。学至于穷理至矣，而尚未措之于行，天下宁有是邪？是故知不行之不可以为学，则知不行之不可以为穷理矣；知不行之不可以为穷理，则知知行之合一并进，而不可以分为两节事矣。夫万事万物之理不外于吾心，而必曰穷天下之理，殆以吾心之良知为未足，而必外求于天下之广，以裨补增益之，是犹析心与理而为二也。夫学、问、思、辨、笃行之功，虽其困勉至于人一己百，而扩充之极，至于尽性、知天，亦不过致吾心之良知而已。

良知之外，岂复有加于毫末乎？今必曰穷天下之理，而不知反求诸其心，则凡所谓善恶之机，真妄之辨者，舍吾心之良知，亦将何所致其体察乎？吾子所谓"气拘物蔽"者，拘此蔽此而已。今欲去此之蔽，不知致力于此，而欲以外求。是犹目之不明者，不务服药调理以治其目，而徒怅怅然求明于其外，明岂可以自外而得哉？任情恣意之害，亦以不能精察天理于此心之良知而已。此诚毫厘千里之谬者，不容于不辨。吾子毋谓其论之太刻也。

程颢曾提出"穷理尽性至命"，王阳明说自己的"穷理"说也是同样道理，是建立在心即理的立场上，穷理必须通过致良知。

王阳明在给顾璘回信的后半部分，论述了有名的"拔本塞源"论，在"良知"说的立场上明示了理想世界的极致，并以儒教最高道德"仁"为基础，恳切地论述了万物一体思想。儒教的万物一体思想最初出现在《礼记·礼运》中，也可以说是《庄子·齐物论》中万物齐同思想儒教化的产物。

万物一体思想进入宋代后被发扬光大，孔子"仁"的思想被广泛接受，儒教的理想世界展现在人们眼前。被称为宋学之祖的周敦颐首先论述了万物一体思想，其门人程颢提出"圣人以天地万物为一体"，以万物一体之仁为圣学之根本。后来，程颐及张载、陆九渊等都提出了各具特色的万物一体思想，王阳明又从"良知"说的立场上将他们的思想集大成，在《拔本塞源论》中充满激情地论述，期望能够从根源上去除世人的功利思想积累下来的弊端，激起一股济世救人的豪情。

王阳明认为，为拯救被功利思想蒙蔽的世人，各种学术思想不断兴起，但是都没能达到这一目的。人们只有彻悟"良知"说，才能一扫弊端，成就万物一体之心，济世救人。"拔本塞源"（出自《春秋左氏传·昭公九年》）的意思是"拔掉树根，塞住水源"，比喻从根本上解决问题，也就是从根本上改正错误。

王阳明的《拔本塞源论》可谓名篇中的名篇，下面笔者摘录其开头与结尾部分，请大家好好体会一下。

王阳明在开头部分痛斥世人的功利思想之弊端：

夫"拔本塞源"之论不明于天下，则天下之学圣人者将日繁日难，斯人沦于禽兽夷狄，而犹自以为圣人之学。吾之说虽或暂明于一时，终将冻解于西而冰坚于东，雾释于前而云滃于后，呶呶焉危困以死，而卒无救于天下之分毫也已!

夫圣人之心,以天地万物为一体,其视天下之人,无外内远近,凡有血气,皆其昆弟赤子之亲,莫不欲安全而教养之,以遂其万物一体之念。天下之人心,其始亦非有异于圣人也,特其间于有我之私,隔于物欲之蔽,大者以小,通者以塞,人各有心,至有视其父子兄弟如仇仇者。圣人有忧之,是以推其天地万物一体之仁以教天下,使之皆有以克其私,去其蔽,以复其心体之同然。

他又在末尾部分这样写道:

呜呼!以若是之积染,以若是之心志,而又讲之以若是之学术,宜其闻吾圣人之教,而视之以为赘疣枘凿,则其以良知为未足,而谓圣人之学为无所用,亦其势有所必至矣!呜呼,士生斯世,而尚何以求圣人之学乎?尚何以论圣人之学乎?士生斯世,而欲以为学者,不亦劳苦而繁难乎?不亦拘滞而险艰呼?呜呼!可悲也已!所幸天理之在人心,终有所不可泯,而良知之明,万古一日!则其闻吾"拔本塞源"之论,必有恻然而悲,戚然而痛,愤然而起,沛然若决江河,而有所不可御者矣!非夫豪杰之士,无所待而兴起者,吾谁与望乎?(《传习录》中卷)

关于《拔本塞源论》的全文与文中论述的万物一体思想及其起源和发展过程，详见拙著《王阳明的〈拔本塞源论〉》。

虽然很多朱子学者都批判王阳明的学说，却几乎没有人批判王阳明的"拔本塞源"论。日本幕府末年维新派的阳明学学者吉村秋阳将王阳明的训示编入《王学提纲》一书，书的开头就抄录了《拔本塞源论》，可谓英明之举。

批评"随处体认天理"说

嘉靖五年（1526），王阳明在写给邹守益的书信〔《寄邹谦之（一）》，《王文成公全书》卷六〕中批判了湛甘泉的"随处体认天理"说。

书信开头写道："比遭家多难，工夫极费力，因见得良知两字比旧愈加亲切。真所谓大本达道（《中庸》），舍此更无学问可讲矣。"

由此可见，越是到了晚年，所遭受的磨难越多，王阳明便越发相信"良知"说，其"良知"说也越发意味深长。这里的"家多难"，指的是嘉靖元年（1522）失去了父亲海日翁，嘉靖四年（1525）又失去了夫人诸氏。

前面提到，王阳明被谪贬龙场，领悟了心即理，但是还没有领悟"体"为何物。而自赣州时期以后经历千难万苦，到了四十九岁时王阳明才明白，"体"是人们先天具备的良知。到了晚年，他对良知更是坚信不疑。

接下来，王阳明在给邹守益的信中论述道，比较一下湛甘泉的"随处体认天理"学说和自己的"良知"学说，就会发现两者差之毫厘谬以千里。

原文如下：

"随处体认天理"之说，大约未尝不是，只要根究下落，即未免捕风捉影，纵令鞭辟向里，亦与圣门致良知之功尚隔一尘。若复失之毫厘，便有千里之谬矣。

王阳明感慨道：

四方同志之至此者，但以此意提掇之，无不即有省发，只是着实能透彻者甚亦不易得也。世间无志之人，既已见驱于声利词章之习，间有知得自己性分当求者，又被一种似是而非之学兜绊羁縻，终身不得出头。缘人未有真为圣人之志，未免挟有见小欲速之私，则此重学问，极足支吾眼前得过。是以虽在豪杰之士，而任重道远（《论语·泰伯篇》），志稍不力，即且安顿其中者多矣。

他又鼓励邹守益说："谦之之学，既以得其大原，近想涉历弥久，则工夫当益精明矣。"

同年，他在写给邹守益的另一封书信〔《寄邹谦之（五）》,《王文成公全书》卷六〕中，再次批判了湛甘泉的"随处体认天理"学说：

"随事体认天理,即戒慎恐惧(《中庸》)工夫,以为尚隔一尘,为世之所谓事事物物皆有定理而求之于外者言之耳。若致良知之功明,则此语亦自无害,不然即犹未免于毫厘千里也。"

意思是,朱子提倡"事事物物皆有定理",求天理于心外,湛甘泉为纠正朱子学者的弊端,提出了"随处体认天理"学说。如果明白致良知的宗旨,那么湛甘泉的学说也不会产生什么危害,否则难免差之毫厘谬以千里。

良知"五论"

一论:良知与礼

嘉靖五年(1526)三月,王阳明的高徒邹守益为教化民众,改变民风,以相传是朱子所撰的《文公家礼》为底本,将其简化,编著了《谕俗礼要》,并告知王阳明。王阳明知道后,写下《寄邹谦之(二)》(《王文成公全书》卷六),称赞此举甚善,同时阐述了自己关于基本礼仪的见解。

孔子思想的核心内容便是仁与礼,大儒都曾著述礼说。例如,朱子认为关于礼的教化已经荒废,并对此深感忧虑,于是以《仪礼》为经,以《礼记》为传,编纂了《仪礼经传通解》。元代大儒的代表人物吴澄在此基础上,著书《礼记纂言》三十六卷。正德十五年（1520），王阳明的同乡好友胡东皋[1]任南直隶宁国府知府，为整治世风，重刻并推广《礼记纂言》，请王阳明为该书作序，于是王阳明写下《礼记纂言序》(《王文成公全书》卷七)。他在序中推崇说，《礼记纂言》是学习礼仪的人不可或缺的启蒙书。

朱子在全体大用思想的基础上重视礼法，提倡严肃的礼法，而王阳明并不像朱子那样重视礼法。因为他认为用礼法来教化百姓和改变世风是不可或缺的，但不应该盲目遵从古代礼法，礼法应当随时世而变化。

在写给邹守益的信函中，王阳明指出，失去人情的话，礼法就只剩形式了，而失去人情是因为没能修行心学。

> 后世心学不讲，人失其情，难乎与之言礼！然良知之在人心，则万古如一日。苟顺吾心之良知以致之，则所谓"不知足而为屦，我知其不为蒉也"(《孟子·告子上》)。非天子不议礼制度(《中庸》)，今之为此，非以议礼为也，徒以末世废礼之极，聊为之兆以兴起之。故特为此简易之说，欲使之易知易从焉耳。〔《寄邹谦之（二）》，《王文成公全书》卷六〕

邹守益编著《谕俗礼要》是有原因的。世宗即位之后，朝中掀起了"大礼议"的风波，直到王阳明去世那年，即嘉靖七年才

---

[1] 胡东皋（1472—1539）：字汝登，号方冈，弘治十八年（1505）进士。与宋冕、胡铎并称"姚江三廉"。

平息。

邹守益于嘉靖三年（1524）上奏这一问题时违背了世宗的意见，被投入监牢，后来又被贬谪为南直隶广德州判官。邹守益在广德州建立了复古书院，在向弟子讲学时，他特意刻印了《谕俗礼要》。

嘉靖四年（1525）十月，王阳明的门人在越城西郭门内光相桥东立阳明书院。在王阳明去世后，嘉靖十六年（1537），门人又在这里建了王阳明祠。（《年谱三》）

武宗于正德十六年（1521）驾崩，因为没有子嗣，所以由其年仅十五岁的堂弟继位，是为世宗。年幼的世宗坚持要将两年前去世的父亲兴献王追封为皇帝，祭祀在宗庙里，又把其母作为皇太后迎入宫中，由此引发了"大礼议"之争。

首辅杨廷和及众多朝臣从国法的立场上极力反对世宗的主张，自然不被世宗容纳。然而，张璁却上疏说"诚大孝也"，桂萼在上疏中引用《中庸》中的"非天子，不议礼"，两人拥护世宗，后来得宠，权倾朝野。"大礼议"之争一事最终还是按照世宗的主张行事，那些反对派全部被投入监牢或遭受了刑罚。

此时，王阳明的门人席元山、黄绾、黄宗明等人向王阳明询问"大礼议"之争，王阳明都没有回答。

他作了一首《碧霞池夜坐》（《王文成公全书》卷二十）的诗。碧霞池位于王阳明府邸内，附近有稽山书院。在诗中他精彩地论述了以良知为本的"万物一体"思想。值得注意的是，此诗也涉及"大礼议"之争。

王阳明受湛甘泉的影响，很早就接受了程颢等人提出的"万

第十九章　阳明晚年

物一体"思想。正如他晚年在《拔本塞源论》中提倡的那样，他将宋儒以来以良知为本的"万物一体"说集大成，并论述其紧迫性，认为这是缓和长年积累的功利思想之弊端的最佳对策。《碧霞池夜坐》讲述了万物一体之心为何物，打动人心。

> 一雨秋凉入夜新，池边孤月倍精神。
> 潜鱼水底传心诀，栖鸟枝头说道真。
> 莫谓天机非嗜欲，须知万物是吾身。
> 无端礼乐纷纷议，谁与青天扫宿尘？

对王阳明来说，一草一木、孤月、潜鱼、栖鸟全都呈现了道之真谛、心诀（良知）。因此才吟道："万物是吾身。"王阳明自从开始提倡"良知"说，便认为一草一木、一砖一瓦都有良知，以良知为万物的本体。

曾有学习西方哲学的人以为这是观念论而加以排斥，其实是因为不懂东方思想的真髓。王阳明的"良知"说，是历经千难万苦，经过事上磨炼后得到的知行合一的本体，并非简单的抽象观念。

前文提到过，有人问庄子道在何处，庄子回答说，大道无处不在，甚至在粪尿之中。这一回答令提问的人瞠目结舌。(《庄子·知北游》) 庄子是从超越主义的立场上论述万物齐同，王阳明则是在诗中巧妙地论述了儒家的万物一体之妙道。

关于这首诗的最后两句"无端礼乐纷纷议，谁与青天扫宿尘"，东正堂评论如下：钟惺也认为这是说"大礼议"之争。比起"大礼议"之争的是非，王阳明先生感叹的是这样的争论耽误了天下大计。遗憾的是，"大礼议"果然成为党派之争，因而伤及国家命脉。由此可见，王阳明先生的见识高于众人。(《阳明先生全书论考》卷十《诗四·续篇·赋诗》)事实正是如此。

二论：良知与太虚

嘉靖五年（1526），王阳明的门人、浙江绍兴府知府南大吉在觐见皇帝汇报政务时被罢免。因为他深信阳明心学，所以为朝廷所忌。他在回家乡陕西西安府渭南县的途中，给王阳明寄了一封长信。

王阳明回信《答南元善（一）》(《王文成公全书》卷六)。在信的开头，他写道："近得中途寄来书，读之恍然如接颜色。勤勤恳恳，惟以得闻道为喜，急问学为事，恐卒不得为圣人为忧，亹亹千数百言，略无一字及于得丧荣辱之间，此非真有朝闻夕死(《论语·里仁篇》)之志者，未易以涉斯境也。浣慰何如！诸生递观传诵，相与叹仰歆服，因而兴起者多矣。"

王阳明在回信中提到，良知同北宋大儒张载讲的太虚一样，是宇宙的本体、道德的渊源。之所以提及张载，是因为南大吉与他是同乡。

张载认为，太虚是无形清净之物，无碍自在。太虚一词，出自《庄子·知北游》。王阳明认为，庄子提倡的太虚是想要舍弃世间的一切烦恼与劳累，因而批判道：

世之高抗通脱之士，捐富贵，轻利害，弃爵禄，决然长往而不顾者，亦皆有之。彼其或从好于外道诡异之说，投情于诗酒山水技艺之乐，又或奋发于意气，感激于愤悱，牵溺于嗜好，有待于物以相胜，是以去彼取此而后能。及其所之既倦，意衡心郁，情随事移，则忧愁悲苦随之而作。果能捐富贵，轻利害，弃爵禄，快然终身，无入而不自得已乎？

他又指出，从儒教的立场，通过良知就可以达到张载所讲的太虚之无碍自在境地。

夫惟有道之士，真有以见其良知之昭明灵觉，圆融洞澈，廓然与太虚而同体。太虚之中，何物不有？而无一物能为太虚之障碍。盖吾良知之体，本自聪明睿知，本自宽裕温柔，本自发强刚毅，本自斋庄中正、文理密察，本自溥博渊泉而时出之，本无富贵之可慕，本无贫贱之可忧，本无得丧之可欣戚，爱憎之可取舍。

盖吾之耳而非良知，则不能以听矣，又何有于聪？目而非良知，则不能以视矣，又何有于明？心而非良知，则不能以思与觉矣，又何有于睿知？然则，又何有于宽裕温柔乎？又何有于发强刚毅乎？又何有于斋庄中正、文理密察乎？又何有于溥博渊泉而时出之乎？

在回信的末尾，王阳明写道：

故凡有道之士，其于慕富贵，忧贫贱，欣戚得丧而取舍爱憎也，若洗目中之尘而拔耳中之楔。其于富贵、贫贱、得丧、爱憎之相值，若飘风浮霭之往来变化于太虚，而太虚之体，固常廓然其无碍也。元善今日之所造，其殆庶几于是矣乎！是岂有待于物以相胜而去彼取此？激昂于一时之意气者所能强？而声音笑貌以为之乎？元善自爱！元善自爱！

关中自古多豪杰，其忠信沉毅之质，明达英伟之器，四方之士，吾见亦多矣，未有如关中之盛者也。然自横渠之后，此学不讲，或亦与四方无异矣。自此关中之士有所振发兴起，进其文艺于道德之归，变其气节为圣贤之学，将必自吾元善昆季始也。今日之归，谓天为无意乎？谓天为无意乎？

此番激励南大吉的话，无论谁读到都会振奋不已。

关于良知的本体是太虚这一观点，王阳明论述如下："良知之虚，便是天之太虚；良知之无，便是太虚之无形。日月风雷山川民物，凡有貌象形色，皆在太虚无形中发用流行，未尝作得天的障碍。圣人只是顺其良知之发用，天地万物，俱在我良知的发用流行中，何尝又有一物超于良知之外，能作得障碍？"（《传习录》下卷）

良知的本体本来是一种道德的感知，却被看作宇宙的真实存在，这是王阳明对良知体认益发真切的结果。

三论：良知与闻见

嘉靖五年（1526），王阳明为回答欧阳德的提问，写了一封很长的回信（《答欧阳崇一》，出自《传习录》中卷）。

据王阳明的回信可知，欧阳德的问题大致如下：

> 师云："德性之良知，非由于闻见。若曰多闻择其善者而从之，多见而识之（《论语·述而篇》），则是专求之见闻之末，而已落在第二义。"窃意良知虽不由见闻而有，然学者之知，未尝不由见闻而发；滞于见闻固非，而见闻亦良知之用也。今日"落在第二义"，恐为专以见闻为学者而言，若致其良知而求之见闻，似亦知行合一之功矣。如何？

对此，王阳明回答如下：

> 良知不由见闻而有，而见闻莫非良知之用，故良知不滞于见闻，而亦不离于见闻。孔子云："吾有知乎哉？无知也。"（《论语·子罕篇》）良知之外，别无知矣。故"致良知"是学问大头脑，是圣人教人第一义。今云专求之见闻之末，则是失却头脑，而已落在第二义矣。近时同志中，盖已莫不知有"致良知"之说，然其工夫尚多鹘突者，正是欠此一问。大抵学问工夫只要主意头脑是当，若主意头脑专以"致良知"为事，则凡多闻、多见，莫

非"致良知"之功。

　　盖日用之间，见闻酬酢，虽千头万绪，莫非良知之发用流行；除却见闻酬酢，亦无良知可致矣。故只是一事。若曰致其良知而求之见闻，则语意之间未免为二。此与专求之见闻之末者虽稍不同，其为未得精一之旨，则一而已。"多闻，择其善者而从之，多见而识之"（《论语·述而篇》），既云"择"，又云"识"，其良知亦未尝不行于其间，但其用意乃专在多闻多见上去择、识，则已失却头脑矣。

也就是说，王阳明认为，圣人教学的第一义即学问的根本便是致良知，他严厉警诫不可忘记致良知而求学问于闻见之末，以致陷入枝叶之学。同时，他说不忘记这一根本的话，多闻多见也是致良知的修行，其实就是强调以良知为体、以闻见为用的体用一源思想。但是，如果忘记了王阳明论述的体用一源，即良知与闻见是一体的，以为他只是重视体的话，难免会产生流弊。

随后，王阳明表示十分理解欧阳德的疑问，宽慰他并启发说："崇一于此等处见得当已分晓，今日之问，正为发明此学，于同志中极有益。但语意未莹，则毫厘千里，亦不容不精察之也。"

四论：良知与思索

欧阳德继上节的问题之后，又进一步向王阳明请教关于思索的问题：

师云:"《系》言'何思何虑'(《周易·系辞下传》),是言所思所虑只是天理,更无别思别虑耳,非谓无思无虑也。心之本体即是天理,有何可思虑得!学者用功,虽千思万虑,只是要复他本体,不是以私意去安排思索出来;若安排思索,便是自私用智矣。学者之蔽,大率非沉空守寂,则安排思索。"德辛壬之岁着前一病,近又着后一病。但思索亦是良知发用,其与私意安排者何所取别?恐认贼作子,惑而不知也。

对此,王阳明回答如下:

"思曰睿,睿作圣"(《尚书·洪范篇》)。"心之官则思,思则得之"(《孟子·告子上》)。思其可少乎?沉空守寂与安排思索,正是自私用智,其为丧失良知,一也。良知是天理之昭明灵觉处,故良知即是天理。思是良知之发用。若是良知发用之思,则所思莫非天理矣。良知发用之思,自然明白简易,良知亦自能知得。若是私意安排之思,自是纷纭劳扰,良知亦自会分别得。盖思之是非邪正,良知无有不自知者。所以认贼作子,正为致知之学不明,不知在良知上体认之耳。

如上所述,王阳明"致良知"说的立场在于,他认为思索是天理的灵妙明觉的发用,即良知的发用。值得注意的是,这里也论述了思索与良知即本心为一体的思想,可以说从一个侧面阐述了王阳明的"本体工夫一体"论。

五论：良知与机诈

欧阳德在信中又问，世间多欺诈与不守信，应该如何应对：

> 人情机诈百出，御之以不疑，往往为所欺；觉则自入于逆、亿。夫逆诈，即诈也；亿不信，即非信也；为人欺，又非觉也。不逆、不亿而常先觉，其惟良知莹彻乎？然而出入毫忽之间，背觉合诈者多矣。

对此，王阳明回答如下：

> "不逆、不亿而先觉"，此孔子因当时人专以逆诈、亿不信为心，而自陷于诈与不信，又有不逆、不亿者，然不知致良知之功，而往往又为人所欺诈，故有是言。非教人以是存心，而专欲先觉人之诈与不信也。以是存心，即是后世猜忌险薄者之事。而只此一念，已不可与入尧、舜之道矣。不逆、不亿而为人所欺者，尚亦不失为善，但不如能致其良知，而自然先觉者之尤为贤耳。崇一谓"其惟良知莹彻"者，盖已得其旨矣。然亦颖悟所及，恐未实际也。
> 盖良知之在人心，亘万古、塞宇宙而无不同，"不虑而知"（《孟子·尽心上》），"恒易以知险"（《周易·系辞下

传》），"不学而能"（《孟子·尽心上》），"恒简以知阻"（《周易·系辞下传》），"先天而天不违"，"天且不违，而况于人乎？况于鬼神乎？"（《周易·乾卦·文言传》）夫谓"背觉合诈"者，是虽不逆人而或未能无自欺也，虽不亿人而或未能果自信也，是或常有求先觉之心，而未能常自觉也。

常有求先觉之心，即已流于逆、亿而足以自蔽其良知矣，此"背觉合诈"之所以未免也。君子学以为己，未尝虞人之欺己也，恒不自欺其良知而已；未尝虞人之不信己也，恒自信其良知而已；未尝求先觉人之诈与不信也，恒务自觉其良知而已。是故不欺则良知无所伪而诚，"诚则明矣"（《中庸》）；自信则良知无所惑而明，"明则诚矣"（《中庸》）。明诚相生，是故良知常觉、常照。常觉、常照，则如明镜之悬，而物之来者自不能遁其妍媸矣。何者？不欺而诚，则无所容其欺，苟有欺焉，而觉矣；自信而明，则无所容其不信，苟不信焉，而觉矣。

是谓易以知险，简以知阻（《周易·系辞下传》），子思所谓"至诚如神，可以前知"（《中庸》）者也。然子思谓"如神"，谓"可以前知"，犹二而言之，是盖推言思诚者之功效，是犹为不能先觉者说也。若就至诚而言，则至诚之妙用，即谓之神，不必言"如神"，至诚则"无知而无不知"，不必言"可以前知"矣。

也就是说，王阳明认为，只要相信自己的良知，努力致良知而不欺骗，就能达到至诚的境界。万事皆明，自然就没有不知道的事情，他人也没了欺诈与不守信的余地，也就没有必要怀疑他人了。

这段论述表明，王阳明坚信自己在千难万苦中"赖天之灵"领悟的良知的力量。

天地一仁心

嘉靖五年（1526）夏，右佥都御史聂豹趁巡察福建之际，渡过钱塘江，来越地拜访王阳明。

聂豹初会王阳明时并未拜师，其后也只是书信往来，自称晚生。两年后，聂豹听闻王阳明已逝，为其摆设灵位，恸哭不已。

王阳明去世后的第四年，即嘉靖十一年（1532），聂豹见到钱德洪与王畿，说：我的学问完全是王阳明先生所授，如今先生已经不在了，我想正式拜师却不能够了。请二位做证，我要摆香案祭祀先生，行拜师之礼。

自此聂豹自称王阳明的门人，而聂豹后来成为王门归寂派的巨匠。

聂豹与王阳明分别后，写下一封长达千余字的书信寄给王阳明，王阳明也回了一封长信《答聂文蔚（一）》(《传习录》中卷）。在回信的开头，王阳明引用了聂豹书信中的一段话，论述自己已经做好心理准备。

聂豹在信中提及王阳明的学说遭世间非议，如下评论道："与其尽信于天下，不若真信于一人。道固自在，学亦自在，天下信之不为多，一人信之不为少。"

王阳明对此深表赞赏，说："斯固'君子不见是而无闷'（《周易·乾卦·文言传》）之心……乃仆之情则有大不得已者存乎其间，而非以计人之信与不信也。"意思是说，自己提倡新的学说是不得已而为之，不应在意世间的评论。

他又讲述了自己想要用以良知为本的天地万物一体之仁心来拯救天下：

> 夫人者，天地之心，天地万物，本吾一体者也。生民之困苦荼毒，孰非疾痛之切于吾身者乎？不知吾身之疾痛，无是非之心者也。是非之心，"不虑而知，不学而能"（《孟子·尽心上》），所谓"良知"也。良知之在人心，无间于圣愚，天下古今之所同也。世之君子惟务致其良知，则自能公是非，同好恶，视人犹己，视国犹家，而以天地万物为一体，求天下无治，不可得矣。
>
> 古之人所以能见善不啻若己出，见恶不啻若己入，视民之饥溺犹己之饥溺，而一夫不获，若己推而纳诸沟中者，非故为是而以蕲天下之信己也，务致其良知，求自慊而已矣。尧、舜、三王之圣，言而民莫不信者，致其良知而言之也；行而民莫不说者，致其良知而行之也。是以其民熙熙皞皞，杀之不怨，利之不庸，施及蛮貊，而凡有血气者莫不尊亲，为其良知之同也。呜呼！圣人之治天下，何其简且易哉！

也就是说，王阳明认为，发挥吾之良知，成就万物一体之仁的话，就能够实现理想的政治，再没有比这更简单的治世之道了。

接下来，他又忧虑现状与这种理想政治相距甚远，写道：

> 后世良知之学不明，天下之人用其私智以相比轧，是以人各有心，而偏琐僻陋之见，狡伪阴邪之术，至于不可胜说；外假仁义之名，而内以行其自私自利之实，诡辞以阿俗，矫行以干誉；掩人之善而袭以为己长，讦人之私而窃以为己直；忿以相胜而犹谓之徇义，险以相倾而犹谓之疾恶；妒贤嫉能而犹自以为公是非，恣情纵欲而犹自以为同好恶；相陵相贼，自其一家骨肉之亲，已不能无尔我胜负之意、彼此藩篱之形，而况于天下之大，民物之众，又何能一体而视之？则无怪于纷纷藉藉，而祸乱相寻于无穷矣！

王阳明感叹当时的世相人心，说良知之学不明，天地万物一体之仁心丧失。然而即便是在现代，读者读到这里又有多少人能不出一身冷汗？王阳明接下来论述了应当如何拯救这样的世相人心：

> 仆诚赖天之灵，偶有见于良知之学，以为必由此而后天下可得而治。是以每念斯民之陷溺，则为之戚然痛心，忘其身之不肖，而思以此救之，亦不自知其量者。天下之人见其若是，遂相与非笑而诋斥之，以为是病狂

丧心之人耳。呜呼！是奚足恤哉？吾方疾痛之切体，而暇计人之非笑乎！……今之人虽谓仆为病狂丧心之人，亦无不可矣。天下之人心，皆吾之心也。天下之人犹有病狂者矣，吾安得而非病狂乎？犹有丧心者矣，吾安得而非丧心乎？

如上所述，王阳明说自己"赖天之灵"知悉良知学，认为只要发挥良知便可治天下。他将天下百姓的困苦看作自身的痛苦，不顾世人的非议与嘲笑，怀着满腔的热情去救世。他又提到，孔子也曾不顾世间非议，为解救天下苍生而东奔西走。

昔者孔子之在当时，有议其为谄者，有讥其为佞者，有毁其未贤，……则当时之不信夫子者，岂特十之二三而已乎？然而夫子汲汲遑遑，若求亡子于道路，而不暇于暖席者，宁以蕲人之知我、信我而已哉？盖其天地万物一体之仁，疾痛迫切，虽欲已之而自有所不容已，故其言曰："吾非斯人之徒与而谁与！"（《论语·微子篇》）"欲洁其身而乱大伦。"（《论语·微子篇》）"果哉，末之难矣！"（《论语·宪问篇》）呜呼！此非诚以天地万物为一体者，孰能以知夫子之心乎？若其"遁世无闷"（《周易·乾卦·文言传》），"乐天知命"（《周易·系辞下传》）者，则固"无入而不自得"，"道并行而不相悖"也。

由此可见，王阳明吐露了自己的精神与孔子的精神相同这一

信念,但是,他又很谦逊地说,自己并非以孔子之道为己任。同时,他还表明了对聂豹的殷切期望:

> 仆之不肖,何敢以夫子之道为己任?顾其心亦已稍知疾痛之在身,是以彷徨四顾,将求其有助于我者,相与讲去其病耳。今诚得豪杰同志之士扶持匡翼,共明良知之学于天下,使天下之人皆知自致其良知,以相安相养,去其自私自利之蔽,一洗谗妒胜忿之习,以济于大同,则仆之狂病,固将脱然以愈,而终免于丧心之患矣,岂不快哉!嗟乎!今诚欲求豪杰同志之士于天下,非如吾文蔚者而谁望之乎?如吾文蔚才与志,诚足以援天下之溺者。今又既知其具之在我而无假于外求矣,循是而充,若决河注海,孰得而御哉?文蔚所谓"一人信之不为少",其又能逊以委之何人乎?

这封回信讲述了王阳明以天地万物一体之仁心拯救天下的抱负,让读到的人不禁感动得落泪。信中充溢着王阳明忧民救世的执着情怀,这封信与前面提到的《拔本塞源论》一样,可谓天下一大文章。

只是在这封回信的末尾,王阳明提到,酷暑之中,自己旧病肺疾发作,咳疾恶化,连执笔都有困难,因此耽误了回信,很抱歉。再联想到这封信写于他去世前两年,着实令人哀痛。

老年得子

嘉靖五年（1526）闰八月十五日，王阳明设宴与门人赏月，吟诗一首，为《后中秋望月歌》（《王文成公全书》卷二十）：

一年两度中秋节，两度中秋一样月。
两度当筵望月人，几人犹在几人别？
此后望月几中秋？此会中人知在否？
当筵莫惜殷勤望，我已衰年半白头。

这首诗很容易懂。王阳明感叹说，两个月两次设宴赏月，在这么短的时间里，也经历了与门人的邂逅和别离。诗的末尾，王阳明伤感自己的衰老。仔细读一下诗的后半部分，我们就会感觉到，王阳明似乎在暗示自己一两年后将不久于人世，让人不胜感慨。

尽管诗意悲凉，王阳明还是有了大喜事，那便是亲生儿子的降生。嘉靖四年（1525）正月，王阳明的夫人诸氏仙去，四月葬于家族墓地。后来，王阳明迎娶张氏做继室。嘉靖五年（1526）十二月，王阳明五十五岁时，他的亲生儿子出生了。其父王华的两位旧友写诗祝贺，王阳明回复了两首诗（《王文成公全书》卷二十），诗中写道"他年只好共爷长"，表达了老年得子的喜悦。王阳明为儿子取名正聪。嘉靖十一年（1532），王阳明的讲友黄绾成为正聪的岳父，他在王阳明灵前将王阳明儿子的名字改为正亿。

嘉靖五年（1526）十二月，王阳明写下《惜阴说》一文（《王文成公全书》卷七）。当时，门人刘邦采[1]在故乡安福聚集志同道合之士，结成"惜阴会"，隔月举办五天讲会。王阳明受托在惜阴会的名册上写篇文章，于是写下《惜阴说》，阐述了惜阴的意义。

在文中，王阳明首先指出，不仅是隔月五日的讲会，任何时候都应该惜阴。离群而索居（《礼记·檀弓上》）则容易生懈怠之念，因此在讲会时应互相切磋，致良知的工夫一刻也不容缓。

> 天道之运，无一息之或停；吾心良知之运，亦无一息之或停。良知即天道，谓之"亦"，则犹二之矣。知良知之运无一息之或停者，则知惜阴矣；知惜阴者，则知致其良知矣。"子在川上曰：'逝者如斯夫！不舍昼夜。'"（《论语·子罕篇》）此其所以"学如不及"（《论语·泰伯篇》），至于"发愤忘食"（《论语·述而篇》）也。

上段文字开头写道，"天道之运，无一息之或停"，可见王阳明的良知观至此已经达到了极致。

接下来王阳明讲到"惜阴"，即一寸光阴都不可浪费。他引用东晋陶侃的话"大禹圣者，乃惜寸阴，至于众人，当惜分阴"（《晋书·陶侃传》），指出即便是圣人都珍惜每寸光阴，凡人就更应该珍惜每分光阴。

翌年，王阳明受命征讨思恩、田州的叛乱，赴广西途经吉安

---

[1] 刘邦采：字君亮，号师泉。江西吉安府安福县人。明代教育家，著有《易蕴》。

府，写信为《寄安福诸同志》(《王文成公全书》卷六）。王阳明在信中称赞了讲会的盛况，他写道，当初"惜阴会"成立时，担心会有名无实，听说远近豪杰聚集了一百多人，可见大家致良知的工夫也在长进，这是良知之学即将为世人熟知的前兆。

王阳明又引用了程颢的话"宁学圣人而不至，不以一善而成名"(《二程全书》)，指出良知学说是圣学的正传，以此学圣人便一定能成圣，只是担心有人会为了一善成名，不肯专心于良知学。最后他又强调良知学的简易，他写道："凡工夫只是要简易真切。愈真切，愈简易；愈简易，愈真切。"

王阳明晚年著述

刊刻《阳明先生文录》

嘉靖六年（1527）四月，邹守益仍在被贬谪之地南直隶广德州，他刊刻了《阳明先生文录》。钱德洪编纂了《王文成公全书》，他在《刻文录叙说》(《王文成公全书》卷五十二）中记录了刊刻前后的经过。

据记载，邹守益对王阳明恳求说想编集他的文稿刊刻发行，王阳明回答说："不可。吾党学问，幸得头脑，须鞭辟近里，务求实得，一切繁文靡好。传之恐眩人耳目，不录可也。"

但是邹守益再三请求，王阳明才从近期文稿中取出约三分之一，标明执笔年月，命钱德洪编纂。他说："所录以年月为次，不复分别体类者，盖专以讲学明道为事，不在文辞体制间也。"

几天后，钱德洪请求将剩余的文稿一起收录刊刻，王阳明说："此爱惜文辞之心也。昔者孔子删述'六经'，若以文辞为心，如唐、虞、三代，自《典》《谟》而下，岂止数篇？正惟一以明道为志，故所述可以垂教万世。吾党志在明道，复以爱惜文字为心，便不可入尧、舜之道矣。"

在钱德洪的再三恳求之下，王阳明又准许了几篇。钱德洪将其编集起来寄给邹守益，这便是如今的广德版《文录》，共四册。据说王阳明读了《文录》后说："此编以年月为次，使后世学者知吾所学前后进诣不同。……讲学须得与人人面授，然后得其所疑，时其浅深而语之。"

《大学》通论

《王文成公全书》卷二十六的《文录续编》中收录有《〈大学〉问》，记载了嘉靖六年王阳明受命征讨广西思恩、田州叛乱之前对钱德洪的教诲。次年，即嘉靖七年（1528），王阳明去世，享年五十七岁。因此这篇文章可以说是王阳明晚年思想的精华。三轮执斋在刻印《标注〈传习录〉》时也将其收入附录中。

这篇文章的主要内容是围绕《大学》中的"三纲领、八条目"展开，总结了王阳明的"大学"说，以钱德洪问、王阳明作答的形式记叙。估计钱德洪不是在王阳明征伐思恩、田州之乱前夕问的，而是将以前问的问题归整到一起。

读一下钱德洪写的跋文，我们就会明白《〈大学〉问》的概要以及将其收入《文录续编》的理由，就会理解当时王阳明的"大学"说，即以良知为本的"大学"论、"大学"解，因此现将该跋文抄录如下：

> 《〈大学〉问》者，师门之教典也。学者初及门，必先以此意授，使人闻言之下即得此心之知，无出于民彝物则之中，致知之功，不外乎修、齐、治、平之内。学者果能实地用功，一番听受，一番亲切。师常曰："吾此意思有能直下承当，只此修为，直造圣域。参之经典，无不吻合，不必求之多闻、多识之中也。"门人有请录成书者。曰："此须诸君口口相传，若笔之于书，使人作一文字看过，无益矣。"嘉靖丁亥八月，师起征思、田，将发，门人复请。师许之。录既就，以书贻洪曰："《〈大学〉或问》数条，非不愿共学之士尽闻斯义，顾恐借寇兵而赍盗粮，是以未欲轻出。"

由此可见，王阳明曾拒绝笔录成书，在门人的再三请求下虽然答应了，但是仍然担心如果轻易成书，会给那些批判自己的人一个好的借口。在上段文字中，王阳明自己称《〈大学〉问》为《〈大学〉或问》，这是因为他想到了朱子的《〈大学〉或问》。在《〈大学〉问》中，王阳明以问答形式来表明良知心学的命脉。

将这篇跋文与《传习录》中徐爱写的序文对比一下，我们便可发现王阳明中年时和老年时对心学的自信程度不同。据徐爱的序文记载，当王阳明听说有门人笔录自己讲学内容时，拒绝道："圣贤教人如医用药，皆因病立方，酌其虚实温凉阴阳内外而时时加减之，要在去病，初无定说。若拘执一方，鲜不杀人矣。今某与诸君不过各就偏蔽箴切砥砺，但能改化，即吾言已为赘疣。若遂守为成训，他日误己误人，某之罪过可复追赎乎？"(《王文成公全书》卷五十二)

然而到了晚年，王阳明开始提倡"致良知"说，他对自己的学说抱有很大的信心。如上面的跋文中记载的那样，他甚至认为如果能够充分理解他的"大学"说，就可以到达圣人的境界。不过，王阳明认为自己的学说应当通过实地体认获得，不可陷入辞章训诂之弊端。在这一点上，他的态度是始终如一的。

王阳明拒绝将自己的学说笔录成书，因为一旦把思想写成文章记载到书中，读者便要去理解文义，注重修辞，他担心读者会因此忽视实地工夫，误解圣学。王阳明对朱子的著述持批判态度，其实也是这个原因。

朱子一生写下了很多著述，王阳明认为朱子未能到达圣贤之境界，是因为他将精力用在了著书立说上。当朱子学说成为科举考试的内容时，其弊害益发严重。王阳明痛感于此，虽允许笔录，却说要口头传述。王阳明的这种立场，符合日本人的自我压抑性格。比起朱子学，日本人更偏爱阳明学，其原因也在于此。

在上述跋文中，钱德洪总结王阳明的训诫："即得此心之知，无出于民彝物则之中，致知之功，不外乎修、齐、治、平之内。"这一点很重要。提到心学，人们往往会认为像《大学》中讲的正心、诚意、格物、致知那样，只是单纯的心地工夫，这样一来就很容易忽视修、齐、治、平，一步走错，就有可能陷入佛、老的空寂学说。

钱德洪之所以在此论述王阳明的训诫，是因为在提倡致良知的人中出现了良知现成派。比如王畿，他认为良知是现成的，以直悟为宗旨，由此本体便可通透，以直悟便可一了百当，万事大吉。

钱德洪担心这样下去一步走错的话，就会忽视修、齐、治、平的实地工夫，弃绝天下万理，沦为佛、老的空寂学说。我们在后文中会提到，关于王阳明的四句宗旨，王、钱之间有争论。从这件事也不难看出钱德洪的担心。

王阳明去世后，其门下分为现成派、修证派、归寂派三大派别，王畿是现成派，而钱德洪是修证派。

正如钱德洪所说的那样，王阳明的"致良知"说，不仅是心地工夫，道德与万物之理自不必说，还要体认修、齐、治、平，不应忽视实地修行，因此钱德洪主张应当致良知，这便是王阳明学说的特色所在。不过，这不是心外的修行，正如王阳明在《咏良知四首示诸生》诗中吟诵的那样，"万化根源总在心"，这是心内的修行，或者说是良知的发用。

也许是担忧良知现成派的流弊，钱德洪在《〈大学〉问》中继续写道：

> 盖当时尚有持异说以混正学者，师故云然。师既没，音容日远，吾党各以己见立说。学者稍见本体，即好为径超顿悟之说，无复有省身克己之功。谓"一见本体，

超圣可以跂足"，视师门诚意格物、为善去恶之旨，皆相鄙以为第二义。简略事为，言行无顾，甚者荡灭礼教，犹自以为得圣门之最上乘。噫！亦已过矣。自便径约，而不知已沦入佛氏寂灭之教，莫之觉也……《大学》之教，自孟氏而后，不得其传者几千年矣。赖良知之明，千载一日，复大明于今日。兹未及一传，而纷错若此，又何望于后世耶？是篇邹子谦之尝附刻于《大学古本》，兹收录《续编》之首。（《王文成公全书》卷二十六）

从上段文字中，我们可以看出钱德洪非常忧虑良知现成派可能造成的流弊。王阳明为征伐思恩、田州，从越地出发，到达杭州前给钱德洪写了一封极为简短的信（《与德洪》，《王文成公全书》卷二十七），信中论及《〈大学〉问》："《〈大学〉或问》数条，非不愿共学之士尽闻斯义，顾恐借寇兵而赍盗粮，是以未欲轻出。且愿诸公与海内同志口相授受，俟其有风机之动，然后刻之非晚也。此意尝与谦之面论，当能相悉也。"

上文中的谦之即邹守益，与钱德洪一样是王门嫡传的良知修证派大儒。

《〈大学〉问》略解

《〈大学〉问》可以说是王阳明留下来的唯一著作，是将《传习录》及前面提到的《亲民堂记》中的内容集大成的作品。该书涉及王阳明晚年成熟思想的命脉，概括了王阳明的整体思想，非常重要。下面我们介绍一下其中的要点。

该书开篇首先抄录了《大学》首章中讲述"三纲领"的部分："大学之道，在明明德，在亲民，在止于至善。知止而后有定，定而后能静，静而后能安，安而后能虑，虑而后能得。物有本末，事有终始。知所先后，则近道矣。"

接着抄录《大学》首章中论述"八条目"的部分："古之欲明明德于天下者，先治其国；欲治其国者，先齐其家；欲齐其家者，先修其身；欲修其身者，先正其心；欲正其心者，先诚其意；欲诚其意者，先致其知；致知在格物……"

在《〈大学〉问》中，钱德洪首先问道："敢问大人之学何以在于'明明德'乎？"

王阳明大致做了如下回答：

> 大人者，以天地万物为一体者也，其视天下犹一家，中国犹一人焉。若夫间形骸而分尔我者，小人矣。大人之能以天地万物为一体也，非意之也，其心之仁本若是，其与天地万物而为一也。岂惟大人，虽小人之心亦莫不然，彼顾自小之耳。是故见孺子之入井，而必有怵惕恻隐之心焉，是其仁之与孺子而为一体也，孺子犹同类者也；见鸟兽之哀鸣觳觫，而必有不忍之心焉，是其仁之与鸟兽而为一体也，鸟兽犹有知觉者也；见草木之摧折而必有悯恤之心焉，是其仁之与草木而为一体也，草木犹有生意者也；见瓦石之毁坏而必有顾惜之心焉，是其仁之与瓦石而为一体也；是其一体之仁也，虽小人之心

亦必有之。是乃根于天命之性，而自然灵昭不昧者也，是故谓之"明德"。……是故苟无私欲之蔽，则虽小人之心，而其一体之仁犹大人也；一有私欲之蔽，则虽大人之心，而其分隔隘陋犹小人矣。故夫为大人之学者，亦惟去其私欲之蔽，以自明其明德，复其天地万物一体之本然而已耳，非能于本体之外而有所增益之也。

接着，钱德洪又问："然则何以在'亲民'乎？"
王阳明回答说：

明明德者，立其天地万物一体之体也。亲民者，达其天地万物一体之用也。故明明德必在于亲民，而亲民乃所以明其明德也。是故亲吾之父，以及人之父，以及天下人之父，而后吾之仁实与吾之父、人之父与天下人之父而为一体矣……君臣也，夫妇也，朋友也，以至于山川鬼神鸟兽草木也，莫不实有以亲之，以达吾一体之仁，然后吾之明德始无不明，而真能以天地万物为一体矣。夫是之谓明明德于天下，是之谓家齐国治而天下平，是之谓尽性。

钱德洪又问："然则又乌在其为'止至善'乎？"
王阳明回答如下：

至善者，明德、亲民之极则也。天命之性，粹然至善，其灵昭不昧者，此其至善之发见，是乃明德之本体，而即所谓良知也。至善之发见，是而是焉，非而非焉……少有拟议增损于其间，则是私意小智，而非至善之谓矣。自非慎独之至，惟精惟一者，其孰能与于此乎？后之人惟其不知至善之在吾心，而用其私智以揣摸测度于其外，以为事事物物各有定理也，是以昧其是非之则，支离决裂，人欲肆而天理亡，明德、亲民之学遂大乱于天下。

盖昔之人固有欲明其明德者矣，然惟不知止于至善，而骛其私心于过高，是以失之虚罔空寂，而无有乎家国天下之施，则二氏之流是矣。固有欲亲其民者矣，然惟不知止于至善，而溺其私心于卑琐，是以失之权谋智术，而无有乎仁爱恻怛之诚，则五伯功利之徒是矣。是皆不知止于至善之过也。故止至善之于明德、亲民也，犹之规矩之于方圆也，尺度之于长短也，权衡之于轻重也……明明德、亲民而不止于至善，亡其本矣。故止于至善以亲民，而明其明德，是之谓大人之学。

钱德洪又问："'知止而后有定，定而后能静，静而后能安，安而后能虑，虑而后能得'，其说何也？"

王阳明回答如下：

人惟不知至善之在吾心，而求之于其外，以为事事物物皆有定理也，而求至善于事事物物之中，是以支离决裂、错杂纷纭，而莫知有一定之向。今焉既知至善之在吾心，而不假于外求，则志有定向，而无支离决裂、错杂纷纭之患矣。无支离决裂、错杂纷纭之患，则心不妄动而能静矣。心不妄动而能静，则其日用之间，从容闲暇而能安矣。能安，则凡一念之发，一事之感，其为至善乎？其非至善乎？吾心之良知自有以详审精察之，而能虑矣。能虑则择之无不精，处之无不当，而至善于是乎可得矣。

钱德洪又问："'物有本末'，先儒以明德为本，新民为末，两物而内外相对也。'事有终始'，先儒以知止为始，能得为终，一事而首尾相因也。如子之说，以新民为亲民，则本末之说亦有所未然欤？"

王阳明回答如下：

终始之说，大略是矣。即以新民为亲民，而曰明德为本，亲民为末，其说亦未为不可，但不当分本末为两物耳。夫木之干谓之本，木之梢谓之末，惟其一物也，是以谓之本末。若曰两物，则既为两物矣，又何可以言本末乎？新民之意，既与亲民不同，则明德之功，自与新民为二。若知明明德以亲其民，而亲民以明其明德，则明德、亲民焉可析而为两乎？先儒之说，是盖不知明德、亲民之本为一事，而认以为两事，是以虽知本末之当为一物，而亦不得不分为两物也。

钱德洪又问："古之欲明明德于天下者，以至于先修其身，以吾子明德亲民之说通之，亦既可得而知矣。敢问欲修其身，以至于致知在格物，其工夫次第又何如其用力欤？"

王阳明回答如下：

此正详言明德、亲民、止至善之功也。盖身、心、意、知、物者，是其工夫所用之条理，虽亦各有其所，而其实只是一物。格、致、诚、正、修者，是其条理所用之工夫，虽亦皆有其名，而其实只是一事。何谓身心之形体？运用之谓也。何谓身心之灵明？主宰之谓也。何谓修身？为善而去恶之谓也。吾身自能为善而去恶乎？必其灵明主宰者欲为善而去恶，然后其形体运用者始能为善而去恶也。故欲修其身者，必在于先正其心也。然心之本体则性也。性无不善，则心之本体本无不正也。何从而用其正之之功乎？盖心之本体本无不正，自其意念发动而后有不正。

故欲正其心者，必就其意念之所发而正之，凡其发一念而善也，好之真如好好色；发一念而恶也，恶之真如恶恶臭：则意无不诚，而心可正矣。然意之所发有善有恶，不有以明其善恶之分，亦将真妄错杂，虽欲诚之，不可得而诚矣。故欲诚其意者，必在于致知焉。致者，至也，如云"丧致乎哀"（《论语·子张篇》）之"致"。《易》言"知至至之"（《周易·乾卦·文言传》），"知至"者，知也；"至之"者，致也。"致知"云者，非若后儒所谓充广其知识之谓也，致吾心之良知焉耳。

王阳明批判了朱子的主知主义之后，又论述了应当致良知：

> 良知者，孟子所谓"是非之心，人皆有之"（《孟子·告子上》）者也。是非之心，不待虑而知，不待学而能，是故谓之良知。是乃天命之性，吾心之本体，自然灵昭明觉者也。凡意念之发，吾心之良知无有不自知者。其善欤，惟吾心之良知自知之；其不善欤，亦惟吾心之良知自知之；是皆无所与于他人者也。故虽小人之为不善，既已无所不至，然其见君子，则必厌然掩其不善，而著其善者，是亦可以见其良知之有不容于自昧者也。今欲别善恶以诚其意，惟在致其良知之所知焉尔。
>
> 何则？意念之发，吾心之良知既知其为善矣，使其不能诚有以好之，而复背而去之，则是以善为恶，而自昧其知善之良知矣。意念之所发，吾之良知既知其为不善矣，使其不能诚有以恶之，而覆蹈而为之，则是以恶为善，而自昧其知恶之良知矣。若是，则虽曰知之，犹不知也，意其可得而诚乎！今于良知所知之善恶者，无不诚好而诚恶之，则不自欺其良知而意可诚也已。然欲致其良知，亦岂影响恍惚而悬空无实之谓乎？是必实有其事矣。故致知必在于格物。

王阳明接下来又论述了格物必先致知：

物者，事也，凡意之所发必有其事，意所在之事谓之物。格者，正也，正其不正以归于正之谓也。正其不正者，去恶之谓也。归于正者，为善之谓也。夫是之谓格。《书》言"格于上下"（《尚书·尧典》），"格于文祖"（《尚书·尧典》），"格其非心"（《尚书·冏命》），格物之格实兼其义也。良知所知之善，虽诚欲好之矣，苟不即其意之所在之物而实有以为之，则是物有未格，而好之之意犹为未诚也。良知所知之恶，虽诚欲恶之矣，苟不即其意之所在之物而实有以去之，则是物有未格，而恶之之意犹为未诚也。今焉于其良知所知之善者，即其意之所在之物而实为之，无有乎不尽。

于其良知所知之恶者，即其意之所在之物而实去之，无有乎不尽。然后物无不格，而吾良知之所知者无有亏缺障蔽，而得以极其至矣。夫然后吾心快然无复余憾而自慊矣，夫然后意之所发者，始无自欺而可以谓之诚矣。故曰："物格而后知至，知至而后意诚，意诚而后心正，心正而后身修。"盖其工夫条理虽有先后次序之可言，而其体之惟一，实无先后次序之可分。其条理工夫虽无先后次序之可分，而其用之惟精，固有纤毫不可得而缺焉者。此格致诚正之说，所以阐尧舜之正传而为孔氏之心印也。

王阳明论述的《〈大学〉问》到此结束。对于理解王阳明晚年的成熟思想，《〈大学〉问》可以说是最重要的参考。正像钱德洪说的那样，《〈大学〉问》足可称之为"师门之教典"。

第二十章

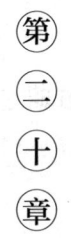

思田靖乱

王阳明三征

王阳明所立的军功,被人们称为"三征"。

第一征是从正德十一年(1516)到正德十三年(1518)。此次征讨以赣南为中心,跨江西、福建、广东、湖广四省,多是广阔险峻的山陵地带。

第二征是在正德十四年(1519),于江西神速平定了宁王朱宸濠的叛乱。关于这两次征讨,我们在前面已经详细讲述过了。

第三征是指征讨广西思恩、田州以及断藤峡、八寨的叛贼。

王阳明年轻时热衷于研究兵法,他的兵学智慧在"三征"中得以巧妙发挥,因此他甚至得到了这样的评价:"终明之世,文臣用兵制胜,未有如守仁者也。"(《明史》卷一九五)

本章在讲述第三征的同时,介绍一下这段时间王阳明的讲学情况。

嘉靖六年(1527),王阳明在故乡讲学的安稳生活结束。因为这一年的五月十一日,朝廷决定由任南京兵部尚书的王阳明兼任都察院左佥都御史,去平定思恩、田州的叛贼。六月六日,兵部使者将圣旨送到王阳明手中。

对此,王阳明在六月上《辞免重任乞恩养病疏》(《王文成公全书》卷十四）表明了辞退之意。在上疏中，王阳明首先从自身的现状叙述自己无法担当重任：

> 臣自正德十四年江西事平之后，身罹谗构，危疑汹汹，不保朝夕。幸遇圣上龙飞，天开日朗，鉴臣蝼蚁之忠，下诏褒扬洗涤，出臣于覆盆之下；进官封爵，召还京师。因乞便道归省，随蒙赐敕遣官奖劳慰谕，赐以银币，犒以羊酒。臣感激天恩，虽粉骨碎身，云何能报。不幸遭继父丧，未获赴阙陈谢。服满之后，又连年病卧，喘息奄奄，苟避形迹。皇上天高地厚之恩，迄今六年于此矣，尚未能一睹天颜，稽首阙廷之下，臣实瞻戴恋慕，昼夜热中，若身在芒刺。尔者曾蒙谢恩之召，臣之至愿；惟不能即时就道，顾乃病卧呻吟，徒北望敢泣，神魂飞驰而已。
>
> 今年六月初六日，兵部差官赍文前到臣家，内开奏奉钦依，以两广未靖，命臣总制军务，督同都御史姚镆等勘处者。臣闻命惊惶，莫知攸措。伏自思惟，臣于君命之召，当不俟驾而行，矧兹军旅，何敢言辞？顾臣病患久积，潮热痰嗽，日甚月深，每一发咳，必至顿绝，久始渐苏。乃者谢恩之行，轻舟安卧，尚未敢强，又况兵甲驱劳，岂复堪任。夫委身以图报，臣之本心也。若冒病轻出，至于偾事，死无及矣。

接着，他又谈论了对两广之役的看法：

臣又伏思两广之役，起于土官仇杀，比之寇贼之攻劫郡县、荼毒生灵者，势尚差缓。若处置得宜，事亦可集。姚镆平日素称老成慎重，一时利钝前却斯亦兵家之常，要在责成，难拘速效。御史石金据事论奏，是盖忠于陛下，将为国家宏仁覆久远之图，所以激励镆等，使之集谋决策，收之桑榆也。

臣本书生，不习军旅，往岁江西之役，皆偶会机宜，幸而成事。臣之才识，自视未及姚镆，且近年以来，又已多病。况兹用兵举事，镆等必尝深思熟虑，得其始末条贯，中事少沮，辄以臣之庸劣参与其间，行事之际，所见或有同异，镆等益难展布。

夫军旅之任，在号令严一，赏罚信果而已。慎择主帅，授钺分梱，当听其所为。臣以为两广今日之事，宜专责镆等，隆其委任，重其威权，略其小过，假以岁月，而要其成功。至于终无底绩，然后别选才能，兼于民情土俗素相谙悉，如南京工部尚书胡世宁、刑部尚书李承勋者往代其任。

在这里，我们简单了解一下思恩、田州之乱的经过。

岑氏一族是广西势力很大的土著，自明代初年就作为土官管辖思恩、田州。嘉靖四年（1525），朝廷政策有变，以流官代替土官。本来流官势力微弱，总是借狼达土兵的力量讨伐叛乱，土官也给予协助。然而，乱贼平定之后，所有军功都归于流官，土官得不到任何回报。因此，当时的岑猛父子对新政不满，起兵叛乱。

嘉靖五年（1526），都御史、提督军务姚镆前去讨伐，擒获岑猛父子。而岑猛的部下头目卢苏、王受再次拥兵造反，攻下了思恩、田州两座府城。姚镆率广东、广西、江西、湖广四省大军前往征讨，却败退下来。巡按御史石金上奏说是姚镆失职。因此，朝廷命王阳明出征。

王阳明在给当时任光禄寺少卿的黄绾写的《与黄宗贤》第二、三封信（见《王文成公全书》卷二十一）中，感叹宸濠之乱已过八年，从军部下兵将尚未论功行赏，又提及思、田之乱，写道："东南小蠢，特疮疥之疾；群僚百司各怀谗嫉党比之心，此则腹心之祸，大为可忧者。"

又写道："思、田之事，本亦无大紧要，只为从前张皇太过，后来遂不可轻易收拾。所谓'天下本无事，庸人自扰之'（《旧唐书》卷八十八）耳。其略已具奏词，今往一通，必得朝廷如奏中所请，则地方庶可以图久安。"

此处是值得注意的。由于朝廷内部斗争，才让重病缠身的王阳明到酷热的边境之地思恩、田州平叛。

迄今为止，霍韬遇事总会帮助王阳明，王阳明写《与霍兀崖宫端》（《王文成公全书》卷二十一）一信给他。信中陈述自己病情极重，咳嗽厉害时，"无复人间意"，"乃者忽承两广之推，岂独任非其才，是盖责以其力之所必不能支，将以用之而实以毙之也"。读到这里，再想一下次年王阳明在两广征讨归来的途中溘然长逝，着实令人心痛不已。

黄绾后来在《阳明先生行状》（《王文成公全书》卷三十七）中做了如下记述：

丁亥，田州土知府岑猛之乱，提督都御史姚镆不克成功。张公孚敬拉桂公萼同荐，桂公不得已，勉从荐公。得谕旨，兵部奉钦依，差官持檄，授公总制军务，督同都御史姚镆勘处彼中事情。上疏辞免，举尚书胡世宁、李承勋自代，不允。上与杨公一清曰："若姚镆不去，王守仁决不肯来。"遂令镆致仕。又降旨督趣赴任。旨云："卿识敏才高，忠诚体国。今两广多事，方借卿威望，抚定地方，用舒朕南顾之怀。姚镆已致仕了，卿宜星夜前去，节制诸司，调度军马，抚剿贼寇，安戢兵民，勿再迟疑推诿，以负朕望。还差官铺马赍文前去敦取赴任行事，该部知道。"

予时为光禄寺少卿，具疏论江西军功，及荐公才德，堪任辅弼。上喜，亲书御札，并疏付内阁议。杨公一清忌公入阁，与之同列，乃与张公孚敬具揭帖对曰："王守仁才固可用，但好服古衣冠，喜谈新学，人颇以此异之。不宜入阁，但可用为兵部尚书。"桂公知，遂大怒詈予，潜进揭帖毁公，上意遂止。公遂扶病莅任，沿途涉历访诸士夫，询诸行旅，皆云岑猛父子固有可诸诛之罪，然所以为乱者，皆当事诸人不能推诚抚安以致之。上疏谢恩，极言致乱之由，平复之策。

十二月，杨公一清与桂公萼谋，恐事完回京，复命见上，予与张公又荐之，上必留用。又题命公兼理巡抚。奉圣旨"王守仁暂令兼理巡抚两广等处地方，写敕与他"。

东正堂就这种庙堂里的明争暗斗大致做了如下评论（《阳明先生全书论考》卷十三《奏疏·公移三·思田书》）：本来两广之役不足以令先生烦恼。当时了解先生的人，都认为让先生担任南京兵部尚书这一闲职过于屈才，极力推荐他辅弼天子朝政。然而当权者嫉妒先生的才能，提出姚镆不能平定两广之役，硬要先生出征……先生一生在艰难困苦中度过，最终也未能辅弼朝政。这让我们为先生，也为天下扼腕叹息。

事实正如东正堂感慨的那样。王阳明在前往广西的征途中给各级官府下达公移《钦奉敕谕通行》（《王文成公全书》卷十八），签署日期为嘉靖六年十月三日。公文中写道：

嘉靖六年七月初十日，节该钦奉敕谕：
……今特命尔提督两广，及江西、湖广等处地方军务，星驰前去彼处，即查前项夷情，田州因何复叛，思恩因何失守，督同姚镆等斟酌事势，将各夷叛乱未形者，可抚则抚，反形已露者，当剿则剿，一应主客官军，从宜调遣，主副将官及三司等官，悉听节制，治以军法，明示威信，务要计处合宜。

因此，当时姚镆尚未被辞退。

十月十八日签署的公移《湖兵进止事宜》（《王文成公全书》卷十八）指示，王阳明接管出征广西的六千多名湖广士兵，公文中写道："照得本年八月二十四日先准兵部咨，该本爵看得，先任总督巡抚都御史姚，已蒙钦准致仕……"

第二十章 思田靖乱　　　　　　　　　　951

心学宗旨

嘉靖六年（1527）八月，王阳明在出征思恩、田州前夕写下了《客坐私祝》(《王文成公全书》卷二十四)。这是写给他的子弟以及受托教育其子弟的门生的，该文简洁地记述了日常生活中每个人都应当谨记于心的事项。我们读完之后，能够体会到王阳明对子弟的殷切期望。

在文中，王阳明训诫说，应当从良士而不从凶人。

关于良士，他是这样解释的："但愿温恭直谅之友来此讲学论道，示以孝友谦和之行。德业相劝，过失相规，以教训我子弟，使毋陷于非僻。"文中的"温恭"出自子贡对孔子人品的概括：温、良、恭、俭、让(《论语·学而篇》),"直谅"出自孔子讲的益者三友"友直，友谅，友多闻，益矣"(《论语·季氏篇》)。

嘉靖六年（1527）九月九日，王阳明奉旨出征思恩、田州。出征前夜，他在天泉桥上对高徒钱德洪和王畿讲学，裁定二人对"四句宗旨"的解释。(《年谱三》,《传习录》下卷)

九月八日，钱德洪与王畿到船上拜访张元冲，谈论老师教的"四句宗旨"。王阳明的"四句宗旨（四句教）"是"无善无恶是心之体，有善有恶是意之动，知善知恶是良知，为善去恶是格物"。

第一句："无善无恶是心之体。"这里讲的无善指的是不拘泥于善的境界，如果固执于善，难免会陷入相对性。必须注意的是，这个无善与佛教讲的无善无恶之无善不同，应该称之为绝对的善。

王阳明曾经在著名的《花间草》篇(《传习录》上卷)中教谕薛侃道："无善无恶者理之静,有善有恶者气之动。不动于气,即无善无恶,是谓至善。"他讲道心之本体动,动至意念则生善恶。

王畿将"四句宗旨"理解为:此恐未是究竟话头。心体既是无善无恶,意亦是无善无恶,知亦是无善无恶,物亦是无善无恶。若说意有善有恶,毕竟心亦未是无善无恶。(《王文成公全书》卷三十四《年谱三》)他主张"四无"说、"无善"说,即如果心之本体无善无恶,意、知、物皆无善无恶。

钱德洪反对王畿的说法,他说:"心体原来无善无恶,今习染既久,觉心体上见有善恶在,为善去恶,正是复那本体工夫。若见得本体如此,只说无工夫可用,恐只是见耳。"(《王文成公全书》卷三十四《年谱三》)他主张"四有"说、"有善"说,辩论王阳明的"四句宗旨"的正当性。

关于两人的观点,换句话说,王畿认为心体是超越善恶的绝对无的东西,即便想通过修行达到,终会因拘泥于善恶之念而无法领悟绝对无的心体。因此,必须一举领悟绝对无之处。

而钱德洪则认为王畿这么说是太不了解现实中的人心了,还是必须积累修行,才能到达绝对无的心体。像王畿说的那样,一举领悟绝对无的心体,反倒会陷入虚妄。

用禅语来讲,王畿主张直悟、顿悟,钱德洪主张渐修。

两人争论无果,决定请先生指示。然而九月八日为王阳明出征前一天,诸多亲友前来道别,到了晚上客人散了,王阳明正准备回家,得知二人在院中等候,于是移步天泉桥相见。

王阳明听了两人的辩论,高兴地说:"正要二君有此一问!"

他教谕道：

我今将行，朋友中更无有论证及此者，二君之见正好相取，不可相病。汝中须用德洪工夫，德洪须透汝中本体。二君相取为益，吾学更无遗念矣。

有只是你自有，良知本体原来无有，本体只是太虚。太虚之中，日月星辰，风雨露雷，阴霾饐气，何物不有？而又何一物得为太虚之障？人心本体亦复如是。太虚无形，一过而化，亦何费纤毫气力？

德洪工夫须要如此，便是合得本体工夫。

汝中见得此意，只好默默自修，不可执以接人。上根之人，世亦难遇。一悟本体，即见工夫，物我内外，一齐尽透，此颜子、明道不敢承当，岂可轻易望人？二君已后与学者言，务要依我四句宗旨：无善无恶是心之体，有善有恶是意之动，知善知恶是良知，为善去恶是格物。以此自修，直跻圣位；以此接人，更无差失。

王阳明思考片刻，又说："二君以后再不可更此四句宗旨。此四句中人上下无不接着。我年来立教，亦更几番，今始立此四句。人心自有知识以来，已为习俗所染，今不教他在良知上实用为善去恶工夫，只去悬空想个本体，一切事为，俱不着实。此病痛不是小小，不可不早说破。"（《王文成公全书》卷三十四《年谱三》）

王阳明晚年最后的教说《天泉证道记》（《龙溪全集》中名为《证道纪》）名扬后世，王阳明将人分为上根之人和下根之人，用两种教法解释本体和工夫，这在明末思想界成为引发大争论的主题。

例如，王龙溪的"四无"说，主张本体即工夫这一简易直截之道，可以说是王阳明提倡的"良知"说发展后的一个归结，王阳明却并未论述。正像上面王阳明讲的那样，这是针对聪慧之人的教法，如果面向一般人讲述，他担心会产生弊害。王阳明在良知之上又冠一"致"字，也是考虑到这一点。

后来，明末万历二十年（1592）前后，在南京召开的讲会上，以"天泉证道记"为主题，各派学者展开了"四有"说和"四无"说的争论。湛门派的许孚远痛感良知现成派追随者的弊端，为批驳王畿的"四无"说，在钱德洪"四有"说的基础上提出"九谛"，由九条组成。

翌日，良知现成派巨匠周汝登写出反论书《九解》，针对"九谛"的各条逐一反驳，拥护王畿的"四无"说。

周汝登在《九解》中拥护"四无"说即"无善"说，在他的辩论中有一条是性本善，这里的善并非与恶相对应的善，是断绝思虑的无，即无善，如果是有，则落入一物，成为知识见解可得的存在，不能成为天下的大本。他还论及："有不孝而后有孝子之名，孝子无孝。"（《九解》之《解》二）这样的议论基于对世间伪善者的尖锐批判而发，认为知道善而去行善不过是伪善。

关于"四句宗旨"中的第一句"无善无恶是心之体"，后世有人批判与禅宗相同，因为六祖慧能曾说："不思善，不思恶，正恁么时那个是明上座本来面目。"（《六祖大师法宝坛经·行由第一》）但是两者内容不同。

禅的本来面目是空，王阳明的学说是天理。我们必须知道佛教与儒教在世界观、人生观、事物观方面的不同。心体即本性，在王阳明看来是天理是实理，而禅则认为是虚无的，两者之间有虚实之别。

王阳明在书信《启问道通书》[1]中解释《周易·系辞下传》中的"何思何虑"，他说："所思所虑只是一个天理，更无别思别虑耳，非谓无思无虑也。……心之本体即是天理。天理只是一个，更有何可思虑得？"（《传习录》中卷）

也就是说，王阳明认为"何思何虑"并不是断绝思虑，而是不思虑天理以外的东西。

---

[1]《启问道通书》：收录于《传习录》中卷。三轮执斋被称为日本阳明学的中兴之祖，他将"四句宗旨"称为"四言教"来尊奉，他认为这封回信是王阳明在五十三岁时写的。

最后的征程

嘉靖六年（1527）九月九日，王阳明从故乡越地出发，直奔广西，踏上了他最后的征程。钱德洪和王畿也随军为王阳明送行，一直送到浙江严滩。

王阳明一行沿钱塘江、富春江逆流而上，九月二十二日到达严州府桐庐县富春山下桐江河畔的严子陵钓台。

前面提到，与王阳明、朱舜水、黄宗羲并称为余姚四贤人的东汉严光曾在此垂钓，钓鱼的遗址建有钓台。王阳明经过此地时，吟诗《复过钓台》（《王文成公全书》卷二十)，并命人刻在驿亭的墙上。

忆昔过钓台，驱驰正军旅。
十年今始来，复以兵戈起。
空山烟雾深，往迹如梦里。
微雨林径滑，肺病双足胝。
仰瞻台上云，俯濯台下水。
人生何碌碌？高尚当如此。
疮痍念同胞，至人匪为己。
过门不遑入，忧劳岂得已！
滔滔良自伤，果哉末难矣！

王阳明为这首诗作跋，记录了随行者的姓名，有王畿、钱德洪、桐庐县知县沈元材、建德县[1]知县杨思臣四人。

上述诗句开头四句中有"昔过钓台",王阳明为了将在宸濠之乱中俘虏的宸濠部下从南昌府城押解到杭州,交给武宗亲征军的张永,当时曾路过钓台。

诗中还有"十年今始来",宸濠之乱发生在正德十四年(1519),这里用的只是概数。此时,王阳明除了肺病恶化以外,双脚还长了老茧,步行困难,令人心痛。尽管自己处于如此困难的境地,王阳明仍然心系天下苍生。

诗中最后两句,王阳明引用了隐者桀溺嘲笑游历并游说各国的孔子的话:"滔滔者,天下皆是也。"(《论语·微子篇》)还引用了据说是孔子评价隐者的话:"果哉!末之难矣。"(《论语·宪问篇》)

他感叹道:道之衰乱如同滔滔江水,令人伤心,如果放弃了世间之事,也不是什么难事。但是正如他在前两句中吟诵的那样,圣人大禹为治理黄河,外出十三年三过家门而不入,不是为自己,为国家忧劳也是不得已的。这几句诗吐露了王阳明救世济民的信念。

严滩问答

不久,王阳明一行沿东阳江,经金华府,到达浙江衢州府西安县。门人栾惠、王玑等数十人冒雨出迎。

王阳明吟诗一首,为《西安雨中诸生出候因寄德洪汝中并示

---

[1] 建德县:从桐庐县沿桐江逆流而上,严州府府城所在地。

书院诸生》(《王文成公全书》卷二十)：

> 几度西安道，江声暮雨时。
> 机关鸥鸟破，踪迹水云疑。
> 仗钺非吾事，传经愧尔师。
> 天真石泉秀，新有鹿门期。

在这首诗中，王阳明感叹现实与理想相反，自己以鸥为友的梦想破灭，迄今为止的事迹都是空虚的。又说自己不应该以兵马为事，如果天真书院（杭州府城南）建成的话，想和钱德洪、王畿一起讲学。钱德洪与王畿说要建天真书院，两人不断地向王阳明讲述其益处，王阳明此时给两人写了另外一首诗（见《王文成公全书》卷二十），表示赞许。

钱德洪与王畿到此就该与王阳明分别了。当时王阳明与王畿的对话后来被世人称为"严滩问答"。王畿谈到佛教的实相和幻相，王阳明这样说道："有心俱是实，无心俱是幻；无心俱是实，有心俱是幻。"

这一说法云遮雾罩，听上去有点像禅的问答那样自相矛盾。而王畿则说："有心俱是实，无心俱是幻，是本体上说工夫。无心俱是实，有心俱是幻，是工夫上说本体。"

王阳明回答说："然也。"

当时在场的钱德洪未能充分理解这句话的主旨，之后经过数年修行，才确信本体与工夫合一。(《传习录》下卷)

在上述问答中，王阳明分别使用了两次"有心"和"无心"。

第二十章　思田靖乱

必须注意的是，前半部分的"心"与后半部分的"心"内涵不同。也就是说，前半部分的"心"指的是"本来的心"，即"本心"；而后半部分的"心"指的是"私心、人心"。因此，前半部分说的"本心"，有则为实，无则为幻，为保持"本心"，努力使其不丧失，便是"本体上说工夫"。相反，后半部分的"心"是"私心"，无则为实，有则为幻，努力去除"私心"，保持本心，便是"工夫上说本体"。

总之，这段问答讲述的是本体即工夫、工夫即本体。也就是说，本体之中有工夫，工夫之中有本体，本体与工夫合一，与知行合一主旨相同。

换句话说，王阳明认为，既没有无本体的工夫，也没有无工夫的本体，本体总是在工夫中提高，工夫是本体的作用。他说的本体就是良知，工夫就是致良知，即发挥心之良知。

吟长生之误

嘉靖六年（1527）九月二十五日，王阳明到达浙江西部的常山县，弃舟登岸，进入江西。他作诗一首，为《长生》(《王文成公全书》卷二十)。

《王文成公全书》中收录了二十一首"两广诗"，其中涉及良知的只有这一首《长生》。这首诗讲述的是：王阳明年轻时求长生，即求神仙之道，中年时意识到错误，转向圣学，领悟到了良知才是真道。

王阳明回到故乡越地讲学期间作了三十四首"居越诗"，这些诗的特色在于大多都论及阳明心学。由此可以看出，王阳明在领悟良知学以后，是多么用心地去宣扬它。世间朱子学者越是批判他，他对自己的学说就越发有信心，因此激发了他的救世豪情。

现将《长生》诗抄录如下：

> 长生徒有慕，苦乏大药资。
> 名山遍探历，悠悠鬓生丝。
> 微躯一系念，去道日远而。
> 中岁忽有觉，九还乃在兹。
> 非炉亦非鼎，何坎复何离；
> 本无终始究，宁有死生期？
> 彼哉游方士，诡辞反增疑；
> 纷然诸老翁，自传困多歧。
> 乾坤由我在，安用他求为？
> 千圣皆过影，良知乃吾师。

我们需要特别留意最后四句。因为诗中讲道，我们心中现存的良知是宇宙的根本，这才应该是吾师，我们不应当向圣人学习。这显示了王阳明对良知的绝对信心。因此，次年王阳明去世时会说"此心光明，亦复何言"也是理所当然的。

顺便提一下，诗中的"坎"与"离"都是《周易》中的卦名。"坎"为水卦，卦象是同卦上下相叠，表示虽然困难重重，踏踏实实地努力便可突破难关。"离"卦与"坎"卦正好阴阳相反，即象征火的同卦上下重叠，表示要守中庸之道，养柔顺之德，便

第二十章 思田靖乱

可逢凶化吉。《周易》六十四卦中的上经三十卦始于"乾""坤"，终于"坎""离"。

工夫只是简易真切

王阳明从浙江进入江西后，从广信府上饶县再次登舟，沿上饶江西下。途中，徐樾、张士贤、桂轼等门人提出要拜见王阳明，王阳明则因为尚在征途，答应归途相见。然而徐樾从广信府贵溪县跟随王阳明的船只直到靠近鄱阳湖的饶州府余干县，王阳明只好让他到船上来说话。

嘉靖六年（1527）十月，王阳明从鄱阳湖沿赣江向南逆流而上，到达南昌府港口南浦。八年前南昌府曾是宸濠之乱的主战场，王阳明在此留下了诸多回忆。南浦港的码头上挤满了头顶香炉前来欢迎的军民，街道上也是水泄不通的人群。王阳明乘坐的轿子是从人群的头顶上传递到南昌府官衙的。来官衙拜见王阳明的人络绎不绝，官府只得安排这些人从东门进然后从西门出，很多人出去后又排队进来。从上午八点左右开始，一直到下午两点才结束，之后军官又举行了正式的欢迎仪式。

翌日，王阳明拜谒孔庙后，在明伦堂讲《大学》，堂内挤满了听众，还有很多人挤不进去。唐尧臣（字廷俊）以前不相信阳明学，自从前一天出迎开始心动，拜见王阳明后惊叹说："三代后安得有此气象耶！"他借给王阳明献茶之机挤入明伦堂旁听，从此不再怀疑阳明心学。唐尧臣此时拜师，后来在嘉靖三十六年（1557）于杭州天真书院重刻《阳明先生文录》和《传习录》。

此时王阳明作了一首诗，为《南浦道中》(《王文成公全书》卷二十)：

南浦重来梦里行，当年锋镝尚心惊。
旌旗不动山河影，鼓角犹传草木声。
已喜闾阎多复业，独怜饥馑未宽征。
迂疏何有甘棠惠，惭愧香灯父老迎！

意思是说，我（王阳明）来到宸濠之乱的战场南浦，简直像做梦一样。回想起当时战争的情形，心潮起伏。山河中虽没有旌旗摇曳，风吹草动的声音却让人想起战鼓与号角声。当地的百姓恢复了日常的生息，这令人很高兴，但是我（王阳明）又担忧饥馑与繁重的苛税。周召公施行善政，受百姓爱戴，他办公之地的棠梨树都得到了保护。我是个愚笨的人，本不应该受到这样的待遇，看到这么多父老乡亲顶香出迎，实在是愧不敢当。

王阳明从南昌府沿赣江逆流南下，到达吉安府。此地与王阳明渊源颇深。宸濠之乱爆发时，王阳明在此地指挥，又在此地举兵讨伐宸濠，之前从流放之地龙场被释放后，受命担任庐陵县知县。三百多门人出迎，并将他引领到吉安北邻的名胜螺川驿站。

因为时间有限，王阳明站立讲学，他讲道："尧、舜生知安行的圣人，犹兢兢业业，用困勉的工夫。吾侪以困勉的资质，而悠悠荡荡，坐享生知安行的成功，岂不误己误人？"又说："良知之妙，真是'周流六虚，变通不居'。若假以文过饰非，为害大矣。"(《王文成公全书》卷三十四《年谱三》) 临别时又说："工夫只是简易真切，愈真切，愈简易；愈简易，愈真切。"王阳明如此论述良知学的简易，简易之学到了王阳明这里已经达到极致。王阳明此时写下了书信《寄安福诸同志》(《王文成公全书》卷六)，上一段话便记录在书信末尾。

此心只是个真诚恻怛

王阳明从江西吉安府沿赣江继续南下，经赣州府到达南安府。这一带是王阳明"三征"中的第一征，即讨伐南赣贼匪时的主战场。他在南安府下船，翻越与广东交界处的梅岭（大庾岭）关，进入广东南雄府地界。估计王阳明是乘轿子翻越梅岭关的，因为他的病体已无法支撑他步行。即便现在，仍有人乘坐轿子翻越此地。

当时，王阳明给留在家中的嗣子正宪写了一封家训书信《寄正宪男手墨二卷》(《王文成公全书》卷二十六)，信中记载，王阳明翻越梅岭关是在嘉靖六年（1527）十一月七日。

梅岭关以南的岭南之地，自古以来就被认为是"蛮人"居住的地方。唐代名僧慧能曾作偈与神秀辩"明镜"论，他第一次来到湖广黄梅县的东林寺，拜见五祖弘忍大师时，两人有如下对话(《六祖大师法宝坛经·行由品第一》)：

弘忍问："汝何方人？欲求何物？"

慧能答道："弟子是岭南新州百姓，远来礼师，惟求作佛，不求余物。"

弘忍说："汝是岭南人，又是獦獠[1]，若为堪作佛？"

慧能回答说："人虽有南北，佛性本无南北；獦獠身与和尚不同，佛性有何差别？"

弘忍听了慧能的话哑口无言，知道他有过人之处，想多和他交谈，因为周围有其他弟子，不便多言，于是让他和其他弟子一起劳作。后来通过"明镜"论的偈子，弘忍认定慧能可以继承法统。

据上述给正宪的书信可知，王阳明此时已经来到三水（广东广州府三水县），再过几天就能到达广西。信中也记载了王阳明当时的病情：肺病引起的咳嗽迟迟不愈，但是也无大碍，一路上也算平安。他还问到幼子正聪的生活起居。正聪当时还是两岁的幼儿，王阳明将对他的教育委托给门人魏直（字廷豹）。嗣子正宪是王阳明于正德十年（1515）领养的，此时已经是二十岁的青年。

后来王阳明从任职地广西又给正宪写了一封家训书信《寄正宪男手墨二卷》(《王文成公全书》卷二十六）。

在第一卷中，他简洁概括了自己的一生，如下写道："吾平日讲学，只是'致良知'三字。仁，人心也；良知之诚爱恻怛[2]处，便是仁，无诚爱恻怛，亦无良知可致。"

王阳明认为，致良知，最重要的是先要有万物一体之仁，即

---

1 獦獠：狼犬，异民族的别称，蛮人的意思。

2 诚爱恻怛：王阳明也曾说过真诚恻怛、仁爱恻怛。

对所有人的诚爱恻怛之爱心，也就是说对人要有诚意，要有怜悯之心。

如前所述，诚意贯穿了王阳明的整个思想，到王阳明晚年，"诚意"说成为一种重视诚爱恻怛之情意的思想。

嘉靖五年（1526），王阳明在寄给浙江参政朱鸣阳[1]的《南冈说》中写道："夫天地之道，诚焉而已耳；圣人之学，诚焉而已耳。"（《王文成公全书》卷二十四）

关于诚，《中庸》说："诚者，天之道也；诚之者，人之道也。"《孟子》中说："诚者，天之道也；思诚者，人之道也。至诚而不动者，未之有也。"（《孟子·离娄上》）王阳明关于诚的说法虽然秉承了先贤的教诲，但他已将诚发展为自己思想体系的一部分。

这封"手墨"后来被收录进《王文成公全书》时，陈九川在跋文中这样写道："至'致良知'三字，乃先师平素教人不倦者。云'诚爱恻怛之心即是致良知'，此晚年所以告门人者，仅见一二于全集中，至为紧要。乃于家书中及之……"

思恩、田州，降了

王阳明进入广东后，沿北江南下到达三水，又沿西江向西逆流而上，于嘉靖六年（1527）十一月十八日经过广东肇庆府，同

---

[1] 朱鸣阳：字应周，福建兴化府莆田县（今莆田市）人。正德六年（1511）进士。

月二十日抵达广西东部的梧州府。他把这里作为讨伐思恩、田州的根据地，并成立军政府。

之后，王阳明于十二月一日向朝廷上《赴任谢恩遂陈肤见疏》(《王文成公全书》卷十四)，上疏中说现在还没有会同各级官员具体审察，但是参考来广西的途中从军民口中获得的信息，就今后的方针陈述一下自己的意见：

> 臣惟岑猛父子固有可诛之罪，然所以致彼若是者，则前此当事诸人亦宜分受其责。
>
> 盖两广军门专为诸瑶、僮及诸流贼而设，朝廷付之军马钱粮事权，亦已不为不专且重，若使振其军威，自足以制服诸蛮。然而因循怠弛，军政日坏，上无可任之将，下无可用之兵，一有惊急，必须倚调土官狼兵，若猛之属者而后行事。故此辈得以凭恃兵力，日增其桀骜。今夫父兄之于子弟，苟役使频劳，亦且不能无倦。况于此辈夷狄之性，岁岁调发，奔走道途，不得顾其家室，其能以无倦且怨乎？及事之平，则又功归于上，而彼无所与。兼有不才有司，因而需索引诱，与之为奸，其能以无怒且慢乎？既倦且怨，又怒以慢；始而征发愆期，既而调遣不至。上嫉下愤，日深月积，劫之以势而威益亵，笼之以诈而术愈穷。由是谕之而益梗，抚之而益疑，遂至于有今日，加以叛逆之罪而欲征之。
>
> 夫即其已暴之恶征之，诚亦非过，然所以致彼若是，已非一朝一夕之故。且当反思其咎，姑务自责自励，修

第二十章 思田靖乱　　　　　　　　　　　　　　　　967

我军政，布我威德，抚我人民，使内治外攘而我有余力，则近悦远怀而彼将自服，故不复自反而一意愤怒之！

夫所可愤者，不过岑猛父子及其党恶数人而已，其下万余之众，固皆无罪之人也。今岑猛父子及其党恶数人既云诛戮，已足暴扬，所遗二酋，原非有名恶目，自可宽宥者也。又不胜二酋之愤，遂不顾万余之命，竭两省之财，动三省之兵，使民男不得耕，女不得织，数千里内骚然涂炭者两年于兹。然而二酋之愤，至今尚未能雪也。徒尔兵连祸结，征发益多，财馈益殚，民困益深，无罪之民死者十已六七。山瑶海贼乘衅摇动，穷迫必死之寇既从而煽诱之，贫苦流亡之民又从而逃归之，其可忧危何啻十百于二酋者之为患。其事已兆而变已形，顾犹不此之虑，而汲汲于二酋，则当事者之过计矣。

……

臣愚以为且宜释此二酋者之罪，开其自新之路。而彼犹顽梗自如，然后从而杀之，我亦可以无憾。苟可曲全，则且姑务息兵罢饷，以休养疮痍之民，以绝觊觎之奸，以弭不测之变。迨于区处既定，德威既洽，蛮夷悦服之后，此二酋者遂能改恶自新，则我亦岂必固求其罪。若其尚不知悛，执而杀之，不过一狱吏之事，何至兵甲之烦哉？

或者以为征之不克，而遽释之，则纪纲疑于不振。臣窃以为不然。夫天子于天下之民物，如天覆地载，无不欲爱养而生全之，宁有蕞尔小丑，乃与之争愤求胜，而谓之振纪纲者？……

臣又闻两广主计之吏，谓自用兵以来，所费银两已不下数十万，梧州库藏所遗，不满五万之数矣；所食粮米已不下数十万，梧州仓廪所存，不满一万之数矣。由是言之，尚可用兵不息，而不思所以善后之图乎？

臣又闻诸两省士民之言，皆谓流官之设，亦徒有虚名而反受实祸。诘其所以，皆云思恩未设流官之前，土人岁出土兵三千以听官府之调遣；既设流官之后，官府岁发民兵数千以防土人之反覆。即此一事，利害可知。且思恩自设流官以来，十八九年之间，反者五六起，前后征剿，曾无休息，不知调集军兵若干，费用粮饷若干，杀伤良民若干。朝廷曾不能得其分寸之益，而反为之忧劳征发。浚良民之膏血而涂诸无用之地，此流官之无益，亦断然可睹矣。但论者皆以为既设流官而复去之，则有更改之嫌，恐启人言而招物议，是以宁使一方之民久罹涂炭，而不敢明为朝廷一言，宁负朝廷而不敢犯众议。甚哉！人臣之不忠也。苟利于国而庇于民，死且为之矣，而何人言物议之足计乎！

臣始至，地方虽未能周知备历，然形势大略亦可概见。田州切邻交趾，其间深山绝谷，皆瑶、僮之所盘据，动以千百。必须仍存土官，则可借其兵力，以为中土屏蔽。若尽杀其人，改土为流，则边鄙之患，我自当之，自撤藩篱，非久安之计，后必有悔。……

确实如王阳明所主张的那样，边境之地应当以当地土官为主来治理，这样有助于本土的防御。东正堂评论道：这也是王阳明先生见识的高明之处。(《阳明先生全书论考》卷十三《奏疏·公移三·思田书》)

提交上疏的第二天，即十二月二日，吏部使者前来下旨，命王阳明兼任两广巡抚。王阳明自然予以辞让，于嘉靖七年（1528）正月二日，上《辞巡抚兼任举能自代疏》(《王文成公全书》卷十四)。

他在上疏中写道，两广之地的地形与别处不同，到处都有贼窝，每天都有乱党出没，百姓困苦至极，只有精明强干之人才能胜任此地巡抚一职。宸濠之乱时，时常在他左右、后来致仕的副都御史伍文定，刑部左侍郎梁材或者就任南赣副都御史的汪铉都是不可多得的人才，他奏请从这三人中选一人来代替自己，但是未获恩准。

王阳明离开梧州府的军政府，沿浔江、郁江西行，朝着位于思田地区南部的广西南宁府进发。

在上节提到的上疏中，王阳明主张"则且姑务息兵罢饷，以休养疮痍之民"，他到南宁府听了姚镆的部下军官汇报思、田地区的情况，据说乱党有归顺之意，判断他们也需要为春天的耕种做准备，于是十二月二十五日发布指令《放回各处官军牌》(《王文成公全书》卷十八)，命令解散和撤退除远道而来的湖广兵之外的思、田地区全部守备兵数万名，让他们休养生息，专心务农。

湖广兵是指隶属于广西北部、湖广西部的永顺和保靖两宣慰司的六千余名士兵。王阳明先不解散他们，暂时让他们守卫思、田地区的城池，直到沿途需要的马匹粮草齐备。

关于这个指令，东正堂评论说：以解散守备兵、安抚民心为名，在解散和暂留之间隐藏着王阳明先生的高深机谋。(《阳明先生全书论考》卷十三《奏疏·公移三·思田书》)关于东正堂提出的"王阳明先生的机谋"，后文再谈。

王阳明发出这个并非以全军为对象的指令后，紧接着在十二月二十八日，又发布了类似主旨的指令《犒谕都康等州官男[1]彭一等》(《王文成公全书》卷十八)。镇安府都康州位于广西西部，靠近交趾。此地的官男彭一等头领率领部下众多士兵远征南宁府及其东北部的宾州(柳州府宾州县)，又长期驻扎守卫在那里，王阳明在公文中给予慰劳犒赏。由于年末将至，士兵们的思乡之情渐浓，所以王阳明命令他们解散，回乡努力耕作。

文中还写道，本族官目务要严整行伍，经过地方，毋得侵扰百姓一草一木，有犯令者，立时依照军法斩首。回家之后，仰本州县官仍要爱惜下人，辑和邻境，毋得恃强凌弱。

不愧是王阳明所写，训诫中充满了人情味。

思恩、田州叛乱的头目卢苏、王受得知王阳明奉旨前来广西，又听说朝廷没有必杀之意，因此投降的念头日益坚定。他们久闻王阳明的大名，甚至担心王阳明会晚到。他们见王阳明赴任后立即解散和撤退数万名守备兵，所以于嘉靖七年(1528)正月七日派遣部下头目黄富等十几人来到南宁府王阳明军营前，请求投降。

王阳明传达了朝廷的意向——特派大臣前来，给你们一条重

---

[1] 官男：祖先有功而被追封，其子孙袭男爵之名。

生之路，如果你们真心投降，绝不会杀戮——显示了朝廷的恩威。然后，他口述了劝说卢苏、王受投降的话，让黄富等人笔录下来带回去。

王阳明说道，你们本无大罪，但是累及数万无辜百姓流离失所，又使朝廷兴兵，惊动三省，罪行日益加重。但是你们面前有重生之路，务必立即投降，改恶从善，弃死投生，恢复农耕。本院给你们二十天的考虑时间，如若不能遵守，只有死路一条，本院将进兵讨伐。

卢苏、王受等看到部下带回来的信，高兴地对信叩拜，欢声雷动。卢苏聚集部下约五万名，王受率部下约三万名，于正月二十六日来到南宁府城下自首。

次日，卢苏、王受率部下头领数百人来到王阳明军营，以绳索捆缚自身，表示投降，并自诉罪状，恳求免于一死，来日必报大恩。

王阳明对卢苏和王受说，汝等占据险要，拥兵作乱长达两年多，上使朝廷忧虑，下扰三省百姓生活，不惩罚不足以平军民之愤。今免去尔等死罪是天地有好生之仁德，给你们杖刑是我作为人臣守法之义。于是将二人各处以杖刑一百。

在卢苏、王受受刑时，两人的部下都一直伏地叩首。杖刑结束，士兵们给两人松绑后，王阳明来到乱贼的军营，对众人加以抚慰，众人感动得声泪俱下，誓死报效朝廷。王阳明又委派熟悉当地情况的广西右布政使林富和旧任副总兵官张祐两人负责监督，让七万余名贼兵全部回乡，结束时已是二月八日。思恩、田州之乱就这样在极短的时间内被平定了。

王阳明结束了以上处置，于二月十二日上《奏报田州思恩平复疏》(《王文成公全书》卷十四)。王阳明首先根据岑猛父子作乱的教训，提出了安抚两广这一边境之地的对策，又详细列举不可为的十项和必须做的十项，称之为十患、十善，并在此基础上详细描述了此次讨伐的实情，提议今后扶植土官，否则这样的叛乱还是难免。最后，王阳明总结说："不折一矢，不戮一卒，而全活数万生灵。"

思恩、田州之乱正如王阳明自豪地陈述的那样，迎来了圆满的结局，主要原因是卢苏、王受等人很清楚王阳明的人品，因而为其恩威所服。总而言之，王阳明完美地发挥了"神武不杀"的威力。

王阳明的讲友湛甘泉后来在《阳明先生墓志铭》(《王文成公全书》卷三十七)中评价思恩、田州之乱时，称赞道："人知杀伐之为功，而不知神武不杀者，功之上也，仁义两全之道也。……抚而不戮，夷情晏然。武文兼资，仁义并行，神武不杀，是称天兵。"

"神武不杀"出自《周易·系辞上传》中的"神以知来，知以藏往，其孰能与于此哉？古之聪明睿知神武而不杀者夫"。

战后安民

王阳明为纪念思恩、田州之乱的平定，建石碑称颂天子恩德。碑文(《田州立碑》，《王文成公全书》卷二十五)中写道："班师撤旅，信义大宣。诸夷感慕，旬日之间，自缚来归者，七万一千。悉放之还农。昔有苗徂征，七旬来格（《尚书·大禹谟》），今未期月而蛮夷率服。绥之斯来，速于邮传。"

上述文字有两处用典。一处是子贡在陈述孔子的伟大之处时说的"绥之斯来"（《论语·子张篇》），另一处是《孟子》中的"孔子曰：德之流行，速于置邮而传命"（《孟子·公孙丑上》）。

王阳明于二月十五日上《地方紧急用人疏》（《王文成公全书》卷十四）。因为朝中议论是否应该在田州设置都御史，让王阳明考虑一下。

王阳明上疏说，本来这里就是偏远之地，不适合用中原汉地的治理方法，就连重新设置流官都是不可行的，让都御史这样的重臣驻扎此地更是万万不可。他又恳求道，所幸叛乱已平，农业生产也已恢复，但是从设置军政府的梧州到偏远之地思恩、田州，走水路要花一个月，由于连年战乱，官衙和民房都被烧毁，目之所及都是一派悲惨萧条的景象，所以需要朝廷委派老成宽厚之人来此地安抚民心，而广西右布政使林富堪当此任。

王阳明于四月六日上《处置平复地方以图久安疏》（《王文成公全书》卷十四）。上疏中，王阳明详细论述了流官与土官的利弊。为保此地永久平安，他提出了以下对策：一、特设流官知府以制土官之势；二、仍立土官知州以顺土夷之情；三、分设土官巡检以散各夷之党。

王阳明于七月六日上《边方缺官荐才赞理疏》（《王文成公全书》卷十五）。上疏中，王阳明指出需要为缺乏官员的边境之地补充人才，并列举了一些候补人员名单。他认为，边境是"蛮夷"居住之地，多发事端，选定治世之才极为困难，并列举了三个必要条件：一、忠实勇敢、做事干练；二、有才能，而且通晓当地民情，能够把握土民的心情；三、具备适合当地风土的体力。王阳明指出自己选定的候补人员都符合这三条。

为了维护新平定地区的治安，谋求民生安定，王阳明提出了各种各样的方案，但是朝廷并未全部采纳。（见《王文成公全书》卷三十四《年谱三》）

兴建学校，教化百姓

在前文提到的《处置平复地方以图久安疏》（《王文成公全书》卷十四）中，王阳明指出，田州刚刚收服，"用夏变夷"（《孟子·滕文公上》)，应当建立学堂。

由于战乱使很多居民流离失所，建学堂也许是徒劳，不过为了改变民风，官府必须抓紧教化。因此，王阳明命广西提学官从广州县学选派两名教师。他在公移《案行广西提学道兴举思田学校》（《王文成公全书》卷十八）中传达了具体指示。

到了六月下旬，在发出的公移《牌行灵山县延师设教》（《王文成公全书》卷十八）中，王阳明首先这样写道："看得理学不明，人心陷溺，是以士习日偷，风教不振。近该本院久驻南宁，该府及附近各学师生前来朝夕听讲，已觉渐有奋发之志。但穷乡僻邑，本院既未暇身至其地。"

灵山县位于广东西部、广西南宁府南侧、广东廉州府北端。王阳明对灵山县的负责官员说，陈逅（字良会）精通道理之学，应当以礼相迎，留在县学内，让他每天给诸生讲学。如果有人要参加科举考试，就让他学习"四书五经"。王阳明又给陈逅发公移《牌行委官陈逅设教灵山》(《王文成公全书》卷十八)，具体讲述了在灵山县讲学时的注意事项。

在"大礼议"之争中，御史朱浙和马明衡锒铛入狱，陈逅为营救他们，与季本、舒芬、林应骢等商量对策，结果被朝廷降职，从监察御史降到廉州府合浦县县丞，来到广东。

同时，王阳明也发布了同样主旨的公移《牌行南宁府延师设教》《牌行委官季本设教南宁》(皆出自《王文成公全书》卷十八)，命南宁府新设敷文书院，由季本担任主教。敷文书院的"敷文"来自"诞敷文德"(《尚书·大禹谟》)，意思是停止使用武力，施行文德。

致良知"致"之不易

王阳明赴广西途中经过江西，高徒陈九川前来会面，交谈的时间不多。王阳明本打算让陈九川来任职之地，然而到任之后也没有空闲，再加上气候风土不好，自身肺病因暑热恶化，因此从南宁府给陈九川写信(《与陈惟浚》，《王文成公全书》卷六)。

在信中，王阳明提及门人的学习状况，严厉地说："近时同志亦已无不知有致良知之说，然能于此实用功者绝少，皆缘见得良知未真，又将'致'字看太易了，是以多未得力处。虽比往时支离之说稍有头绪，然亦只是五十步百步之间耳。"

王阳明向陈九川表达遗憾之意，大概是因为陈九川自身也有这样的倾向。王阳明在信中叮嘱门人不要把良知学看得过于简单。

王阳明在给陈九川的信中提到，聂豹来信求教，从信中可以看出他的学问日进千里，王阳明对此甚感欣慰。（关于王阳明给聂豹的回信，我们在后文中再讲述。）

最后一战：八寨、断藤峡

思恩、田州之乱持续了两年多，直到王阳明平定了卢苏、王受等叛贼，才真正结束。

此后，盘踞在广西中部八寨地区的瑶族，盘踞在断藤峡的苗族，又开始叛乱。王阳明对此进行清剿，这便是他"三征"中的第三征，从嘉靖七年（1528）四月持续到六月。

八寨位于广西柳州府上林县北部，与北侧的庆远府忻城县之间有都泥江（今红水江）穿流而过，两岸都是悬崖绝壁，其间设有思吉、周安、古钵、古蓬、剥丁、罗墨等八个寨子，因而被称为八寨。

沿都泥江东下，黔江（大藤江）两岸便是断藤峡。激流翻滚的悬崖峭壁之间便是叛贼的巢穴，位于柳州府武宣县和浔州府桂平县的交界处。

叛贼占据天险，拥兵数万，互相沟通联络，南与交趾的夷狄，西与云南、贵州两省的叛贼勾结，又与东北部的瑶族串通，四处出没，烧杀抢掠，使百姓生活在水深火热之中。

明英宗天顺年间，都御史韩雍率二十万大兵讨伐断藤峡，退兵后不久，乱贼从巢穴涌出，攻陷了浔州府府城。于是官军再次征讨安抚，乱贼又退回巢窟，其后烧杀抢掠更加严重。韩雍也曾带兵数万讨伐八寨，却未能攻破贼巢。

后来，明宪宗成化年间，土官岑瑛攻入八寨贼巢，杀掉两百名乱贼，最后却不敌乱贼的大军，败退下来。其后再也没有人攻打这一带的叛贼。

二月十二日，王阳明上奏了思恩、田州叛乱的平定事宜后，紧接着在二月十八日又上奏了《地方急缺官员疏》(《王文成公全书》卷十四)。因为担任柳庆地区(柳州府和庆远府)的参将生病，王阳明希望朝廷紧急委派田州参将沈希仪顶替，因此上疏请求。

王阳明说："参将沈希仪虽系专设田州驻扎官员，然田州之事，臣与各官见驻南宁，自可分理。本官旧在柳、庆，夷情土俗，备能谙悉，而谋勇才能，足当一面，求可委用，无逾本官者。"

王阳明在二月二十三日发布公移《行参将沈希仪守八寨牌》(《王文成公全书》卷三十)，做出如下指示：

> 为照八寨巢穴，及断藤峡等贼，素与柳、庆所割地方瑶、僮村寨连络交通，诚恐乘机奔突，亦合督兵防捕。为此牌仰参将沈希仪照牌事理，即便督率官兵人等，于贼冲要路，严加把截，如遇奔突，相机擒捕，毋容逃遁。仍要严禁下人，惟在殄除真正贼徒，不得妄杀无辜，及侵扰良善一草一木。

沈希仪(1491—1554)，字唐佐，号紫江。此人忠肝义胆，智勇过人，善于随机应变，凡人莫测。东正堂这样评论沈希仪（《阳明先生全书论考》卷十三《奏疏·公移三·思田书》）：后世有人称沈希仪为一代名将，其实，沈希仪常在王阳明先生的麾下，观察先生用兵之妙，领悟之后便成了名将。我曾经读过唐荆川（唐顺之）写的长篇《广右战功》，书中详细记述了沈希仪的战功，一读便知他是学习了先生讨伐南赣时的方略。

接下来，王阳明在三月十日发布公移《犒送湖兵》（《王文成公全书》卷十八）。之前撤退两广全部守备兵时，因为途中尚未准备妥当，独留湖广兵驻守南宁府，如今命他们还乡。王阳明对他们的辛苦给予了犒赏，并明确指示回乡路线，即从南宁府经浔州、梧州、平乐、桂林各府到达湖广，并允许湖广兵只带武器不带粮食，命令沿途各级官府为他们准备必要的粮食与盘缠。

王阳明于三月十三日发布公移《征剿八寨断藤峡牌》（《王文成公全书》卷十八），命广西右布政使林富和副总兵官、都指挥使张祐两人率官兵，协同卢苏、王受的士兵进攻八寨、断藤峡。攻入各贼巢之前，"务要声言各贼累年杀害良民，攻劫州县乡村之罪，歼厥渠魁，及其党与罪恶显著者，明正天讨，以绝祸根。除临阵擒斩外，其余胁从老弱，一切皆可宥免"。另外，此次征讨的目的是平定叛乱、安抚民心，不以多擒获叛贼首级论功，更不能伤及良民百姓的一草一木。

他又给各个指挥官发公移《牌行领兵官》（《王文成公全书》卷十八）。其内容与上述公移类似，另外命令各军："未至信地三日之前，停军中途，候约参将张经，与同守巡各官集议，先将进兵道路之险易远近，各巢贼徒之多寡强弱及所过良民村分之经由往复，面同各乡道人等逐一备细讲究明白，务要彼此习熟通晓，若出一人。然后克定日时，偃旗息鼓，寂若无人，密至信地，乘夜速发，务使迅雷不及掩耳，将各稔恶贼魁，尽数擒剿。"

嘉靖七年（1528）四月到六月，王阳明平定了八寨、断藤峡的叛乱，七月十日他上奏了《八寨断藤峡捷音疏》(《王文成公全书》卷十五）。在向朝廷报捷的长文中，王阳明详细记述了当时的战况。下面我介绍一下其要旨。

奉王阳明命令的讨伐作战，首先在断藤峡打响。广西士兵与回归湖广途中的士兵，合计约六千两百余名，于四月二日悄悄集结在断藤峡附近，开始时分道进军，四月三日凌晨一举发动进攻。

贼兵之前打探的消息是，王阳明尚且驻守在南宁府，没有出征的迹象，也没有看到调兵储粮的动静，因此放松警惕，再加上官兵肃静行军，贼兵根本没有觉察到。官兵突然来袭，贼兵手足失措，但依然负隅顽抗。贼兵终究难敌官兵的强大攻势，退守仙女大山。

四月四日以后，官兵又陆续攻破各个贼巢，斩获众多主要叛贼。到了四月十日，官军基本镇压了断藤峡的贼巢，杀死主要贼兵约两百七十五名，因官兵追击落入黔江溺水而死的贼兵约有六百名。官军于十日暂时收兵，回到浔州府驻地，向王阳明汇报战况。王阳明命他们攻击断藤峡周边的贼巢。此次扫荡作战于四月二十日结束，其间斩获主要贼兵八百二十九名，加上四月十日之前的两百七十五名，合计一千一百零四名。至此，讨伐断藤峡乱贼一役告终。

王阳明在讨伐断藤峡期间，于四月十五日上的《征剿稔恶瑶贼疏》(《王文成公全书》卷十五)中写道，思恩、田州的叛贼已经招降，该地区恢复了平静，八寨、断藤峡的悍恶乱贼不愿招安，依旧流窜在周边地区，如不讨伐将会留下祸根，幸好回乡的湖广兵的归途离八寨、断藤峡不远，已经投降的卢苏、王受及其部下又盼望报效朝廷。为谋求广西的持久和平，朝廷需要紧急征讨八寨、断藤峡的乱贼。

下面简单了解一下《八寨断藤峡捷音疏》中记载的讨伐八寨乱贼的情况。

包含卢苏、王受率领的思田士兵在内，广西士兵约计六千一百多名。四月二十二日晚，官兵集结在八寨附近，为了不发出声音，让人马嘴里衔枚（类似筷子的东西），深夜进发。因此，官军通过时村寨的居民都没有觉察到。二十三日凌晨，官军各队突破石门天险，攻入贼巢。

贼兵还以为官兵从天而降，一时间惊慌失措，四散而逃。

官兵乘胜追击，于六月七日攻克八寨所有贼巢。其间斩获主要贼兵多达一千九百零一名。

另外，剩余的一伙强贼约千余名将船并在一起，企图逃到对岸的柳庆地区，当时正好刮起一股强风，打翻了所有舟船，贼兵几乎全被激流吞没。讨伐八寨乱贼一役到此告终。

断藤峡、八寨的乱贼曾经气势凶猛，如今被王阳明指挥的大军扫荡殆尽。两地征讨斩获的主要贼兵合计三千零五名，另外生擒贼兵一千一百五十五名。

据王阳明的记载，官军平定八寨、断藤峡的乱贼后，远近室家相庆，道路欢腾，皆以为数十年来未见斯举也。王阳明在上疏中列举了以林富、张祐、沈希仪为首的各级指挥官的姓名，甚至包括卢苏、王受的姓名，请求朝廷对他们论功行赏。

在此需要注意的是，此时王阳明的病情日益恶化，已近危笃状态。像往常一样，王阳明在报捷疏中也提出请求，希望尽快回乡养病。

平定八寨、断藤峡的乱贼后，王阳明吟诗两首，抒发自己当时的感怀。第一首便是《破断藤峡》（《王文成公全书》卷二十）：

绕看干羽格苗夷，忽见风雷起战旗。
六月徂征非得已，一方流毒已多时。
迁宾玉石分须早，聊庆云霓怨莫迟。
嗟尔有司惩既往，好将恩信抚遗黎。

诗中第六句中的"云霓"出自孟子和齐宣王的对话（《孟子·梁惠王下》）。当时齐宣王讨伐燕国，遭到周边诸侯的反抗。《尚书》中记载有商汤王的故事。天下黎民知道汤王的征伐是正义之战，因此当汤王率部攻打一方暴君时，其他地方的百姓就会埋怨，为何不先攻打自己的国家，就像大旱之际盼望云霓（象征及时雨的雨云或彩虹）那样。王阳明引用这一典故，表达了百姓期待善举的心情。最后两句希望朝廷在征讨乱贼的过程中恩威并行，感化民心。由此可以看出王阳明心系民生。

第二首诗是《平八寨》（《王文成公全书》卷二十）：

见说韩公破此蛮，貔貅十万骑连山。

而今止用三千卒，遂尔收功一月间。
岂是人谋能妙算？偶逢天助及师还。
穷搜极讨非长计，须有恩威化梗顽。

在该诗的第五、第六句中，王阳明表示此次取得的赫赫战功并非人的计谋所及，而是靠天佑神助。最后两句，他指出将贼兵一个不剩地全部剿清并非长久之计，对那些执迷不悟的贼兵应当恩威并施，予以教化。在此，王阳明流露出对贼兵的怜悯之意。

阳明功过之争

七月十二日，王阳明上《处置八寨断藤峡以图永安疏》(《王文成公全书》卷十五)，指出八寨、断藤峡的乱贼常年祸害周遭的百姓，朝廷对此不能坐视不管。王阳明按照圣旨的本意进行了征讨，为预防祸患，他还提出了各种对策，比如将柳州府南丹卫城搬到八寨等。

朝中议论这封上疏时，户部尚书主张应当再次调查，而礼部尚书大学士霍韬以自己是两广出身为由，说道："乃若八寨贼、断藤峡贼，又非思、田之比。八寨为诸贼渊薮，而断藤峡为八寨羽翼也。广西有八寨诸贼，犹人有心腹病也。八寨不平，则两广无安枕期也。今守仁沉机不露，一举平之。百数十年豺虎窟穴，扫而清之，如拂尘然。臣等是以叹服守仁体能陛下之仁……"(《王文成公全书》卷三十四《年谱三》)

接下来，霍韬指出，王阳明征讨有八大善事，其中之一便是献计将卫城搬到平定的贼巢处，如此一来，他日乱贼将无法再图生变。

当时，有位尚书提出，王阳明奉朝廷命令平定了思恩、田州，但对八寨、断藤峡是无旨擅动。

对此，霍韬认为："昔吴、楚反攻梁，景帝诏周亚夫救梁。亚夫不奉诏，而绝吴、楚粮道，遂破吴、楚而平七国，安汉社稷。传曰：'阃以外者，将军制之。'又曰：'大夫出疆，有可以安国家、利社稷，专之可也，古之道也。'"

霍韬为王阳明辩护说："今守仁知思、田可以德怀也，遂纳其降而安定之。知八寨诸贼未易服也，遂因时仗义而讨平之。虽无诏命，先发后闻可也，况有便宜从事之旨乎？"

顺便提一下，孙子曾说："故战道必胜，主曰无战，必战可也；战道不胜，主曰必战，无战可也。故进不求名，退不避罪，惟人是保，而利合于主，国之宝也。"（《孙子兵法·地形》）

王阳明正是遵从了孙子的教诲。

八寨、断藤峡征讨结束后，紧接着王阳明于六月十日发布公移，犒赏讨伐乱贼的有功之人。

在《行左江道[1]犒赏湖兵牌》（《王文成公全书》卷三十）中，王阳明命令左江道守巡官给湖广士兵发放赏银，因为他们在回乡途中参与了讨伐乱贼的行动。

在《奖劳永保二司官舍土目牌》（《王文成公全书》卷三十）中，

---

[1] 左江道：管辖浔州、南宁、太平三府。

王阳明指示应该对统率湖广士兵的两名宣慰使及有功的士兵头目给予重赏。

王阳明又在《奖劳督兵官牌》(《王文成公全书》卷三十)中，指示相关官员犒赏各级指挥官。此时王阳明到八寨贼巢实地勘察，不能亲自招待相关人员，故而在上述各封公移中表达了遗憾之意。

七月三日，他又发布《行右江道[1]犒赏卢苏、王受牌》(《王文成公全书》卷三十)，为慰劳参与征讨的卢苏、王受，命右江道守巡官发放粮米三百五十石，分发给卢苏、王受的部下。

七月八日，王阳明又发布《给土目行粮牌》(《王文成公全书》卷三十)，犒赏镇安府的土兵头目岑瑜，因为他在讨伐八寨叛贼时率手下土兵四百五十名志愿从军。王阳明向岑瑜部的每个人发放行粮一月，令其从右江道的守巡官处领取。

由于南宁府一带常年有乱贼困扰，再加上大旱，因此王阳明于八月十日发布《行左江道赈济牌》(《王文成公全书》卷三十)，命令左江道守巡官根据门第发放军用粮米。他在文中严命各官务必使百姓各沾实惠，不可让贪官作弊克扣，有名无实。

九月八日，世宗皇帝为褒奖王阳明平复两广地区的功绩，命使者携圣旨与赏银来到王阳明处。王阳明感恩不已，于二十日上奏《奖励赏赉谢恩疏》(《王文成公全书》卷十五)，文中提到自己病情日笃，每日卧病在床，恐怕不能再为朝廷奔走。王阳明为回乡养病，于八月二十七日离开南宁府，此前为迎接皇帝派来的使者而滞留在广东广州府。

---

[1] 右江道：管辖柳州、庆远、思恩、思明、镇安五府。

终章

——

阳明临终

拜谒伏波庙

嘉靖七年（1528），王阳明已经五十七岁了。他原本就患有结核病，加之肺疾趋于恶化，且不远千里到位于中国边陲的酷热之地——广西平定乱贼，以致疲惫不堪，终至极限。于是他向朝廷说明病情，奏请归乡。

王阳明原本是一名儒学家，本愿是于清静之地讲学。然而，他在年轻时学习过兵法，是一位能与孙子相提并论、精通诸家兵法的战略家，所以只好违背自己的意愿，担负朝廷的重托，把本该讲学的大好时光花费在平定地方乱贼上。他在短时间之内平定了曾动摇明武宗统治的宸濠之乱，为明王朝立下了前所未有的汗马功劳。他虽是一名文官，却被称为明朝首屈一指的兵法家，声名远扬，永垂青史。只是我们很难断定这是不是他的真实愿望。

然而，王阳明在贬谪之地龙场悟道之后，主张知行合一、事上磨炼，而且与书斋派不同，他四处教化弟子，所以从这两点来看，也许平定乱贼的艰苦经历对于深化他的思想是有益处的。

如前所述，王阳明经历了宸濠之乱及张忠、许泰之变等深重苦难后，"赖天之灵"得到了具有宗教色彩的灵感，接着便在临近五十岁时悟出了"致良知"说，从而深化了自己的心学思想。然后王阳明在故乡将自己的学说亲授给门人，但也不过短短数年。

王阳明平定乱贼后，曾多次向朝廷奏请归乡，想亲自给门人讲学，但迟迟得不到恩准。宸濠之乱的善后事宜都结束后，他的归乡夙愿才得以实现，那时他已年届五十。五十七岁那年讨伐广西乱贼后，七月十日，他在报捷疏《八寨断藤峡捷音疏》（《王文成公全书》卷十五）中再次向朝廷奏请归乡养病。估计那时他已深知自己的病情了吧！

王阳明为平定乱贼而驻扎于广西南宁府，后因病情加重，圣旨又迟迟不下，他万不得已于八月二十七日舟行邕江，朝故乡进发。途经激流湍急的乌蛮滩（今广西壮族自治区横州市东）时，船夫说前面就是伏波庙，王阳明大惊，随即停船上岸，拜谒了伏波将军马援的祠堂。他叩拜将军雕像时想起了四十多年前的梦，遂作诗两首，为《谒伏波庙》（《王文成公全书》卷二十）。第一首如下：

四十年前梦里诗，此行天定岂人为！
徂征敢倚风云阵，所过须同时雨师。
尚喜远人知向望，却惭无术救疮痍。
从来胜算归廊庙，耻说兵戈定四夷。

第一句"四十年前梦里诗"指的是，四十多年前，王阳明十五岁时曾在梦中吟诗，为《梦中绝句》。他在这首七绝诗（《王文成公全书》卷二十）的序中如此写道："此予十五岁时梦中所作。

今拜伏波祠下，宛如梦中。兹行殆有不偶然者，因识其事于此。"

这首四十多年前作的《梦中绝句》，可以说预言了王阳明的晚年际遇：

卷甲归来马伏波，早年兵法鬓毛皤。
云埋铜柱雷轰折，六字题文尚不磨。

第一句"卷甲归来马伏波"指的是，伏波将军马援平定交趾归来，在边境竖立了一根铜柱，上面刻有六个大字："铜柱折，交趾灭。"

在《谒伏波庙》第一首的第二句中，王阳明感叹道，此次广西征讨似乎并非人为意愿，而是天命所定。他还把自己比作伏波将军，且战功更胜伏波一筹，所以从广西归来拜谒祠堂时自然是感慨万千。

广州府养病

据王阳明训诫养子正宪的书信《寄正宪男手墨二卷》(《王文成公全书》卷二十六)第二卷记载，王阳明离开南宁后，于九月七日到达广城（广东广州府），但因肺病引起咳嗽及水泻，致使身体极为虚弱，故上疏奏请归乡养病，若获准则乘舟北上，翻越梅岭进入江西，进而东下归乡。然而王阳明刚到广州，世宗皇帝为褒奖王阳明的上述功绩，特遣使臣来下诏书。

此后，王阳明在广州休养了约两个月。在此期间，他曾前往增城县，拜谒其六世祖王纲的祠堂。

如前所述，王纲(字性常)生于元末明初，文武双全却隐遁于世，并不入朝为官，但年至七旬时受亲友举荐，官拜兵部郎中，后又被提拔为广东参议，指挥广东军队平定潮州乱贼。在征讨潮州海贼时，乱贼请求王纲担任他们的头领。王纲教导乱贼改恶从善，乱贼不听教诲，将王纲推坐于坛上，每日一同行礼参拜。然王纲责骂不止，最终为乱贼所杀。

同行的王纲之子王彦达放声痛哭，大骂乱贼。乱贼感慨彦达是个孝子，没有加害于他，反而让他带着装有王纲遗骨的袋子回乡去了。

之后，在王纲殉职的增城县，人们建造了祭祀王纲父子的祠堂。当时增城县学的师生希望将褒扬王纲父子忠孝之举的祠堂建于城门南边的天妃庙，该县知县遂上报申请。对此，王阳明发《批增城县改立忠孝祠申》(《王文成公全书》卷十八)，以遂其所愿。

在这样的情况下，前去祠堂谒见的王阳明无限感慨，这一点在当时所作的祭文《祭六世祖广东参议性常府君文》(《王文成公全书》卷二十五)中也有明确体现。

王阳明在祭文中写道："恭惟我祖晦迹长遁，迫而出仕，务尽其忠，岂曰有身没之祀？父死于忠，子殚其孝，各安其心，白刃不见……及兹庙成，而末孙某适获来蒸，事若有不偶然者。"

作者对照眼下自己的情形，切身感受因平定乱贼殉职的王纲及其子王彦达的故事，并予以深切缅怀。

王阳明在养病期间还拜访了同处广州府增城县的湛甘泉的故居。

正如前面所述，朱子学后期出现了训诂记诵的弊病，三十四岁的王阳明因与湛甘泉忧虑于此，二人在京师共同致力于倡导复兴圣学（儒学）的运动。他们都继承了程颢的学风，并在体认学方面达成共识。而且，在万物一体思想方面，王阳明反倒非常敬仰湛甘泉。然而王阳明在晚年时开始倡导"良知"说，特别是在体认学方面，与湛甘泉的学风产生了直接或间接的分歧。尽管如此，二人依然是很好的朋友，各自的弟子也互有往来。

此时，湛甘泉似乎仍驻留京城。王阳明拜访湛甘泉的故居时，追忆起二人一起致力于复兴圣学的情景，不禁感慨万千，遂将这种心情寄怀于《题甘泉居》和《书泉翁壁》（《王文成公全书》卷二十）两首诗中。在《题甘泉居》中，王阳明吟诵道：

> 我闻甘泉居，近连菊坡麓。
> 十年劳梦思，今来快心目。
> 徘徊欲移家，山南尚堪屋。
> 渴饮甘泉泉，饥餐菊坡菊。
> 行看罗浮云，此心聊复足。

《书泉翁壁》则生动地再现了王阳明拜访甘泉故居时的心境：

> 我祖死国事，肇禋在增城。
> 荒祠幸新复，适来奉初蒸。

亦有兄弟好，念言思一寻。
苍苍蒹葭色，宛隔环瀛深。
入门散图史，想见抱膝吟。
贤郎敬父执，童仆意相亲。
病躯不遑宿，留诗慰殷勤。
落落千百载，人生几知音。
道通著行迹，期无负初心。

这首诗临近结尾吟诵的"落落千百载，人生几知音"，蕴含了王阳明对湛甘泉的无限思念。

与门人论学

王阳明奏请归乡养病，实际上并非仅仅是想休养身体，而是为了与门人一起讲学。即便在病重弥留之际，王阳明仍心系门下弟子的讲学状况，对故里子弟们的学问修养关心备至。

王阳明对门下弟子们的讲学可谓关心之至，这一点从他写给高徒钱德洪与王畿二人的书信中便可看出。当时是九月，王阳明仍停留在南宁府，他给留在家中的这二人写了这封《与钱德洪王汝中书（二）》(《王文成公全书》卷六)：

地方事幸遂平息，相见渐可期矣。近来不审同志叙会如何？得无法堂前今已草深一丈否？想卧龙之会，虽不能大有所益，亦不宜遽致荒落。且存饩羊，后或兴起亦未可知。余姚得应元诸友相与倡率，为益不小。近有人自家乡来，闻龙山之讲至今不废，亦殊可喜。书到，望为寄声，益相与勉之。九、十弟与正宪辈，不审早晚能来亲近否？或彼自勉，望且诱掖接引之。谅"与人为善之心"（《孟子·公孙丑上》），当不俟多喋也。魏廷豹决能不负所托，儿辈或不能率教，亦望相与夹持之。人行匆匆，百不一及。诸同志不能尽列姓字，均致此意。

这封书信真切地表达了王阳明对门人讲学以及子弟教育的深切关心。而从钱德洪、王畿二人的回信中，我们似乎可以了解到王阳明的门人弟子在绍兴、余姚两地举办讲会、奋发学习的情况。

王阳明于十月在广州府发出的《与钱德洪王汝中书（三）》（《王文成公全书》卷六）中写道："吾道之昌，真有'火然泉达'（《孟子·公孙丑上》）之机矣。"

除了表达自己的喜悦之情外，王阳明还告知二人："只因二三大贼巢，为两省盗贼之根株渊薮，积为民患者，心亦不忍不为一除剪，又复迟留二三月。今亦了事矣，旬月间便当就归途也。"

在王阳明出征广西的前一年，即嘉靖五年（1526）的夏天，聂豹曾前往越地拜访王阳明。之后，关于王阳明给聂豹答疑解惑的回信，前面已经提过，甚至在广西的战场上，王阳明也收到过聂豹寄来的求教信。

尽管当时王阳明已卧病在床，但他仍然写了一封论述学问的长信《答聂文蔚（二）》（《传习录》中卷）。此信写于嘉靖七年（1528）十月，距离王阳明去世约一个月，所以事实上也成了王阳明的绝笔。

在这封回信的开头，王阳明赞赏聂豹说："得书，见近来所学之骤进，喜慰不可言。谛视数过，其间虽亦有一二未莹彻处，却是致良知之功尚未纯熟，到纯熟时自无此矣。譬之驱车，既已由于康庄大道之中，或时横斜迂曲者，乃马性未调、衔勒不齐之故，然已只在康庄大道中，绝不赚入旁蹊曲径矣。"

对于聂豹提出的很多问题，王阳明首先以体现孟子"存心养性"思想的"必有事焉而勿正，心勿忘，勿助长也"（《孟子·公孙丑上》）这三条为例，做了如下论述：

> 近岁来山中讲学者，往往多说"勿忘、勿助"工夫甚难，问之则云："才着意便是助，才不着意便是忘，所以甚难。"区区因问之云："忘是忘个甚么？助是助个甚么？"其人默然无对。始请问。区区因与说，我此间讲学，却只说个"必有事焉"，不说"勿忘、勿助"。"必有事焉"者，只是时时去"集义"。
>
> 若时时去用"必有事"的工夫，而或有时间断，此便是忘了，即须"勿忘"；时时去用"必有事"的工夫，而或有时欲速求效，此便是助了，即须"勿助"。其工夫全在"必有事焉"上用，"勿忘、勿助"只就其间提撕警觉而已。若是工夫原不间断，即不须更说"勿忘"；

原不欲速求效，即不须更说"勿助"。此其工夫何等明白简易！何等洒脱自在！

由此可见，王阳明论述了自己的观点，他认为工夫应该主要用在"必有事焉"上，而"勿忘、勿助"只是对它的一种完善。随后王阳明又用比喻做了如下补充：

> 今却不去"必有事"上用功，而乃悬空守着一个"勿忘、勿助"，此正如烧锅煮饭，锅内不曾渍水下米，而乃专去添柴放火，不知毕竟煮出个甚么物来。吾恐火候未及调停，而锅已先破裂矣。近日一种专在"勿忘、勿助"上用功者，其病正是如此。
>
> 终日悬空去做个"勿忘"，又悬空去做个"勿助"，渀渀荡荡，全无实落下手处，究竟工夫，只做得个沉空守寂，学成一个痴騃汉。才遇些子事来，即便牵滞纷扰，不复能经纶宰制。此皆有志之士，而乃使之劳苦缠缚，担阁一生，皆由学术误人之故，甚可悯矣。

上文中所说的工夫全用在"勿忘、勿助"上，虽然暗指当时倡导此观点的湛甘泉，但是在王阳明的门人当中应该也能发现此弊病吧。而后王阳明又指出，因为工夫全用在"勿忘、勿助"上而没有目标，也就是没有孟子所说的"集义"的目标，因此最终会陷入禅的空寂之中。暂且不论这种观点是否符合孟子的本意，王阳明的意思主要是说如果没有目标，"勿忘勿助"的工夫会因为无视儒学的治世思想而陷入禅的空寂学说。

如前所述，王阳明认为工夫应该主要用在"必有事焉"上，"勿忘、勿助"只是对它的一种补充完善；而湛甘泉则重视"勿忘、勿助"，认为对其用工夫才能达到"必有事焉"。不言而喻，这两种观点是完全对立的。

王阳明提倡"致良知"说，他在给聂豹的回信中继续阐述了"必有事焉"的重要意义：

> 夫"必有事焉"只是"集义"，"集义"只是"致良知"。说"集义"则一时未见头脑，说"致良知"即当下便有实地步可用功，故区区专说"致良知"。随时就事上致其良知，便是"格物"；着实去致良知，便是"诚意"；着实致其良知，而无一毫意必固我，便是"正心"。着实致良知，则自无忘之病；无一毫意必固我，则自无助之病。故说"格、致、诚、正"，则不必更说个"忘、助"。

上文中提到的"意、必、固、我"出自《论语·子罕篇》："子绝四：毋意、毋必、毋固、毋我。"意在阐述孔子不是一个自我、固执、顽固、执拗的人。

而且，王阳明认为孟子所说的"勿忘""勿助"并不是其本质，并在下文做了说明：

> 孟子说"忘、助"，亦就告子得病处立方。告子强制其心，是助的病痛，故孟子专说助长之害。告子助长，

亦是他以义为外，不知就自心上"集义"，在"必有事焉"上用功，是以如此。若时时刻刻就自心上"集义"，则良知之体洞然明白，自然是非非纤毫莫遁，又焉有"不得于言，勿求于心；不得于心，勿求于气"（《孟子·公孙丑上》）之弊乎？孟子"集义""养气"之说，固大有功于后学，然亦是因病立方，说得大段，不若《大学》"格、致、诚、正"之功，尤极精一简易，为彻上彻下，万世无弊者也。

根据以上论述可知，王阳明一直主张的"头脑"学和"培根"学就是"致良知"，有了这个"头脑"学，就连"必有事焉"都不需要了。王阳明也曾提倡过孟子所说的"夜气"（《孟子·告子上》）这一说法，但只要提倡"致良知"说，便没有必要再宣讲"夜气"一说，宋儒所提出的"敬"，自然也没有必要。并且，他一直以来提倡《大学》中讲的诚意、正心、格物、致知具有一体性，也就是一脉相承的关系。

而且，王阳明认为，集义修行如果不能兼备致良知，则称不上是圆满。而不能兼备致良知，则是因为集义修行不彻底。他还提及，聂豹就是陷入了这样的泥潭之中。如前文所述，他提醒聂豹说："既已由于康庄大道之中，或时横斜迂曲者，乃马性未调、衔勒不齐之故。"

再有，嘉靖六年（1527），王阳明在书信《与毛古庵宪副》（《王文成公全书》卷六）中，论及"致良知"说同湛甘泉的"随处体认天理"说的差异，认为在体认的区别方面，两者存在着直接和迂曲、根本和枝叶的差异。

> 凡鄙人所谓致良知之说，与今之所谓体认天理之说，本亦无大相远，但微有直截迂曲之差耳。譬之种植，致良知者，是培其根本之生意而达之枝叶者也；体认天理者，是茂其枝叶之生意而求以复之根本者也。然培其根本之生意，固自有以达之枝叶矣；欲茂其枝叶之生意，亦安能舍根本而别有生意可以茂之枝叶之间者乎？

如前文所述，王阳明曾吟咏良知诗曰："却笑从前颠倒见，枝枝叶叶外头寻。"其诗意也可以依据此处得以理解。

按照王阳明的说法，良知学说是培养内在根本，而朱子学说则是向外部枝叶求道。他在上文的书信中尖锐地指出，甘泉学说和良知学说的差异在体认学说方面虽然很微小，但甘泉学说之中存在着朱子学说外求的影子。

王阳明在给聂豹的回信中继续展开论学。

聂豹在求教信中写道："致知之说，求之事亲从兄之间，便觉有所持循。"

王阳明对此表示赞赏，认为"此段最见近来真切笃实之功。但以此自为不妨，自有得力处；以此遂为定说教人，却未免又有因药发病之患，亦不可不一讲也"。于是论道"盖良知只是一个天理，自然明觉发见处，只是一个真诚恻怛，便是他本体"。这一说法是王阳明晚年对"良知"说的高度概括。

这里值得注意的有以下两点。

第一，良知的本体即为"天理自然明觉发见处"。换言之，良知即天理。

这样看来，如若不能真正意识到良知即天理，那么"良知"说必定会陷入肆意放纵的弊端。事实上，之后的王门现成派追随者便陷入了这一弊端。因此，当朱子学者批判王阳明的"良知"说无视天理时，王门正统派（修正派）的邹守益、欧阳德等人则用良知即天理这一论说，针锋相对地批判朱子学，同时又尽力挽救王门现成派追随者的肆意放纵之弊。

从王阳明阐述的良知即天理来看，致良知便是极尽天理。因此，把致良知当作禅的空寂学说来谴责是不恰当的。因为既然良知即天理，那么致良知，则万事万物得其天理，即道理得当，也就是得其"中"。这样就不会陷入朱子学的那种——求得心外事物之理的割裂状况。因为只要致良知，事物便尽得其理，即所谓一了百当。就是说，若能致良知，则天下事物纵使千变万化，也无一遗漏。

第二，真诚恻怛是良知的本体，也就是把真诚恻隐之心作为根本。

真诚恻隐之心即仁心，若能把它推及天下黎民百姓，就能达成视天地万物为一体的仁。

若做到了致良知，那么自然也就能做到事亲、忠君、交友、仁民、爱物了。总之，王阳明认为良知不仅具有理性的分辨是非的作用，并且其本质是真诚恻怛这一基本道德情感。

另外，王阳明在给聂豹的回信中写道："良知只是一个，随他发见流行处，当下具足，更无去求，不须假借。"

但是王阳明认为，在致真诚恻怛之良知方面，虽然有与生俱来的轻重厚薄之分，却丝毫不容增减和假借，否则真诚恻怛也就不是良知的本体了。

王阳明在回信中又继续写道："此良知之妙用，所以无方体，无穷尽，'语大天下莫能载，语小天下莫能破'（《中庸》）者也。"

正如王阳明在前面所说的那样，即便在良知之真诚恻怛中有与生俱来的轻重厚薄之分，但王阳明更注重孝。所以，不言自明，真诚恻怛的根本在于侍奉父母这一点上。

因此，王阳明在回信中论述了孝悌之道："事亲从兄一念良知之外，更无有良知可致得者，故曰：'尧、舜之道，孝弟而已矣。'（《孟子·告子下》）……明道云：'行仁自孝弟始，孝弟是仁之一事，谓之行仁之本则可，谓是仁之本则不可。'（《二程全书》卷十九）其说是矣。"

孔子曾说过："不逆诈，不亿不信，抑亦先觉者，是贤乎！"（《论语·宪问篇》）孟子说："尽心即知性。知性即知天。存心、养性便事天。不必说夭寿不贰，修身以俟，以立命。"（《孟子·尽心上》）

对于聂豹的提问，王阳明虽卧病在床，备受煎熬，依然热情洋溢地论述孔子的观点与良知的关系，解读孟子的论点，探讨《中庸》中提及的"尊德性"和"道问学"的关系。读到这里，读者也会深受感动吧。王阳明宣扬圣学的热情，着实令人钦佩。

最后的上疏

正如前文所述，王阳明于嘉靖七年（1528）七月十日上《八寨断藤峡捷音疏》(《王文成公全书》卷十五）时写道："但恨身婴危疾，自后任劳颇难，已具本告回养病，却并未得到恩准。"

同年十月十日，在给聂豹回信之前，再次上《乞恩暂容回籍就医养病疏》(《王文成公全书》卷十五），向朝廷请求回家养病。

像往常一样，王阳明在上疏中表示，朝廷重用不才之身并委以降贼安国之重任，自己对此心怀感激，虽疾病缠身，也已做好克己奉公、为国牺牲的准备，这次因咳嗽和腹泻，导致身体极度衰弱，所以想尽早返乡养病。

在上疏的末尾，王阳明这样写道：

> 臣自往年承乏南赣，为炎毒所中，遂患咳嗽之疾，岁益滋甚。其后退伏林野，虽得稍就清凉，亲近医药，而病亦终不能止，但遇暑热，辄复大作。去岁奉命入广，与旧医偕行，未及中途，医者先以水土不服，辞疾归去。是后，既不敢轻用医药，而风气益南，炎毒益甚。今又加以遍身肿毒，喘嗽昼夜不息，心恶饮食，每日强吞稀粥数匙，稍多辄又呕吐。当思恩、田州之役，其时既已力疾从事。……竣事而出，遂尔不复能兴。今已舆至南宁，移卧舟次，将遂自梧道广，待命于韶、雄之间。……夫竭忠以报国，臣之素志也；受陛下之深恩，思得粉身

碎骨以自效，又臣近岁之所日夜切心者也。病日就危，尚求苟全以图后报，而为养病之举，此臣之所大不得已也。

王阳明如此诚心诚意地奏请回乡养病，可是朝廷连他的这个小小的要求都没有满足。因此王阳明写道，自己将离开广东广州府，去广东最北部的韶州府和南雄府一带等候圣旨。

另外，估计是这一时期，王阳明在书信《与黄宗贤（四）》（《王文成公全书》卷二十一）中写道："遍身皆发肿毒，旦夕动履且有不能。"他打算再等十天，如果圣旨还不到的话就出发去南赣候旨。

另外，王阳明在其绝笔信《答何廷仁》（《王文成公全书》卷六）中如此描述他的严重病情：

区区病势日狼狈，自至广城，又增水泻，日夜数行，不得止。至今遂两足不能坐立，须稍定，即逾岭而东矣。诸友皆不必相候。果有山阴之兴，即须早鼓钱塘之舵，得与德洪、汝中辈一会聚，彼此当必有益。区区养病本去已三月，旬日后必得旨。亦遂发身而东，纵未能遂归田之愿，亦必得一还阳明，与诸友一面而别，且后会又有可期也。千万勿复迟疑，徒耽误日月。总及随身而行，沿途官吏迎请谒，断亦不能有须臾之暇，宜悉此意。书至，即拨冗。德洪、汝中辈亦可促之早为北上之图。伏枕潦草。

由此亦可知，王阳明的病情已极度恶化至不能坐立，其身体状况令人十分心痛。但是，尽管病情如此严重，王阳明仍然满怀回乡的喜悦之情，憧憬着和门人一起讲学的日子。

此心光明，亦复何言

王阳明曾两次奏请回乡养病但未得到朝廷恩准，最后他下定决心于嘉靖七年（1528）十一月从广东广州府出发，乘船渡过北江，北上江西。之后，经过上疏中提到的广东最北端的韶州府，在南雄府下船，十一月二十五日乘轿越过广东、江西的边界梅岭关。

越过梅岭关进入江西南安府后，王阳明于赣江上游的章江再次登船。当时任职于南安府的门人周积来看望王阳明，对老师的病危状态感到震惊，立即请大夫为其看病抓药。但是终究徒劳，船在离南安不远的青龙铺停靠后，十一月二十九日上午八时左右，王阳明病逝于船上，享年五十七岁。他临终时给侍奉于床前的周积留下一句遗言："此心光明，亦复何言。"（《王文成公全书》卷三十四《年谱三》）

这句遗言很好地诠释了阳明心学的精髓。王阳明晚年吟诵的《中秋》（《王文成公全书》卷二十）一诗中有这样的诗句："吾心自有光明月，千古团圆永无缺。"这里的光明是指良知的光辉，他把心之本体比作明月。

还有，黄绾的《阳明先生行状》（《王文成公全书》卷三十七）中有这样的记载："廿九日至南康县，将属纩，家童问何所嘱。公曰：

'他无所念，平生学问方才见得数分，未能与吾党共成之，为可恨耳！'遂逝。"其言语中流露出想和门人一起讲学的强烈愿望。

另外，编纂了《年谱》的钱德洪在此后的《遇丧于贵溪书哀感》(《王文成公全书》卷三十七)中记载道：

> 二十九日疾将革，问侍者曰："至南康几何？"
> 对曰："距三邮。"
> 曰："恐不及矣。"
> 侍者曰："王方伯以寿木随，弗敢告。"
> 夫子时尚衣冠倚童子危坐，乃张目曰："渠能是念邪！"须臾气息，次南安之青田，实十一月二十九日丁卯午时也。
> 是日，赣州兵备张君思聪、太守王君世芳、节推陆君府奔自赣；节推周君积奔自南安，皆弗及诀，哭之恸。

《年谱》中记载说，王阳明临终时留下了"此心光明，亦复何言"的遗言，但是其他版本的年谱中有的并未收录这句遗言。例如，李贽编著的《王阳明先生年谱二卷》中就省略了这句话。东正堂认为如此重要的言辞却没有记载，的确是李贽的过失，因此愤慨地表示"我很怀疑李卓吾是不是学识尚浅"(《阳明先生全书论考》卷十五《年谱二》)。

但是，在黄绾的《阳明先生行状》中也仅仅记载了王阳明临终时"平生学问方才见得数分，愿与吾党共成之"的愿望。到底"此心光明，亦复何言"是否是王阳明的临终遗言，想来也是令人怀疑的。但是，至少可以确定王阳明生前说过类似的话，这可以从前文提到的《中秋》一诗中得到印证。如此说来，黄绾所记述的遗言也许是事实吧。

不论怎样，通过了解哲学鸿儒逝世时的情形，我们可以很好地理解他的学问宗旨和学术精神。例如七十一岁去世的朱熹，直至去世前三天还在修正《大学章句·诚意章》的句子，让弟子抄写。因为朱子的治学态度，他留给弟子的遗言就成了"下苦工夫"。不夸张地说，比较一下王阳明和朱熹辞世时的言语，就能够很容易看清朱、王二人学术宗旨的不同之处。

东林党博学鸿儒高攀龙是明末新朱子学的学者，因为其在学术方面造诣很深、富有涵养且有坚贞的操守，被公认为东林诸儒中首屈一指的学者。高攀龙因为遭受非东林党的迫害，严寒中投入自家水池中自杀身亡。据说高攀龙死时笔直地傲立在水中，一只手放在岸边，另一只手揢在胸前，帽子没有打湿，口中也没有含一滴池水，从容赴死。刘宗周知道后深为感动，说学力不够坚定的话，是无法做到这一点的。

在明朝灭亡之际，刘宗周也毅然绝食，以身殉明。在绝食的二十天里，有十三天滴水未沾。他将后事托付给子孙，一边流泪一边说："胸中有万斛泪，半洒之二亲，半洒之君上。"

其间，有弟子问："先生此苦奈何？"宗周指着胸口说："孤忠耿耿。"

还有弟子问："今日先生与高先生丙寅事相类，高先生曰'心如太虚，本无死生'。先生印合何如？"刘宗周答道："微不同。非本无生死，君亲之念重耳。"（以上均出自《刘子全书·年谱》）这些大儒临终时的情形和言辞，对于立志学习儒学的人来说有极为深刻的意义。

王阳明在归乡的船中成为不归客，这着实让人悲伤遗憾。但是，正如前面所说，四十多年前，王阳明曾梦到伏波将军马援。马援曾说："方今匈奴、乌桓尚扰北边，欲自请击之。男儿要当死于边野，以马革裹尸还葬耳。"如此看来，这或许也是"三征"归来的王阳明的遗愿。另外，王阳明自己也正如在《啾啾吟》中所吟的"人生达命自洒脱"一样，进入了忘我的境界了吧。

《年谱三》以及钱德洪的门人程辉撰写的《丧记》(《王文成公全书》卷三十七)都记录了王阳明死后直至其灵柩被送回故里安葬的情况。

> 赣州兵备门人张思聪追至南安，迎入南野驿，就中堂沐浴袭敛如礼。先是先生出广，布政使门人王大用备美材随舟。思聪亲敦匠事，铺梱设褥，表里袆袭。门人刘邦采来奔丧事。
>
> 十二月三日，思聪与官属师生设祭入棺。
>
> 明日，舆榇登舟。士民远近遮道，哭声震地，如丧考妣。至赣，提督都御史汪铉迎祭于道，士民沿途拥哭如南安。至南昌，巡按御史储良材、提学副使门人赵渊等请改岁行，士民昕夕哭奠。
>
> 八年己丑正月，丧发南昌。是月连日逆风，舟不能行。赵渊祝于柩曰："公岂为南昌士民留耶？越中子弟门人来候久矣。"忽变西风，六日直至弋阳。先是德洪

与畿西渡钱塘,将入京殿试,闻先生归,遂迎至严滩,闻讣,正月三日成丧于广信,讣告同门。是日,正宪至。初六日,会于弋阳。初十日,过玉山,弟守俭、守文,门人棻惠、黄洪、李琪、范引年、柴凤至。

二月庚午,丧至越。四日,子弟门人奠柩中堂,遂饰丧纪,妇人哭门内,孝子正宪携弟正亿与亲族子弟哭门外,门人哭幕外,朝夕设奠如仪。每日门人来吊者百余人,有自初丧至卒葬不归者。书院及诸寺院聚会如师存。

……

十一月,葬先生于洪溪。是月十一日发引,门人会葬者千余人,麻衣衰屦,扶柩而哭。四方来观者莫不交涕。洪溪去越城三十里,入兰亭五里,先生所亲择也。(《王文成公全书》卷三十四《年谱三》)

王阳明死后,那些嫉妒他功绩的人并未停止对他的诋毁。

嘉靖八年(1529)二月,辅臣桂萼上奏说,王阳明未待朝命,擅离职守。明世宗勃然大怒,决定进行朝议,结果便下了一份轻率的诏书:停止王阳明爵位的世袭,不封谥号,并将阳明学斥为伪学而加以禁止。诏书不仅不认可王阳明讨伐平定广西叛乱之功,而且还给予严厉惩罚。

关于这一点,王阳明的讲友湛甘泉在为王阳明写的《阳明先生墓志铭》(《王文成公全书》卷三十七)中写道:"不及命下,亦命也。"就是说王阳明没有获得朝廷的命令就返乡,是天命。

针对处罚王阳明的诏书,黄绾立即上书替他辩护。

首先，他提出王阳明有四大功绩：平定宸濠之乱、讨伐南赣叛贼、平定思田之乱、讨伐八寨乱贼。这些都是为国除患、不可抹杀的功绩。

其次，他认为阳明学有三个主要部分，即致良知、亲民、知行合一，这些学说均来源于先贤的言论，属孔门正传，要想废除此学说是行不通的。然而，这份上疏并未被采纳。(《王文成公全书》卷三十四《年谱三》)

顺便提一下，嘉靖十年（1531），王阳明的儿子正亿四岁时，黄绾成为他的岳父，给他提供庇护。因为桂萼剥夺了王阳明的一切名誉后，地方官便落井下石，企图设法加罪于王阳明一家，附近的地痞也想欺负他们。王阳明的门人黄弘纲(字正之)出于担忧，便与升任南京礼部侍郎的黄绾商量，黄绾于是决定将自己的幼女嫁给正亿。钱德洪和王畿担任红媒，另一位王阳明的高足王艮则送去了彩礼。翌年，正亿移居南京。(见《王文成公全书》卷三十五《年谱附录一》)

由于桂萼的弹劾，阳明学被斥为伪学而遭到严禁。王阳明的高徒薛侃受到谴责，甚至不敢在京师谈论阳明学。尽管如此，王阳明的门人中仍有一些有志之士致力于阳明学的传播。他们在各地建立书院、精舍，举办讲会，并在阳明祠或报功祠祭祀王阳明。

下面简述一下《年谱附录一》中的有关记载。

嘉靖九年（1530）五月，薛侃于杭州府城南十里天真山麓建天真精舍，祭祀王阳明。嘉靖六年（1527）九月，王阳明奔赴广西途中，钱德洪与王龙溪随行至此，极力向王阳明夸赞天真山，说想在此建书院。王阳明给他们二人写诗表示赞许。嘉靖十一年（1532）正月，时任大学士的方献夫在京师聚集志同道合之士。因为前一年黄绾进京述职，钱德洪与王龙溪也进京参加殿试，此次聚会共聚集了四十多名王学门人。后来相约定期在庆寿山房集会。

嘉靖十三年（1534）正月，邹守益在江西吉安府安福县建复古书院祭祀王阳明。如前所述，嘉靖五年（1526）刘邦采在故乡安福聚集志同道合之士结成"惜阴会"，王阳明写下《惜阴说》（《王文成公全书》卷七）表示赞许，并告诫说致良知的工夫一刻也不容缓。同年因"大礼议"之争遭贬谪的邹守益在流放地南直隶广德州设复古书院，他在给弟子讲学时，为教化民风而作《谕俗礼要》，得到了王阳明的赞赏。后来，邹守益辞去南京国子监祭酒一职，回到故乡安福，与刘邦采等人共同修建了复古书院。此时，连山书院、复真书院也成立了，以此地为中心，同好集会在各地相继兴盛起来。

嘉靖十三年（1534）三月，浙江衢州府西安县的王玑率众门人请求钱德洪与王畿定期举办讲会，以学习王阳明的遗训。后来，又借李遂成为衢州府知府之机，众门人在衢山脚下建讲舍祭祀王阳明。后来众门人又在该府龙游县创设水南会、兰西会，举办讲会，与天真精舍遥相呼应。此地士民保留了王阳明的遗风，每个季节都会赴龙场祭祀王阳明，或者在家中遥想龙场而拜。同年五月，就任贵州巡按、监察御史的王杏听说此事后深受感动，在贵阳府建王阳明祠追崇王阳明。

嘉靖十四年（1535），就任南直隶巡按、监察御史的曹煜在池州府青阳县九华山上建仰止[1]祠祭祀王阳明，因为王阳明曾多次到此游玩。邹守益为此募集捐款，购置了祀田。

嘉靖十五年（1536），浙江巡按、监察御史张景与提学佥事徐阶[2]重修了天真精舍，并购置了祀田。当时，已经升任礼部尚书的黄绾为此写下《碑记》，其中写道："今日书院之创，非徒讲学，又以阳明先生之功也。"

在出征平定思田之前的数年里，王阳明曾在故乡越地阳明书院讲学。因此，嘉靖十六年（1537）十月，浙江巡按、监察御史周汝员与绍兴府知府汤绍恩在阳明书院楼门前建新建伯祠，挂王阳明肖像，每年春秋两季，聚集官员举行祭祀事宜。同年十一月，佥事沈谧在浙江嘉兴府秀水县以北四十里的文湖畔建立书院祭祀王阳明。沈谧读了《传习录》后深受打动，但是此时王阳明已经出征广西，沈谧只好跟随薛侃学习王阳明的学说。沈谧后来成为江西佥事，又在南赣各地建立了阳明祠。

嘉靖十七年（1538），王阳明去世后整整十年，浙江巡按、监察御史傅凤翔在余姚龙泉山龙泉寺中天阁上方建阳明祠，每年春秋举办祭祀活动，因为王阳明曾在此讲学，取名"龙山会"。

嘉靖十八年（1539），徐阶就任江西提学副使，在洪都（江西南昌府）建仰止祠祭祀王阳明。邹守益、刘邦采、李遂、陈九川

---

1 仰止：出自《诗经·小雅》，意为仰慕。
2 徐阶（1503—1583）：字子升，号少湖，别号纯斋，谥号文贞。南直隶松江府华亭县（今上海市松江区）人。嘉靖二年（1523）进士，官拜翰林院编修。后历任礼部尚书、吏部尚书、大学士，是自称为王阳明门人的聂豹的弟子。

等众多门人都曾参加此地举办的讲会。同年，江西吉安府庐陵县的士民建立报功祠祭祀王阳明。当初王阳明从流放之地龙场释放后被任命为此地知县，不久后宸濠之乱时又在此地兴起义兵，因此得到众多士民的仰慕。

嘉靖十九年（1540），周桐等人在浙江金华府永康县西北的寿岩建书院祭祀王阳明，有一百多人前来参加讲会。

嘉靖二十一年（1542），范引年在浙江处州府青田县建混元书院祭祀王阳明。因为范引年在作为教事讲课时提到了王阳明，门人们恭恭敬敬地提出想学习王阳明的学说。书院中堂挂有王阳明肖像，又建仰止祠，钱德洪写下《碑记》。不久，浙江提学副使阮鹗将书院增修，命名为心极书院，并请王畿写下《碑记》。

嘉靖二十三年（1544），湖广辰州府同知徐珊在辰州府沅陵县建虎溪精舍祭祀王阳明，请邹守益写了《精舍记》。

嘉靖二十七年（1548）八月，朱衡等同仁在江西吉安府万安县建云兴书院祭祀王阳明。同年九月，陈大伦在广东韶州府建立了明经书院。

嘉靖二十九年（1550）正月，史际在南直隶应天府溧阳县建嘉义书院祭祀王阳明，**邀请钱德洪前来举办讲会，来参加讲会的人每每不下百余人。**

嘉靖三十年（1551），贵州巡按、监察御史赵锦在龙场建立了阳明祠。

次年，提督南赣、都御史张烜将嘉靖初年官兵在江西赣州府城内郁孤台所建的阳明祠与报功祠予以修复，并在城内东部建义泉书院，南部建正蒙书院，西部建富安书院与镇宁书院，北部建龙池书院讲授学问。王阳明仙去之地江西南安府青龙铺本来建有圣庙，后来有人相信了京师传来的流言蜚语，将其转移到城中陋屋。因此，兵备佥事沈谧将圣庙迁回原处，并修复了门楼等建筑。

嘉靖三十二年（1553），沈谧修复了江西赣州府信丰县的阳明祠。赣州府是王阳明征讨南赣贼匪的主战场，本来府内十一县都建有阳明祠，因为信丰县的阳明祠被人破坏，沈谧才将其修复。同年三月，有人对江西南安府南康县的阳明祠提出异议，并将王阳明像移到其他祠中，因此沈谧改建阳明祠，又命人举行报功典礼。同一时期，赣州府安远县知县吴卜相认为本县没有阳明祠是自己的责任，于是命人修建。门上书写有报功祠，中堂挂上了仰止堂的牌匾。同年四月，赣州府瑞金县知县张景星也建立了阳明报功祠。同年六月，南安府崇义县知县王廷耀也在县学东隅修建了阳明祠。王阳明在征讨南赣贼匪中的横水、桶冈贼匪时，以贼窝横水镇为中心，从周边的上犹、大庾、南康三县中划地，新设崇义县，因此，城中居民各家各户都供奉着王阳明像。

嘉靖三十三年（1554），南直隶巡按、监察御史间东与宁国府知府刘起宗在宁国府泾县大溪西部的水西建水西书院祭祀王阳明。

嘉靖三十五年（1556），湖广兵备佥事沈宠在黄州府蕲州县麒麟山的崇正书院建仰止祠祭祀王阳明。

嘉靖四十二年（1563）八月，南直隶提学御史耿定向与宁国府知府罗汝芳在该府宣城县建志学书院祭祀王阳明。钱德洪与王畿先后曾在上述水西书院和志学书院讲学，据说参会之人达两百多名。

嘉靖四十三年（1564），江西巡按、监察御史成守节重修了前文提到的徐阶在洪都创建的阳明仰止祠。

如上可见，世宗嘉靖年间，虽然禁学之风甚严，但是王阳明门人中的有志之士不顾利害得失，四处建立阳明祠，传播阳明学。

世宗于嘉靖四十五年（1566）驾崩，穆宗即位后，天下太平，世风大变。穆宗在登基诏书中写道："病故大臣有应得恤典赠谥而未得者，许部院科道官议奏定夺。"因为世宗临终时，下了一道遗诏，对自己的弊政表示后悔。草拟这封遗诏的便是当时担任首辅、深受世宗信任的徐阶。

徐阶曾参与修建过祭祀王阳明的仰止祠，为恢复王阳明的名誉作出了很大贡献。

徐阶为响应穆宗的登基诏书而上《辨明功罚疏》（《王文成公全书》卷三十八），疏中就王阳明的问题发表了如下述评："筮仕三十余年，扬历中外，所至有声。而讨江西宸濠之叛，平广西思恩、田州及断藤、八寨之贼，功烈尤著。且博极经史，究心理学，倡明良知之训，洞畅本源，至今为人士所宗。不幸其殁也遽为忌者疏论，遂削去伯爵并恤典赠谥，迄今人以为恨。"

穆宗采纳了这封上疏，于隆庆元年（1567）五月下诏追封王阳明为新建侯，谥号文成。

不过，在《王文成公全书》中徐阶写的序文后，附有皇帝诰命，其日期为十月十七日。隆庆二年（1568）六月，穆宗皇帝又下诏命，允许王阳明之子正亿继承其父当初的新建伯爵位并世袭之。（《年谱附录一》）

前面多次提到，尽管王阳明建立了举世无双的大功，但命运极其坎坷，一生苦于颠沛流离，这很大程度上是因为没能遇到明君和贤臣。从被贬谪龙场到平定宸濠之乱后的武宗及其辅臣，从在故乡越地遭受困窘到明知他疾病缠身却派他去平定广西叛乱期间的世宗及其辅臣，如果没有这些人在暗中迫害该有多好啊。

在这里借用东正堂的一句话，真正是"为先生，也为天下深深痛惜不已"（《阳明先生全书论考》卷十三《奏疏·公移三·思田书》）。

之后，神宗万历十二年（1584），王阳明从祀于孔庙。明代约三百年的历史中，从祀之人只有薛瑄、胡居仁、陈献章与王阳明四人。这也表明，阳明学承继先圣，为世人公认，应传扬后世。

附录一

王阳明的《拔本塞源论》

前言

最近日本的社会风潮让人不禁蹙眉，令人忧虑的事情频繁发生，这对于日本的将来来说是很严重的事情。原因虽然多种多样，但是最根本的原因在于人们失去了作为人的本心，为功利之念驱使，变得自私自利。

功利之念已在人们心中深深扎根，不容易去除，所幸古代的先贤留下了很多好的教诲。其中，王阳明的《拔本塞源论》对于眼下的日本人来说是最合适的教科书之一！

王阳明在文中讲道"人心有天地万物一体之仁"，即天地万物与自身为一体的仁德，遵从这一仁德，世人将会像父子兄弟般相亲相爱，而且这一仁德与生俱来，人人具备。按照自己的才能和力量去工作的话，人们就不会被任何功利之念污染，从而形成和谐的理想社会。这一点看上去很难，所幸人们生来便具有觉悟的良知，只要尽情发挥就可以了。

这篇《拔本塞源论》，将王阳明心中激荡的至情娓娓道来，让读者不禁为之振奋。《拔本塞源论》是一大警世之作，也是名文中的名文。如今我加以注解，希望有志之士一读。关于其理由，我想只要是对当今日本的社会风潮心存忧虑之念的人士，都能很容易想明白。

本书由序章、第一章和第二章组成。序章分三节，第一节是"王阳明的生涯与思想"，第二节是"王阳明与万物一体论"，第三节是"《传习录》与'拔本塞源'论"。这些内容是为了更准确、更深刻地理解《拔本塞源论》的精神。

为了方便解说，我将《拔本塞源论》分为前篇与后篇，各分为六个段落。为了使讲解更容易理解，给读者增加亲近感，文章除原汉文和日语古译文之外，我全部采用口述文体。

本书在明德出版社的协助之下得以问世，自起稿仅半年就得以出版，多亏了森山文彦先生不遗余力的协助，在此深表谢意。

王阳明的生涯与思想

一提到王阳明，大家马上就会想到那个提倡"知行合一"的儒学家。王阳明是日本人很熟悉的大儒之一。在日本，人们称阳明学为实践哲学。

王阳明于明宪宗成化八年（1472）出生在浙江余姚，于世宗嘉靖七年（1528）客死在江西南安，是代表明代儒学的大儒，与宋代的朱子齐名。王阳明又是著名的诗人，擅长书法，还是讨伐各地叛贼、建立了功勋的武将。因此可以说他是左手持书、右手抚剑的儒学家、大豪杰。

朱子是一个书斋中的学者，王阳明却不同，就像他的诗句"江北江南无限情"中所说的那样，他驰骋于中国各地，随时随处教化门人。朱子提倡理智他律的道德，而王阳明则提倡充满人情的自律的道德。据说听了王阳明的讲学，有人会热血沸腾，欢喜之余甚至忘情地手舞足蹈。

王阳明的一生可谓波澜壮阔。他幼年时擅长智谋，青年时因为担忧鞑靼侵犯，于是亲自视察北方边塞，又学习武艺。王阳明十六岁时寻求朱子遗书，得知书中提倡一草一木皆有理，碰巧父亲的官衙内种有竹子，为了穷竹子之理，他思索了一周，最终失败而病倒。朱子认为要想成为圣贤，就要一一穷万物之理，经过不断的努力，就会发现万理归一。只有达到这个境界，才能成为圣贤。王阳明没能穷透竹子之理，他由此认为自己没有资格成为圣贤，于是暂时放弃学习儒学，专攻诗文，致力于辞章之学。

王阳明十七岁时结婚，因为身体羸弱，所以去听道士讲养生。翌年，儒学家娄谅告诉他，"圣人必可学而至"，从此他又开始学习儒学，致力于科举考试的学问。王阳明于二十二岁和二十五岁两次参加会试考试，但都名落孙山，于是他再次潜心辞章之学，同时也攻读兵书。

二十七岁时，王阳明经过反省，按照朱子的教诲，有志于穷物之理。但是由于心与理无法融合，王阳明沉思良久后旧病复发，因此放弃圣学，再次倾慕道士的养生说。

王阳明二十八岁时中进士，并于这一年开始出仕，不久后因患肺病回乡休养。当时他非常后悔自己以前在诗文方面费心劳神，于是在阳明洞中建书屋以求养生之道。他本想舍弃俗世间的一切杂念，但是无论如何也无法割舍对父亲和祖母的想念。当时他突然明白，佛教和道教让人们连父子亲情也丢掉是错误的，于是转而信奉儒学，并决心养好身体再度出仕，为天下，也为百姓尽一份力。随后他来到京城，与友人湛甘泉共同致力于复兴圣学。

1506年，武宗即位，改年号正德。据说武宗是明朝历代皇帝中最为昏庸的，他宠爱被称为"八虎"的刘瑾等宦官。这些宦官败坏朝纲，还将进谏的官员投入大牢。王阳明忧虑于此，上书为入狱官员求情，结果自己也被投入大牢，后来被流放到贵州龙场。龙场是少数民族聚居之地，当时汉族文化尚未普及。正德三年（1508），三十七岁的王阳明到达那里时，春意正浓。因为简陋的茅草房无法遮风挡雨，王阳明不得不在洞穴中生活。王阳明在龙场尝尽了生活之苦，一有空闲便静坐以求穷理。一天晚上，他突然领悟到物之理不在心外，而在自身心性之中。之后他努力教化当地百姓，向诸生讲学。第二年，他在贵阳书院首次提出"知行合一"说。

这一年年末，王阳明得到赦免，被任命为江西庐陵县的知县。此时，王阳明根据自身的经验，向诸生讲"静坐悟入"。当然，这和禅宗讲的坐禅入定不同。王阳明的静坐悟入是为了体认儒学讲的理，佛教的坐禅入定是追求脱离尘世之道，二者主旨不同。然而门人没有充分理解王阳明所讲的静坐的主旨，以为和坐禅入定相同，结果误入佛教的静寂之道。因此王阳明不再提倡静坐，开始宣扬克己去欲的实践修行的必要性。不久后，王阳明向门人传授了和朱子见解不同的《大学》，然后强调"去欲存理""省察克治""事上磨炼"等实践修行的必要性。正德十五年（1520），王阳明领悟了良知是学问的根本，开始提倡"致良知"说。这次领悟是王阳明历尽千难万苦总结出来的，其艰难体验非纸笔与口舌可以详述，王阳明却称之为赖天之灵。

自从龙场大悟后，王阳明开始提倡和朱子学不同的独到的学说。当时是朱子学独霸天下的时代，王阳明的学说遭到了朱子学者的严厉批判。王阳明开始收敛锋芒，并未采取公然与朱子学对抗的态度。但自从提倡"致良知"说以后，王阳明开始堂堂正正地批判朱子学，当然也有朱子学者与他论辩。由于王阳明的学说非常简易直接，一般人也很容易理解，容易做到，因此在明末大为流行。

正德十一年（1516），王阳明奉命到江西南赣地区，福建汀州、漳州和广东平定贼匪。当地贼匪占据天险，常年欺压百姓。王阳明用了一年半的时间征讨他们。以前曾有人前来平叛，但是并未奏效。王阳明挂帅后一扫贼窝，此地才得以安宁。王阳明是一位儒学家，因此在讨伐贼匪之前，首先讲仁义王道劝服他们。他所撰写的劝降文章充满人情味，让人读后不禁感动落泪，有些贼首读后深受感动，决心投降王阳明并为其效命。而对于不听劝说的叛贼，王阳明则以精兵前去讨伐。王阳明娴熟运用兵书中的作战妙计，建立了让世人惊叹的大功。

如此一来，即便是常年未被平定的贼匪也被王阳明扫荡殆尽，从而确保了当地的治安。究其成功的原因，其中很重要的一条是王阳明的战后安置十分妥善。平定贼匪后，王阳明为了防止当地治安再次被扰乱，力图谋求良民百姓生活的安定，于是尽力教化，实施了一系列得当的措施。

王阳明在平定贼匪时不忘教化门人。举例来说，正德十三年（1518），王阳明在江西与广东的交界处三浰地区讨伐贼匪，在给门人薛侃的书信中这样写道："即日已抵龙南，明日入巢，四路皆如期并进，贼有必破之势矣。向在横水，尝寄书仕德云'破山中贼易，破心中贼难'。区区剪除鼠窃，何足为异？若诸贤扫荡心腹之寇，以收廓清平定之功，此诚大丈夫不世之伟绩。"

由此可见王阳明在克服私利、私欲方面倾注了很多心力，在他提出"良知"说以前，他一直强调实践修行的必要性。

正德十四年（1519），一直以来都在寻机篡权的宁王朱宸濠终在江西南昌起兵叛乱。这次叛乱对于明朝皇室来说是非常严重的大事，王阳明闻讯后立即招募义兵前去讨伐，很快就击破叛军，并生擒朱宸濠，立下大功。

武宗身边的佞臣张忠和许泰想把功劳归于武宗亲征，不但给王阳明出难题，而且还在武宗面前进谗言诋毁王阳明。王阳明不得已，只好上疏称战功归于武宗亲征，并将朱宸濠交给朝廷。

正德十五年（1520）六月，王阳明来赣州阅兵，并激励兵卒。权臣江彬怀疑王阳明有谋反之心，派人查探动静。门人深感忧虑，王阳明则作诗《啾啾吟》，诗中写道："人生达命自洒落，忧谗避毁徒啾啾。"

同年九月，王阳明回到南昌。回去之前，王阳明首次对门人陈九川讲述"致良知"为学问之根本。关于良知，王阳明以前也曾讲过，自从经历了宸濠之乱及张忠、许泰之难后，他便开始相信良知可以使人忘却患难，超越生死，因此是万古不变的真理。

王阳明在给门人邹守益的信中这样写道：最近开始相信致良知是真正的儒学宗旨，以前怀疑只是这一个词还不够，如今尝尽苦难后才明白只要良知就够了。打个比方说，良知就像船上的舵，只要有舵，浅水之中也可自由行船，即便是波涛汹涌，只要舵在手中，就不用担心沉船溺水。

王阳明认为，良知是自古以来圣人相传的血脉，而且任何人都天生具备。只要遵从良知，人们就能立即判别事物的真伪、是非、善恶，私利、私欲之念就像投入火炉中的雪一样瞬间消融，便可以好善憎恶，一切行为以天理为依据。这样一来，朱子所讲的"物理"非"良知"莫属。朱子也曾指出"物理"本在心性之中，如果求之于吾心，则会以心求心陷入混乱，不如求之于心外之物。王阳明说，那样的话心与理不能融为一体，而且物理无限多，如果按照朱子的做法，一生也无法穷理。

王阳明的这种思想，给予有志于圣学的人很大的信心。而且他说每个人天生具有和圣人一样的良知，因此他的教诲能够激发人们的道德气概。当时聆听王阳明教诲的人都不禁欢欣鼓舞。

王阳明晚年提倡的良知，是他经过百死千难才领悟到的，不得已才用一词概括。然而有人以为"良知"极其简易，忘了通过脚踏实地的修行来磨炼内心，反而做出背离良知的行为。一般人的良知已被功利之念污染，如果不通过切实的修行将之扫除干净，就不能正确发挥良知作用。因此王阳明在"良知"二字前面又加一个"致"字，强调实地修行的重要性，又说良知的本体在于修行即工夫，除此之外再无其他。如此说来，良知总是在工夫中提高。这就是"本体工夫一体"论。朱子学的观点是通过工夫达到本体，阳明学则认为工夫为本体之作用。这也是阳明学与朱子学相比的特色所在。

关于阳明学的要旨，大家比较熟悉的是"知行合一""事上磨炼""致良知"。但是，关于王阳明的"良知"说，有一点非常重要，我们不能忘记。那便是，王阳明曾说过，把良知作为万物一体之心的知觉，遵从自己的良知，便可成就万物一体之仁。孔子以来儒学中"仁"的思想至此得以集大成，所以王阳明的"万物一体之仁"说影响广大深远。

正德十六年（1521），王阳明因平定宸濠之乱建立大功，被封为新建伯。其后他的学说仍然遭到指责，但是他一边静养，一边向门人讲学。世宗嘉靖六年（1527）五月，王阳明又受命征讨广西思恩、田州的叛贼。王阳明表示自己的身体状况难当此重任，上疏辞退，但是没有得到恩准，同年九月，他万般无奈地踏上了征途。

王阳明以"神武不杀"为宗旨，劝说叛贼归顺，但是广西八寨、断藤峡的山贼对百姓危害极大，因此王阳明予以征伐。嘉靖七年（1528）七月，王阳明向朝廷上奏战绩，同时奏请还乡养病。因为病情加重，在没有得到朝廷恩准的情况下，王阳明于八月踏上了回乡的旅途。在广州城疗养两个多月后，王阳明于十一月从广州城出发，当月二十六日越梅岭朝南安进发。二十九日，他坐船行至南安青龙铺，对门人周积说："此心光明，亦复何言。"然后与世长辞。可以说，"此心光明，亦复何言"这句话最为简明扼要地叙述了"良知"说的主旨。

以上大致叙述了王阳明的生涯和思想形成的经过，最后来看一下阳明学在中国思想史上的地位。

孔子（公元前551—公元前479）是春秋时期的人。孔子的教诲即儒学的特色在于：追求以人伦道德为主旨的理想社会，尊重并学习传统文化，在此基础上创造适应时代的新法则。《论语》中有"温故而知新",这句话最简洁地表达了儒学的特色。法家等现实主义者完全遵循人们的现实想法,否定传统文化;老、庄等超越主义者否定一切人为,主张自然无为,彻底批判现实主义和理想主义。儒家和他们相比,有很大的不同。

孔子是古代传统文化的集大成者,他讲述人伦道德,但是并不论及其本体、本源等形而上的东西,只是论说形而下的日常生活。总之,孔子论说的仅限于德行。

战国时期的孟子继承了孔子的学说,同时受到老、庄等超越主义的影响,开始提倡德行的根本即人的本性、良心。到了秦汉时期,《中庸》一书问世,至此儒学开始论述德行的本体、源头。因为老、庄论述的是深远之道,所以当时的儒学家想要超越他们,便向纵深挖掘儒学论述的道德思想。

后来,儒学成为训诂记诵之学,思想上未取得很大进展。到了宋代,受道教、佛教刺激,新儒学得以兴盛。宋代儒学的代表是朱子,他将孔子思想中蕴含的深远、形而上的东西变得明确,并将其系统化,于是产生了拥有广大深远体系的儒家哲学。

朱子学提倡理论与实践,即知与行并用,而明朝中期王阳明又提出了知行合一。两者相比较,简单地说,朱子学倾向于以知为主,而阳明学倾向于以行为主。王阳明认为,以行为主,所以知行合一。华严宗、天台宗主张教学与坐禅并用,而禅学主张专心坐禅,这种发展过程和朱子学发展到阳明学的形式完全相同。这种思想的发展和西方正好相反,可以说是东方思想的特色。因此有人说西方思想是理论性的,而东方思想是实践性的。

比较一下朱子和王阳明的学术差别,我们不难发现日本人为什么偏爱阳明学。王阳明主张以行为主的知行合一，这是中国儒学的精神实质。王阳明继承发扬的，或者准确地说，复兴的正是儒学的践行精神。而朱子一生治学，理论丰赡，践行太少。换个角度来看，阳明学其实是回归到了孔子论述德行、实践德行的观念上。

此外，比较一下朱子学和阳明学的话，可以说朱子学重知，而阳明学重情。从这一点上看，也可以说阳明学是孔子儒学的嫡传。因为孔子思想的精髓在于"吾非斯人之徒与而谁与"（《论语·微子篇》），"与人之心"中包含了孔子思想的精要，可以说是对世人深切的仁爱之情。

儒学提倡的诸般德行中，仁为最高标准，被认为是全德。因此可以说孔子论述的人伦道德的根本在于情。孔子难以排解自己的忧世之情，所以为救世济民而东奔西走，席不暇暖。王阳明的《拔本塞源论》也一样，其中一字一句都体现了他深深的忧世情怀。

日本人本来就是感情丰富的民族，比较重情，这也是阳明学受日本人青睐的原因之一。

王阳明与"万物一体"论

（一）"万物一体"论的本源

如前所述，仁是儒学道德的最高标准，被认为是全德。用一句话来说，仁就是对人的关爱之德。因此，儒学思想本来就站在以万物为一体的立场上。

"仁"这一汉字的字形表示两人相亲相爱。仅从字形上看，就明白仁是自他一体的德行，因此仁中包含以万物为一体的思想。但是这一点直到宋代才被人发现。

然而，追根溯源，孔、孟的教诲中就已经包含了这一点。因为孔、孟最重视爱人之德。

春秋时期道义废弛，孔子为拯救天下苍生周游列国，当时的隐者看到此情此景，认为最好隐于世外，以求保全自身，有人甚至嘲笑说孔子的作为是徒劳无益的。

对此，孔子说："鸟兽不可与同群！吾非斯人之徒与而谁与？天下有道，丘不与易也。"（《论语·微子篇》）天下之间只要有一人不能得其所而辛苦劳累，那么孔子必定感同身受。

孟子说"万物皆备于我矣"，进一步明确了孔子的思想。这句话是说，任何人都有感受他人的心。孟子又说"与人为善""与人为乐"，这就继承了孔子的精神。"与"这个字体现了自他一体、万物一体的思想。

孔子又说："君子敬而无失，与人恭而有礼，四海之内，皆兄弟也。"（《论语·颜渊篇》）这句话也论述了万物一体之仁。

王阳明在晚年给聂豹的信中写道："然而夫子汲汲遑遑，若求亡子于道路，而不暇于暖席者，宁以蕲人之知我信我而已哉？呜呼！此非诚以天地万物为一体者，孰能以知夫子之心乎？"

儒学家就是这样阐述万物一体之仁的。在古代，这种觉悟还不够成熟。如果仅就"万物一体"这一点而言，也许老子、庄子等道家更有觉悟。不过，虽然二者都以万物为一体，但是其本源是完全不同的。因为儒学家提倡的万物一体是以人伦道德即仁为本，而道家主张的"齐同"否定一切，以超越一切的无为本。

到了秦汉时期，儒学家吸收了道家的万物齐同思想，也开始提倡这一观点。《礼记·礼运》中讲述的大同思想便是一个例子。但是，这个很难说是纯粹的儒家万物一体思想。该篇的后半部分讲述了圣人的礼治，其中"以天下为一家，以中国为一人"讲述的便是儒家的万物一体思想。

到了唐代，佛教兴盛，禅宗日益壮大。佛教以空为道之根本，自然主张万物齐同。

（二）宋明时代的"万物一体"论

【周敦颐】 到了宋代，新儒学兴起，儒学家觉悟出了万物一体的思想，开始思考"万物一体之仁"。这也许是因为受到道家与佛教万物齐同思想的强烈刺激吧。周敦颐便是这一思想的先驱，他被称为宋学之祖。他任由庭前的小草生长而不将它们割除，有人询问原因，他回答说："小草与自家意思一般。"这句话是说小草与周敦颐同心一体。如果琢磨一下周敦颐的心思，可以解释为，他认为自己具有生万物的天地之心，庭前小草也是如此，因此小草与自己有相同的生命，所以不将它们割除。

【程颢】 程颢与程颐兄弟二人是周敦颐的门人。兄长程颢解释仁是"天地万物一体之仁"。医学上称手足麻痹为不仁，程颢以此为例，称仁是贯穿物我的血脉，因此他提出"仁者以天地万物为一体"（《二程全书》卷二），"学者须先识仁。仁者，浑然与物同体"（《二程全书·识仁篇》）。

如此说来，如果不与物同体，不与物一体，就不能称之为仁。

如果误解这一点，就有可能外媚流俗、内遂私利。因此程颢在讲完仁之同体后，又说"义、礼、智、信，皆仁也"，指出了义、礼、智、信的重要性。另外，他遵循孟子的教诲，提倡诚信的重要性。他还论述了仁与万物一体、人与万物一体、识仁与诚敬的关系等。

【程颐】 程颢的弟弟程颐根据《周易》"履卦"的解释，指出："夫上下之分明，然后民志有定，民志定，然后可以言治。民志不定，天下不可得而治也。"（《伊川易传》）又说："古之时，公卿大夫而下，位各称其德，终身居之，得其分也。后世自庶士至于公卿，日志于尊荣，农工商贾，日志于富侈，亿兆之心，交骛于利，天下纷然，如之何其可一也？"（《伊川易传》）

【陆九渊】 南宋陆九渊是朱子的讲友，他也说过类似的话。孔子曾论述学的重要性，以日常行为为主论道。而孟子则主张以行之本，即心为主论道。陆九渊提倡心学，他说是读了《孟子》后领悟到的。他说："人之才智各有分限，当官守职，惟力是视。……至于此心此德，则不容有不同耳。"（《陆象山全集》卷十一《与王顺伯》）总之，程颐、陆九渊的"万物一体"论就是把"安德知分"作为成就万物一体之心的准则。

如此一来，自然有人提出，君臣父子各守己分，即正名分、守礼便是以万物为一体。

陆九渊又从心学的立场阐述了万物一体。他提出心即理，说："宇宙内事乃己分内事，己分内事乃宇宙内事。"又说："此心之灵苟无壅蔽昧没，则痛痒无不知者。国之治忽，民之休戚，彝伦之叙，士大夫学问之是非，心术之邪正，接于耳目而冥于其心，则此心之灵，必有壅蔽昧没者矣。在物者亦在己之验也。"（《陆象山全集》卷十三《与郑溥之》)他把仁作为贯穿骨肉亲情的东西,认为正因为有了亲情,人们才可以辨别是非善恶、好善憎恶。人人都想成为仁者,对于不仁之人,应当予以教化。因此,"弃人绝物之心便是不仁",这便是孔子说的"与世人"之心。(《陆象山全集》卷十五《与侄孙浚四》)因此,他说,在是非善恶、好恶方面不可有区分彼我之心,即私利之意,因为人皆秉天地之气而生,惩恶扬善是理所当然的。(《陆象山文集》卷十三《与罗春伯》、卷三十四《语录》)他认为,在是非为公、好恶相同之中,含有万物一体之仁。

【张载】 张载是与程子同一时代的儒学家。他著有《西铭》,该文从同胞之情的角度论述了万物一体。张载认为,人与天地万物一气同体。国家社会的道德与家族道德相同,贯穿着骨肉般的温情,而且人们对于国家社会的道德应该如同对上天那样持有宗教般的虔敬态度。如此一来,他将家族道德中的骨肉亲情扩大到了社会国家层面,同时也给家族道德赋予了对上天那样宗教般的虔敬之念。可以说这一万物一体思想,是建立在儒学传统的敬天思想的基础之上的,富有宗教性,它立足于传统的重孝思想,以骨肉亲情为根基。概括来说,张载用万物一体说论述了以仁者为本的天人合一思想,高唱同胞之情。

【王阳明】 以上大致解说了王阳明之前的儒学万物一体思想的历史,可以说王阳明的万物一体思想为先学之集大成。

在《传习录》中卷的开头,录有王阳明写给顾璘的信,其中包含了"拔本塞源"论。中卷的末尾录有王阳明写给聂豹的信,信中袒露了王阳明的心境。信中讲述的万物一体之仁,可以说揭示了儒学精神的极致。吉村秋阳是德川幕府末期的阳明学学者,他编纂了王阳明教学的书籍《王学提纲》。他在书的开头部分抄录了"拔本塞源"论，这显示了他的远见卓识。

王阳明继承了陆九渊的心学，并明确了其本体，他将《礼记·礼运》、程颢的《识仁》、张载的《西铭》，以及程颐、陆九渊等人的"万物一体"论集大成，并以良知为本，提出了自己的"万物一体"论。

王阳明这样写道："《大学》者，昔儒以为大人之学矣。大人者，以天地万物为一体者也，其视天下犹一家，中国犹一人焉。大人之能以天地万物为一体也，非意之也，其心之仁本若是，其与天地万物而为一也。岂惟大人，虽小人之心亦莫不然，彼顾自小之耳。是其一体之仁也，虽小人之心亦必有之。是乃根于天命之性，而自然灵昭不昧者也。"

那么，为什么人们无法成就天地万物一体之仁呢？王阳明如下论述道："小人之心既已分隔隘陋矣，而其一体之仁犹能不昧若此者，是其未动于欲，而未蔽于私之时也。及其动于欲，蔽于私，而利害相攻，忿怒相激，则将戕物圮类，无所不为，其甚至有骨肉相残者，而一体之仁亡矣。"

王阳明在"拔本塞源"论中这样写道："圣人有忧之，是以推其天地万物一体之仁以教天下，使之皆有以克其私，去其蔽，以复其心体之同然。其教之大端，则尧、舜、禹之相授受，所谓'道心惟微，惟精惟一，允执厥中'。而其节目，则舜之命契，所谓'父子有亲，君臣有义，夫妇有别，长幼有序，朋友有信'五者而已。唐、虞、三代之世，教者惟以此为教，而学者惟以此为学……当是之时，天下之人熙熙皞皞，皆相视如一家之亲……三代之衰，王道熄而霸术焻；孔、孟既没，圣学晦而邪说横。教者不复以此为教，而学者不复以此为学。霸者之徒，窃取先王之近似者，假之于外，以内济其私己之欲，天下靡然而宗之，圣人之道遂以芜塞……"
(《传习录》中卷《答顾东桥书》）

和其他儒学家一样，王阳明认为古代社会是理想社会，而后世逐渐改变，因而提倡复古主义。相比西方，这种尚古思想是东方思想的特色之一。王阳明描绘的理想社会是成就万物一体之仁的社会。

他又这样说道："世之儒者，慨然悲伤，搜猎先圣王之典章法制，而掇拾修补于煨烬之余，盖其为心，良亦欲以挽回先王之道。圣学既远，霸术之传积渍已深，虽在贤知，皆不免于习染，其所以讲明修饰，以求宣畅光复于世者，仅足以增霸者之藩篱，而圣学之门墙遂不复可睹。……所幸天理之在人心，终有所不可泯，而良知之明，万古一日……"王阳明高呼通过致良知可以成就万物一体之仁。

王阳明所讲的良知是一种敏锐的道德感知，具有好善憎恶的笃实情意。因此他认为，发挥良知的话，人们都可以恢复万物一体之心。

谢良佐是程子的门人，他以仁为觉，认为仁是拥有直觉的理。王阳明的良知也可以说是拥有敏锐知觉的理。正因为如此，王阳明才说良知即天理。

进一步说，良知便是仁。这样一想，就会明白王阳明通过"致良知"论述万物一体之仁的理由，王阳明的"万物一体"论的特色也在于此。

以上大致介绍了儒学的"万物一体"论，详情请参照拙著《儒教精神与现代》（明德出版社）中的第六、第七章。

《传习录》与"拔本塞源"论

要想了解阳明学的要旨，必须先读《传习录》。自从三轮执斋的《标注〈传习录〉》在日本出版后，《传习录》便开始为人们所熟知。德川幕府末期的大儒佐藤一斋编著了《〈传习录〉栏外书》，对阳明学的研究更加细致。到了明治时期，阳明学者东泽泻的长子东正堂编著了《〈传习录〉讲义》，其学说越发明了。

如今的《传习录》由上、中、下三卷组成。其中，上卷与下卷记录了王阳明与学生之间关于学问的问答，中卷从王阳明写给友人及门人的信中摘录编辑而成，记述了对求学之人来说最重要的学术思想。

上卷与中卷是王阳明在世时经他披阅后编著的，而下卷是王阳明故去后编纂成的，未经王阳明审定。另外出版的《传习遗录》，记述了王阳明的语录。

上卷所录内容是王阳明向世人提倡"致良知"说，并把它作为学问的根本之前的语录，中、下卷主要是提倡"致良知"说之后的内容。特别是中卷收录了王阳明的亲笔书信，这些书信是了解王阳明晚年成熟的学术思想最为重要的资料。但是王阳明故去以后，有的王门学派反而重视上卷的内容。而下卷则记述了《王文成公全书》中没有收录的王阳明的重要教言，不可忽视。

"拔本塞源"论是王阳明写给故乡前辈顾璘（字东桥）的书信中

的内容，收录在《传习录》中卷的开头。嘉靖四年（1525），王阳明五十四岁时，顾璘写信来质疑王阳明的学术思想，王阳明回信一一详细作答。《传习录》中卷出版之时，顾璘尚且健在，因此王阳明命人将题目定为《答人论学书》，后来的版本中则以《答顾东桥书》为名。

"拔本塞源"论记述在这封长信的末尾部分。佐藤一斋这样说道："此书拔本塞源，辩论痛快，使人惭伏无辞也。此书传触，恐或辱东桥，故为匿其姓号耳。"

给顾璘的信分为十二段，每段开头记录了顾璘的疑问，后面是王阳明的回答。王阳明学术思想中的重要部分，几乎毫无遗漏地被记录在其中。第十二段的后半部分写有"夫'拔本塞源'之论不明于天下"，因而世人称之为"拔本塞源"论。因此，《答顾东桥书》并不是一篇论文，我们不应将它看作论文，而应看作书信中的名篇。

我将"拔本塞源"论划分为前后两篇，是因为觉得这样更容易读懂。前篇可以说是后篇的序章，"拔本塞源"论的主旨记录在后篇中。

前篇讲述的是夏、殷、周三代以前的情况，记述了当时的教学内容和世相。此时，以天地万物为一体的圣人教学得到了很好的推广。后篇主要讲三代以后，圣人之学衰落，邪说横行，人们为功利之念驱使，招致天下祸乱。为了拯救世人，很多学术思想应运而生，但都未奏效。文中详论了这一情况，指出为了实现救世，只有复兴圣学。幸而人们生来具备永远不灭的良知，只要致良知就能成就万物一体之心，就能够救世济人。

三轮执斋评论说：是至论中之至论，名文中之名文。自秦汉以来，数千年之间，唯有此一文而已。佐藤一斋则评论说是"古今独步"，可以说是名文中的名文。孟子的雄辩让人兴奋激昂，而王阳明的"拔本塞源"论中的雄辩虽在孟子之后，实不在孟子之下。

前篇

【原文】 夫"拔本塞源"之论不明于天下，则天下之学圣人者将日繁日难，斯人沦于禽兽夷狄，而犹自以为圣人之学。吾之说虽或暂明于一时，终将冻解于西而冰坚于东，雾释于前而云滃于后，呶呶焉危困以死，而卒无救于天下之分毫也已！

【解析】 从根本上阐明学问上的疑问的学说，即所谓"拔本塞源"论，只要它没有为世人了解，即便是修行圣人之学，也会越学越繁杂、越学越困难，会造成脱离人道、陷入禽兽夷狄般的邪道，自己却以为在修行圣人之学的结果。我的论说虽然暂时会被人了解，但是就像西边的冰融化了而东边又结冰，前面的雾散了后面的云又涌起那样，总是没有得到充分理解。我为了让大家理解，拼命呼吁却丝毫不能救助世人，最终恐怕会劳苦而死。

【词语注解】 ◎拔本塞源：拔掉树根，塞住水源，指断绝恶之根源，在此表示从根本上纠正错误思想。《左传·昭公九年》："我在伯父，犹衣服之有冠冕，木水之有本原，民人之有谋主也。伯父若裂冠毁冕，拔本塞源，专弃谋主，虽戎狄其何有余一人？""拔本塞源"一词也出现在《二程全书》的卷七、卷十七、卷二十三、卷三十四、卷四十一中。例如，卷七中有"思与乡人处，此孟子拔本塞源"。◎日繁日难：要学的东西越来越多、越来越难。◎斯人：世间的普通人。◎冻解：冰融化。◎冰坚：结冰。◎冻解于西而冰坚于东：比喻阳明的学说不被世人了解。◎云滃：云气升腾，比喻盛多。◎呶呶焉：很多话的样子，喋喋不休。◎危困：危险困窘。变得危险、困苦。《后汉书·臧洪传》中有"自致危困"。

【补充说明】 这一段可以说是"拔本塞源"论的序文。本来修行学问应该是为了拯救时世积弊，关于这一点，王阳明在给顾璘的信中殷殷记述了自己的学说。比如，他对《大学》《中庸》、朱子学、道家、佛门乃至杨子、墨子等学说展开了批判。但是，自己的观点如果不能被充分理解，那么救世之念也终归徒劳，因为担心这一点，才写下了"拔本塞源"论。

【原文】 夫圣人之心，以天地万物为一体，其视天下之人，无外内远近，凡有血气，皆其昆弟赤子之亲，莫不欲安全而教养之，以遂其万物一体之念。天下之人心，其始亦非有异于圣人也，特其间于有我之私，隔于物欲之蔽，大者以小，通者以塞，人各有心，至有视其父子兄弟如仇仇者。圣人有忧之，是以推其天地万物一体之仁以教天下，使之皆有以克其私，去其蔽，以复其心体之同然。

【解析】 圣人之心以天地万物为一体，对于世人，不设内外、远近之差别，凡有生命之人，圣人都待之如兄弟赤子，用亲情去爱护并教化，希望他们能够成就万物一体之心。世人之心，本来和圣人之心相同，但是由于受到自私之情妨碍，为物欲所蒙蔽，因而大心变小心，与人相通的心被堵塞，人心涣散，最终视父子兄弟如仇敌。圣人忧虑于此，推广普及以天地万物为一体之仁的思想，教化世人，希望他们能克服自己的私欲，去除心之障碍，恢复大家都认可的本心。

【词语注解】 ◎以天地万物为一体：王阳明说："仁者以天地万物为一体，使有一物失所，便是吾仁有未尽处。"(《传习录》上卷)"仁者以天地万物为一体"语出宋代程颢。这句话的来源是《礼记·礼运》中的"故圣人耐以天下为一家，以中国为一人者"。《二程全书·卷二》："医书言手足痿痹为不仁，此言最善名状。仁者，以天地万物为一体，莫非己也。认得为己，何所不至？若不有诸己，自不与己相干。如手足不仁，气已不贯，皆不属己。"《二程全书·卷五》："若夫至仁，则天地为一身，而天地之间，品物万形为四肢百体。夫人岂有视四肢百体而不爱者哉？圣人，仁之至也，独能体是心而已……医书有以手足风顽谓之四体不仁，为其疾痛不以累其心故也。夫手足在我，而疾痛不与知焉，非不仁而何？世之忍心无恩者，其自弃亦若是而已。"◎其视天下之人……：《西铭》(原名《订顽》)："乾称父，坤称母；予兹藐焉，乃混然中处。故天地之塞，吾其体；天地之帅，吾其性。民吾同胞，物吾与也。"◎有血气：血液在流通，此处指人。出自《中庸》"凡有血气者，莫不尊亲"。◎昆弟：兄弟。◎有我之私：

以自我为中心的私心私情。◎圣人有忧之：《孟子·滕文公上》："人之有道也。饱食、暖衣、逸居而无教，则近于禽兽。圣人有忧之，使契为司徒，教以人伦：父子有亲，君臣有义，夫妇有别，长幼有序，朋友有信。"◎其心体之同然：《孟子·告子上》："心之所同然者何也？谓理也，义也。圣人先得我心之所同然耳。"所谓"同然"，是指人们都认可的事情。孟子认为是理和义。他说，这是每个人都固有的，从这一点上讲，普通人与圣人没什么不同。

【补充说明】 王阳明在这一段论述了"拔本塞源"论——了解学问上的一切疑惑的根本论说，就是圣人所教的"万物一体之仁"。接着他论述圣人的广阔胸怀：他们以骨肉亲情对待世人，保全人们的身份与生活，并予以养育教化，使其成就万物一体之念。万物一体之仁心，不分圣愚，任何人先天就具备，正如孟子所说的那样，每个人都必须认同。

然而，普通人虽然本来和圣人一样具有万物一体之心，但受到自我主义、个人主义、功利主义的驱使，其心灵受到蒙蔽，因而失去了这种一体之心，不能够同心同德，结果和他人之间感情不通，即便是亲人之间也如同仇敌般互相仇恨。圣人忧虑于此，以万物一体之仁教化众人，让人们克服自私，去除心之障碍，恢复本来具有的万物一体之仁心。王阳明指出，圣学的极致便是成就"万物一体之仁"。这可以说是一个伟大的见识。

其实万物一体之仁，或者天地万物一体之仁中说的万物的"物"，一般是指人。因此，万物一体，意思就是视万人与我同体。不过，物也不能仅限于人。因为到了宋代，人们开始认为天地万物和人一样，是由气即物质因素和精神因素的组合生成的，而且其法则原理存在于万物内部。因此，万物一体不仅仅是指人，也可以指宇宙中的万物。据说，最近物理学界开始提出物质的根本是精神，如此一来，"万物一体"论的理论根据更加明朗了。

【原文】 其教之大端，则尧、舜、禹之相授受，所谓"道心惟微，惟精惟一，允执厥中"。而其节目，则舜之命契，所谓"父子有亲，君臣有义，夫妇有别，长幼有序，朋友有信"五者而已。

唐、虞、三代之世，教者惟以此为教，而学者惟以此为学。当是之时，人无异见，家无异习，安此者谓之圣，勉此者谓之贤，而背此者虽其启明如朱，亦谓之不肖。下至闾井、田野、农、工、商、贾之贱，莫不皆有是学，而惟以成其德行为务。

何者？无有闻见之杂，记诵之烦，辞章之靡滥，功利之驰逐，而但使之孝其亲，弟其长，信其朋友，以复其心体之同然。是盖性分之所固有，而非有假于外者，则人亦孰不能之乎？

【解析】 圣人教诲的纲领便是尧、舜、禹代代相传的"道心是微弱的，因此要去除心之杂念，净化内心，并一直保持内心的中正"。其细则便是舜授命给契的五教，即"父子之道在于亲，君臣之道在于义，夫妇之道在于别，长幼之道在于序，朋友之道在于信"。

尧、舜、三代时，教的人只教这些，学的人只学这些。当时没有人和其他人持不同意见，没有家庭和其他人家有不同习惯，轻而易举就能做到这些的人被称为圣人，经过努力做到这些的人被称为贤人，背弃这些的人，即便是尧的儿子丹朱那样聪明的人也被称为愚人，就连农工商人，虽然身份低贱，无不学习这一教诲，努力奉行这一德行。

因为当时没有后世那样的复杂见闻，也没有繁杂的记忆背诵和迷惑人心的美文，也不会追求搅乱人心的利益，只是对父母尽孝、听从年长之人、以诚信结交朋友，便能够恢复人人都认同的本心。而这一本心，是各人本性中固有的，并非从外部借来的，因此谁都可以做到。

【词语注解】 ◎大端：主要的部分，重要的端绪，大纲、纲领。◎尧、舜、禹之相授受：《尚书·大禹谟》："尧、舜、禹、汤之相授受曰，'所谓人心惟危，道心惟微，惟精惟一，允执厥中'。""精"指的是使其纯粹，不入杂念。"一"是指保持专一。◎舜之命契：《尚书·舜典》："帝曰：契，百姓不亲，五品不逊。汝作司徒，敬敷五教，在宽。"帝即舜，契为当时的贤臣，司徒是负责教育的官员。五品指五常，即父子、君臣、夫妇、长幼、朋友。五教是对五品的教诲，即父子有亲、君臣有义、夫妇有别、长幼有序、朋友有信。《孟子·告子上》中也提及五教。◎唐、虞、三代之世：尧舜二帝和夏之禹王、殷之汤王、周之文王及武王的时代。◎其启明……：《尚书·尧典》："帝曰：'畴咨若时登庸？'放齐曰：'胤子朱启明。'帝曰：'吁！嚚讼，可乎？'"朱是舜的嗣子，即丹朱。启明与开明同义。开明指的是心胸开阔，通晓事物轻重，知识渊博，头脑明晰。嚚讼，犹聚讼。◎不肖：愚蠢。《孟子·万章上》："丹朱之不肖。"◎闾井：村间市井的省略说法，指乡村与城镇。◎商、贾：商人。◎闻见之杂：所见所闻繁多。◎记诵之烦：记忆背诵的东西很多，烦琐。◎辞章之靡滥：美文浮靡失实。◎功利之驰逐：追逐功名利益。

【补充说明】 在这段文字中，王阳明叙述了尧、舜、三代之时开展的圣人教学，并列举了其纲领与细则。

王阳明认为，其纲领在于尧、舜、禹相传的心术即纯粹专一的道心，其细则在于五教，即父子亲、君臣义、夫妇别、长幼序、朋友信。此时，无论教的人还是学的人都以此为宗旨，不分身份高低、职业贵贱，都能够同心同德。当时没有人追求复杂的见闻、烦琐的记诵，也没有人憧憬华美的文章，为功利之念乱心。

依靠五教，人们才能够恢复本来的万物一体之心。此心各人先天具备，谁都能够做到。

其实王阳明所讲的万物一体是以人伦道德为基础的。如前所述，所谓万物一体，不仅是儒家，道家及佛教也曾论述过。有人认为西方的一神教也可以说是在论述万物一体。

但是这些都和儒学的基本精神不同，这一点非常重要。因为儒学以实际学问为宗旨，论述的道理是积极向上的，对人们的社会生活有益的，道家和佛教论述的道则缺乏积极性。

从儒学的角度来讲，佛、道是虚学。而且儒学并非只是提倡人伦道德，不是说只要修行德行就万事大吉了，必须磨炼才能、提高知识技能，才能实现儒学追求的理想社会。

朱子提出"全体大用"的理由也在于此。所谓全体大用，是指从完整的体即"全体"才能生出伟大的作用即"大用"，有"大用"才能得到"全体"。这里讲的体是指仁之体，用是指实用，而且体用合一。

朱子提出"全体大用"的意图是什么呢？他是想说，高高在上、管理百姓的人无论持有多么仁爱的心，如果不能一一穷事物之理，将其技术化、实用化，使其有益于人们的社会生活，那么就不能达到完整的仁体。王阳明在提倡万物一体之仁时，考虑了知识才能的必要性，可以说和朱子的"全体大用"论的主旨是一致的。

王阳明把尧、舜、禹相传的心术作为圣学教学的纲领，表明他是以心学为宗旨的。前面已述，王阳明的心学以"致良知"为宗旨，揭示了陆九渊读完《孟子》而领悟的心学的奥秘。

陆九渊认为本来心就是天理，因此提出"心即理"。而他的讲友朱子批判说陆九渊的心学与禅宗的心学相同。朱子认为，人内在的理是心之本体的性，因此提出"性即理"，因为心中难免有不纯的东西混入，所以不可以说"心即理"。在朱子看来，如果把心作为天理，那么心中的不纯之物也会成为天理，因此需要通过严格的修行即"敬"来净化内心。

但是如果按照朱子所讲，就会有心灵受到束缚之嫌。总之，朱子关注心中不纯的一面，因此提倡严格的心术，主张通过"敬"来净化它。陆九渊正好相反，他着眼于心中纯正的一面，提倡要大力发挥它的作用，坚持把它作为学问的根本。《尚书·大禹谟》中写道："人心惟危，道心惟微。惟精惟一，允执厥中。"可以说朱子关注的是人心，而陆九渊关注的则是道心。

王阳明继承了陆九渊的心学，提出"致良知"说，自然也是以道心为主。也许是因为这一点，他在引用《尚书》中的句子时只引用了"道心惟微，惟精惟一"，没有列举人心。王阳明是站在以道心为主的立场上不去涉及人心，还是不经意间忘了列举人心，这就不得而知了。不过，王阳明虽然以道心为主，但是在克

附录一 王阳明的《拔本塞源论》 1043

服欲念方面十分严格，因此他在提倡"良知"说以后也不断强调这一点，在这一段中也有论及这一点。只是，王阳明认为要想克服欲念，最终要依靠良知的作用，这一点不可忘记，否则就会成为朱子学。

关于道心与人心，朱子说："必使道心常为一身之主，而人心每听命焉。"朱子的说法看似将人心与道心分开考虑。因此，王阳明批判这是"二心"说，提出心只有一个。朱子采用"二元论"即分析性的说法，是因为他认为道是崇高严正的，所以应严格面对现实。而王阳明采用"一元论"即统一性的说法，是因为他认为道是富有生命力的。

然而，在提倡"万物一体"论时，不说五教只说仁的话，恐怕会产生《论语》中说的流弊，即"比而不周"（《论语·为政篇》），"同而不和"（《论语·子路篇》）。"比而不周"是指不以诚实公平的立场结交朋友，"同而不和"是指表面上附和雷同，却并不真心协助别人。总之就是与世俗同流，失去主体性与公正性。

因此前面提到，程颢在提倡万物一体之仁时说："义、礼、智、信，皆仁也。"因为他认为，有了义、礼、智、信，才会有仁，而仁也是贯穿于义、礼、智、信中的。两者是一即多、多即一，一理即分殊、分殊即一理的关系。

宋代张载曾在《西铭》中，从物我同气的立场上论述了以同胞亲情为本的"万物一体"论，结果被人误解，被人指责说你怎么只讲一理不讲分殊呢？这样一来，人们就会忽视日常的个别伦理道德，从而产生危害。万物一体之仁也是如此，如果不理解这一主旨，就可能遭受类似的误解。

因此，王阳明在论述万物一体之仁时，把五教作为其细则，这是非常重要的。在此提一下五教的内容。也许有人认为在现代社会中已经不适用了，例如君臣义、夫妇别等教义。我认为这是一个普遍适用的伦理，只是现实中的具体行为要根据时代发生而改变。因此，这一伦理也必须成为适应时代的东西，但是其根本精神是不变的。关于礼也是如此。礼是社会伦理道德方面最重要的德行之一。近年来，有些西方学者强调礼在现代社会中的重要性。在这种情况下，礼如果不根据时代而有所改变，反倒会产生危害。

【原文】 学校之中，惟以成德为事。而才能之异或有长于礼乐，长于政教，长于水土播植者，则就其成德，而因使益精其能于学校之中。迨夫举德而任，则使之终身居其职而不易。用之者惟知同心一德，以共安天下之民，视才之称否，而不以崇卑为轻重，劳逸为美恶；效用者亦惟知同心一德，以共安天下之民，苟当其能，则终身处于烦剧而不以为劳，安于卑琐而不以为贱。

【解析】 当时，在学校里，只是把德育作为教育的主旨。如果有独特的才能，比如擅长礼乐，或者擅长政治教化，擅长农业，则以德育为基础，然后在学校里磨炼他的才能。如果雇用了有德之人，那么就让他终身都在这个职位上，不做替换。任命之人只想着和被任命的人同心同德，共同努力安定百姓的生活，只考虑他的才能是否适合这一职务，不以地位高低评价人，不以工作轻松与否定善恶。被任命的人也只想着与任命他的人齐心协力，共同致力于百姓生活的安定，如果自己的才能适合这一职业，即便是终生劳累，也不会觉得辛苦，即使从事低微的工作，也不会觉得卑贱。

【词语注解】 ◎水土播植：灌溉与农耕，即农业。◎举德而任：《程氏易传》(《伊川易传》)："古之时，公卿大夫而下，位各称其德，终身居之，得其分也。"◎崇卑：地位高低。◎烦剧：繁重，此处指繁重的事务。◎卑琐：微贱，卑贱。

【补充说明】 这一段首先论述了尧、舜、三代的学校教育，然后讲到当时官吏任职的使命，以及职务和身份与评价之间的关系。王阳明说，尧、舜、三代的学校教育以德育，即培养人格为基础，然后通过智育磨炼才能。实际上，这是儒家教育的根本。

日本现在是以智育为中心。才能就像刀剑，如果好人拿来用是救人的剑，坏人拿来用则是杀人的刀。明治以后的日本进入了文明开化的时代，大力吸收欧美文化，但是教育的根本还是德育，即人格的培养。因此，在初中教育阶段，将修身课放在首要地位，这是日本教育值得自豪的事情。然而战败以后，人们开始蔑视修身，认为这是封建的道德教育，只重视知识才能的培养。不可否认，这是造成当今日本社会不安定的一个原因。

当今的科学文明虽然不免带来危害，但同时它又为人类生活作出了巨大贡献。这种正常的发展，是人类所热切希望的。因此学校教育中就要传授必要的知识，提升学生的才能。但是，科学文明只是人类使用的工具，无论它多么发达，如果使用的人不具备德行，自然就会产生危害。因此，必须把德育，即人格的培养作为教育的主旨。我们应当聆听一下王阳明在这一段中的论点。

在这一段的后半部分，王阳明讲到了以知足安分为本的"万物一体"论，也可以说是以礼为本的"万物一体"论。这也是值得洗耳恭听的内容。宋代的程颐和陆九渊也曾提出过这样的"万物一体"论。《易·履卦象传》中写道:"上天下泽,履;君子以辨上下,定民志。"程颐解释为:"天在上,泽居下,上下之正理也。人之所履当如是,故取其象而为履。君子观履之象,以辨别上下之分,以定其民志。夫上下之分明,然后民志有定。民志定,然后可以言治。民志不定,天下不可得而治也。古之时,公卿大夫而下,位各称其德,终身居之,得其分也。位未称德,则君举而进之。士修其学,学至而君求之。皆非有预于己也。农、工、商、贾勤其事,而所享有限。故皆有定志,而天下之心可一。后世自庶士至于公卿,日志于尊荣;农、工、商、贾,日志于富侈;亿兆之心,交骛于利;天下纷然,如之何其可一也?欲其不乱,难矣。此由上下无定志也。君子观履之象,而分辨上下,使各当其分,以定民之心志也。"

我现将这段话简单解说一下:履卦的卦象是,上面的小卦为乾,即天;下面的小卦为兑,即泽。天在上而泽在下,上下之分很清晰。这才是正确的法则。人履行事务也应当如此。因此,易将这一卦象称为履。有识之士通过履的卦象辨别上下尊卑,以此安定民心。民心安定,天下才能够得到治理。在古代,自公卿大夫以下,人们各自的地位与德行一致。因此一生安守自己的职位。如果有德之人处在较低的地位,君主则会主动提升他。履可以说是象征着礼。

如果能够切实履行礼法,地位高的人不会压迫地位低的人,地位低的人也不会凌驾于地位高的人之上,做出超越本分的行为。因此上下之分明确,民心安定。这是为政的根本。在古代,修完学业的人受到君主的任命，他会根据自己的学识和德行接受相应的待遇，不会有更多野心。从事农业、工业、商业的人努力做好自己的工作，不求分外的回报。因此，世人志向相同，心能够统一在一起。然而到了后世，下自庶民，上至公卿大夫，都追求尊崇的地位，从事农业、工业、商业的人总是盼望着富裕，世人各自追逐名利，因而天下大乱。这样一来还有什么办法呢。总之是因为人们忘记了上下之分，心志分散。因此，有识之士观看履卦的卦象，立上下之别，使人各安其分，以求安定民心。

陆九渊在给包显道的信中这样写道："古人不求名声，不较胜负，不恃才智，不矜功能，通身纯是道义。道义之在天下、在人心，岂能泯灭。第今人大头既没利欲，不能大自奋拔，则自附托其间者，行或与古人同，情则与古人异。此不可不辨也。若真是道义，则无名声可求，无胜负可较，无才智可恃，无功能可矜。唐虞之时，禹、益、稷、契功被天下，泽及万世，无一毫自多之心。当时含哺而嬉，击壤而歌，耕田而食，凿井而饮者，亦无一毫自慊之意。"(《与包显道书》)

我现将这段话简单解说一下：古代的人不追求名声，不争胜负，不恃才傲物，不炫耀功劳，一切都以道义为宗旨。道义是天下的公道，也存在于人心，永远都不会消失。然而如今的人们陷入利欲之中无法自拔，因此靠道义生活的人，其行为虽然和古人相同，其内心则与古人不同。这一点必须弄清楚。如果真正行道义，就会与古人相同。尧舜时代有禹、益、稷、契，他们的功绩遍于天下，他们的恩泽及于万世，却丝毫没有自夸。当时的人们口中含着食物，敲着鼓鼓的肚子讴歌太平，用壤（一种用木材做的游戏道具）打拍子唱歌，耕田吃饭，凿井饮水，虽然过着朴素的生活，却没有任何不满。

王阳明在下一段中详细论述了程颐与陆九渊的"万物一体"论。

【原文】 当是之时，天下之人熙熙皞皞，皆相视如一家之亲。其才质之下者，则安其农、工、商、贾之分，各勤其业，以相生相养，而无有乎希高慕外之心。其才能之异若皋、夔、稷、契者，则出而各效其能，若一家之务，或营其衣食，或通其有无，或备其器用，集谋并力，以求遂其仰事俯育之愿，惟恐当其事者之或怠而重己之累也。故稷勤其稼，而不耻其不知教，视契之善教，即己之善教也；夔司其乐，而不耻于不明礼，视夷之通礼，即己之通礼也。

【解析】 当时，世人和睦相处、快乐地生活在一起，彼此就像家人一样亲近。因此，才能素质低的人会满足于农夫、工匠、商人等身份，各自致力于自己的职业，互帮互助地生活，不会奢望更高的地位，不会羡慕更好的境遇。像皋陶、夔、后稷、契那样优秀的人，各自主动为天下百姓发挥他们的才能，都像在做自己家的事情一样，有人缝衣做饭、调配物资，有人制作器具，齐心协力，只求可以奉养父母、抚养妻儿。他们只是担心负责相关工作的人怠惰，因而会加重自己的负担。后稷努力耕作，虽然不懂得教化百姓，却不以为耻，他看到契善于教化百姓，就会觉得自己也善于教化。夔掌管音乐，虽然不懂礼法，却不以为耻，他看到伯夷精通礼法，就会觉得自己也精通礼法。

【词语注解】 ◎熙熙皞皞：熙熙指和睦欢乐的样子。皞皞指广大自得之貌。《道德经》："众人熙熙，如享太牢，如春登台。"《孟子·尽心上》："王者之民，皞皞如也。" ◎皋、夔、稷、契：都是舜的贤臣。皋即皋陶，又名咎繇，职务为师，即掌管刑狱的官员。夔的职务是典乐，即掌管音乐的官员。稷是指后稷，掌管水土即农业。契为司徒，即掌管教育的官员。◎仰事俯育：《孟子·梁惠王上》："仰足以事父母，俯足以畜妻子。" ◎夷：指伯夷，舜的贤臣，掌管礼法。

【补充说明】 这一段讲述了尧、舜、三代的世相。人们像家人一样团结在一起，根据自己的才能从事相应的工作，丝毫没有分外的野心，因此成就了万物一体之心，天下从而真正太平。因此，我们根据自己的才能尽职尽责，实际上能够对理想社会的建设做出巨大贡献。

有无能力、身份高低、职业贵贱等与人的价值没有任何关系。各人都有这样的信念是最好不过的，但是在现实生活中很难做到。如果人们遵从我们的万物一体之心，也许就能把世人的苦乐当作自己的苦乐，根据自己的才能努力工作，然后就可以成就万物一体之心。

但是人们很难做到这一点，尤其是做到像这段话中所讲的那样，如果他人有优秀的才能，就像自己也有优秀的才能那样高兴，他人为天下建立伟大的功绩时，就像自己建立了伟大功绩一样，自己丝毫没有羡慕之念，这并非易事。

【原文】 盖其心学纯明，而有以全其万物一体之仁，故其精神流贯，志气通达，而无有乎人己之分、物我之间。譬之一人之身，目视、耳听、手持、足行，以济一身之用。目不耻其无聪，而耳之所涉，目必营焉；足不耻其无执，而手之所探，足必前焉；盖其元气充周，血脉条畅，是以痒疴呼吸，感触神应，有不言而喻之妙。此圣人之学，所以至易至简，易知易从。学易能而才易成者，正以大端惟在复心体之同然，而知识技能非所与论也。

【解析】 心学是纯粹易懂的。如果一个人完全成就了万物一体之仁，他就会精神贯通、志气流通，也就不存在彼此、物我之分。

拿人的身体做比喻，眼睛看、耳朵听、手持物、脚走路，这样整个身体才能发挥作用。眼睛不会以听不到为耻，耳朵听声音时眼睛就会望过去。脚不会以不能持物为耻，手要取东西时脚就会走过去。由于身体精气充实、血液畅通，所以当身体痛痒或呼吸时，内心能够迅速感应到，有不言而喻的奇妙。

因此，圣学极为简单易懂，易于奉行，学问的进步、才能的磨炼都很容易。总之，其根本在于恢复人人都认同的本心，知识技能不值一谈。

【词语注解】 ◎元气：精气。◎充周：充满、遍布。◎条畅：通畅。◎痒疴：泛指病痛。◎不言而喻：《孟子·尽心上》："君子所性，仁、义、礼、智根于心，其生色也，睟然见于面，盎于背，施于四体，四体不言而喻。"《孟子集注》："四体不言而喻，言四体不待吾言，而自能晓吾意也。"◎至易至简：极为简易。《易·系辞上传》："乾以易知，坤以简能。易则易知，简则易从。"

【补充说明】 这一段是对前五段的概括，与第一段首尾呼应，并再次论述了恢复万物一体之心的重要性，而且运用了耳、目、手、足的比喻，实在是绝妙。关于万物一体的内涵，再没有比这更易懂的解说了。由此可以充分理解，万物一体之心是人生命的根基。

后篇

【原文】 三代之衰，王道熄而霸术焻；孔、孟既没，圣学晦而邪说横。教者不复以此为教，而学者不复以此为学。霸者之徒，窃取先王之近似者，假之于外，以内济其私己之欲。天下靡然而宗之，圣人之道遂以芜塞。相仿相效，日求所以富强之说、倾诈之谋、攻伐之计，一切欺天罔人，苟一时之得，以猎取声利之术，若管、商、苏、张之属者，至不可名数。既其久也，斗争劫夺，不胜其祸，斯人沦于禽兽夷狄，而霸术亦有所不能行矣。

【解析】 夏、殷、周三代走向衰落，王道没落，霸道盛行。孔子、孟子亡故以后，圣人之学不明，邪说横行。教的人不教圣人之道，学的人不学圣人之道。因此，霸主表面上施行先王之道，暗地里借此满足自己的私欲。世间流行这种风潮，人们都争相效仿，圣人之道终被埋没。人人都效仿霸主，追求国家富强的学说，实施欺压他国、谋求攻略、颠覆他国的计划，欺天罔人，为得一时之利而耍弄权术。像管仲、商鞅、苏秦、张仪这样的人，不计其数。长此以往，争斗劫掠频繁发生，人们将难以忍受这些灾祸。世人最终堕入禽兽夷狄的邪道，就连霸主之道也不能通行了。

【词语注解】 ◎王道熄：王道是指天下为王之道，与霸道相反。王道是指以仁爱为本，尧舜及三代圣王施行的、光明正大、公正无私的道。"王道熄"是指周平王东迁以后的事。《孟子·离娄下》："王者之迹熄而诗亡，诗亡然后《春秋》作。"《孟子集注》："平王东迁而政教号令不及于天下。" ◎霸术焻：霸术是指春秋时代五霸施行的权术，外假仁义之名，内行私己之欲。《孟子·公孙丑上》："以力假仁者霸，霸必有大国；以德行仁者王，王不待大——汤以七十里，文王以百里。以力服人者，非心服也，力不赡也；以德服人者，中心悦而诚服也，如七十子之服孔子也。"字典中没有焻字，估计是"昌"的白字。施本写作"昌"。东正堂认为是"昌"或者"焗"，这两个字都是炽盛的意思。◎圣学晦：圣学是指关于王道的学问。圣学在孔孟时代还没有丧失，孔子、孟子故去之后，圣学变得不明朗，王道不再施行。◎邪说：王道以外的奸邪学说，指后文中提到的管仲、商鞅、苏秦、张仪以及杨子、墨子等诸子百家的学说。◎假之于外：《孟子·尽心上》："尧、舜，性之也；汤、武，身之也；五霸，假之也。""之"指的是圣人之道，即仁义。"假之于外"是指假借仁义之道装饰表面。◎靡然而宗之：屈从并以此为根本来尊奉。诸本写作"靡然而宗之"，佐藤一斋在《〈传习录〉栏外书》中说，施本、俞本中没有"而"字。◎芜塞：杂草丛生，道路被堵塞。《近思录·观圣贤类》中列举了程颢的话："自道之不明也，邪诞妖异之说竞起，涂生民之耳目，溺天下于污浊。虽高才明智，胶于见闻，醉生梦死，不自觉也。是皆正路之蓁芜，圣门之蔽塞，辟之而后可以入道。" ◎倾诈：奸诈，通过欺骗将人扳倒。◎罔人：欺骗人。◎苟一时之

附录一 王阳明的《拔本塞源论》

得：获取一时的效果。◎猎取：瞄准射击并获得。◎管、商、苏、张：管即管仲，名夷吾，春秋时代人。管仲辅助齐桓公成就霸业，被称为仲父。孔子说："微管仲，吾其被发左衽矣。"（《论语·宪问篇》）详情请参照《史记·管晏列传》。商即商鞅，战国时代人。商鞅辅助秦孝公，提倡变法自强，被称为商君，是个法学家。详情请参照《史记·商君列传》。苏即苏秦，战国时代的纵横家，联合六国（齐、韩、魏、赵、燕、楚）抗秦。详情请参照《史记·苏秦列传》。张即张仪，战国时代人。张仪辅助秦惠王以连横之策游说六国，劝他们毁合纵之约而事秦国。秦惠王死后，六国又恢复合纵，张仪投奔魏国。详情请参照《史记·张仪列传》。

【补充说明】 后篇从历史的角度讲述了三代以后圣学的衰退、功利思想的隆盛及其弊害。其后，为了挽救这种状况，各种学说应运而生，但是没有奏效，最终只能依靠"良知"说。这才是王阳明所谓"拔本塞源"论。这一段讲述的是，三代衰落，孔、孟故去以后，圣学不明、邪说横行，外假仁义之名、内主功利的霸道盛行，风靡天下，圣道被堵塞，弄权谋术、以功利主义为宗旨的法家和纵横家等诸子百家兴起，就连霸道也不能施行了。

春秋时代出现了五霸，他们以霸道统一诸侯，对内辅助周王，对外击退夷狄。到了战国时代，诸侯各自称王，为争夺天下发动战争。春秋时代出现了孔子，战国时代出现了孟子，他们为了圣学的复兴东奔西走，以求天下治平，但并未奏效，只好将自己的理想托付给后世之人。

这段文字中提到了王道和霸道，孔、孟二人都主张王道，孟子更是强调这一点。所谓王道，是指王者应当施行的道，即夏、殷、周三王之道。正如《尚书·洪范篇》中记述的那样，是光明正大、无私无欲的治国之道。孟子认为，王道是作为天下之王的道，以不忍人之心，行不忍人之政。具体一点来说，就是谋求百姓经济生活的安定、轻刑罚、以德教民。他说，行王道则可以不战而得天下。

孟子以王道为本，批判霸道说："以力假仁者霸，以德行仁者王。"（《孟子·公孙丑上》）按照孟子的观点，以德使天下归顺便是王道，以力量压制诸侯，自己当盟主则是霸道。由于孟子提倡王道、抨击霸道，后世不断有人争论"王霸之辩"。

春秋时期出现了五霸，关于五霸具体所指人物，有不同的观点，但是都将齐桓公和晋文公列入其中。我们阅读《论语》就会发现，孔子曾论及两人，并将他们进行比较说："晋文公谲而不正，齐桓公正而不谲。"（《论语·宪问篇》）他褒扬齐桓公，贬低晋文公。

辅佐齐桓公成就霸业的人，便是宰相管仲。然而，如前所述，管仲曾经有过不义之举，因此孔子的高徒子贡、子路对管仲的行为产生疑问，认为他违背了仁道，因而请教孔子。

齐国是个大国，齐襄公的时候政治混乱，统治者暴虐无道，鲍叔牙拥戴公子小白（齐襄公的异母弟）到了莒。后来，齐襄公被公孙无知杀死。此时，小白的异母兄弟公子纠逃往鲁国，召忽和管仲跟随在侧。不久后，公子小白在鲍叔牙的拥戴下回到齐国即位，成为齐桓公。鲁国以武力送公子纠回齐，让其即位，但是被齐桓公的大军打败。齐桓公命鲁国杀掉公子纠。召忽自杀殉主，而管仲不但没有为公子纠而死，反而听从好友鲍叔牙的劝说归顺齐桓公，又助其成就霸业。

管仲的这种投敌叛主的行为让子贡及子路感到疑惑。孔子对子贡这样回答说："管仲相桓公，霸诸侯，一匡天下，民到于今受其赐。微管仲，吾其被发左衽矣。岂若匹夫匹妇之为谅也，自经于沟渎而莫之知也。"

孔子对子路又这样说："桓公九合诸侯，不以兵车，管仲之力也。如其仁，如其仁。"

如上所述，孔子对管仲持褒扬态度。孟子虽然十分了解齐桓公，却认为他和晋文公相同，施行霸道，因而予以批判。因此，当齐宣王问及齐桓公和晋文公时，孟子回答说："仲尼之徒无道桓、文之事者，是以后世无传焉。臣未之闻也。无以，则王乎？"（《孟子·梁惠王上》）

王阳明在这段文字中也将管仲看作霸者，从这一点上讲是继承了孟子的观点。因此，王阳明也将王道与霸道的区别划分得很清楚。可以说，王道与霸道的区别就是义与利的区别。

关于义与利的区别，孔子曾说："君子喻于义，小人喻于利。"（《论语·里仁篇》）但是他不像孟子那样将义与利对立起来。

《孟子》开头有这样一段话。孟子见梁惠王。王曰："叟不远千里而来，亦将有以利吾国乎？"孟子对曰："王何必曰利？亦有仁义而已矣。王曰'何以利吾国？'大夫曰'何以利吾家？'士庶人曰'何以利吾身？'上下交征利而国危矣。苟为后义而先利，不夺不餍。"

为什么孟子比孔子更重视义与利的对立呢？我想这与时世有很大关系。与孔子时代相比，孟子时代的道义退化得更严重，可以说已经堕落于尘埃。

正如"拔本塞源"论的后半部分所记述的那样，王阳明认为，随着时代的发展，功利思想益发炽烈和严重。他还指出，这一思想已经在人们的心中深深扎根，很难去除。因此，正如前文叙述的那样，他在讨伐贼匪时给门人写信道："破山中贼易，破心中贼难。"他提出要彻底清除心中的利欲之念，对这种念头，要像猫看到老鼠时那样，用炯炯有神的眼睛盯得紧紧的，不能有丝毫的放松。因此，王阳明自然和孟子一样，严格划分王霸之区别。

然而，孟子的主张似乎有些过于理想化，缺乏现实性。因为孟子提倡王道、抨击霸道，他的这一思想在战国时代那样的动荡时期没怎么发挥作用。秦始皇依靠法家学说结束了战国的动乱。法家排除王道，站在功利主义者的立场上，主张重刑，主张以彻底的专制政治为基础。

如此想来，有时候霸道比王道更具有现实性。霸道名义上以仁义为宗旨，实际上使用现实的力量，因此更有实效性。但是，理想越高，越不能忍受霸道中潜在的功利性。主张王霸之别、义利之别的人，可以说是站在严肃的伦理主义的立场上。

到了宋代，有更多的儒学家强调伦理主义，提倡区分二者。南宋的朱子可以说是将先贤的学说集大成了。当时还出现了事功学派，事功学派提倡义利一致，主张如果没有功利，道义只是无用的理论。

前汉董仲舒提倡"正谊不谋利，明道不计功"，事功学派批判这种道德主义，提倡义利一致、义利双行。他们是现实型的学派，以实事事功为主旨，认为不在这个前提下提倡的儒学之道在现实中不起作用。事功学派的代表人是永嘉地区的叶适和永康地区的陈亮，前者开创了永嘉学派，后者开创了永康学派。他们反对划分王霸之别，然而，他们的事功主义遭到了朱子的严厉批判。

像朱子和王阳明那样区分王霸和义利，这样做会不会由于理想高远而使人堕入空想呢？想到这一点，我就会觉得事功学派更现实、更有实效。然而朱子曾提出救济饥馑的对策，即著名的社仓法，可见绝不会像老、庄和佛教徒那样流于清澄脱俗。

王阳明在受命征讨叛贼时，先是以仁义安抚他们，对那些负隅顽抗的人，则用比《孙子兵法》还绝妙的作战策略将他们一举歼灭，从而建立了大功。从这两个人的王道论来看，未必会以空想告终。考虑到利欲之念在人性中扎根颇深，如果轻率地提倡义利一致、义利双行的话，反倒会产生弊害。因为这样一来，就不容易清扫利欲之念了。

本来儒学就是以实学为本。所谓实学，是指实用的学问，一方面包含了可以经世济民、追求实用的意思，另一方面是指，不是口头上求道或者书本中求道，而是通过体认领悟而掌握学问。宋代的程子提出儒学是实学，于是当时大家都开始提倡实学。程子、朱子等从实学的立场上批判汉唐的训诂记诵之学，称它是口耳之学，即舌尖上的学问。他们认为老、庄、佛教的学说是虚学，不以经世济民为要，所以对其予以猛烈抨击。

从实用学的角度来看，对于霸道以及事功派的学说，我们不能一概否定。因为在现实社会中，功利思想席卷了人们，即便是谈理想，也要在现实中去实现。如果一概拒绝，就有可能会像道教徒和佛教徒那样，羡慕隐于世外、脱俗洒落的境界。而且，对于利、功利、恶，一味强调义、仁义、善并热切论述，动则拘泥于我执我见，反倒在不知不觉中陷入私立邪见，往往自己还意识不到。

那么，我们最终应该如何考虑义利和王霸的问题呢？

我认为只能是彻底清除私利之念。这样一来，无论是提倡二者的区别，还是主张二者一致，都不违背儒学的理想。因此，清除私利之念是最重要的。正如王阳明所说，所幸人有良知，磨炼良知并发现它比什么都重要。

【原文】 世之儒者，慨然悲伤，搜猎先圣王之典章法制，而掇拾修补于煨烬之余；盖其为心，良亦欲以挽回先王之道。圣学既远，霸术之传积渍已深，虽在贤知，皆不免于习染，其所以讲明修饰，以求宣畅光复于世者，仅足以增霸者之藩篱，而圣学之门墙遂不复可睹。

【解析】 世间的儒学家见此情形，痛心不已，于是搜寻古代圣王的制度文物，收集秦始皇焚烧的经书残骸，并予以修补。因为他们确实真心想挽回先王之道。然而圣人之学已经成为遥远的过去，霸道传播已久，其积弊已经深入人心，即便是贤人、智者，也难免被污染。因此，好不容易了解了圣人之学，将经书修补完好，想要恢复并发扬光大，结果却只能用于为霸者辩护，最终连圣学的入口都看不到了。

【词语注解】 ◎世之儒者：指汉代的儒学家。◎慨然：悲伤叹息的样子。◎搜猎：搜求，猎取。◎掇拾：捡取。◎煨烬：烧剩的灰烬。指秦始皇焚烧的经书残骸。◎积渍：沾染了很深的习性。◎贤知：贤人与智者。◎习染：沾染上习气。◎宣畅光复：

恢复、发扬。光是光大的意思。◎藩篱：篱笆。◎圣学之门墙：圣学的入口。《论语·子张篇》："子贡曰'夫子之墙数仞，不得其门而入，不见宗庙之美，百官之富'。"

【补充说明】 这一段讲的是，世间的儒学家慨叹圣学的衰微，努力想挽回并发扬光大，但是由于霸术传播已久，人们身染功利之积习，最终连圣学入口都看不到了。这里讲的世间儒者，其实暗指汉代儒学家。

如前所述，秦始皇凭借以变法自强为本的法家思想取得天下，结束战国纷争，大力革新政治，因此不得不说他功绩巨大。然而遗憾的是，他排斥打击传统思想文化，焚书坑儒，导致传统思想文化的传承一时断绝，不得不说其罪过也巨大。不过有学者指出，秦始皇虽然焚书，但主要焚烧的是地方衙门的书籍，官府的书籍依然保存着，由博士掌管。项羽攻秦时焚烧了其宫室，众多经书被烧毁。

在这一段文字中，王阳明写道，汉代儒学家从被焚烧的书籍中收集了"六经"的残篇，并加以修补，想要挽回先王之道，结果最终未能避免被霸道污染。事实如何呢？汉代出现了很多儒学家。汉文帝设立《论语》《孟子》等的博士；汉景帝之子河间献王比较好学，收集了很多先秦旧书，设立了《毛诗》《左氏春秋》的博士；董仲舒辅佐汉武帝设置五经博士，立儒学为国教；刘向、刘歆父子致力于整理、校正汉成帝时搜集的古籍。然而，他们大都只是致力于忠实地传承儒家经典的训诂，对儒家思想几乎毫不关心。

西汉的儒学家中，比较有代表性的是陆贾、贾谊、董仲舒、刘向、扬雄、刘歆等人。陆贾为汉高帝效命，著有《新语》，想要调和孔子与老子的思想，大体上还是主张以儒家为本治理国家。《新语》中记述经书格言的内容比较多，几乎没有什么新的学说。贾谊为汉文帝效命，著有《新书》，书中记载的是儒家的论点，多少也掺杂了法家的思想，主张以此为政。他曾上疏《治安策》，其文章被誉为古今上奏文中的上乘之作。董仲舒请求汉武帝以儒学为国教，著有《春秋繁露》。《春秋繁露》中记述了儒家的政治理论，同时也吸收了阴阳五行思想，论述了五行灾异。这一"五行灾异"说受到当时儒学家的排斥。他所主张的儒学，在原来儒学家提倡的四德即"仁、义、礼、智"的基础上，加入"信"而为五常。他论述义利之别，明确了王霸之别。因此，后世之人称赞说，汉儒当中唯有董仲舒是正统。

刘向辅佐了汉元帝与汉成帝，与董仲舒齐名，被誉为西汉的思想巨擘。刘向博学多识，在学术方面，他校正了朝中的先秦古书，并排列其篇章，后来作为中国最早的目录编纂者而广为人知，并著有《新序》《说苑》《列女传》等。刘向以儒学为本，但是也相信阴阳五行说。其子刘歆也博学多识，继其父之后著书《七略》，为经书的整理作出了巨大贡献。但是，他与父亲不同，谄媚、听命于王莽。扬雄也对王莽阿谀奉承，因此被后人当作曲学阿世的学者。不过，扬雄写的文章流畅华丽，其心思也用在道德仁义上。他著有《方言》《法言》《太玄》等作品。

《方言》收集了各地的方言，《法言》是模仿《论语》所作，《太玄》是模仿《周易》所作，内容都很浅显。在扬雄的著作中，有些地方的论说是调和了孟子与荀子的学说。狩野直喜先生说，一般汉代的学者都缺乏创造力，只是醉心于古典，致力于模仿。

到了后汉，出现了桓谭、王充等儒学家。桓谭是个廉直的人，不肯听命于王莽，光武帝即位后，他又出来为官。著有《新论》，如今已失传。前汉儒学家大多相信"五行灾异"说，桓谭却认为这是迷信。王充曾经为官，不久后回乡潜心研究学问。他不满足于训诂之学，提出了自己的学说。他著有《论衡》，议论痛快淋漓，构想也很新奇。他虽然是个儒学家，却批判过孔、孟。他还相信宿命，提倡唯物论。

以上介绍了秦始皇焚书坑儒后的学术界状况，因此王阳明写道："圣学既远，霸术之传积渍已深，虽在贤知，皆不免于习染。"

【原文】 于是乎有训诂之学，而传之以为名；有记诵之学，而言之以为博；有词章之学，而侈之以为丽。若是者纷纷藉藉，群起角立于天下，又不知其几家，万径千蹊，莫知所适。世之学者，如入百戏之场，欢谑跳踉，骋奇斗巧，献笑争妍者，四面而竞出，前瞻后盼，应接不遑，而耳目眩瞀，精神恍惑，日夜遨游淹息其间，如病狂丧心之人，莫自知其家业之所归。时君世主亦皆昏迷颠倒于其说，而终身从事于无用之虚文，莫自知其所谓。

【解析】 因此，训诂之学兴盛，学者把解释文字并传给后世作为名誉；记诵之学兴盛，把背诵经书视作博学多识；辞章之学兴盛，学者们致力于写作华丽的文章。这些学问在世间群起并行，其流派数不胜数。打个比方说，大大小小的路有成千上万条，错综复杂，人们不知道应该走哪条路。世间的学者如同进入了有各种表演的剧场参观，说单口相声的、对口相声的，舞蹈家、魔术师、杂技演员等从四面八方涌向舞台，使人应接不暇，因此导致人目眩耳鸣，精神恍惚，不分昼夜地游玩其中，就像忘记了家传学业的疯子一样。当时的君主也为这些学说所迷惑，心神颠倒，一生致力于写作毫无用处的虚文，自己也不知道为什么要这么做。

【词语注解】 ◎训诂之学：诠释文字意思的学问。◎记诵之学：记忆背诵的学问。◎词章之学：写作美文的学问。◎纷纷藉藉：杂乱繁多的样子。◎群起角立：蜂拥而起、互不相让的样子。◎万径千蹊：很多岔道、小路。◎百戏之场：演出杂技、戏剧等的娱乐场所。◎欢谑跳踉：喧闹、诙谐、跳跃的样子。◎骋奇斗巧：表演魔术、杂技等。◎献笑争妍：美人撒娇献媚。◎前瞻后盼：看前看后。◎耳目眩瞀：目眩耳鸣的样子。◎精神恍惑：精神恍惚的样子。◎遨游淹息：沉浸在游玩之中，留在那里休息。◎病狂丧心：发疯、丧失心志。◎家业：家传的学业。◎无用之虚文：不实用的虚文，指训诂、记诵、辞章之学。

【补充说明】 这段文字讲述的是，汉代以后儒学成为训诂记诵之学，人们忘记了它本来是实学，因此产生了很大的弊害。世间学者被此学迷惑，完全丧失了心智。王阳明用剧场的比喻巧妙地说明，着实绝妙。

西汉时出现了经学家，《易》《书》《诗》《礼》《春秋》五经各自设立博士。博士以一经为专业，不能兼顾其他经书。一经也有众多流派，从属某个流派的人，坚守师说并将其传给弟子。西汉如此重视经学，同时又崇尚道德节义。到了东汉，出现了训诂之学的大学者，马融、郑玄等受到后世经学家的崇敬。

到了魏晋南北朝时期，与前代相反，比起经学，世人更重视诗赋，老庄思想及道教比儒学更流行。此时出现了一批注释经书的学者，如王肃、何晏、王弼、杜预、范宁、皇侃等。他们多少也提出了自己的学说，但是大多遵守汉代的传统。葛洪是道教的代表人物，著有《抱朴子》。此时儒学受到了佛教的影响。隋朝出现了王通，他模仿经书著书《文中子》，大致倾向于儒释道三教一致的思想。王阳明认为，这些学者以及思想家都没能脱离传统的功利风习。

到了唐代，孔颖达受唐太宗之命，编著了《五经正义》。此书非常流行，其他注释书都衰落了。而且科举之学，即举业也以这本书为教科书。唐代的科举分为明经科和进士科，明经科以背诵经典训诂及注释为主，进士科考的是诗赋文章。在唐代，考中进士比考中明经更荣耀。概观汉唐时代，训诂记诵之学成为儒学的中心。可以说，此时是儒学的衰退时代。

唐代有两位思想家，韩愈及其弟子李翱，他们是宋代新儒学的先驱。从文艺方面来说，汉代兴起了使用华丽词句的诗赋，到了六朝越发兴盛。六朝时，四六骈俪文盛极一时，一直持续到唐朝中期韩愈及柳宗元提出古文复兴运动为止。

以上大致叙述了汉代以后的学术变迁，几乎是百花齐放。心怀青云之志的年轻学者接触到这些以后，就像出身乡村的青年来到繁华的大城市一样，左顾右盼，被其豪华绚烂迷惑，因而失去自我。不求道于心内而求之于外的人，大致都会这样吧。王阳明说，道既然在吾心内，学问就必须直截简易。越是简易越贴近真正的道，越贴近真正的道越简易。他晚年想起自己曾经求道于外界，作诗追忆：

尔身各各自天真，不用求人更问人。

但致良知成德业，谩从故纸费精神。(《示诸生三首》)

人人自有定盘针，万化根源总在心。

却笑从前颠倒见，枝枝叶叶外头寻。(《咏良知四首示诸生》)

【原文】 间有觉其空疏谬妄，支离牵滞，而卓然自奋，欲以见诸行事之实者，极其所抵，亦不过为富强功利五霸之事业而止。圣人之学日远日晦，而功利之习愈趋愈下。其间虽尝瞽惑于佛、老，而佛、老之说卒亦未能有以胜其功利之心；虽又尝折衷于群儒，而群儒之论终亦未能有以破其功利之见。盖至于今，功利之毒沦浃于人之心髓而习以成性也几千年矣！

【解析】 偶尔有人发现这种学说空疏虚妄、支离破碎，犯了拘泥于字句的错误，他们鼓起勇气通过实际行动去验证，最终其行为只是等同于追求富国强兵及功名利达的五霸。如此一来，世人离圣人之学越来越远，圣人之学益发不明，追求功利的风习愈演愈烈。其间有人被佛教及老、庄学说吸引，然而最终没能战胜功利之心。然后有的儒学家想在众多儒学家的学说中取舍，以求中庸之道，最终却没能打破功利的看法。因此，时至今日，功利毒害浸入人的心髓长达千年之久，其习惯已变成本性。

【词语注解】 ◎空疏谬妄：虚而不实，错误、荒唐。◎支离牵滞：缺乏连贯，拘泥于字句。◎卓然自奋：奋发而起，此处应该是指汉高祖、唐太宗。◎富强功利：富国强兵、功名利达。◎瞀惑：被迷惑。◎折衷于群儒：从群儒的学说中取舍选择，以求正确的中庸之道。主要指提倡新儒学的宋代儒学家。◎沦浃：深入、通彻。◎习以成性：出自《尚书·太甲》。

【补充说明】 在这一段文字中，王阳明叙述的是，有人意识到训诂、记诵、辞章之学的虚妄，想要实践圣人之学，并有志于将其显现在事业上，最终却不能脱离霸者的范畴。于是圣人之学日益不明，功利之习愈演愈烈。其间宋儒提倡性理之学，排斥佛、老的清虚无欲说，议论其危害，然而他们也没能挽救沉溺于世俗功利的人们。王阳明慨叹，时至今日，功利之弊给人心带来的毒害可谓大矣。

在汉代以后的历代帝王中，日本人最为尊敬的便是唐太宗，因为唐太宗在位时出现了著名的"贞观之治"。《贞观政要》记录了这一时期的治政，内容是唐太宗与群臣的问答。这本书很早就传到了日本，江户时代时各藩争相学习，当时的儒学家也用它来给藩主讲课。

前文已述，宋代儒学家程、朱及其学派中人，一般都严格区别王与霸、义与利。司马光及叶适、陈亮等人称赞唐太宗及汉高祖的治世之功，将其比作三代之治，不区分王与霸、义与利，反而提倡义利一致、王霸双行。朱子对此进行了详细批判。他认为唐太宗见功利而不知义理，即认为其行为虽然有好的地方，但是在根本上有不对之处，其治政自然与三代之治不同。唐太宗所讲的仁义，只是求之于形迹之外，并非心性之内。这首先就是"为利之心"。因此朱子说，赞美其功绩的人，是只论功而忘记论德。最后，他断言："唐太宗一切假仁借意以行其私。"《贞观政要集论》

的作者戈直，条理清晰地说明了贞观之治是霸术的理由。

日本崎门派的儒学家论述王霸之真伪，主张划分区别。我的恩师楠本正继先生的祖父楠本端山，是平户藩的儒学家、德川幕府末期主张维新的朱子学者，他批判了在藩立学校讲述《贞观政要》的前辈。

对于这些以心性之学为宗旨的儒学家来说，唐太宗也是施行霸术、追求功利的帝王。

佛、老主张清虚无欲，王阳明认为这对于克服人的功利之念没什么效果。宋代儒学家强烈抨击佛、老，认为其学说虚妄不实用。王阳明也批判佛、老，其言辞不如宋儒激烈。他说，如果遵从吾之良知，佛、老的目标也可以达成。多少表明了以儒教为中心的三教一致思想。有的儒学家说，佛、老的清虚无欲有助于心性存养。从这一点来说，也没必要一概排斥。王阳明也不是不承认这一点，但是他认为，佛、老最终对于克服功利之念没有效果。

宋儒的心性之学，将一切道之本源求诸心性，提倡心性存养的必要性，应该有助于克服功利之念。但是王阳明认为，宋儒的心性之学还不够彻底。正如"游骑不归"那样，宋儒求道于心外的世界，徘徊而忘记回家。如此一来，王阳明自然会觉得，宋儒的学说对于克服盘踞内心的功利之念没能充分发挥其力量。于是，正如王阳明在本论最后所讲的那样，面对功利之念，只能拔出自家宝刀，即良知。

【原文】 相矜以知，相轧以势，相争以利，相高以技能，相取以声誉。其出而仕也，理钱谷者则欲兼夫兵刑，典礼乐者又欲与于铨轴，处郡县则思藩臬之高，居台谏则望宰执之要。故不能其事，则不得以兼其官；不通其说，则不可以要其誉；记诵之广，适以长其敖也；知识之多，适以行其恶也；闻见之博，适以肆其辩也；辞章之富，适以饰其伪也。是以皋、夔、稷、契所不能兼之事，而今之初学小生皆欲通其说，究其术。其称名僭号，未尝不曰"吾欲以共成天下之务"，而其诚心实意之所在，以为不如是则无以济其私而满其欲也。

【解析】 因此，世人互相夸耀知识、攀比权势、争利竞技、争夺名声。一旦进入仕途，掌管财政的人想要兼管军事司法的权力，掌管礼乐的人想要得到人事权，郡县的官员想要升迁为更高级别的地方行政官，负责劝谏天子的官员期望担任宰相要职。当然，想要兼任其他官职，必须具备完成相应职位的能力。如果不精通某方面的理论，就不能获得这方面的名声。背诵经书，适合提高自尊心；知识渊博，适合干坏事；见闻多广，适合与人争辩；擅长文章，适合伪装。于是，就连皋陶、夔、后稷、契都无法兼任的官职，如今的初学者却想要精通所有理论，穷其技术。只是，他们表面上都说自己是想为天下人做事，其实其本心在于如果不这样做，就不能谋取私利而满足欲望。

【词语注解】 ◎理钱谷者：负责会计出纳的官员。◎铨轴：犹衡轴，比喻中枢要职。◎藩臬：指藩司与臬司，明清两代的布政使和按察使的并称。◎台谏：谏官，御史台和谏议大夫。◎宰执：宰相。◎称名僭号：表面的称呼。◎成天下之务：出自《易·系辞上传》，成就天下事业之意。

【补充说明】 王阳明在这一段文字中指出，世间有致力于学问的人也只是因为他们想要出人头地。他尖锐地批评了这一现实，同时列举了很有说服力的具体内容。这里列举出来的官员的想法、生活姿态以及对学问的态度，令人不禁佩服王阳明洞察时世的眼力。仔细思考一下王阳明指出的内容，令人遗憾的是，这不仅是他那个时代的状况，也非常适合描述现代社会，这让人不由得痛感各界人士深受功利主义风潮的污染，且已成为习性。

为谋求自身的利益或者自己所属集团组织的利益而使出浑身解数，这种不正之风给世间带来的毒害难以估量。王阳明警告说，表面上说"自己是为天下、为百姓做事"，实际上却是想"满足一己私欲"。我认为应该向王阳明致敬。身处官界、实业界、教育界的人读到这一段文字，又有几个人不背流冷汗？现在正是大家端正自己心态的时候。

【原文】呜呼！以若是之积染，以若是之心志，而又讲之以若是之学术，宜其闻吾圣人之教，而视之以为赘疣枘凿，则其以良知为未足，而谓圣人之学为无所用，亦其势有所必至矣！呜呼！士生斯世，而尚何以求圣人之学乎？尚何以论圣人之学乎？士生斯世而欲以为学者，不亦劳苦而繁难乎？不亦拘滞而险艰乎？呜呼，可悲也已！所幸天理之在人心，终有所不可泯，而良知之明，万古一日！则其闻吾"拔本塞源"之论，必有恻然而悲，戚然而痛，愤然而起，沛然若决江河而有所不可御者矣！非夫豪杰之士无所待而兴起者，吾谁与望乎？

【解析】唉！以这样常年的恶习和这样的心志，去学习这样的学问，难怪听了圣人的教诲，会认为是无用的、不合时世的。这样一来，势必认为良知不够充分，圣人之学无用。唉！生于这样的时代，如何才能求圣人之学？如何才能论圣人之学？生于这样的时代，有志于学问的人，要面临多少苦难呢？要受多少拘束，经历多少风险呢？唉！实在可悲！

所幸人心中的天理永远不会泯灭，良知的光辉万古不变，因此，世人听了我的"拔本塞源"论后便会感动悲伤，如决堤奔流的长江、黄河之水那样，以势不可当之势愤然而起。除了那些不依靠他人、能够独自奋起的豪杰志士之外，我又能期待谁呢？

【词语注解】 ◎赘疣：疣，瘤子，借指多余无用之物。《庄子·太宗师》："彼以生为附赘悬疣。"《庄子·骈拇》："附赘悬疣，出乎形哉！而侈于性。" ◎枘凿：枘即栓，凿即洞。将四方形的栓套入圆形的洞中，比喻不一致、不合适。《楚辞·九辩》："圆凿而方枘兮，吾固知其龃龉而难入。" ◎万古一日：恒久不变。◎恻然：悲伤的样子。◎戚然：忧虑悲伤的样子。◎沛然：水流充沛的样子。◎决江河：江指长江，河指黄河。"决江河"，是指长江黄河的水决堤而出。◎夫豪杰之士……：《孟子·尽心上》："待文王而后兴者，凡民也。若夫豪杰之士，虽无文王犹兴。"

【补充说明】 这一段可以说是"拔本塞源"论的总论。对于圣人之学的衰落、人心功利的积习，王阳明在这段短文中三次使用"呜呼"一词，由此可见他感叹至深。他将万世的积弊，归结为盘踞人心的功利之念，只能佩服他的洞察力了。古今中外的思想家当中，有几人能如此直截了当地用"功利"二字概括诸恶的根源？实在令人惊叹。我们必须深思"功利"二字，察知它的危害之大、之深。

同时，王阳明又滔滔不绝地论述了扫除功利积习、复兴圣学的困难。其中，他从历史的角度叙述了古今有识之士及思想家为了纠正功利之积习、复兴圣学所提出的各种学说，又叙述了这些都未能奏效的实情。结果，圣人之学被当作无用的学问、不适合时世的学问，因而自然被忽视掉了。他又论及世间有识之士应该如何应对以及寻求方法途径何等困难。王阳明这才高呼能够从根源上洗涤积弊的理念。这一理念便是心之天理，即良知。王阳明说："所幸天理之在人心，终有所不可泯，而良知之明，万古一日！"这才是王阳明所要高呼的内容。至此，《拔本塞源论》一文得以首尾呼应。然而，匡正世俗及学术的功利积弊，无疑是极为困难的。因此王阳明在结语处写道，我只能期待相信自己力量、振奋激昂的豪杰之士了。

如前所述，王阳明的《拔本塞源论》是名文中的名文，而且是他即席写下的书信中的文章，如实反映了他的心境，这对引起读者的共鸣起了很大作用。下面介绍一些先学对该文的评论，仅供参考。

【刘宗周】 快读一过，迫见先生一腔真血脉，洞彻万古。愚尝谓孟子好辩而后，仅见此篇。

【施邦曜】 此书前悉论知行合一，广辟、博说、旁引、曲喻，不啻开云见日。后"拔本塞源"论，阐明古今学术升降之因。真是从五藏八宝，悉倾示以人。读之，即昏愚亦恍然有觉。此是先生万物一体之心，不惮详言以启后学也。当详玩毋忽！

【孙奇逢】 "拔本塞源"之论，以宇宙为一家，天地为一身，真令人恻然悲鸣，戚然痛，愤然起，是集中一篇大文字，亦是世间一篇有数文字。

【王应昌】 先生此篇文字，明白痛快，能入人心髓。至于切中时弊，在贾长沙之上。

【三轮执斋】 此至论中之至论，名文中之名文。秦汉以来，数千年间，唯此一文。

【佐藤一斋】 陈龙正曰："拔本塞源"论乃先生直接道统处，智略技能，至先生极哉，然一毫不恃，尽擘破之，唯以求复心体为贵；解悟灵通，至先生极哉，然一毫不恃，尽皆擘破，唯以师行五伦为贵。其心则唯欲安天下之民，唯共成天下之治。道学一点真血脉，先生得矣。恐后世顿悟而疑其儒为禅，以事功疑其儒之杂，不可不辨也。先生固云："夫趋向同而论学或异，不害其为同也。"若自云道。

又曰：耿定向《请从祀疏》有曰，"所著《拔本塞源论》指示人心最为明切。使外之臣工，实体究此，则所以翼太平之治。实多得守仁之志已。彼惟愿朝端协一德之交，而不乐有倡道之名"。可谓深见先生之志。

【吉村秋阳】 盖王子终身以立言，推其渊源、求其归宿，俱不外是。直扫千载积弊，唯欲以此挽回三代之上。何等大见识？何等大力量？前人谓，公固百世殊绝人物。诚然也。

【东泽泻】 一斋先生曰，王文成之"拔本塞源"论，可谓古今独步。与陈龙川（陈亮）之酌古论、方正学之深虑论隔世相颉颃，并为有识之文。予谓，酌古不免书生之豪论、深虑亦只老儒之常谈。谓此有识之文，特在当时法家中拔此，不足以与文成此篇相颉颃。若彼章枫山之原学、罗一峰之扶植纲常之疏，已在酌古、深虑之上，可以与此篇雁行。

【中野正刚】（下面是福冈养育的奇才中野正刚在中学修猷馆三年级就读，年仅十四岁时写的作文，题目是"人的尊卑"。虽然没有直接言及"拔本塞源"论，其精神有相通之处，因此收录于此，仅供参考。另外，这篇文章收录于平成八年付梓的《修猷馆柔道部百年史》中，由山田龙蹊介绍给我。）

人之尊卑应因何而定？彼锦衣绢帽，住大厦高楼里，食有美肉，出有黑漆马车，役使人而不知世上一切辛苦者为尊，敝袴粗褐、住茅屋败篱中，啮糟糠、卧草席，日夜营营忙于生计之道者卑否？决否然也。然因何定其尊卑乎？余云唯在其心事高洁与卑劣。天因其能力与各人相应之职。农夫亦可，小官吏亦可，劳动者亦可，唯忠实其业务，且于私利私欲之外，有思社会国家之心足矣。彼之外得高地位，贮财产，装纯然绅士，内心无一片爱国之心，为私利私欲之龌龊之辈，毕竟不足语焉。吾人他日出社会所得地位有千差万别。然不论其职业若何，其地位如何，若其志高洁，其行为清廉，真心计国家隆盛，足矣。余比之浊富之伪绅士，宁希廉洁之农民事也。

附录二

王阳明的子孙

本篇为钱明所著，全文收录于江苏古籍出版社刊行的《阳明学的形成与发展》上篇《阳明学的形成》中第一章《王阳明的世家及后裔》的第四节《后裔：萧墙袭爵之争及家族的衰微》。

据笔者（此处指钱明）采访王诗棠先生得知，当年，王阳明的祖父王伦鉴于姚江王氏家族有枝繁叶茂、瓜瓞绵绵之势，为使传史有循、修谱有序，特创行辈、分世系，以便按辈传代，并决定从其孙辈一代开始实行。

该辈分世系共有四十字，即"守正承先业，贻谋裕后昆，忠孝传家远，诗书绍泽长；功德千年在，渊源百世宗，熙朝舒泰运，心学诵前芬"。而其长孙王阳明自当为"守"字辈的第一人。该辈分之世系至今已传至第十八世，进入"绍"字辈。从这四十字的内涵来分析，王伦在确立辈分世系之初，并非一步定位，而是有先后两个时期，其间至少相隔五十年光景，并各以二十字为定格。前二十字以修身、齐家、治国为本，后二十字则以立德、立功、立言之"三不朽"为业。而后二十字从字义上窥析，则可能是在王阳明身后由其门人续编《阳明年谱》（简称《年谱》）时与王氏后裔共同制定的。

然姚江王氏刚传至第二代"正"字辈，便发生了一起"萧墙之争"；待传至第四代"先"字辈和第五代"业"字辈时，又发生了"袭爵之争"。由于"两争"皆出自阳明殁后，且属财利之争，故惊动廷宇内外，牵动官署朝野。

因阳明夫人诸氏不育，"先生（阳明）年四十四，与诸弟守俭、守文、守章俱未举子，故龙山公为先生择守信子正宪立之，时年八龄"（《王文成公全书》卷三十二《年谱一》）。

正宪字仲肃，年及弱冠，以阳明军功，世袭锦衣卫副千户。嘉靖四年（1525），诸氏谢世，阳明续娶张氏，次年生正亿。正亿初名正聪，号龙阳，七岁时因外舅黄绾避讳时相张璁而被更名。阳明晚年得子，喜不自禁，又虑及健康日下，恐身后稚子寡母有失所养，遂托后事于绍兴、余姚诸门生。但由于阳明在征讨思、田后未能顺从权臣桂萼，故卒后桂萼即奏其擅离职守，明世宗"乃下诏停世袭，恤典俱不行"（《明史》卷一九五《王守仁传》）。阳明后裔因而一度同遭忧难。据《年谱》记载："先是师殡在堂，有忌者行潜于朝，革锡典世爵。有司默承风旨媒孽，其家乡之恶少逐相煽，欲以鱼肉其子弟。胤子正亿方四龄，与继子正宪离伔窜逐，荡析厥居。"（《王阳明全集》，上海古籍出版社，第1328页）

就在这忧患之际，门庭内部也闹起了风波："正亿外侮稍息，内衅渐萌，深居家扃，同门居守者或经月不得见。"（《王阳明全集》，上海古籍出版社，第1329页）事情的原委如下：以父军功世袭锦衣卫副千户的继子正宪时已二十二岁，本该对幼弟挽手相顾，患难与共，但他屡掀事端，祸起萧墙，一意自立门户。他不仅趁正亿年幼、力弱势单之际，闹起了分居析户的纠纷，而且还伺机回避摆脱所面临的外侮之害，四处制造舆论，闹得王氏家室不得安宁。

直到嘉靖十一年（1532），阳明弟子王臣（字公弼）升任浙江佥事，分巡浙东，插手经纪阳明家事，这起"萧墙之争"才稍有收敛。然此时，阳明后裔因停封、停恤，只能算作普通百姓人家了。而年仅七岁的正亿，幸有阳明门人商定趋金陵，投奔南京礼部侍郎黄绾，借舅氏家而居之，才得以安然无恙。后经钱绪山（钱德洪）、王畿等奔走金陵及浙江天台，征得黄母太夫人同意，以黄绾之

附录二　王阳明的子孙

女许婚正亿，以便"悯其孤而抚之"（《王阳明全集》，上海古籍出版社，第1430页）。同时诸门生商定："正聪（正亿）年幼，家事立亲人管理，每年轮取同志二人兼同扶助，诸叔侄不得参挠。为兄者务以总家爱弟为心，以副恩育付托之重；为弟者务以嗣宗爱兄为心，以尽继志述事之美；为旁亲者亦愿公心扶植孤寡，以为家门之光。"（《王阳明全集》，上海古籍出版社，第1489页）

隆庆元年（1567），以大学士徐阶为首的王门臣僚向新登位的穆宗上书，为阳明昭著功爵，遂诏赠新建侯，谥文成，赐祭葬，其后裔亦重行封赏恤典，正亿准袭伯爵。

神宗时，王氏得宠，"万历六年册立为皇后"（《明史》卷一一四《后妃传》）。"神宗问后近属，时新建伯王正亿方贵盛，后欲侈其家世，遂以正亿对及"（《黄宗羲全集》），足见正亿当时的名声已相当之大。但正亿学问不显，笔者仅在《金山志》中发现其所作《登金山寺》诗一首。

待正亿子承勋嗣爵之后，至崇祯初年，在阳明后裔中又发生了一场长达数十年的争袭伯爵事件：

（正亿）子承勋嗣，督漕运二十年。子先进，无子，将以弟先达子业弘继。先达妻曰："伯无子，爵自传吾夫。由父及子，爵安往？"先进怒，因育族子业洵为后。及承勋卒，先进未袭死。业洵自以非嫡嗣，终当归爵先达，且虞其争，乃谤先达为乞养，而别推承勋弟子先通当嗣，屡争于朝，数十年不决。崇祯时，先达子业弘复与先通疏辨。而业洵兄业浩时为总督，所司惧忤业浩，竟以先

通嗣。业弘愤，持疏入禁门诉。自刎不殊，执下狱，寻释。(《明史》卷一九五《王守仁传》)

此案后由宁波府推官李清、绍兴府推官郑瑜和台州府推官张化原会同审理，详情则由李清记录于《三垣笔记》中。结果因王业浩之谋，使王先通意外得嗣爵，而王业弘则大受诬屈。故阳明之后，新建伯之爵禄袭承顺序如下：王正亿—王承勋—王先通—王业泰。(《光绪余姚县志》卷七《荫封》)

王承勋，字叔元，以列侯督枢莞董江防，总理漕政，擅作诗歌，"挥洒性灵，淘瀚风骨，固宜以鸿篇巨制，警弇州之座也"(胡应麟《王承勋〈瑞云楼集〉序》，载《光绪余姚县志》卷十七《艺文上》)。

王先通字则阳，崇祯十三年(1640)袭封新建伯，掌前军都督。崇祯十七年(1644)三月，李自成农民军迫近北京，先通守齐化门，"都城破，先通下城巷战，手刃数人，被执大骂。贼怒，割其舌，含血喷贼，剖其心已，复诛之。福王时附祀旌忠祠"(《嘉庆山阴县志》卷十四《乡贤》)。"子业泰、业耀。泰字士和，福王时袭爵，感泣请终丧报国，许之。明年(1646)留都危，衰服赴难，抵钱塘，会王(清)师南下，执送营中，授其爵。泣曰：'世受国恩，义不改节，得死报君父于地下足矣。'遂死之。"(《光绪余姚县志》卷二十三《王先通》)

可见，阳明一系按文献所记应传至四世，然与其业字辈关系甚密的黄宗羲，不知何故却发出了"君子之泽五世而斩……而阳明三世而绝"(《光绪余姚县志》卷十七《艺文》)的感叹。

万历年间阳明后裔中虽有三品以上官衔者多达六人，从而使一时衰微的王氏家族略呈中兴气象，然其后裔在思想文化上有建树者却凤毛麟角。长孙王承勋尚可称许外，四世孙王业洵因朝政日黯，不赴科举，留意祖业，"与黄宗羲、王毓蓍三人尝删《传习录》之失实者，重锌以行"（《嘉庆山阴县志》卷十四《乡贤》）。五世孙王贻乐于康熙初年任藤县知县，重为掇拾，编成《王阳明先生全集》十六卷。又因有李贽所作年谱而遂以李贽鉴定题其前，以为依托，故"迥不及原本（指隆庆本《王文成公全书》）之完善也"（《四库全书总目·集部存目》，第176卷，第1566页）。

九世孙王篪隐居乡里，以教授为生，曾为余姚龙泉井制铭，有"譬如良知，心体本然""奉为清涤，永厥千年"之句（铭文今尚存原址龙泉山中天阁后），表达了安于贫贱、永守祖业之志。另清人西吴悔堂老人《越中杂识》中尚记有阳明九世孙生员昆泰、昆朝之名（卷下《陵墓》），惜事迹不详。

万历年后，阳明后裔渐趋衰微，至清康乾年间，已是学脉绝传，族中再无读书之人，而大多以商贾为业、佣工为生。至于族中财产，除坐落于绍兴光相坊的伯府第系朝廷御建，产权（包括山、地、房）列入官府"防护录"，作为祭产不准变卖外，其余各房台门住宅都被陆续变卖殆尽。